Autodesk

BEIM NETZ-MANAGEMENT KOMMT ES VOR ALLEM AUF DIE PLANUNG AN.

Die Energieversorgungsunternehmen sind einem nie dagewesenen Wandel unterzogen: Die Restrukturierung der Unternehmen, die Anforderungen der Regulierungsbehörde u.a. stellen enorme Anforderungen an die Netzbetreiber, die diese Netze planen und verwalten. Mit Autodesk Lösungen für Netzbetreiber haben Sie im ganzen Unternehmen schnellen Zugriff auf alle Netzdaten und Assets. Durch eine integrierte und abteilungsübergreifende Datenhaltung lösen Sie die Herausforderungen in kürzerer Zeit – auch ohne die Hilfe von Experten.

Das Ergebnis: Mehr Produktivität, einfacherer Datenaustausch zwischen Abteilungen und effizientere Kommunikation intern wie extern - mehr Transparenz über alle Netzdaten hinweg.

Weitere Informationen finden Sie unter:
www.autodesk.de/geospatial

Impressum

Alle in diesem Buch enthaltenen Angaben wurden nach bestem Wissen erstellt und von den Autoren mit größtmöglicher Sorgfalt überprüft. Gleichwohl sind inhaltliche Fehler nicht vollständig auszuschließen. Daher erfolgen die Angaben ohne jegliche Verpflichtung oder Garantie des Verlages, der auch keinerlei Verantwortung und Haftung für etwaige inhaltliche Unrichtigkeiten übernimmt.

Herausgeber: Bernhard Harzer
Bernhard Harzer Verlag GmbH
Westmarkstr. 59/59a
76227 Karlsruhe
Tel.: 0721/94402-0
Fax: 0721/94402-30
E-Mail: Info@Harzer.de

Bearbeitung und Herstellung: Bernhard Krebs

Bibliographische Information der Deutschen Bibliothek:

Die Deutsche Bibliothek verzeichnet diese Publikation in der Deutschen Nationalbiografie; detaillierte bibliografische Daten sind im Internet über http://dnb.ddb.de abrufbar

Dieses Werk einschließlich aller seiner Teile ist urheber-rechtlich geschützt. Jede Verwertung außerhalb der engen Grenzen des Urheberrechtsgesetzes ist ohne Zustimmung des Verlages unzulässig und strafbar. Dies gilt insbesondere für Vervielfältigungen, Übersetzungen, Mikroverfilmungen und die Einspeicherung und Verarbeitung in elektronischen Systemen.

© Bernhard Harzer Verlag GmbH, Karlsruhe 2008

Druck und Verarbeitung:
Greiserdruck GmbH & Co. KG, Karlsruher Str. 22,
76437 Rastatt
Gedruckt auf chlorfrei gebleichtem Sulfid- und chlorarm gebleichtem Sulfad-Zellstoff, säurefreiem Papier.

ISBN 978-3-9808493-0-2
ISSN 1618-8055

Bernhard Harzer (Hrsg.)
GIS-Report 2008/09

Bernhard Harzer Verlag GmbH
Westmarkstraße 59/59 a
D-76227 Karlsruhe
Telefon ++49 (0)721 944 02 0
Fax ++49 (0)721 944 02 30
E-Mail: Info@harzer.de
www.GEObranchen.de

Der Praxis-Leitfaden für die erfolgreiche GIS-Projektierung

Wilfried Klemmer
GIS-Projekte
erfolgreich durchführen
Grundlagen Erfahrungen Praxishilfen

2004. 288 Seiten, zahlreiche Abbildungen
und Tabellen, Kartoniert, EUR 54,00 / SFR 89,00
(ISBN 3-9808493-2-5)

Mit diesem Leitfaden legt der Autor einen völlig auf die Praxis zugeschnittenen, absolut System unabhängigen und umfassenden Planungsleitfaden für die GIS-Projektierung in Wirtschaftsunternehmen und der öffentlichen Verwaltung vor.

Gerade im Hinblick auf den Neu-Einstieg in GIS-Projekte wird dieses „Rezeptbuch" wertvolle Hilfestellungen leisten und teuere Fehlinvestitionen vermeiden helfen.

Aber auch erfahrene Projektmanager in Ingenieurbüros, Wirtschaft und Verwaltung erhalten mit diesem neuen Praxis-Leitfaden zusätzliche wichtige Informationen für die tägliche Arbeit. Sie können damit das Spektrum ihrer Möglichkeiten abrunden und neue Ideen aufgreifen und entwickeln.

Dieses Projektierungshandbuch wird auch für die Aus- und Fortbildung wichtige Impulse setzen.

Der Autor, ein erfahrener Praktiker, der bereits zahlreiche unterschiedliche GIS-Projekte erfolgreich durchgeführt hat, hat hier seinen Erfahrungsschatz aus mehr als einem Jahrzehnt praktischer Projektarbeit zusammengetragen. Dabei werden alle wichtigen Aspekte für eine erfolgreiche GIS-Projektierung beleuchtet.

Aus dem Inhalt:
- Charakteristika der GIS-Anwendung
- Projektmanagementtheorie
- Aubau von integrierten Informations systemen
- GIAD-Ganzheitliche Interaktive Analyse- und Designmethode
- Werkzeuge für den Projektmanger
- Praktischer Leitfaden

Eine Leseprobe steht im Internet als PDF zur Verfügung unter:
www.harzer.de/leklem.pdf

POLYGIS passt genau

Unsere Kernmärkte: Kommunen und Versorger.
Unsere Philosophie: Entwicklung im Dialog mit dem Anwender.
Unser Ergebnis: Ein einzigartiges Technologiekonzept
(und über 1.100 zufriedene Nutzer)

www.polygis.de

Inhaltsverzeichnis

	Vorwort	9
1	**Aktuelle Themen und Entwicklungen**	**11**
1.1	INSPIRE für Entscheidungsträger	11
1.2	Online Leitungsauskunft bei verteilten System auf Basis OGC Web Services	23
1.3	Virtuelle 3D-Stadtmodelle im kommunalen Einsatz - *Entwicklungen, Trends und Perspektiven*	26
1.4	kvvmap - eine Internet-GIS-Entwicklungsplattform für Kommunen und Landkreise	35
1.5	OpenStreetMap - Grundlagen und Potenziale der freien Wiki-Weltkarte	39
1.6	LBS 2.0 mit OpenRouteService.org - die OpenGIS-konforme Routing-Plattform auf Basis der freie Geodaten von OpenStreetMap	52
1.7	Kartendienste von Google	62
1.8	Microsoft Virtual Earth - Räumliche Technoloien in das alltägliche Leben integrieren	75
1.9	Termine	79
1.10	GIS-Einführunsliteratur	82
2	**Software**	**87**
2.1	Erläuterungen zu den GIS-Softwareübersichten	87
2.2	Tabelle: GIS-Softwareübersicht	90
3	**Daten**	**175**
3.1	Einführung in Geodaten	175
3.2	Verfügbarkeit von Geodaten	181
3.3	Bezugsquellen für Geodaten im Internet	184
4	**Firmen und Anbieter**	**187**
4.1	Anbieter von GIS Software und deren Anwendungsschwerpunkte	187
4.2	Übersicht GIS-Datenanbieter	235
4.3	Übersicht GIS-Dienstleistung und Beratung	239
4.4	Ausgewählte Firmenprofile	239
4.5	GIS-Firmen Personenregister	285
5	**Adressen**	**287**
5.1	Adressenverzeichnis öffentlicher Sektor	287
5.2	Adressenverzeichnis privater Sektor	291
5.3	Adressenverzeichnis EUROGI-Dachverbände	303
6	**Interessante Links**	**305**
	Impressum	**2**

ERDAS Image Manager: Nimmt immer das Richtige

Finden · Beschreiben · Katalogisieren · Verteilen

Der ERDAS Image Manager ist eine Plattform, die Ihre Bilddaten unternehmensweit katalogisiert und schnell zum richtigen Nutzer bringt.

Profitieren Sie in vollem Umfang von Ihren wertvollen Geodatenbeständen.

- Schnell
- Interoperabel
- Skalierbar

Neugierig? Fordern Sie bei GEOSYSTEMS die Checkliste zum ERDAS Image Manager an und machen Sie mit uns den ersten Schritt.

The Earth to Business Company

GEOSYSTEMS ist Ihr ERDAS Partner in Deutschland · www.geosystems.de · T: 089 – 8943430

Vorwort

Mit der zuletzt erschienenen Ausgabe 2007/08 haben wir mit dem GIS-Report eine beeindruckende, inzwischen mehr als zehnjährige Wegstrecke der GIS-Entwicklung sehr intensiv verfolgt, und wie uns zahlreiche Leser bestätigen, auch anschaulich dokumentiert. Der weit verbreitete GIS-Report hat sich in dieser Zeit als Referenz-Jahrbuch der Geoinformatik-Branche fest etabliert. Trotz Internet verfügt die jährlich erscheinende Printausgabe über eine wachsende Nachfrage. Ein Buch bleibt eben immer noch ein Buch!

Den bisherigen Autoren, Prof. Erich Buhmann und Dr. Joachim Wiesel gilt an dieser Stelle unser besonderer Dank für die geleistete Arbeit in den zurückliegenden Jahren.

Alles entwickelt sich weiter. So werden wir mit dieser neuen Ausgabe für 2008/09 ein neues Kapitel aufschlagen. Herausgegeben wird der GIS-Report nun vom Verleger selbst in Zusammenarbeit mit dem bereits seit Anfang an beteiligten Mitarbeiter Bernhard Krebs, der für die technische Umsetzung, Herstellungsbetreuung und für den Anzeigenteil zuständig ist.

Da nahezu alle Anbieter inzwischen in ihren jeweiligen Segmenten über leistungsstarke Software verfügen, werden wir künftig auf ein Ranking der eingesetzten Software verzichten, zumal die Datenerhebung in diesem Bereich sehr schwierig ist und die Rückmeldungen zunehmend nur unzulängliche Schlussfolgerungen zulassen. Einige Teile werden gestrafft oder erweitert.

Nach wie vor verfügt die Branche über ein erhebliches Wachstumspotenzial. Eine kürzlich in der Schweiz durchgeführte Branchen-Untersuchung hat in den letzten fünf Jahren eine durchschnittliche jährliche Umsatzsteigerung von 5 % ergeben. Natürlich muss dies sehr differenziert gesehen werden, denn es gibt „Ausreisser" nach unten und nach oben, je nach Branchen-Segment.
Auf www.GEObranche.de steht die ausführliche Meldung dazu in den news vom 27. August 2008, mit einem Link, wo die gesamte Studie zum Download zur Verfügung steht. Diese Aussagen dürften auch für den deutschen oder österreichischen Markt in etwa zutreffen.

In einem wesentlich erweiterten Beitragsteil werden wir künftig auf aktuelle Entwicklungen stärker eingehen, um hier für mehr Klarheit zu sorgen. Vieles Neue ist noch unbekannt oder braucht weitere Erläuterungen. Da wir im Verlag die aktuelle Branchen-Entwicklung sehr aufmerksam verfolgen, konnten wir für diese Ausgabe einige kompetente Fachleute für die Zuarbeit gewinnen. Dafür sagen wir den Autoren einen sehr herzlichen Dank!

Beispielhaft sind hier die Beiträge über das weitgehend noch nicht überall durchgedrungene Thema „INSPIRE", das die Beteiligten der Branche sicher noch mehrere Jahre beschäftigen wird. Interessant sind sicher auch die Artikel über die Entwicklungen zu „Google Earth" oder „Microsoft Virtual Earth". Dieses trifft sicher auch auf die neuen Entwicklungen „OpenStreeMap" oder „OpenRoutService" zu. Weitere interessante und lesenswerte Beiträge ergänzen den Blick auf aktuelle Entwicklungen.

Die neueste Ausgabe des GIS-Report steht wie immer auch im Internet auf www.GEObranchen.de sowie auf www.gis-report.de zur Verfügung. Mit dem E-Mail-Newsletter „gis-report-news***", der direkt über die Websites abonniert werden kann, kann sich der Abonnent darüber hinaus kostenlos die jeweils ganz aktuellen Branchen-Entwicklungen im etwa 14-tägigen Turnus direkt auf seinen PC laden.

Unser besonderer Dank gilt den Inserenten, die mit ihrer Beteiligung am GIS-Report erst eine weite Verbreitung dieses Jahrbuches ermöglichen. Die gesamte Branche wird durch dieses Engagement sicher tatkräftig gefördert und dringt in immer weitere Bereiche vor.

Karlsruhe, im September 2008
Bernhard Harzer
Herausgeber

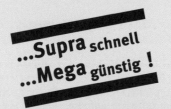

Bernhard Harzer Verlag GmbH
Westmarkstraße 59/59 a
D-76227 Karlsruhe
Telefon ++49 (0)721 944 02 0
Fax ++49 (0)721 944 02 30
E-Mail: info@harzer.de
www.GEObranchen.de
www.harzer.de
www.gis-report.de

Erschließen Sie sich
die digitale GIS-Welt !!

...der aktuelle Geoletter

gis-report-news*** berichtet etwa 14tägig über die neuesten Entwicklungen und Trends auf dem zukunftsträchtigen Gebiet rund um die Geoinformation. Interaktiv kann sich der Nutzer so die ganze Welt der Geoinformation erschließen.

gis-report-news*** berichtet kurz, knapp und kompetent aus und über die Geoinformatik-Branche mit den Randgebieten, über Produktneuheiten, Anwender-Empfehlungen, und Veranstaltungstermine. Dabei werden Meldungen sowohl aus der Wirtschaft, von Hochschulen, von amtlichen Stellen und von den Verbänden einbezogen.

gis-report-news*** liefert stets aktuelle und wertvolle Tipps für Mitarbeiter und Entscheidungsträger in der öffentlichen Verwaltung, für alle GI-Interessierte in der Versorgungswirtschaft, Umweltplanung, Land- und Forstwirtschaft, in der Wasser- und Immobilienwirtschaft, im Business, in der Aus- und Fortbildung sowie für alle Anbieter von Hardware, Software, Daten und Dienstleistungen.

gis-report-news*** möchte die Nutzer nicht mit Informationen überfrachten, sondern zeitsparend einen kompakten und möglichst ballaststoffarmen Informationsdienst bieten, der über die wesentlichen Nachrichten und Produktinnovationen berichtet.

gis-report-news*** ist unabhängig und dient auch als ständige aktuelle Ergänzung für die Print- und Internetversion des im Bernhard Harzer Verlag jährlich erscheinenden Referenzhandbuchs und Marktführers **„GIS-Report"**.

gis-report-news*** kann über E-Mail: **info@harzer.de** formlos bestellt oder direkt auf dem Internetportal **www.GEObranchen.de kostenlos** abonniert werden.

1. Aktuelle Themen und Entwicklungen

1.1 INSPIRE für Entscheidungsträger

Vorwort

Am 15. Mai 2007 trat die vom Europäischen Parlament und Rat der Europäischen Union verabschiedete Richtlinie 2007/2/EG in Kraft. Diese Richtlinie hat die Schaffung einer Geodateninfrastruktur in der Europäischen Gemeinschaft (INSPIRE: Infrastructure for Spatial Information in Europe) zum Ziel. Diese Geodateninfrastruktur dient der Unterstützung einer integrierten europäischen Umweltpolitik, wird allerdings auch weitreichende Auswirkungen auf die Anbieter amtlicher Geodaten wie auch auf die Geoinformationsbranche allgemein in den Mitgliedstaaten der EU haben.

Bislang ist das Bewusstsein für den Inhalt und die Auswirkungen der Richtlinie jedoch innerhalb der Branche sehr gering. Der Verein Runder Tisch GIS hat deshalb eine Broschüre entwickelt um zu diesem wichtigen Thema Stellung nehmen. Damit soll Entscheidungsträgern aus Verwaltung, Wirtschaft, Wissenschaft und eine Hilfe gegeben werden, ihre IT-Strategien auf die Anforderungen von INSPIRE abzustimmen. Es handelt sich nicht um einen Leitfaden zur Umsetzung der Bestimmungen, sondern um eine Zusammenfassung der Richtlinie und ihrer Konsequenzen, sowie eine Beschreibung des Status Quo der Umsetzung.
Teile dieser Informationsbroschüre drucken wir mit freundlicher Genehmigung des Runder Tisch GIS e. V. ab. Die gesamte INSPIRE Broschüre wird bei Bedarf aktualisiert und steht jeweils in der aktuellen Fassung zum Download zur Verfügung unter:
http://www.rtg.bv.tum.de/content/view/262/57

1. INSPIRE – eine Einführung

Ziel der am 15. Mai 2007 in Kraft getretenen INSPIRE-Richtlinie[2] ist die Schaffung einer Geodateninfrastruktur in der Europäischen Gemeinschaft. Angestoßen wurde die Definition der Richtlinie durch die europäische Umweltbehörde. Die Formulierung, Umsetzung und Überwachung von umweltpolitischen Maßnahmen soll damit erleichtert werden. Die Richtlinie unterstützt aufgrund der großen Zahl an betroffenen Geodaten aber auch andere Politikbereiche. Auf 14 Seiten definiert die Richtlinie allgemeine Rahmenbedingungen für die Europäischen Geodateninfrastruktur, die sicher stellen sollen, dass darin genannten Geodaten der Behörden aller Verwaltungsebenen innerhalb der Europäischen Union (EU) leicht gefunden werden können, zugänglich sind und grenzübergreifend genutzt werden können. Basis dieser Europäischen Geodateninfrastruktur sollen die Geodateninfrastrukturen (GDI) auf Ebene der Mitgliedstaaten sein. Die nationalen Herangehensweisen an die Bereitstellung von amtlichen Geodaten sowie Geodatendiensten sollen dazu harmonisiert werden. Die fachlichen und technischen Einzelheiten hierzu werden in Durchführungsbestimmungen u.a. zu den Themen Metadaten, Netzdienste, Interoperabilität von Daten und Diensten sowie Zugangsvoraussetzungen festgelegt, die so weit wie möglich auf internationalen Standards (z.B. des OGC) und Normen (z.B. der ISO) beruhen sollen.

Grundlegend bezieht sich die Richtlinie auf 34 Arten von in elektronischer Form vorliegenden Geodaten (siehe Kapitel 3), die bei Behörden vorhanden sind oder für diese bereitgehalten werden sowie von ihnen in Wahrnehmung ihres öffentlichen Auftrags genutzt werden.
Ausgenommen sind davon Daten, die aufgrund von bestehenden Datenschutz- oder urheberrechtlichen Regelungen nicht der Öffentlichkeit zur Verfügung gestellt werden können. Die Sammlung neuer Geodaten ist mit der Richtlinie nicht vorgeschrieben. Vielmehr wird damit die Art der Bereitstellung bestehender Daten sowie der Daten, die von einer Behörde neu angeboten werden, bestimmt. Beide müssen innerhalb festgelegter Fristen von der Behörde entsprechend der Durchführungsbestimmungen zur Verfügung gestellt werden. Des weiteren müssen zu den Geodaten Metadaten zur Verfügung gestellt werden.

Der Zugang zu den in der Richtlinie definierten Daten und deren Nutzung soll über folgende Arten von Diensten möglich sein:

- Suchdienste: Suche nach Geodaten und Geodatendiensten auf Basis von Metadaten

- Darstellungsdienste: Anzeige, Navigation, Größenveränderung und Überlagern von Geodaten
- Download-Dienste: Herunterladen von und direkter Zugriff auf Geodaten
- Transformationsdienste: Umwandlung von Geodaten zur Ermöglichung einer interoperablen Nutzung
- Dienste zum Abrufen von Geodatendiensten

Diese Dienste sollen grenzübergreifend über ein INSPIRE-Geoportal zugänglich sein, das von der Europäischen Kommission geschaffen und betrieben wird. Eine voll einsatzfähige Version des Portals wird für 2010 erwartet. Derzeit kann unter www.inspire-geoportal.eu auf einen ersten Prototypen zugegriffen werden.

Die Nutzung der Dienste und Daten der Mitgliedstaaten der Europäischen Union soll teilweise kostenfrei und teilweise nur gegen Gebühr möglich sein. Während die Suche nach Daten kostenfrei sein wird, können die Mitgliedstaaten Gebühren für Darstellung und den Download der Daten ihrer Behörden festlegen. Die Richtlinie sieht dabei vor, dass Daten- oder Dienstanbieter des öffentlichen Sektors Gebühren erheben können, wenn sie in ihrem Aufgabenbereich Einkommen aus dem Verkauf ihrer Daten oder Dienste erzielen müssen. Allerdings sollten „die Gebühren [...] die Kosten der Erfassung, Erstellung, Reproduktion und Verbreitung zuzüglich einer angemessenen Rendite nicht übersteigen."[3]

Auch die Koordinierung der Umsetzung der Richtlinie in den einzelnen Mitgliedstaaten ist in der Richtlinie geregelt. So sieht diese die Einrichtung einer nationalen Anlaufstelle vor (siehe Kapitel 3).

2. Wichtige Begriffe im Kontext von INSPIRE

Geodaten
INSPIRE definiert Geodaten als Daten mit direktem (über Koordinaten) oder indirektem (z.B. über eine Postleitzahl) Bezug zu einem bestimmten Standort oder geografischen Gebiet.[4]

Geodatendienste
Unter Geodatendiensten werden im INSPIRE-Kontext v.a. sog. Geodienste oder Geo Web Services verstanden. Dies sind Softwarekomponenten, die im Internet zur Verfügung gestellt werden und über Softwareschnittstellen Funktionalität für die Nutzung von Geodaten bereitstellen. Sofern diese Dienste sich an Standards wie die des Open Geospatial Consortiums oder der INSPIRE Richtlinie halten, soll dadurch ein interoperabler Zugriff auf die Geodaten ermöglicht werden.

Geodateninfrastruktur (GDI)
Eine Geodateninfrastruktur (GDI) zeichnet sich durch folgende, miteinander eng in Beziehung stehende Komponenten aus:

- Geodaten und die dazugehörigen Metainformationen,
- eine technische Infrastruktur aus Benutzerschnittstellen (Clients), Geodiensten, GDI-Portalen, Sicherheits- und Zugriffskontrollmechanismen, Abrechnungskomponenten sowie einem Netzwerk, die dem Anwender den Einstieg in die GDI und den Anbietern die Veröffentlichung ihrer Geodaten und Geodienste in einer GDI ermöglicht,
- Normen und Standards, die das Zusammenspiel der unabhängigen, heterogenen Komponenten und die dynamische Weiterentwicklung der auf Dauer angelegten GDI erlauben,
- sowie die Akteure, insbesondere Anbieter von Geodaten und Geodiensten, Betreiber der GDI-Portale und Nutzer.[5]

Interoperabilität
Unter Interoperabilität wird die Fähigkeit zur Zusammenarbeit ursprünglich autonomer Systeme verstanden. Über syntaktisch und semantisch eindeutig spezifizierte Schnittstellen werden Dienstleistungen für andere Systeme erbracht und Dienstleistungen von anderen Systemen genutzt. Die Komplexität und die inneren Strukturen der Systeme werden vor dem Nutzer einer Dienstleistung verborgen.[6]

Die INSPIRE-Richtlinie setzt bei der Definition einen etwas anderen Schwerpunkt. Demnach bezeichnet Interoperabilität „im Falle von Geodatensätzen ihre mögliche Kombination und im

Falle von Diensten ihre mögliche Interaktion ohne wiederholtes manuelles Eingreifen und in der Weise, dass das Ergebnis kohärent ist und der Zusatznutzen der Datensätze und Datendienste erhöht wird"[7]

Metadaten
INSPIRE definiert Metadaten als Informationen, die Geodatensätze und Geodatendienste beschreiben und es ermöglichen, diese zu ermitteln, in Verzeichnisse aufzunehmen und zu nutzen[8].

3. Umsetzung und Auswirkungen der INSPIRE Richtlinie

Fahrplan zur Umsetzung der Richtlinie

Die Richtlinie sieht einen konkreten, straffen und verbindlichen Fahrplan zur Realisierung ihrer Ziele vor (siehe Abbildung 2; Seite 15). Zwei Jahre nach ihrem Inkrafttreten, das heißt Mitte Mai 2009, muss die Richtlinie in nationales Recht der EU-Mitgliedstaaten umgesetzt sein. Auch der Großteil der beschriebenen Durchführungsbestimmungen soll bis dahin verabschiedet sein. Den Anfang macht hierbei die Durchführungbestimmung für Metadaten[9]. Am 14. Mai 2008 hat der INSPIRE Regelungsausschuss dem Entwurf zugestimmt und das offizielle Verabschiedungsverfahren eingeleitet. Die endgültige Veröffentlichung wird für August 2008 erwartet. Als nächstes sollen die Durchführungsbestimmungen für Such- und Darstellungsdienste[10] sowie für Monitoring und Reporting im November 2008 folgen. Bis Mai 2009 schließlich sollen die Durchführungsbestimmungen für Interoperabilität der Geodaten und Dienste (für Datenthemen in Anhang 1 der Richtlinie), für Download-Dienste, für Transformationsdienste sowie für Zugriffs- und Nutzungsrechte der Institutionen der Europäischen Gemeinschaft verabschiedet werden.

2009 bis 2013 schließt sich daran eine Implementierungs- und Überwachungsphase an. Zwischen 2008 und 2019 müssen schließlich Behörden nach und nach alle in der Richtlinie genannten Daten und Metadaten INSPIRE-konform anbieten. Auf die dazu notwendigen Schritte wird im Folgenden eingegangen. Details bzgl. des INSPIRE Fahrplans können dem INSPIRE Work Programme[11] sowie dessen Update[12] entnommen werden.

Zuständigkeiten in Deutschland

Die Federführung der Umsetzung der INSPIRE Richtlinie in Deutschland liegt beim Bundesministerium für Umwelt, Naturschutz und Reaktorsicherheit (BMU). Das BMU leitet seit 2005 auch eine INSPIRE Task Force, die sich aus Experten des BMU, weiterer Bundeseinrichtungen, der Bund-Länder-Arbeitsgruppen, der Kommunen sowie der Wirtschaft und Wissenschaft zusammen setzt.

Auf Ebene des Bundes wird zudem die in der Richtlinie verlangte nationale Anlaufstelle eingerichtet, die Ansprechpartner für INSPIRE in Deutschland ist. Derzeit übernimmt die GDI-DE Geschäfts- und Koordinierungsstelle (GKSt GDI-DE) am Bundesamt für Kartographie und Geodäsie in Frankfurt am Main diese Funktion.

In einer derzeit in Arbeit befindlichen Verwaltungsvereinbarung von Bund und Ländern zum Aufbau der GDI-DE soll dann endgültig festgeschrieben werden, dass ab dem Jahr 2009 das Lenkungsgremium GDI-DE mit seiner GKSt GDI-DE diese Aufgaben wahrnimmt.

Dies beinhaltet die Wahrnehmung von Koordinierungsaufgaben bei der Daten- und Dienstebereitstellung sowie die Erfüllung von Monitoring- und Berichtspflichten für INSPIRE. Die GKSt GDI-DE leitet auch die im öffentlichen Reviewprozess befindlichen INSPIRE Dokumente (z.B. Entwürfe der Durchführungsbestimmungen) an alle Verwaltungsebenen in Deutschland weiter, sammelt die Stellungnahmen und leitet sie anschließend an die Europäische Kommission weiter[13]. Vertreter Deutscher Organisationen arbeiten derzeit aktiv an der Formulierung der Durchführungsbestimmungen mit (s. Anhang I, Seite 16).

Umsetzung in deutsches Recht

Bis Mitte Mai 2009 müssen die Vorgaben der INSPIRE Richtlinie in deutsches Recht umgesetzt sein. Im April 2008 hat eine Arbeitsgruppe unter Leitung des BMU den Entwurf eines Geodatenzugangsgesetz – GeoZG vorgelegt. In der Arbeitsgruppe sitzen neben Vertretern des BMU auch Vertreter des Bundesministeriums des Innern, der Länder und der kommunalen Spitzenverbände. Aufgrund der föderalen Struktur der Bundesrepublik Deutschland ist neben der Verabschiedung dieses Bundesgesetzes auch die Definition von Gesetzen auf Ebene der Länder notwendig. Das GeoZG soll dabei als Mustergesetz gelten. In den meisten Bundesländern wird derzeit an einem Gesetzesentwurf zur Umsetzung der Richtlinie gearbeitet[14]. Bayern hat unter Federführung des Staatsministeriums der Finanzen im Mai 2008 als erstes Bundesland einen Entwurf für ein Bayerisches Geodateninfrastrukturgesetz (BayG-DIG) eingebracht[15], das zum 1. August in Kraft getreten ist.

Im Gegensatz zur INSPIRE-Richtlinie selbst haben die Durchführungsbestimmungen zur Richtlinie unmittelbare Rechtskraft im Mitgliedsland, sind also für die Verwaltungsorgane in Deutschland von Bund bis hin zur Kommune bindend. Darüber hinaus besteht aber auch die Möglichkeit für Bund und Länder, die Durchführungsbestimmungen in eigene Rechtsverordnungen umzusetzen, die die INSPIRE-Durchführungsbestimmungen beachten müssen, aber auch darüber hinausgehen können. Neben den Durchführungsbestimmungen werden auch sog. Guidelines veröffentlicht, in denen z.B. auf bei der Implementierung der Bestimmungen relevante Standards und Normen verwiesen wird. Diese sind allerdings nicht rechtlich bindend für die EU-Mitgliedsstaaten, was die in der INSPIRE-Richtlinie geforderte Interoperabilität der Daten und Dienste vermutlich erschweren wird[16].

INSPIRE und GDI-DE

Die Geodateninfrastruktur des Bundes (GDI-DE) wird den nationalen Baustein in der durch INSPIRE definierten Europäischen GDI darstellen (siehe Abbildung 1). Aus diesem Grund werden bereits jetzt die organisatorischen und technischen Strukturen für den Aufbau der GDI-DE auf den INSPIRE Fahrplan ausgerichtet. Das GDI-DE Architekturkonzept vom August 2007[17] berücksichtigt bereits INSPIRE-Vorgaben, ebenso wie die GDI-DE Modellprojekte wie beispielsweise der Geodatenkatalog-DE zur Bereitstellung von Metadaten[18].

INSPIREGDI-DEGeodaten-infrastrukturen weiterer EU-Mitgliedsstaaten Geodaten-infrastrukturender BundesländerGeodaten-infrastruktur-BundKommunale GDI

INSPIRE-Aktivitäten von GIS-Herstellern

Neben den Behörden engagieren sich auch GIS-Hersteller und weitere Unternehmen der GIS-Branche im Zusammenhang mit der INSPIRE Richtlinie. Das Engagement reicht von der Information und Beratung von Kunden zu den Anforderungen der Richtlinie bis hin zu einer aktiven Mitarbeit bei der Definition der Durchführungsbestimmungen.

Des Weiteren berücksichtigen die Unternehmen INSPIRE bereits in der Produktentwicklung, um eine Konformität zu gewährleisten.

Von der Richtlinie betroffene Geodaten

Die INSPIRE Richtlinie betrifft in erster Linie Daten von Behörden. So gilt beispielsweise das deutsche GeoZG für Geodaten, die folgende Bedingungen erfüllen[20]:

„**1.** Sie beziehen sich auf das Hoheitsgebiet der Bundesrepublik Deutschland […];

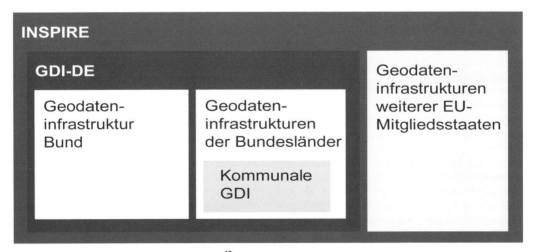

Abbildung 1: GDI-Hierarchie in Europa[19]

2. sie liegen in elektronischer Form vor;

3. sie sind vorhanden bei
a) einer geodatenhaltenden Stelle, fallen unter ihren öffentlichen Auftrag und
aa) wurden von einer geodatenhaltenden Stelle erstellt oder
bb) sind bei einer solchen eingegangen oder
cc) werden von dieser geodatenhaltenden Stelle verwaltet oder aktualisiert,
b) Dritten, denen nach § 9 Abs. 3 Anschluss an die nationale Geodateninfrastruktur
gewährt wird, oder werden für diese bereitgehalten"

In drei Anhängen zur INSPIRE-Richtlinie ist festgeschrieben, um welche Art von Geodaten es sich handelt (siehe Tabelle 1 in der Downloadversion der Broschüre). Die Einteilung der Daten in drei Gruppen in den Anhängen 1 bis 3 spiegelt dabei auch eine zeitliche Priorisierung wieder. Begonnen wird mit der Spezifikation der Daten aus Anhang 1, für die bereits 2009 entsprechende Durchführungsbestimmungen vorliegen sollen.

Von der Richtlinie betroffene Datenanbieter
INSPIRE verpflichtet zunächst einmal die EU-Mitgliedstaaten, Daten gemäß der Vorgaben der INSPIRE Richtlinie verfügbar zu machen. Die Mitgliedstaaten sind dafür verantwortlich, Regelungen bzgl. der Datenabgabe innerhalb jeden Staates zu treffen (u.a. durch die o.g. Gesetze). Betroffen sind dabei v.a. öffentliche Verwaltungen auf allen Ebenen, d.h. des Bundes, der Länder und der Kommunen, die die o.g. Daten in elektronischer Form vorhalten bzw. bereitstellen. Damit sind ggf. auch die Dienstleister dieser Verwaltungen, die für diese den GIS-Betrieb oder die Bereitstellung von Geodaten übernehmen, von der Richtlinie betroffen.
Die durch die Umsetzung der INSPIRE Richtlinie entstehenden Kosten werden im Zuge der noch zu treffenden Bund-Länder-Verwaltungsvereinbarung zwischen Bund und Ländern aufgeteilt werden[21].

Datenanbieter
Die Richtlinie verpflichtet die Anbieter der definierten Daten, diese gemäß den Durchführungsbestimmungen über entsprechende Dienste zur Verfügung zu stellen.

Im Rahmen der Durchführungsbestimmungen zur Interoperabilität der Geodaten und Dienste werden derzeit von sog. Thematic Working Groups harmonisierte, europaweit einheitliche INSPIRE Datenmodelle (INSPIRE Data Specifications) zu den Geodaten-Themen in den Anhängen der Richtlinie (vgl. Tabelle 1 in der Downloadversion der Broschüre) erarbeitet. Aus Sicht der Anbieter derartiger Daten (z.B. Vermessungsverwaltungen) bedeutet dies zwar nicht, dass sie die Datenmodelle und damit die Datenhaltung ihrer originären Daten ändern müssen. Allerdings ist für die INSPIRE-konforme Abgabe der betroffenen Daten eine Transformation der Daten aus ihren originären Datenmodellen, beispielsweise des ATKIS Basis-DLM als Teil des AFIS-ALKIS-ATKIS Referenzmodells (AAA) in Deutschland in die von der EU vorgegebenen Modelle notwendig. Bisher wurde auf Ebene der EU allerdings noch nicht entschieden, ob dafür spezielle Werkzeuge empfohlen (z.B. über die Spezifikation von „Transformationsdiensten") oder angeboten werden sollen. Die Technische Universität München beschäftigt sich in Zusammenarbeit mit der Eidgenössischen Technischen Hochschule Zürich bereits seit 2006 in einem Pilotprojekt mit genau dieser Thematik der Transformation von Datenmodellen[23].
Zusammenfassend sind für einen von der Richtlinie betroffenen Datenanbieter folgende Schritte notwendig:

1. Ersterfassung INSPIRE-konformer Metadaten, bzw. Vorbereitung der Abgabe vorhandener Metadaten gemäß der INSPIRE Vorgaben

2. Vorbereitung der Abgabe vorhandener Geodaten gemäß der INSPIRE Vorgaben (beispielsweise durch Modelltransformation)

3. Aufsetzen der Geodatendienste (technisch und organisatorisch), um die Daten und Metadaten zur Verfügung stellen zu können

Die INSPIRE-Richtlinie legt verbindliche Fristen fest, innerhalb derer die Anforderungen erfüllt sein müssen. Abbildung 2, Seite 17, gibt einen Überblick über die Fristen, zu denen die Durchführungsbestimmungen erlassen werden, und zu denen die Daten und Dienste INSPIRE-konform bereitgestellt werden müssen.

Anhang I

Datenthemen	Erläuterung
Koordinatenreferenzsysteme	Systeme zur eindeutigen räumlichen Referenzierung von Geodaten anhand eines Koordinaten-satzes
Geografische Gittersysteme	Harmonisiertes Gittersystem
Geografische Bezeichnungen	Namen von Gebieten, Regionen, Orten, Siedlungen
Verwaltungseinheiten	Lokale, regionale und nationale Verwaltungseinheiten
Adressen	In der Regel Straßenname, Hausnummer und Postleitzahl zur Lokalisierung von Grundstücken
Flurstücke/Grundstücke (Katasterparzellen)	Gebiete, die anhand des Grundbuchs oder gleichwertiger Verzeichnisse bestimmt werden
Verkehrsnetze	Verkehrsnetze und zugehörige Infrastruktureinrichtungen für Straßen-, Schienen- und Luftverkehr sowie Schifffahrt
Gewässernetz	Elemente des Gewässernetzes, einschließlich Meeresgebieten und allen sonstigen Wasserkör-pern. Ggf. gemäß den Definitionen der Wasserrahmenrichtlinie 2000/60/EG
Schutzgebiete	Gebiete, die ausgewiesen sind o. verwaltet werden, um bestimmte Erhaltungsziele zu erreichen.

Anhang II

Datenthemen	Erläuterung
Höhe	Digitale Höhenmodelle für Land-, Eis- und Meeresflächen
Bodenbedeckung	Physische und biologische Bedeckung der natürlichen und künstlichen Erdoberfläche
Orthofotografie	Georeferenzierte Bilddaten der Erdoberfläche
Geologie	Geologische Beschreibung anhand von Zusammensetzung und Struktur, einschließlich Grund-gestein, Grundwasserleiter und Geomorphologie

Anhang III

Datenthemen	Erläuterung
Statistische Einheiten	Einheiten für die Verbreitung oder Verwendung statistischer Daten
Gebäude	Geografischer Standort von Gebäuden
Boden	Beschreibung von Boden und Unterboden anhand zahlreicher Merkmale
Bodennutzung	Beschreibung von Gebieten anhand ihrer derzeitigen und geplanten künftigen Funktion oder ihres sozioökonomischen Zwecks
Gesundheit und Sicherheit	Geografische Verteilung verstärkt auftretender pathologischer Befunde, Informationen über die Auswirkungen auf die Gesundheit oder auf das Wohlbefinden der Menschen in Zusammenhang mit der Umweltqualität
Versorgungswirtschaft und staatliche Dienste	Versorgungseinrichtungen wie Abwasser- und Abfallentsorgung, Energie- und Wasserversorgung; Staatliche Verwaltungs- und Sozialdienste
Umweltüberwachung	Standort und Betrieb von Umweltüberwachungseinrichtungen
Produktions- und Industrieanlagen	Standorte für industrielle Produktion
Landwirtschaftliche Anlagen und Aquakulturanlagen	Landwirtschaftliche Anlagen und Produktionsstätten
Verteilung der Bevölkerung - Demografie	Geografische Verteilung der Bevölkerung, einschließlich Bevölkerungsmerkmalen und Tätigkeitsebenen, zusammengefasst z.B. nach Gitter oder Verwaltungseinheit

Bewirtschaftungsgebiete/ Schutzgebiete/ geregelte Gebiete und Berichterstattungseinheiten	Auf internationaler, europäischer, nationaler, regionaler und lokaler Ebene bewirtschaftete, gere-gelte oder zu Zwecken der Berichterstattung herangezogenen Gebiete. Z.B. Deponien, Trinkwasserschutzgebiete, Lärmschutzgebiete.
Gebiete mit naturbedingten Risiken	Gefährdete Gebiete, eingestuft nach naturbedingten Risiken, z.B. Überschwemmungen, Erdrut-sche, Lawinen, Waldbrände
Atmosphärische Bedingungen	Physikalische Bedingungen in der Atmosphäre, d.h. Geodaten auf der Grundlage von Messun-gen, Modellen und Messstandorte
Meteorologisch-geografische Kennwerte	Witterungsbedingungen und deren Messung, z.B. Niederschlag, Temperatur, Windgeschwindig-keit
Ozeanografisch-geografische Kennwerte	Physikalische Bedingungen der Ozeane, z.B. Strömungsverhältnisse, Salinität, Wellenhöhe
Meeresregionen	Physikalische Bedingungen von Meeren und salzhaltigen Gewässern
Biogeografische Regionen	Gebiete mit relativ homogenen ökologischen Bedingungen und gleichen Merkmalen
Lebensräume und Biotope	Geografische Gebiete mit spezifischen ökologischen Bedingungen, Prozessen, Strukturen und Funktionen als physische Grundlage für dort lebende Organismen
Verteilung der Arten	Geografische Verteilung des Auftretens von Tier- und Pflanzenarten, z.B. zusammengefasst in Gittern oder Verwaltungseinheiten
Energiequellen	Energiequellen wie Kohlenwasserstoffe, Wasserkraft, Sonnenenergie
Mineralische Bodenschätze	Mineralische Bodenschätze wie Metallerze, Industrieminerale

Tabelle 1: In den Anhängen der INSPIRE Richtlinie festgelegten Geodaten-Themen[22]

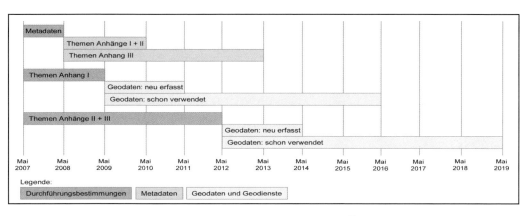

Abbildung 2: Fahrplan zur Umsetzung der Richtlinie INSPIRE[24]

Konkrete Handlungsempfehlungen können vor Verabschiedung der Durchführungsbestimmungen nicht ausgesprochen werden. Jedoch ist bereits jetzt deutlich, dass die durch INSPIRE definierte Geodateninfrastruktur auf heute gängiger Web Service Technologie aufsetzen wird.

Es empfiehlt sich, dies bereits jetzt bei Entscheidungen über die IT- bzw. GIS-Infrastruktur sowie über die Umstrukturierung von Prozessen zu berücksichtigen.

Potenzial der Richtlinie für Nutzer

Der durch die INSPIRE-Richtlinie vorangetriebene Aufbau einer Europäischen Geodateninfrastruktur birgt sowohl für Anbieter INSPIRE-konformer Daten und Dienste als auch für deren Nutzer sowie weitere Gruppen innerhalb und außerhalb der Geoinformationsbranche großes Nutzenpotenzial. Das Potenzial liegt in erster Linie in der Interoperabilität, die durch die Richtlinie erreicht werden soll und dem damit möglichen grenzübergreifenden Zugriff auf und die grenzübergreifende Nutzung europaweiter Geodaten und Geodatendienste.

Folgende Nutzenpotenziale können sich für die unterschiedlichen Zielgruppen ergeben:

Öffentliche Verwaltungen von Bund, Ländern und Kommunen:

- Standardisierter und browserorientierter Zugriff auf verteilte, heterogene Geodaten und Geodatendienste über modernste Technologien

- Erleichterung der Lösung hoheitlicher Aufgaben mit Hilfe von raumbezogenen Daten

- Vereinfachter Datenaustausch mit anderen öffentlichen Verwaltungen, beispielsweise im Zusammenhang einer interkommunalen Kooperation

- Erfüllung der Berichtspflichten gegenüber der Europäischen Kommission, z.B. aufgrund der Umgebungslärmrichtlinie (EG-Richtlinie 2002/49/EG), die die Erstellung von Lärmkartierungen erfordert

- Wirtschaftlichere Nutzung von Geodaten durch geringere Kosten (z.B. wenn lediglich ein Ausschnitt eines Datensatzes benötigt wird) und höheren Nutzen (z.B. Zugriff auf Geodaten, die zuvor nicht oder nur schwer genutzt werden konnten)

- Schnelleres Sichten und Finden von umweltplanungsrelevanten Fachdaten.

Öffentliches Vermessungswesen:

- Förderung des Aufbaus einer nationalen GDI durch die Definition einheitlicher Datenmodelle bzw. der Möglichkeiten der Transformation bestehender Datenmodelle sowie weiterer Standards

- Legitimation der GDI-Initiativen auf Ebene des Bundes und der Länder durch die Verabschiedung des Geodatenzugangsgesetzes als Umsetzung der INSPIRE-Richtlinie in Deutschland

- Vermarktung der amtlichen Geodaten und Geodatendienste im Zusammenhang mit INSPIRE als Grundlage für Fachdaten öffentlicher und privater Anbieter

Unternehmen, einschließlich Ingenieurbüros und Forschung:

- Positionierung als Dienstleister zur Unterstützung der Umsetzung der INSPIRE-Richtlinie

- Platzierung von INSPIRE konformen Produkten auf dem Markt, da die Richtlinie auf Seiten der Betroffenen eine Anpassung ihrer IT- und GIS-Infrastruktur sowie ihrer Prozesse erfordert

- Möglichkeit des Angebots neuer Produkte und Dienstleistungen durch den europaweiten, grenzübergreifenden und interoperablen Zugriff auf Geodaten und Geodatendienste für Unternehmen, die Geodaten und Geodatendienste einsetzen bzw. dies planen

- Der bislang komplexe Zugriff auf verteilt vorliegende amtliche Daten wird sich bei einem Zugriff über ein zentrales Geoportal INSPIRE erheblich erleichtern.

INSPIRE-Aktivitäten des Runder Tisch GIS e.V.

Schulungskurse, Informationsveranstaltungen mit Herstellern und Datenanbietern

Der Verein Runder Tisch GIS e.V. berücksichtigt INSPIRE bei der Auswahl der Themen seiner Weiterbildungsveranstaltungen. Neben der Expertenrunde 2007 und 2008 drehte sich beim 13. Münchner Fortbildungsseminar Geoinformationssysteme 2008 ein Vortragsblock exklusiv um die Themen INSPIRE und GMES. Vereinsmitglieder können die Vorträge über die Internetseiten (www.rtg.bv.tum.de) beziehen. Weiterhin wird das Angebot der Schulungskurse der Vereins um den Kurs „Auswirkungen der EU-Richtlinie INSPIRE" ergänzt.

Informationsdrehscheibe

Mit Maßnahmen wie dieser Informationsbroschüre möchte der Runder Tisch GIS e.V. dazu beizutragen, das Thema INSPIRE in den Köpfen zu verankern und die Betroffenen bestmöglich auf die Herausforderungen bei der Umsetzung der INSPIRE-Richtlinie vorzubereiten.

INSPIRE-GMES-Testplattform

Der Verein investiert einen nicht unerheblichen Teil seiner Forschungsförderungsmittel, um ein Experimentierfeld zu schaffen, auf dem INSPIRE-relevante Dienste erprobt werden können.

Dabei handelt es sich nicht um eine GDI, sondern um eine Testumgebung, in der INSPIRE-konforme Dienste verschiedener Hersteller auf ihr Zusammenspiel untereinander, mit weiteren Geodatendiensten und unterschiedlichen Clients hin untersucht werden können.

Die derzeitigen Projektpartner der INSPIRE-GMES-Testplattform sind:

AED SICAD, Autodesk, Bentley, Bundesamt für Kartographie und Geodäsie, con terra, ESG, ESRI, GAF AG, GeoTask, HHK Datentechnik, Huber Media, IAC, Inforterra, Intergraph, Landesamt für Vermessung und Geoinformation Bayern, Landesvermessungsamt Baden-Württemberg, Landesvermessungsamt Voralberg, Landkreis Cham, Microsoft, M.O.S.S., Runder Tisch GIS e.V., TU München.

In weiteren Projektstufen werden dann INSPIRE-konforme Download- und Viewing-Dienste in Anwendungsszenarien mit GMES-Diensten zusammengeführt.
Eines der Anwendungsszenarien behandelt das Katastrophenmanagement im Falle eines Hochwassers, in einem anderen wird das Thema Landnutzungsarten angegangen.
Die Umsetzung ist für das Jahr 2009 geplant. Entscheidend ist allerdings der Zeitpunkt der Veröffentlichung der entsprechenden Durchführungsbestimmungen. Siehe Abbildung 3.

Der Ausbau der Testplattform erfolgt in mehreren Stufen. Zunächst wird im Zeitraum Juni 2008 bis Februar 2009 das Thema Metadaten angegangen.

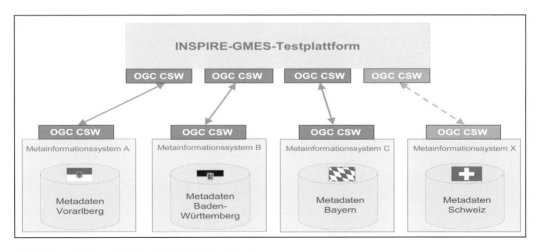

Abbildung 3: Architektur Stufe III Metadaten

In weiteren Projektstufen werden dann INSPIRE-konforme Download- und Viewing-Dienste in Anwendungsszenarien mit GMES-Diensten zusammengeführt.
Eines der Anwendungsszenarien behandelt das Katastrophenmanagement im Falle eines Hochwassers, in einem anderen wird das Thema Landnutzungsarten angegangen. Die Umsetzung ist für das Jahr 2009 geplant. Entscheidend ist allerdings der Zeitpunkt der Veröffentlichung der entsprechenden Durchführungsbestimmungen. Siehe Abbildung 4.

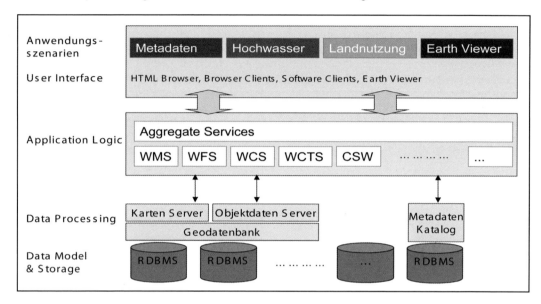

Abbildung 4: Konzeptionelle Architektur der INSPIRE GMES-Testplattform

5. Fazit und Ausblick

Die EG-Richtlinie INSPIRE legt die Grundlage für eine Geodateninfrastruktur auf Ebene der EU, die europaweit einen grenzübergreifenden, interoperablen Zugriff auf und die Nutzung von Geodaten und Geodatendiensten ermöglicht.
Für die Erfüllung der Richtlinie sind von den betroffenen Behörden Investitionen in ihre IT- bzw. GIS-Infrastruktur sowie organisatorische Anpassungen zu tätigen. Es empfiehlt sich, bereits jetzt bei IT-Entscheidungen die Anforderungen der INSPIRE-Richtlinie zu berücksichtigen und sich so gezielt auf das 2008 inkrafttretende Geodatenzugangsgesetz, mit dem Deutschland die Richtlinie umsetzt, vorzubereiten.

INSPIRE bietet den Teilnehmern der Geoinformationsbranche und der Allgemeinheit große Chancen. Für die Unternehmen eröffnen sich durch die Richtlinie neue Marktchancen, insbesondere durch einen erleichterten Zugriff auf amtliche Daten und Dienste sowie die Möglichkeit, Werkzeuge für die von INSPIRE geforderte Interoperabilität anzubieten. Entscheidungen der Politik können effektiver getroffen werden und eine Qualitätssteigerung erfahren, wovon letztlich die Bürger profitieren.

Der Runder Tisch GIS e.V. unterstützt die Umsetzung der INSPIRE-Richtlinie durch Information, Beratung und Forschungsförderung. Mit der vorliegenden ersten Version der INSPIRE-Broschüre wird ein Schritt in diese Richtung getan. Es ist geplant, die Broschüre periodisch zu aktualisieren, um aktuelle Entwicklungen beispielsweise bei den INSPIRE-Durchführungsbestimmungen zu berücksichtigen. Für eine nächste Version sollen in Zusammenarbeit mit Mitgliedern des Runder Tisch GIS e.V. auch realitätsnahe Anwendungsszenarien im INSPIRE-Kontext auf allen Verwaltungsebenen entworfen werden.
In seinen Weiterbildungs- und Informationsveranstaltungen wird der Runder Tisch GIS e.V. das Thema INSPIRE weiter vertiefen, so ist beispielsweise ein Schulungskurs in Planung.

Mit der INSPIRE-GMES-Testplattform geht der Runder Tisch GIS e.V. einen großen Schritt in Richtung praktischer Umsetzung der Richtlinie. Den Mitgliedern des Runder Tisch GIS e.V. wird damit ein Experimentierfeld zur Verfügung gestellt, auf dem sie INSPIRE-relevante Prozesse und Produkte erproben können und sich somit besser auf die aus der Richtlinie erwachsenden Herausforderungen vorbereiten können.

Quellenangaben:

[1] vgl. Donaubauer et al. 2007
[2] vgl. Europäisches Parlament und Rat 2007
[3] vgl. Europäisches Parlament und Rat 2007
[4] Europäisches Parlament und Rat 2007
[5] Jaenicke 2004
[6] Donaubauer 2004
[7] Europäisches Parlament und Rat 2007
[8] Europäisches Parlament und Rat 2007
[9] vgl. Europäische Kommission 2007a
[10] Entwurf vgl. INSPIRE Drafting Team Network Services 2008
[11] vgl. Europäische Kommission 2007b
[12] vgl. Europäische Kommission 2008
[13] vgl. Lenk 2008
[14] vgl. GKSt GDI-DE 2008
[15] vgl. Bayerischer Landtag 2008
[16] GKSt GDI-DE 2008
[17] GKSt GDI-DE 2007
[18] GKSt GDI-DE 2007
[19] GKSt GDI-DE 2007
[20] Bundesministerium für Umwelt, Naturschutz und Reaktorsicherheit 2008
[21] Bundesministerium für Umwelt, Naturschutz und Reaktorsicherheit 2008
[22] Europäisches Parlament und Rat 2007
[23] vgl. Donaubauer et al. 2008
[24] nach Lenk 2008

Literaturhinweise

Bayerischer Landtag (Hrsg.) 2008: Gesetzentwurf der Staatsregierung eines Bayerischen Geodateninfrastrukturgesetzes (BayGDIG), Drucksache 15/10670, 27.05.2008.
Online im Internet. URL: http://www.bayern.landtag.de/www/ElanTextAblage_WP15/Drucksachen/Basisdrucksachen/0000005500/0000005924.pdf (Stand 04.07.2008)

Bundesministerium für Umwelt, Naturschutz und Reaktorsicherheit (Hrsg.) 2008: Gesetzentwurf für das Gesetz über den Zugang zu digitalen Geodaten (Geodatenzugangsgesetz – GeoZG).
Online im Internet. URL: http://www.bmu.de/files/pdfs/allgemein/application/pdf/geozg_entwurf_begr.pdf (Stand: 04.07.2008)

Donaubauer, A. 2004: Interoperable Nutzung verteilter Geodatenbanken mittels standardisierter Geo Web Services. Dissertation an der Technischen Universität München, Fakultät für Bauingenieur- und Vermessungswesen.

Donaubauer, A.; Ertac, Ö, Kowarsch, F.; Kutzner, T.; Ohlmann, J.; Reith, C.; Striegl, P.; Tilch, S. 2007: Trendanalyse zur INTERGEO – 25. bis 27. September 2007 in Leipzig. In: zfv, 6/2007, S. 394-399.

Donaubauer, A.; Staub, P.; Straub, F.; Fichtinger, A. 2008: Web-basierte Modelltransformation – eine Lösung für INSPIRE? In: GIS, 2/2008, S. 26-33.

Europäisches Parlament und Rat 2007: Richtlinie 2007/2/EG des Europäischen Parlaments und des Rates vom 14. März 2007 zur Schaffung einer Geodateninfrastruktur in der Europäischen Gemeinschaft (INSPIRE).
Online im Internet (Deutsche Fassung). URL: http://eur-lex.europa.eu/JOHtml.do?uri=OJ:L:2007:108:SOM:DE:HTML (Stand: 21.11.07)

Europäische Kommission (Hrsg) 2007a: Draft Implementing Rules for Metadata (Version 3).
Online im Internet. URL: http://www.ec-gis.org/inspire/reports/ImplementingRules/INSPIRE_Metadata_ImplementingRule_v3_20071026.pdf (Stand 22.04.2008).

Europäische Kommission (Hrsg.) 2007b: INSPIRE Work Programme Transposition Phase 2007-2009.
Online im Internet. URL: http://www.ec-gis.org/inspire/reports/transposition/INSPIRE_IR_WP2007_2009_en.pdf (Stand: 07.08.2007).

Europäische Kommission (Hrsg.) 2008, INSPIRE Implementing Rules development. Update May 2008.
Online im Internet. URL:
http://www.ec-gis.org/inspire/reports/transposition/IRprogress05-2008.pdf (Stand: 04.07.2008)

EUROGI (European Umbrella Organisation For Geographic Data) 2007:
To Be Inspired or not? A brief guide to the INSPIRE directive.
Online im Internet. URL:
http://www.irlogi.ie/userfiles/File/Database/INSPIRE-EUROGI%20Guide%20IN01.pdf (Stand: 6.12.2007)

e-geo.ch (Hrsg.) 2007: Newsletter Juni 2007.
Online im Internet. URL:
http://www.e-geo.ch/pub/down/publi/newsletter/N2007_17_de.pdf (Stand: 06.12.2007)

Fichtinger, A.; Kraut, V. 2008: INSPIRE – auf dem Weg zu einer Europäischen Geodateninfrastruktur.
In: der gemeinderat, 5/2008, S. 34-35.

GKSt GDI-DE (Hrsg.) 2007: Architektur der Geodateninfrastruktur Deutschland Version 1.0.
Online im Internet. URL:
http://www.gdi-de.de/de/download/GDI_ArchitekturKonzept_V1.pdf (Stand: 22.11.2007)

GKSt GDI-DE (Hrsg.) 2008: GDI-DE Newsletter 02 / 2008.
Online im Internet. URL:
http://www.gdi-de.de/de/download/newsletter/Newsletter_02_2008.pdf (Stand: 04.07.2008)

Illert, A. 2008: Bedeutung von INSPIRE für Kommunen. Vortrag auf dem 12. Workshop Kommunale Geoinformationssysteme, Darmstadt, 05.03.2008.
Online im Internet. URL:
http://www.ikgis.de/Web/Veranstaltungen/KGIS_Workshop/KGIS_12/Vortraege/Illert/INSPIRE-f-Kommunen_Illert.pdf (Stand: 04.07.2008).

INSPIRE Drafting Team Monitoring and Reporting, 2008: Implementing Rule Monitoring and Reporting, Draft V2.1.
Online im Internet. URL:
http://www.ec-gis.org/inspire/reports/ImplementingRules/monitoring/INSPIRE_DT_MR_DraftImplementingRules_140308.pdf (Stand 22.04.2008).

INSPIRE Drafting Team Network Services, 2008: Draft Implementing Rules for Discovery and View Services (IR1), V2.0,
Online im Internet. URL:
http://www.ec-gis.org/inspire/reports/ImplementingRules/network/ D3.7_Draft_IR_Discovery_and_View_Services_v2.0.pdf (Stand: 14.7.08).

Jaenicke, K. 2004: Nutzen und Wertschöpfung von Geodateninfrastrukturen.
Diplomarbeit an der Ludwig-Maximilians-Universität München.

Joint Research Center: INSPIRE Dokumenten- und Newsarchiv. Online im Internet.
URL: http://www.ec-gis.org/inspire

Keller, P.; R. Roschlaub; M. Seifert 2007: Aufbau einer Geodateninfrastruktur Bayern (GDI-BY). In: Mitteilungen des DVW Bayern, Heft 3/2007, München, S. 353-367.

Lenk, M. 2008: Inspire wächst. In: GIS-Business, 1/2008, S. 12-13.

Maltis, R. 2008: Was Inspire KMUs bringt. In GIS-Business, 3/2008, S. 7-9.

Autoren:
M. Schilcher, A. Fichtinger, V. Kraut, Technische Universität München, Fachgebiet Geoinformationssysteme
K. Jaenicke, BICC-NET Bavarian Information and Communication Technology Cluster

1.2 Online Leitungsauskunft bei verteilten Systemen auf Basis OGC Web Services

Ausgangssituation

Betreiber von Leitungsnetzen (Energieversorgungsunternehmen, Telekommunikationsunternehmen Kommunen etc.) sind dazu verpflichtet, Dritten Auskunft darüber zu geben, ob ihre Leitungen von einer geplanten Baumaßnahme betroffen sind. Bei einem Energieversorger gehen je nach Größe des Unternehmens mehrere tausend solcher Anfragen pro Jahr ein. Jährlich entstehen durch die Beeinträchtigungen Dritter große Schadenssummen an den Leitungsnetzen. Daher ist es im Interesse jedes Leitungsbetreibers, der Auskunftspflicht genüge zu tun. Aufgrund der Vielzahl an Trassen und Sparten sowie der großen Anzahl potenzieller Anwender birgt die Dienstleistung einer sparten- und unternehmensübergreifenden Leitungsauskunft ein großes Potenzial, stellt aber auch eine technische wie organisatorische Herausforderung dar.

Um den größtmöglichen Nutzen mittels einer derartigen Lösung zu erreichen, müssen alle Leitungsbetreiber eines bestimmten geographischen Gebiets mittels einer einzigen Anfrage befragt werden können. Zwei Hindernisse stellen sich dem potenziellen Betreiber einer derartigen unternehmensübergreifenden Lösung aus technischer Sicht entgegen: Zum einen ist dies die Heterogenität und Verteiltheit der Geodatenbestände der Leitungsbetreiber, zum anderen sind Leitungsbetreiber selten dazu bereit, Informationen über ihre Leitungsnetze in Form digitaler Karten preiszugeben.

Beide Hindernisse können durch kontrollierten Online-Zugriff auf die Systeme der Leitungsbetreiber mittels Geo Web Services nach den Spezifikationen des Open GIS Consortium (OGC) überwunden werden. Dies zeigt die Umsetzung des Anwendungsbeispiels „Online Leitungsauskunft" im Rahmen der OGC Testplattform des Vereins Runder Tisch GIS e.V..

Testplattform des Runden Tisch GIS e.V.

Das Hauptproblem bei der Kombination von Geodaten aus unterschiedlichen Quellen liegt in der Heterogenität der Geodaten und der Heterogenität der Systeme, die für die Datenerfassung und -pflege verwendet werden. Sollen verteilte, heterogene Geodatenbestände in Kombination beauskunftet werden, so bietet sich der interoperable Online-Zugriff mittels Internet-Technologie (Geo Web Services) als Lösungsansatz an.

Um Interoperabilität in verteilten, heterogenen Geoinformationssystemen zu erreichen, hat das OGC eine Reihe von Schnittstellenspezifikationen entwickelt. Jene OGC-Spezifikationen, die auf der Internet-Technologie aufsetzen, werden mit dem Überbegriff OGC Web Services bezeichnet. Die meisten GIS-Hersteller greifen diese Standards auf und bieten für ihre Produkte entsprechende Zugriffsschnittstellen an, so sind in der Plattform beispielsweise die Systeme der Hersteller AED-SICAD, Bentley, Autodesk, ESRI, GE Smallworld, Intergraph, M.O.S.S. sowie Open Source Software enthalten.

Im Rahmen der so genannte OGC-Testplattform wurde vom Runden Tisch GIS e.V. herstellerübergreifend die Umsetzung dieser Standards untersucht. Wesentliche Ziele waren es, zu zeigen:

- dass GIS unterschiedlicher Hersteller in einer gemeinsamen Anwendungen zusammenwirken können,

- dass Praxis-Anwendungen auf der Basis des Zugriffs auf existierende, verteilte Geodatenbestände mittels OpenGIS Web Services konstruiert werden können,

- dass der Ansatz auch im deutschsprachigen Raum länderübergreifend erfolgreich eingesetzt werden kann.

Aktuell wird die Plattform zu einer „INSPIRE/GMES-Testplattform" weiterentwickelt.

Anwendungsbeispiel "Online Leitungsauskunft"

Steigen die Ansprüche an die Funktionalität einer Web-GIS-Lösung, so kann es interessant sein, neben der Fähigkeit zur Kartendarstellung (WMS) auch die Analysefähigkeiten eines GIS im Web zu nutzen und statt auf digitale Karten auch auf die zugrundeliegenden Geodaten mittels Internet-Technologie zuzugreifen. Exakt diese Möglichkeiten eröffnen so genannte OGC Web Feature Services (WFS), wie sie im vom Runden Tisch im Jahr 2004 realisierten Anwendungsbeispiel "Online Leitungsauskunft" eingesetzt werden. Während WMS bewusst nur einfach Grafik zwischen Server und Client austauscht, geht WFS einen Schritt weiter. Hier werden objektstrukturierte Geodaten in Form der Geography Markup Language (GML)[1] an den Client übermittelt. Mittels so genannter Filter[2] lässt sich zudem die Analysefunktionalität eines GIS über die standardisierte WFS-Schnittstelle nutzen (thematische und räumliche Selektion von Geoobjekten).

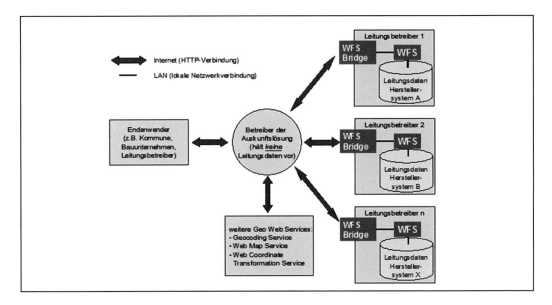

System-Architektur des Anwendungsbeispiels "Online Leitungsauskunft"

Die Abbildung zeigt die Systemarchitektur des Anwendungsbeispiels "Online Leitungsauskunft". Ein Endanwender, der als Systemvoraussetzungen lediglich einen Web Browser und einen Internet-Anschluss benötigt, setzt sich über den Browser mit dem Betreiber der Auskunftslösung in Verbindung. Der Anwender navigiert über die Eingabe einer Adresse zum Ort der geplanten Baumaßnahme und kann diese sodann auf Basis einer großmaßstäbigen Karte (Flurkarte, Orthophoto) durch Digitalisieren eines Polygons am Bildschirm abgrenzen.

Das vom Anwender definierte Polygon wird an die WFS der einzelnen Leitungsbetreiber gesendet und dort als Argument eines räumlichen Filters verwendet. Das Ergebnis einer derartigen Anfrage ist dann entweder ein Leitungsobjekt in Form eines GML-Features oder eine leere GML Feature Collection. Diese Informationen werden noch im lokalen Netzwerk des Leitungsbetreibers von einer Softwarekomponente, die als WFS-Client auftritt (in der Abbildung mit „WFS Bridge" bezeichnet), in Ja/Nein-Antworten (Leitungsnetz ist von der Baumaßnahme betroffen / nicht betroffen) umgewandelt und an den Endanwender gesendet.

Das Anwendungsbeispiel „Online-Leitungsauskunft" unterscheidet sich von vielen Lösungen zur Leitungsauskunft dadurch, dass der Betreiber der Lösung selbst keine Kopien der Geodaten der Leitungsbetreiber vorhalten und pflegen muss. Der Endanwender erhält seine Auskunft direkt aus den angeschlossenen Systemen der Leitungsbetreiber.

Durch das Vorschalten der so genannten WFS-Bridge-Komponente wird der WFS-Zugriff auf die GIS der Leitungsbetreiber auf den notwendigen Umfang eingeschränkt und abgesichert. Die Konfiguration der WFS-Bridge und damit des Datenzugriffs geschieht unter der vollständigen Kontrolle des Dateneigners.

Fazit

Wie das Anwendungsbeispiel „Online Leitungsauskunft" zeigt, ermöglicht es der Einsatz von WFS für den Zugriff auf Geodaten und GIS-Funktionalität verteilter Geodatenbanken Nutzen beziehungsweise Wertschöpfungen bei allen Akteuren (Leitungsbetreibern, Betreiber der Auskunftslösung, Endanwendern) zu erzielen. Laut Untersuchungen zum Nutzen von Geodateninfrastrukturen (GDI) liegt der Schlüssel zum Erfolg von GDI im Aufbau derartiger anwenderorientierter Lösungen – Lösungen also, die Geschäftsprozesse von Endanwendern auf der Basis vorhandener, verteilter Geodatenbanken optimieren. Handlungsbedarf besteht derzeit allerdings noch bei den Geschäftsmodellen für derartige GDI-basierte Lösungen.

Erläuterung

[1] XML-basiertes, vom OGC spezifiziertes Transferformat.
[2] Nach der Syntax des OGC Filter Encoding, einer weiteren OGC Spezifikation (OGC 2001).

Autoren

Dr.-Ing. Andreas Donaubauer ist wissenschaftlicher Mitarbeiter am Fachgebiet Geoinformationssysteme der Technischen Universität München.
Univ.-Prof. Dr.-Ing. Matthäus Schilcher ist Leiter des Fachgebiets Geoinformationssysteme und Vorstandsvorsitzender des Vereins Runder Tisch GIS e.V.
Technische Universität München
Institut für Geodäsie, GIS und
Landmanagement
Fachgebiet Geoinformationssysteme
Arcisstraße 21
80290 München

1.3 Virtuelle 3D-Stadtmodelle im kommunalen Einsatz
Entwicklungen, Trends und Perspektiven

Der Beitrag diskutiert an Hand von Beispielen aus der Praxis und der Forschung gegenwärtige Entwicklungen beim Aufbau und Einsatz von virtuellen 3D-Stadtmodellen für kommunale Anwendungen und leitet daraus aktuelle Trends und Perspektiven ab. Als wesentliche technische Entwicklungen werden die zunehmende Etablierung von CityGML (City Geography Markup Language) als Datenschema für die Modellierung von 3D-Stadtmodellen und erste Beispiele für dienstebasierte Integrationslösungen identifiziert. Im Hinblick auf die Inhalte von 3D-Stadtmodellen wird festgestellt, dass in den meisten Praxisanwendungen bisher auf die Modellierung der Flächeninfrastruktur und der Vegetation verzichtet wird. Aufkommende Anwendungen aus dem Bereich der Planung, etwa Plan-informationssysteme und Systeme für die Unterstützung von Beteiligungsprozessen oder für die kollaborative Nutzung von 3D-Stadtmodellen durch verschiedene Nutzer über das Internet fordern aber die Integration eben dieser Inhalte. Für die aktive Nutzung von virtuellen 3D-Stadtmodellen in Planungsprozessen sind zukünftig innovative Systeme und Fachfunktionen zu entwickeln.

Einleitung

Virtuelle 3D-Stadtmodelle werden zunehmend von Städten, Regionen und auf Ebene der Bundesländer entwickelt und bereitgestellt, um sie als 3D-Rauminformationssysteme für unterschiedlichste Anwendungen zu nutzen. Einige Beispiele sind das Berliner 3D-Stadtmodell (www.3d-stadtmodell-berlin.de), das Dresdener 3D-Stadtmodell (www.dresden.de/3d), die Kooperation 3D-Ruhrgebiet (www.ruhr3.de) oder das in der Machbarkeitsstudie zur Umsetzung der EU-Umgebungslärmrichtlinie in Nordrhein-Westfalen (PLÜMER ET AL., 2006) verwendete Modell des Landesvermessungsamtes NRW. Der Aufbau weiterer und die Nutzung bestehender 3D-Stadtmodelle in vielen Kommunen und Städten sowie die Herausgabe und Entwicklung von Leitfäden für den Aufbau (STÄDTETAG NRW, 2004) und die Fortführung (STÄDTETAG NRW, 2007, Zwischenbericht) von Stadtmodellen durch den Städtetag Nordrhein-Westfalen belegen die zunehmende Akzeptant und Etablierung von virtuellen 3D-Stadtmodellen in Deutschland. Grundlage für die zunehmende Etablierung der Technologie sind die Verfügbarkeit von Daten, Methoden und Softwaresystemen, die für die effiziente Erstellung, Administration und Präsentation von virtuellen 3D-Stadtmodellen geeignet sind. Hier hat es in den letzten Jahren erhebliche Fortschritte gegeben, die die effiziente Erstellung größerer und zunehmend detailreicher Modelle erlauben. Aktuelle Praxis- und Forschungsbeispiele zeigen die vielfältigen Einsatzbereiche von 3D-Stadtmodellen in der kommunalen Praxis. Dieser Beitrag versucht, an Hand ausgewählter Beispiele aktuelle Entwicklungen und Trends zu identifizieren, um daraus zukünftige Potentiale und nötige Forschungs- und Entwicklungsarbeiten abzuleiten.

Zur Differenzierung unterschiedlicher Detailgrade von Stadtmodellen wird dabei auf die Definition von Detailgraden (Level of Detail - LOD) nach KOLBE ET AL. (2005) zurückgegriffen, nach der eine zunehmende geometrische und semantische Differenzierung von LOD-1 (Blockmodelle) nach LOD-4 (Innenraummodelle) vorliegt.

Einsatz virtueller 3D-Stadtmodelle in Städten und Kommunen

An Hand von kommunalen Praxisbeispielen und Forschungsanwendungen sollen aktuelle Trends und Entwicklungen sowie zukünftige Potentiale für die Nutzung von virtuellen 3D-Stadtmodellen im kommunalen Einsatz identifiziert werden. Es wird dabei im Rahmen des Beitrages auf exem-plarische Anwendungen eingegangen, die nach Ansicht der Autoren typische Entwicklungen, Probleme und Anwendungen darstellen. Eine abschließende Übersicht über die Einsatzgebiete und Anforderungen von 3D-Stadtmodellen in der kommunalen Praxis kann der Beitrag nicht liefern. Hierzu gibt der STÄDTETAG NRW (2004) eine umfassende Übersicht.

Stadtmarketing

Die Selbstpräsentation einer Stadt über ein 3D-Stadtmodell bietet die Möglichkeit, einen Stadtraum virtuell erlebbar zu machen und immer mehr Städte (u. a. Hamburg, Berlin, Dresden) nutzen die prominente Oberfläche von Google Earth, um dort ihr 3D-Stadtmodell zu präsentieren. Ein Beispiel hierfür ist das Berliner 3D-Stadtmodell. Das Berliner 3D-Stadtmodell wurde im Rahmen einer Pilotstudie entwickelt mit dem Ziel, bestehende Stadtmodelle der Stadtplanung und der Wirtschaftsförderung zusammenzuführen. Das Modell liegt in einer CityGML-konformen Datenbank auf Basis von Oracle 10g vor (vgl. Dokumentation zur 3D-Geodatenbank Berlin, IKG, o. D.). Es umfasst neben einem Geländemodell und hochauflösenden Orthophotos etwa 200.000 Gebäude der Innenstadt, die im LOD-1 bis LOD-2 vorliegen sowie einige detailliert ausmodellierte Landmarken. In der ersten Version war das Modell zunächst untexturiert, später erfolgte eine Texturierung mit rund 800 typischen Fassadentexturen und aktuell wird an der Erfassung individueller Fassadentexturen aus georeferenzierten Schräglult-bildern gearbeitet. Das Modell wird bei der Investorenberatung im Business Location Center der Stadt Berlin genutzt und war weltweit das erste Modell, dass in größerer Flächenausdehnung in Google Earth betrachtet werden konnte. Dazu wurde ein Konverter entwickelt, der die Stadtmodellgeometrien und Darstellung in das Austauschformat KML (Keyhole Markup Language) umsetzt. Für die Popkomm, einer Veranstaltung der Musik- und Entertainmentbranche, wurde eine Version mit integrierten Veranstaltungsstandorten erstellt, die in die Google Earth Variante integriert wurde. Im Google Earth Modell sind zudem Informationen zu freien Gewerbeimmobilien abrufbar (vgl. Abbildung 1). Intern wird das Modell auf Basis von LandXplorer Technologie der 3D Geo GmbH genutzt, wodurch vielfältige Interaktionen möglich sind. So können ÖPNV-Verbindungen oder der ehemalige Mauerverlauf eingeblendet, Daten aus dem Stadtplanungsmodell (Architekt, Baujahr) abgerufen und Planungsvarianten eingeblendet werden. Zudem ist eine Integration von 2D-Geodaten aus dem Berliner Geodatenbestand möglich. Diese werden bei Bedarf als Geländetexturen in das Modell integriert.

Das Beispiel Berlin zeigt exemplarisch die Möglichkeiten zur Integration und Präsentation von heterogenen raumbezogenen Informationen auf Basis virtueller 3D-Stadtmodelle. Die Anforderungen an die Darstellung des 3D-Stadtmodells sind hierbei eine repräsentable Darstellung der Gebäude, die es Nutzern erlaubt, die reale Welt im Modell wieder zu finden und sich zu orientieren. Aus diesem Grund wird das Modell aktuell um individuelle Fassadentexturen ergänzt. Von zentraler Bedeutung ist auch die Erweiterbarkeit des Modells, die zum einen darüber gewährleistet wird, dass das Datenbankschema auf CityGML beruht. Dies ermöglicht die Integration von Varianten und unterschiedlich detaillierten Repräsentationen eines Objektes (in LOD-1 bis LOD-4) sowie die Erweiterung des Modells über Application Domain Extensions (ADE). Eine weitere richtungsweisende Entwicklung ist sicherlich die Möglichkeit, das bestehenden 3D-Stadtmodell in KML konvertieren zu können, wodurch mit Google Earth eine populäre und öffentlichkeitswirksame Plattform zur Präsentation genutzt werden kann.

Abbildung 1: 3D-Stadtmodell von Berlin in Google Earth mit Informationen zu Firmen der Musikindustrie (links) und Informationen zu freien Gewerbeimmobilien in Berlin (rechts).

Eine wesentliche Einschränkung betrifft sowohl das intern genutzte Stadtmodell als auch die Google Earth Variante. Beide lassen sich gut und intuitiv steuern, so lange das Modell aus der Luft betrachtet wird. Die Navigation in Innenräumen und am Boden ist dagegen umständlich. Hier fehlen in beiden Präsentationssystemen, Google Earth und LandXplorer, entsprechende physikalische Einschränkungen, die das Durchdringen von Geometrien verhindern. Zudem wirkt selbst ein hoch auflösendes Luftbild aus der Nähe betrachtet pixelig und flach. Fehlendes 3D-Straßenrauminventar und fehlende 3D-Vegetationsmodelle beeinträchtigen den Gesamteindruck in der Fußgängerperspektive.
Schlussfolgerungen:

.. 3D-Stadtmodelle können bereits heute produktiv im Stadtmarketing eingesetzt werden.

.. Durch die Nutzung von Google Earth steht ein leistungsfähiger Viewer bereit, der auf Millionen PC-Systemen bereits installiert ist.

.. Aufgrund ihrer Repräsentationsfunktion werden im Stadtmarketing texturierte Gebäudemodelle im LOD-2 bis LOD-4 bevorzugt.

.. Erweiterbarkeit und Mehrfachnutzungen sind Vorraussetzung für eine nachhaltige Nutzung und erzeugen Mehrwert.

.. Flächeninfrastruktur und Vegetation werden derzeit nicht bzw. selten abgebildet, sind aber auch für Anwendungen des Stadtmarketings nicht zwingend notwendig.

Stadtplanungs- und Umweltinformationssystem

Ein weiteres potentielles Einsatzgebiet ist die Nutzung von virtuellen 3D-Stadtmodellen als Informationsportal für Pläne und Umweltinformationen innerhalb einer Kommune. Rechtsgültige Pläne und Informationen zu laufende Planverfahren werden bereits seit einiger Zeit über das Internet bereitgestellt. Zunehmend bieten Städte und Kommunen den Onlinezugriff auf Umweltdaten über Webmapping-Anwendungen an, die den Zugriff auf klassische 2D-Geodatendokumente über einen Webbrowser ermöglichen.

Das im Rahmen des BMBF-Förderschwerpunkts REFINA (www.refina-info.de) geförderte Projekt „Flächeninformations-systeme auf Basis virtueller 3D-Stadtmodelle" erarbeitet Konzepte, Methoden und Prototypen für eine Nutzung von virtuellen 3D-Stadtmodellen als Medium zur Präsentation und Exploration von Umweltinformationen und Plänen (vgl. www.refina3d.de). Das Projekt wird gemeinsam von der Technischen Universität Berlin, dem Hasso-Plattner-Institut an der Universität Potsdam und der 3D Geo GmbH durchgeführt. Dazu wurden bisher bestehende Pläne und Umwelt-informationen als Geländetexturen in ein 3D-Stadtmodell der Potsdamer Innenstadt integriert. In einem zweiten Schritt wurden ein exemplarischer Bebauungsplan und ein Strukturkonzept in 3D-Repräsentationen transformiert, um eine visuelle Exploration der Planungen innerhalb ihres räumlichen Umfeldes zu ermöglichen. Siehe Abbildung 2.

Aus den bisher erfolgten Arbeiten ergeben sich bereits eine Reihe von Schlussfolgerungen und Fragen. Die Integration sowohl von Plänen als auch von 3D-Raumnutzungskonzepten in das virtuelle 3D-Stadtmodell wurde von Vertretern der Stadt, der Wirtschaftsförderung und der kommunalen Liegenschaftsgesellschaft allgemein als hilfreich und gut interpretierbar empfunden, die Realisierung von 3D-Planrepräsentationen ist aber noch sehr aufwändig. Hier müssten Methoden entwickelt werden, die eine ad hoc Integration ermöglichen. Beispielsweise könnte durch eine standardisierte Spezifikation von Planinhalten und Attributen sichergestellt werden, dass Pläne direkt integriert und die Bestandsobjekte innerhalb des Gültigkeitsbereichs automatisiert ausgeblendet werden können. Einen Ansatz bietet hier das objektorientierte Datenaustauschformat XPlanGML (BENNER & KRAUSE, 2007), mit dem sich die rechtlich geregelten Inhalte von Bebauungspläne in einem standardisierten Format beschreiben lassen.

Durch die Entwicklung von Transformationsvorschriften könnten die Planinhalte automatisch in ein 3D-Stadtmodell integriert werden.
Kritisch wird auch die Darstellung der geplanten Baukörper im Gegensatz zu den vorhandenen Gebäuden gesehen. Eine sehr einfache Darstellung als Blockmodelle wird akzeptiert, wenn die Gebäude im Umfeld ähnlich einfach gehalten

Abb. 2: Ausschnitte aus dem prototypischen 3D-Planinformationssystem Potsdams Mitte.

sind. Sind diese aber detailliert ausmodelliert und texturiert, erscheinen die geplanten Gebäude im Kontrast zu grob und dominant. Hier werden Visualisierungssysteme benötigt, die eine schnelle Konfiguration der Darstellung von Stadt-modellobjekten erlauben und dabei unterschiedliche Optionen, wie beispielsweise „Verwerfe alle Texturen" oder „Generiere eine abstrakte Entwurfszeichnung", bieten. Dafür wird im Vorhaben ein Plangebäude eingeführt, dessen semantische und geometrische Beschreibung sich an CityGML orientiert. Dies Plangebäude wird unter anderem Angaben zur Anzahl der Geschosse und zur Gebäudehöhe enthalten, die genutzt werden können, um abstrakte Gebäudedarstellungen mit skizzierten Geschosswechsellinien und Fenstern zu generieren (vgl. Abbildung 2, rechts).

Hinsichtlich der Integration von Umweltinformationen in das Stadtmodell gibt es vergleichbare Reaktionen. So wird die beispielhafte Integration des Altlastenkatasters, von Schutzgebieten und der Biotopbewertung zwar als hilfreich angesehen, jedoch ist der Aufwand bei einer verteilten Datenhaltung in den Kommunen sehr hoch, weil die Daten von unterschiedlichen Behörden beschafft und eingespielt werden müssen. Abhilfe könnte hier eine dienstebasierte Integration wie sie beispielhaft auf der Basis der Geovisualisierungsplattform LandXplorer Studio im OGC OWS-4 Testbed (DÖLLNER & HAGEDORN, 2007) erfolgt ist. Eine dienstebasierte Integration auf Basis standardisierter Schnittstellen (bspw. OGC WebFeature Services und WebCoverage Services) bietet drei wesentliche Vorteile: Automatisierung der Integration, Aktualität der Daten und Verbleib der Originaldaten bei der zuständigen Behörde. Voraussetzung ist, dass in den Kommunen entsprechende Geodateninfrastrukturen und Dienste existieren.

Kritisch wird die Aktualität und Genauigkeit des virtuellen 3D-Stadtmodells gesehen. Das genutzte 3D-Stadtmodell wurde auf Basis der Automatisierten Liegenschaftskarte (ALK) und einer automatisierten photogrammetrischen Auswertung von Luftbildern erstellt. Dabei wurde festgestellt, dass die ALK nicht alle existierenden Gebäude enthält, bzw. teilweise bereits abgerissene Gebäude noch aufführt, so dass das Modell Inkonsistenzen aufweist. Für eine laufende und kontinuierliche Nutzung müsste daher ein Weg gefunden werden, der eine möglichst hohe Aktualität gewährleistet. Darüber hinaus besteht von Seiten der Nutzer der Wunsch, Planungen aus der Fußgängerperspektive betrachten zu können. Dabei gelten aber, wie im Berliner 3D-Stadtmodell, Einschränkungen, da die Flächeninfrastruktur bisher meist durch ein texturiertes Geländemodell wiedergegeben wird, wodurch eine realistische Darstellung nicht gewährleistet ist. Die gleichen Restriktionen treffen auch auf die Integration der Vegetation zu. Gerade im Bereich der Potsdamer Innenstadt gibt es viele historische Sichtachsen, deren potentielle Beeinträchtigung durch Neubauten sich mit einem 3D-Modell überprüfen ließen. Zwei davon liegen auf einer Anhöhe, die einen hohen Deckungsgrad an Bäumen und Sträuchern aufweist. Eine realistische visuelle Überprüfung der Sichtachsen würde deshalb zwingend die Integration von realistischen Vegetationsdarstellungen in das 3D-Stadtmodell erfordern. Dazu werden im Projekt flächige und punktuelle Vegetationsvorkommen auf der Basis von CityGML definiert, die durch intelligente Visualisierungsalgorithmen in realistische 3D-Repräsentationen CityGML Datensätzen mit der Geovisualisierungssoftware LandXplorer zeigt die Abbildung 3.

Abbildung 3: Integration realistischer Vegetationsdarstellungen in CityGML Datensätzen mit der Geovisualisierungssoftware LandXplorer (Quelle: Lutz Ross, TU Berlin)

Schlussfolgerungen:

.. Inkonsistente und falsche Darstellungen sind nicht tragbar und müssen durch effektive Qualitätssicherung und Aktualisierungsstrategien ausgeschlossen werden.

.. Pläne, 3D-Planrepräsentationen und Umweltinformationen lassen sich grundsätzlich mit den verfügbaren Technologien realisieren.

.. Dienstebasierte Integrationslösungen und die Automatisierung von Transformationen von Plänen in 3D-Darstellung versprechen wesentliche Vorteile.

.. Standardisierte, semantische Objektmodelle wie CityGML können genutzt werden, um intelligente Visualisierungsverfahren zu entwickeln.

.. Die bisher fehlende Ausmodellierung und Repräsentation von Vegetation und der Flächeninfrastruktur wird als Hemmnis für den Einsatz von 3D-Stadtmodellen für die Kommunikation von Planungen gesehen.

Planungsunterstützungssysteme

Gegenüber Plan- und Umweltinformationssysteme auf Basis virtueller 3D-Stadtmodelle, die nur zur Präsentation von Daten und Informationen genutzt werden sollen, erfordern interaktive und kooperative Planungsunterstützungssysteme erweiterte Funktionen. Das europäisches Projekt „Virtual Environmental Planning" (VEPs, vgl. www.veps3d.org) entwickelt und erprobt Konzepte für den Einsatz von 3D-Stadtmodellen in Beteiligungsverfahren und Planungs-prozessen. Die bisher erreichten Ergebnisse zeigen eine Reihe von prototypischen Anwendungen auf Basis virtueller 3D-Stadtmodelle, die über Webbrowser zugänglich sind. Dazu zählen ein 3D-Kommentierungstool mit dem Pläne bzw. Plankomponenten kommentiert werden können, ein Beteiligungstool zur Exploration und Kommentierung unterschiedlicher Planvarianten, ein 3D-Masterplaner, der es erlaubt vordefinierte und eigene Gebäude in 3D-Stadtmodelle einzufügen sowie Überflutungsmodelle und Lärmkarten, die auf Basis von 3D-Stadtmodellen präsentiert werden.

Eine effektive und interaktive e-Participation erfordert nach Ansicht von COUNSELL ET AL. (2006) einerseits Werkzeuge zur Kommentierung und zum Ein- und Ausblenden von Planvarianten, andererseits aber auch Werkzeuge, die es ermöglichen, ad hoc und online neue Varianten zu erstellen und in das System einzustellen. Damit eine wirkliche Kommunikation über die Varianten und Entwürfe und ein gemeinsamer Abstimmungsprozess möglich wird, muss zudem noch die Möglichkeit gegeben werden, dass Teilnehmer sich gegenseitig ihre Sichten nahe bringen können. Dazu wurde innerhalb des Projektes ein erster Entwurf für eine comment / dialog markup language entwickelt. Diese soll es Nutzern erlauben, ihre Wahrnehm-ung eines Entwurfs in einer erzählenden Abfolge von Blickperspektiven und erläuternden Texten für andere Nutzer festzuhalten. WANG ET AL. (2007) stellen fest, dass auf Basis einheitlicher Datenmodelle und standardisierter Schnittstellen zukünftig auf der Basis virtueller 3D-Modelle viele Arbeitsschritte und Konsultationen in Planungsprozessen zwischen Kommune und Wirtschaft und Kommune und Bürger über Onlinesysteme möglich wären. Er spricht in diesem Zusammenhang von „E-Planning". Vorraussetzung ist, dass Daten über Gebäude, die Flächen-infrastruktur und Vegetation auf Basis eines einheitlichen Datenmodells in einem Modell integriert sind. Die aktuell im VEPs Projekt als geeignet identifizierten Datenmodelle umfassen CityGML, Industry Foundation Classes (IFC), OGC Web Services und offene 3D-Formate wie VRML und X3D.

Schlussfolgerungen:

.. Planungsunterstützungssysteme auf Basis virtueller 3D-Stadtmodelle bieten ein großes Potential um Geschäftsprozesse und Konsultationen im Bereich Bauen und Planen online abzuwickeln.

.. Vorraussetzung für marktfähige Lösung sind die Nutzung standardisierter Datenmodelle und Schnittstellen.

.. Für einige Prozesse und Aufgaben wurden prototypische Fachfunktionen innerhalb von VEPs entwickelt und getestet, die bisher aber weder abschließend alle Aufgaben abdecken noch Marktreife erlangt haben.

Simulationen und Berechnungen

Virtuelle 3D-Stadtmodelle können auch für Simulationen und Berechnungen eingesetzt werden. Beispielsweise wurden im Projekt Sun-Area (www.al.fh-osnabrueck.de/15416.htm) der Fachhochschule Osnabrück auf der Basis von Laserscannerdaten detaillierte Dachgeometrien generiert. Auf der Basis der Form, Neigung, Exposition und Verschattung der identifizierten Dachflächen können optimale Standorte für Photovoltaikanlagen bestimmt werden. Im Projekt „Flächeninformationssysteme auf Basis virtueller 3D-Stadtmodelle" (s.o.) wurde der Wunsch einer entsprechenden Fachfunktion von Seiten der Kommune an die Projektpartner herangetragen, was darauf hindeutet, dass im Kontext der aktuellen Debatten um eine nachhaltige und sichere Energieversorgung ein größeres Interesse seitens der Kommunen an entsprechenden Funktionalitäten besteht.

Ein weiteres Beispiel wäre die Berechnung der Sichtbarkeit von Objekten in Stadtmodellen. Sichtbarkeitsanalysen könnten beispielsweise genutzt werden, um algorithmisch zu ermitteln von wo ein Objekt gesehen werden kann oder auch welche Objekte von einem definierten Standort aus gesehen werden können. Dadurch lassen sich Sichtachsen, nicht nur wie in Abschnitt 2.2 diskutiert, visuell überprüfen sondern auch algorithmisch analysieren.

Für die Erarbeitung von Lärmkarten, die Abschätzung der Beeinträchtigung von Kaltluftabflussbahnen durch geplante Bauwerke oder für die Analyse der Auswirkungen von geplanten Gebäuden auf lokale Windverhältnisse werden 3D-Modelle als Eingangsdaten benötigt. In der Machbarkeitsstudie zur Umsetzung der EU-Umgebungslärmrichtlinie stellen PLÜMER ET AL. (2006) fest, dass für Lärmausbreitungsberechnungen bisher in der Regel für jedes Projekt die benötigten 3D-Geometrien aus unterschiedlichen Datenbeständen zunächst erzeugt werden mussten, um diese dann für die eigentliche Berechnung nutzen zu können. Dabei erweist sich die Datenbeschaffung, -konvertierung und -modellierung als arbeitsaufwendiger Prozess, der einen Großteil der Ressourcen verbraucht. Nach Berechnungen der Studie könnten erhebliche Einsparungen erzielt werden, wenn die benötigten 3D-Daten sowie die benötigten Straßendaten und Verkehrsdaten für solche Berechnungen zentral vorgehalten und über standardisierte Dienste abgerufen werden könnten, so wie es in der Studie exemplarisch umgesetzt wurde. Eine Übertragung des auf Diensten basierenden Konzeptes auf Windfeldberechnungen, Verschattungsberechnungen oder Eignungsberechnungen für Photovoltaik würden in diesem Fall zu einem Mehrwert bestehender 3D-Stadtmodelle beitragen.

Schlussfolgerungen:

.. 3D-Stadtmodelle können als einheitliche 3D-Datenbasis für unterschiedliche Analysen genutzt werden, die bisher auf eigene Datenerhebungen bzw. umfangreiche Konvertierungs- und Modellierungsarbeiten angewiesen waren.

.. Mehrfachverwertungen und dienstebasierte Lösungen können helfen, Kosten deutlich zu reduzieren.

Zusammenfassung und Diskussion

Die aktuelle Entwicklung zeigt, dass virtuelle 3D-Stadtmodelle inzwischen über rein experimentelle Anwendungen hinausgehen. Insbesondere für Aufgaben des Stadtmarketings wie die Investorenberatung, Tourismusförderung oder für Großveranstaltungen werden 3D-Stadtmodelle in einigen Kommunen bereits erfolgreich eingesetzt. Die Entwicklung geht dabei zu flächendeckenden, texturierten Gebäudedarstellungen im LOD-2 bis LOD-4, die mit einer hohen Übereinstimmung die reale Welt abbilden. Die Flächeninfrastruktur, also die Ausgestaltung der Verkehrs-, Grün- und Freiflächen wird allerdings bisher selten abgebildet und ist für viele Auf-gaben des Stadtmarketings nicht notwendig. Anders dagegen sieht es bei Anwendungen aus, die der Vermittlung von Planungen dienen oder gar 3D-Stadtmodelle als Medium für interaktive Planungsprozesse nutzen. Für solche Anwendungen ist die Integration von detaillierten Flächeninfrastruktur- und Vegetationsmodellen eine häufig geforderte Voraussetzung. Insbesondere für die Präsentation von Plänen aus einer menschlichen Perspektive oder für eine Überprüfung von Sichtbeziehungen müssen diese Elemente mit abgebildet werden. Zudem wird eine hohe Aktualität der Modelle verlangt, da das Fehlen von bestehenden Bauwerken oder das Vorhandensein von abgebauten Bauwerken die Glaubwürdigkeit der Modelle mindert. Hier gilt es zukünftig verstärkt Methoden zur Modellierung und Integration der Flächeninfrastruktur und der Vegetation zu entwickeln sowie Prozesse zu definieren die eine hohe Übereinstimmung des Modells mit der Realität gewährleisten.

Eine weitere ungelöste Frage für den Einsatz in Planungsprozessen und als Planinformationssystem betrifft die Darstellung von geplanten Objekten und ihre Integration in das bestehende Modell. Die Darstellung geplanter Gebäude in einem detaillierten Stadtmodell durch LOD-1 Modelle kann einerseits wichtige Planungsinformationen wie etwa die Zahl der Geschoße nicht abbilden und wirkt andererseits durch die grobe Struktur und Einfarbigkeit dominant und störend. Hier sind zukünftig Wahrnehmungs- und Akzeptanzstudien nötig, um gezielt intelligente Integrations- und Visualisierungsverfahren entwickeln zu können. Aus technischer Sicht sind insbesondere zwei Entwicklungen bemerkenswert. Zum einen die zunehmende Akzeptanz und Verbreitung von CityGML als Datenbankschema und Austausch-standard und zum anderen die zunehmende Nutzung von Diensten für die Bereitstellung von Geoinformationen. Mit CityGML steht ein Datenschema zur Verfügung, dass derzeit beim Open Geospatial Consortium (OGC) intensiv als Standard diskutiert wird. Der wesentliche Vorteil von CityGML gegenüber anderen 3D-Formaten ist, dass nicht nur die geometrisch-graphischen Eigenschaften sondern auch eine kohärente Semantik abgebildet werden kann. Dies eröffnet einerseits Möglichkeiten, intelligente Visualisierungsverfahren und Integrationslösungen zu entwickeln und anderseits bietet ein akzeptierter Standard Entwicklungssicherheit. Dienste-basierte Lösungen als zweite technische Neuerung erlauben die Integration von 3D-Inhalten und 2D-Inhalten auf Abruf. Dadurch kann sichergestellt werden, dass immer die aktuellsten Daten direkt vom Datenanbieter eingebunden werden, während die Originaldaten beim Anbieter verbleiben. Dadurch kann der Aufwand für die Datenbeschaffung und -Konvertierung deutlich gesenkt werden, wie die Studie zur Umsetzung der EU-Umgebungslärmrichtlinie zeigt.

Eine Etablierung eines einheitlichen Datenmodells und standardisierter Schnittstellen sind darüber hinaus wichtige Bausteine für eine kostendeckende und nachhaltige Nutzung von virtuellen 3D-Stadtmodellen, weil der Zugriff auf die Modelle und der Austausch von Daten wesentlich erleichtert wird und 3D-Stadtmodelle für unterschiedliche Anwendungen herangezogen werden können. Dies gilt insbesondere für Anwendungen, die auf 3D-Daten angewiesen sind und für die bisher regelmäßig teure Datenerhebungen und Datentransformationen nötig waren.

Innerhalb des Forschungsvorhabens „Flächeninformationssysteme auf Basis virtueller 3D-Stadtmodelle" werden wir uns zukünftig auf Methoden zur Integration von Plänen und 3D-Planrepräsentationen konzentrieren sowie exemplarische Lösungen für eine Integration einer 3D-Flächeninfrastruktur und realistischen Vegetationsdarstellungen konzentrieren. Die mittelfristige Perspektive ist unserer Meinung nach die annährende Abbildung aller fest installierten Objekte eines Stadtraumes in einem Modell. Die Realisierung und Implementierung wird dabei auf Basis von CityGML erfolgen.

Quellenverzeichnis

BENNER, J. & KRAUSE, K.-U., 2007:
Das GDI-DE Modellprojekt XPlannung – Erste Erfahrungen mit der Umsetzung des XPlanG-ML-Standards. In: Schrenk, M., Popovich, V. V. & Benedikt, J. (Eds.): REAL CORP 2007: To plan is not enought - Proc. of the 12 th international conference on urban planning and spatial development in the information society. May 20th to 23th 2007

COUNSELL, J., SMITH, S. & BATES-BRKLJAC, N: (2006):
Web 3D based dialogue for public participation and the VEPs Project. Tenth International Conference on Information Visualisation (IV'06), pp. 343-348.

DÖLLNER, J. & HAGEDORN, B., 2007:
Integration von GIS-, CAD- und BIM-Daten mit dienstebasierten virtuellen 3D-Stadtmodellen. In: GIS - Zeitschrift für Geoinformatik, Nummer 11, S. 28-37 - November 2007.

INSTITUT FÜR KARTOGRAPHIE UND GEOINFORMATION DER UNIVERSITÄT BONN (IKG), O.D.:
3D-Geodatenbank Berlin – Dokumentation V1.0. Online unter: http://www.3d-stadtmodell-berlin.de/imperia/md/content/3d/dokumentation_3d_geo_db_berlin.pdf. Zuletzt abgerufen: 13.03.2008

KOLBE, T. H., GRÖGER, G. & PLÜMER, L., 2005:
CityGML – Interoperable Access to 3D City Models. In: Oosterom, Zlatanova, Fendel (Hrsg.): Proceedings of the Int. Symposium on Geo-information for Disaster Management, Delft. Springer Verlag

PLÜMER, L., CZERWINSKI, A. & KOLBE, T. H., 2006:
Machbarkeitsstudie Umsetzung der EU-Umgebungslärmrichtlinie in Nordrhein-Westfalen. Online unter: http://www.umwelt.nrw.de/ umwelt/pdf/machbarkeitsstudie.pdf. Zuletzt abgerufen: 13.03.2008

STÄDTETAG NRW, 2004:
Orientierungshilfe 3D-Stadtmodelle. Online unter: http://www.umwelt.nrw.de/ umwelt/pdf/ machbarkeitsstudie.pdf. Zuletzt abgerufen: 13.03.2008

STÄDTETAG NRW, 2007:
Fortführung von 3D-Stadtmodellen – Ein Zwischenbericht. Online unter: http://www.citygml.org/fileadmin/citygml/docs/Fortfuehrung_3DStM_Zwischen bericht.pdf. Zuletzt abgerufen: 13.03.2008

WANG, H., SONGA, Y., HAMILTONA, A. & CURWELLA, S. (2007):
Urban information integration for advanced e-Planning in Europe. Government Information Quarterly,
Volume 24, Issue 4, October 2007, pp. 736-754.

Autoren:

Lutz Ross und *Birgit Kleinschmit*
Technische Universität Berlin, Institut für Landschaftsarchitektur und Umweltplanung, Fachgebiet Geoinformationsverarbeitung

Der Beitrag wurde auch veröffentlicht im DGPF Tagungsband 17 /2008

1.4 kvwmap - eine Internet-GIS-Entwicklungsplattform für Kommunen und Landkreise

kvwmap - ein OpenSource-WebGIS

Internet-GIS verfügen durch die fortschreitenden Entwicklungen in der Web-Technologie über immer mehr Funktionalität und beginnen zunehmend Desktop-GIS zu ersetzen. Ein Beispiel für den erfolgreichen Einsatz eines Open-Source Internet-GIS in der kommunalen Verwaltung ist kvwmap. Das ursprünglich als prototypische Web-Mapping-Applikation entstandene System wurde in den letzten Jahren zu einer komplexen Web-GIS-Lösung mit umfangreichen Analyse-, Editor- und Präsentationsfunktionen weiterentwickelt und findet durch den größer werdenden Funktionsumfang mehr und mehr Anwendungsbereiche in der öffentlichen Verwaltung.

Kvwmap wird derzeit in mehreren Kreis- und Amtsverwaltungen in Mecklenburg-Vorpommern (MV) sowie in weiteren Ministerien und Behörden bundesweit erfolgreich eingesetzt. Dazu gehören unter anderem die Landkreise Bad Doberan, Nordvorpommern, Ludwigslust/Schwerin, Demmin, Mecklenburg-Strelitz, Uecker-Randow, Müritz, Rügen und Parchim. Die Landkreise haben sich zu einer „WebGIS-Initiative Mecklenburg-Vorpommern" zusammengeschlossen, um auf Grundlage ihrer gemeinsamen Interessen die Entwicklung von kvwmap voranzutreiben.

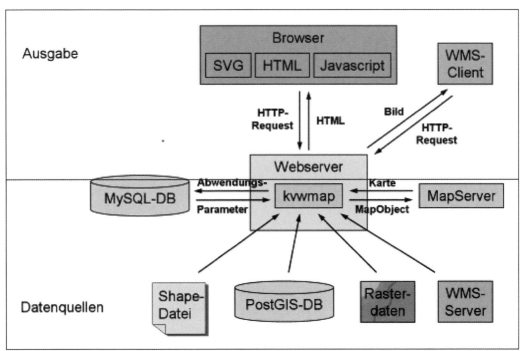

Abbildung 1: Systemarchitektur von kvwmap

Konzept des Internet-GIS

Internet-GIS-Lösungen bieten gegenüber lokalen Desktop-GIS sehr viele Vorteile. Das Konzept basiert auf der redundanzfreien zentralen Datenhaltung, so dass jeder Nutzer auf den aktuellsten Daten arbeiten kann. Die Client-Server-Architektur des Internet-GIS hat außerdem den Vorteil, dass der Pflege- und Verwaltungsaufwand ausgelagert werden kann. Der gesamte Administrationsaufwand konzentriert sich auf einen Server und nicht auf hunderte von Arbeitsplätzen. Die Nutzer selbst müssen lediglich in die Handhabung des Browsers und der Funktionen der Benutzeroberfläche der Anwendung eingewiesen werden.

Entwicklung auf Open-Source Basis

Open-Source GIS-Lösungen stellen eine interessante Alternative zu kommerziellen GIS-Produkten dar. Das Prinzip besteht darin, dass hier keine Softwarelizenzen gekauft werden, sondern bestehende freie Software genutzt wird und die zur Verfügung stehenden Mittel dafür verwendet werden, die Software weiter zu entwickeln und auf die eigenen Bedürfnisse anzupassen. kvwmap nutzt das Open-Source-System UMN-MapServer, der gleichzeitig auch OGC-konform ist. Dieser liefert Geodaten nach Bedarf als WMS, WCS, WFS und im SOS-Format oder bindet andere verteilte Dienste als Datenquellen ein. Die Daten können so zwischen den Datenanbietern untereinander online ausgetauscht und gemeinsam für die Nutzer bereitgestellt werden.

Um das Projekt kvwmap hat sich eine Community gebildet, in der die Anwender des Systems auf Grundlage gemeinsamer Interessen die Weiterentwicklung vorantreiben, sich gegenseitig Hilfestellung geben und Erfahrungen austauschen. Zur Kommunikation dient dabei ein Wiki (www.kvwmap.de) und eine Mailingliste. Die Entwickler können so effektiv mit den Nutzern kommunizieren und sehr flexibel reagieren. Auf den regelmäßig stattfindenden Anwendertreffen der „WebGIS-Initiative Mecklenburg-Vorpommern" werden die neuen Entwicklungswünsche diskutiert und deren Verwirklichung priorisiert.

Geodaten individuell bereitstellen – Besonderheiten in kvwmap

Eine Besonderheit von kvwmap ist sein Nutzer-Stellen-Konzept. Mit dieser stellen- und personenbezogenen Nutzerverwaltung besteht die Möglichkeit, jede Art von raumbezogener Information individuell räumlich, zeitlich und thematisch zugeschnitten für Nutzer zur Verfügung zu stellen.

Durch das Konzept des generischen Layereditors (GLE) wird den Anwendern von kvwmap die Möglichkeit gegeben, mit wenigen Handgriffen selbst eigene Fachanwendungen zu erstellen. Egal ob Polygon-, Linien- oder Punktgeometrien und unabhängig von den Attributen ist es für jeden Layer sofort möglich, neue Datensätze zu erzeugen, bestehende zu bearbeiten und nach Datensätzen zu suchen. Siehe Abbildung 2

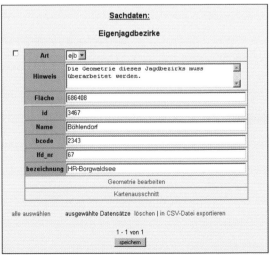

Abbildung 2: Attributgenaue Einstellung der Layerzugriffsrechte; b) Generischer Layereditor

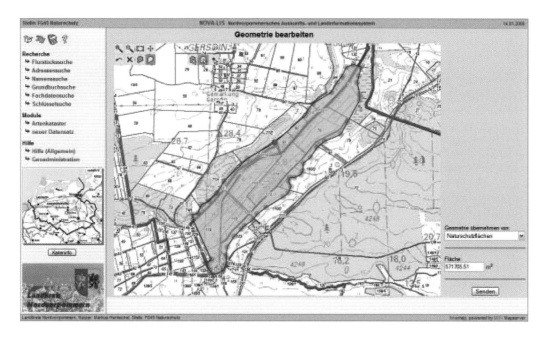

Abbildung 3: Erfassung von Kompensationsflächen

Durch integrierte Fachschalen ist es möglich, spezielle Fachaufgaben direkt im System zu bearbeiten. So können z.B. Bodenrichtwertzonen, Flächenversiegelungen, Nachweisverwaltung, Festpunktverwaltung, Verwaltung von Grundstücksveräußerungen, Pachtverträgen und Erbbaurechten, Berechnung von Anliegerbeiträgen oder Jagdbezirke erfasst und bearbeitet werden. Viele der Fachschalen bieten Schnittstellen zu raumbezogenen Daten aus anderen Softwaresystemen. Die Fachschale Jagdkataster beinhaltet z.B. eine Schnittstelle zur Jagdverwaltung und gibt den Landkreisen die Möglichkeit, ihre gemeindlichen und privaten Jagdbezirke zu erfassen und zu verwalten. Die Fachschale Bauauskunft enthält eine Schnittstelle zur Bauverwaltungs-Software ProBAUG und verknüpft die Baudaten mit den zugehörigen Flurstücken.

Basis jeder Fachanwendung ist die Erstellung eines Datenschemas, welches in einer PostGIS-Datenbank abgebildet wird. Anschließend lassen sich Layer definieren, die auf das Datenschema zugreifen. Der generische Ansatz besteht nun darin, aus dem Datenschema und der Layerdefinition alle nötigen Informationen zu extrahieren für

- die Darstellung in der Karte,
- die Sachdatenanzeige,
- einen Sachdaten-Editor,
- einen Geometrie-Editor
- und eine Suchfunktion.

Alle diese Funktionen müssen nicht programmiert werden, sondern werden zur Laufzeit generiert und stehen sofort zur Verfügung.

kvwmap-Funktionen im Überblick

Navigation

- Zoom, Pan, Maßstabseingabe
- Zoom auf in Suche gefundene Objekte
- Maximaler Ausschnitt
- Referenzkarte
- Speicherung der letzten Einstellung
- History-Back-Funktion
- Speichern von Ausschnitten mit Kommentar

Suchfunktionen

- Adressen, Flurstücke, Namen, Grundbuchblätter, Metadaten, Festpunkte
- Nach Features in allen PostGIS-Layern
- Liegenschaftsnachweise, Bauakten, Jagdbezirke

Abfragefunktionen

- Sachdatenabfrage aller Vektorlayer mit Punkt, Punkt mit Suchradius, Rechteck und Freihandpolygon

Digitalisierfunktionen

- Freie Punkte und Polygone
- Differenz oder Vereinigung von Polygonen
- Selektion von Geometrien aus anderen Vektorlayern für die geometrischen Operationen

Druckfunktionen

- Ausdruck ALB-Formular 25, 30, 35, 40
- Kartendruck mit frei konfigurierbaren Drucklayouts
- Ausdruck in PDF mit mehrfacher Bildschirmauflösung

Import/Export

- WLDGE Grund- und Fortführungsbestand
- EDBS-Daten
- MapFiles
- Shape-Dateien
- CSV-Dateien aus Abfragen
- WMS und WFS

Messfunktionen

- Koordinatenanzeige, Streckenmessung
- Flächenberechnung von gezeichneten Polygonen

Verwaltung

- Menü-, Benutzer-, Stellen- und Layerverwaltung
- Rechte- und Filterverwaltung
- Nutzerstatistik nach Zeitraum, Stelle und Nutzer
- GUI-, Fenstergröße- und Projektionsauswahl

Zugriffsschutz

Eine umfangreiche Nutzer- und Rechteverwaltung macht es möglich, den Zugriff auf die Layer genau festzulegen. Jeder Nutzergruppe lassen sich layerbezogene Rechte zuweisen, die genau definieren, ob neue Datensätze erzeugt und/ oder gelöscht werden dürfen, welche Layerattribute ausgeblendet werden, welche sichtbar sind und welche editierbar sind.

Attributgenaue Konfiguration

Die Formularfelder des Layereditors können verschiedene Typen haben: einfaches Textfeld, mehrzeiliges Textfeld, Auswahlfeld, Datum, Bild usw. Welcher Typ für ein bestimmtes Attribut verwendet wird, ergibt sich entweder direkt aus dem Datenschema oder aus Metainformationen, die für jedes Layerattribut definiert werden können.

Autoren:

R. Bill, *P. Korduan*, *S. Rahn*, STZ Geoinformatik Rostock

Anschrift:

STZ Geoinformatik
c/o. Professor für Geodäsie und Geoinformatik
Universität Rostock
Justus-von-Liebig-Weg 6
18059 Rostock
Tel.: 0381-498 3200
Fax: 0381-498 3202
ralf.bill@uni-rostock

1.5 OpenStreetMap – Grundlagen und Potenziale der freien Wiki-Weltkarte

Einführung

Vor kurzem berichtete die Zeitschrift „Technology Review" (Ausgabe 09/08), dass >> die Daten des OpenStreetMap -Projektes in einigen Ballungsräumen Deutschlands schon „besser" seien als Google Maps <<. Meldungen wie diese erhöhen in jüngerer Zeit das Interesse von Fachwelt und Öffentlichkeit an diesem Projekt – insbesondere wenn der Vergleich mit Google gewagt wird. Ein Grund für das gestiegene Interesse ist der seit einigen Monaten extrem schnell gewachsene Datenbestand von OpenStreetMap, der die lange Zeit ignorierte oder belächelte Datensammlung einiger „Hobbyisten" (Ramm & Topf 2008[1]) zu einem zunehmend ernster zu nehmenden Phänomen macht. Doch was ist daran so besonders, dass es besondere Aufmerksamkeit rechtfertigt? Schließlich gibt es doch auch andere Datenquellen, wie z.B. die amtliche Vermessung, die je nach Region oder Thema ebenfalls mit Google & Co konkurrieren könnten? Folgende Aspekte erscheinen für die gesteigerte Aufmerksamkeit besonders verantwortlich zu sein:

1. Die Daten sind frei, und insbesondere auch kostenlos, nutzbar. Dies stellt viele - wenigstens in Europa - bisher vorherrschenden Geschäftsmodelle auf den Kopf.
Ob und wie neue Geschäftsmodelle funktionieren und für welche Aufgabenbereiche die Daten überhaupt sinnvoll nutzbar sind, kann hier nicht erschöpfend behandelt werden. Aber wenigstens sollen die Grundlagen erklärt werden, so dass jeder selbst ein Bild entwickeln kann.

2. Die Datenerfassung erfolgt durch eine Community von Freiwilligen ohne dass diese speziell hierfür ausgebildet sind oder auf spezielles High-Tech zurückzugreifen. Dieser „Prosumer"-Ansatz des Web 2.0, ist damit komplett konträr zu eingespielten Abläufen kommerzieller oder amtlicher Geodatenanbieter – und wie gezeigt werden wird erstaunlich erfolgreich.
Allerdings versuchen schon erste kommerzielle Firmen dies – mehr oder weniger geschickt - zu kopieren. Die Stärke von OpenStreetMap liegt dabei aber sicherlich in der großen und aktiven Community, die ein gemeinsames Ziel – die weltweite freie Wiki-Karte - antreibt.

3. Durch das unter 2 genannte Verfahren und die starke Rolle der Community scheint OpenStreetMap tatsächlich das Potential zu besitzen zukünftig quantitativ und qualitativ neue Meilensteine der Verfügbarkeit digitaler Geodaten liefern zu können.
Beispiele sind schon jetzt im Bereich Fussgänger- oder Fahrradnavigation zu sehen, da die hierfür erforderlichen Geodaten unter marktwirtschaftlichen Bedingungen nur schwer erzeugt werden können. Der wesentliche Vorteil für den Prosumer-Gedankens ist, dass die Qualität der entstehenden Informationen in einem ständigen Wiederholungszyklus von Überprüfen und Verbessern immer mehr steigt. Dieser Ansatz wird auch mit dem Begriff „commons-based peer-production" (Benkler 2002[2]) umschrieben und ist u.a. von der Enzyklopädie Wikipedia bekannt.

Doch beginnen wir von Anfang an: In den folgenden Abschnitten sollen die – insbesondere auch technischen - Grundlagen des Projektes und seine Entwicklung einführend dargestellt und mögliche Potentiale sehr knapp diskutiert werden.

OpenStreetMap – Was ist das?

Als erste Antwort auf die Frage was denn OpenStreetMap (OSM) ist und warum es von Nutzen sein könnte, findet sich auf der Startseite des OSM Wikis folgende Definition[3]:
OpenStreetMap creates and provides free geographic data such as street maps to anyone who wants them. The project was started because most maps you think of as free actually have legal or technical restrictions on their use, holding back people from using them in creative, productive or unexpected ways.

Mit anderen Worten heißt dies: OpenStreetMap erstellt und bietet „freie" geographische Daten für jedermann an. Beispielsweise um selbst einen individuellen Stadtplan erstellen zu können. Das Projekt wurde gestartet, weil die meisten bekannten Karten oder Geodaten rechtlichen oder technischen Beschränkungen unterliegen. Dies schränkte eine kreative Nutzung von Geodaten in vielen Fällen ein, da die Investition in eine Datengrundlage seitens der Nutzer gar nicht erst geleistet wurde bzw. geleistet werden konnte. OSM bietet dagegen „freie" Daten. Dies kann genauso wie bei „Freier Software" verstanden werden: „Freie Software bedeutet die Freiheit des Benutzers, die Software zu benutzen, zu kopieren, sie zu vertreiben, zu studieren, zu verändern und zu verbessern."[4]

Die deutsche OSM Website sagt hierzu: „OpenStreetMap ist ein Projekt mit dem Ziel, eine freie Weltkarte zu erschaffen .... Weil wir die Daten selbst erheben und nicht aus existierenden Karten abmalen, haben wir selbst auch alle Rechte daran. Die OpenStreetMap-Daten darf jeder lizenzkostenfrei einsetzen und beliebig weiterverarbeiten."[5]

OpenStreetMap ist eine Gemeinschaftsarbeit (collaborative effort). Dabei verfolgt das OSM Projekt den Wikipedia-Ansatz. Das heißt: Jeder kann mitmachen, jeder kann Daten, die er für wichtig hält, einpflegen, seine oder andere Daten verändern, verbessern oder auch löschen. Es existiert kein strikte Organisation oder Bürokratrie. Man muss sich lediglich vorher beim Projekt anmelden, d.h. mit einem Benutzernamen registrieren. Daher muss auch immer mit Unwägbarkeiten umgegangen werden. Diesen wird schlicht mit Pragmatismus begegnet. In diesem Zusammenhang wird gerne Ward Cunningham zitiert: Do… "The simplest thing that could possibly work."

Entwicklung des OSM Projektes

Nach dem Start von OpenStreetMap in 2004 blieb das Projekt einige Zeit recht überschaubar. Mit der Gründung der OpenStreetMap Foundation in 2006 als Non-Profit-Organisation wurde ein Rahmen geschaffen um durch Spenden und sonstige Gelder die Infrastruktur aufrecht zu erhalten. Die Hauptinfrastruktur steht bis heute in Großbritannien und alle Arbeiten am Projekt werden unentgeltlich von Freiwilligen erledigt.

Geschichtliche Entstehung und Entwicklung des OSM Projektes

Datum	Ereignis
Aug. 2004	Steve Coast startet das Projekt OpenStreetMap in England
Dez. 2005	1000 registrierte Benutzer
Mär. 2006	Die Infrastruktur ist bereit um große Gebiete zu kartografieren
Mär. 2006	Osmarender
Apr. 2006	Gründung der OpenStreet Map Foundation
Mai 2006	Isle of Wight Mapping Party - Treffen von Mappern aus ganz Europa um die Insel in OSM zu kartografieren
Jul. 2006	ca. 2500 registrierte Benutzer & ca. 9 Mio. GPS Wegpunkte in der Datenbank
Nov. 2006	Slippy Map
Feb. 2007	Stadt Cambridge in England ist in OSM „fertig"
Jul. 2007	1ste Internationale OSM Konferenz: The State of the Map (SOTM) 2007
Jul. 2007	ca. 10.000 registrierte Benutzer & ca. 90 Mio. GPS Wegpunkte in der DB
Jul. 2008	2te Internationale OSM Konferenz: The State of the Map (SOTM) 2008
Jul. 2008	ca. 49.000 registrierte Benutzer & ca. 362 Mio. GPS Weg punkte in der DB. Größe des weltweiten Datenbestandes: 4.2GB (bz2-Komprimierung) auf http://planet.openstreetmap.org

Die folgende Abbildung veranschaulicht den im letzten Jahr beeindruckenden Anstieg der Anzahl von hochgeladenen GPS Tracks und registrierten OSM Nutzern. Allerdings muss dazu erwähnt werden, dass der Anstieg im Juni 2008 durch ein großes Medienecho verstärkt wurde. Wie viele dieser neuen Nutzer wirklich dauerhaft aktiv werden wird sich zeigen, aber 60.000 registrierte User ist sicherlich eine bemerkenswerte Basis. Zahlreiche weitere Statistiken über OSM finden sich im OSM Wiki[6].

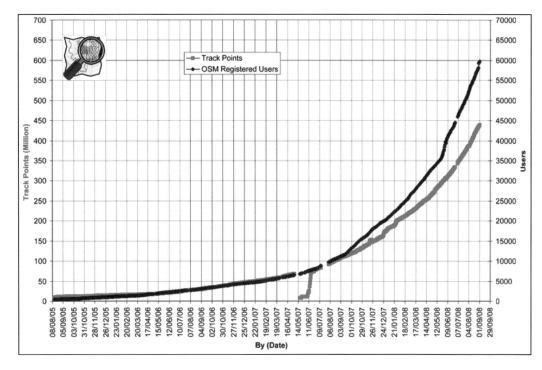

Abbildung 1: OpenStreetMap Datenbank Statistik

Wie und welche Daten können in OSM eingepflegt werden?

Als Datenquellen für OSM Daten können folgende Dinge in Frage kommen:

1. GPS Tracks von Navigationsgeräten
2. Frei-nutzbare Satellitenbilder (NASA Landsat, Yahoo)
3. Frei-verfügbare Geodaten
4. Karten deren Copyright abgelaufen ist
5. Vor-Ort-Kenntnisse

Dabei ist die ursprüngliche und auch häufigste Weise, die über die aufgezeichneten Wege des GPS-Gerätes (Punkt 1). Für die Punkte 2 und 4 ist sehr wichtig zu erwähnen, dass das Nachdigitalisieren nur von wirklich freien Datenquellen erlaubt ist: „das Abzeichnen von urheberrechtlich geschütztem Kartenmaterial wie Google Maps, Stadtplandienst oder gedruckten Straßenkarten ist nicht zulässig!"[7] Falls so etwas doch einmal geschieht, werden derartige Daten wieder gelöscht (z.B. identifiziert der Nutzername alle Daten dieses Users). Dies ist wichtig, damit zukünftig keine rechtlichen Probleme mit der OSM-Datenbasis entstehen.

Manche Quellen wurden für OSM explizit zur Verfügung gestellt und können zum Digitalisieren von Objekten genutzt werden: beispielsweise sind dies die von Yahoo für OSM freigegeben Luftbildern oder in den Bildern der US-Regierung die nicht einer Lizenz unterliegen. Ebenfalls wurden bereits frei verfügbare Geodaten in das Projekt integriert (Punkt 3). Zum Beispiel sind die TIGER-Daten der US-Regierung, die Daten des FRIDA-Projektes von Osnabrück oder Daten eines Niederländischen Unternehmens bereits in OSM übernommen worden. Wesentlich bei der Eingabe von Daten sind die Vor-Ort-Kenntnisse (Punkt 5) die meist jeder mitbringt, der Daten in das Projekt einpflegt.

Möchte man sich beim Projekt beteiligen, muss sich zuerst im beim OSM Projekt registriert werden. Danach empfiehlt sich die folgende idealtypische Vorgehensweise (vereinfacht):

1. GPX-Tracks im GPS-Gerät mitloggen (inklusive Fotos, Notizen zu allen möglichen Eigenschaften der Wege oder Objekte im Umfeld)
2. GPX-Tracks auf den OSM Server hochladen
3. Eintragen/"Zeichnen" der Daten in die Karte mittels spezieller Editoren (z.B. JOSM / Potlatch)
4. Attribuierung der Geometriedaten mit JOSM oder über Potlatch
5. Karten selbst rendern oder rendern lassen, danach können sie bei tiles@home oder mapnik betrachtet werden

Die beschriebene Vorgehensweise ist in der folgenden Abbildung veranschaulicht:

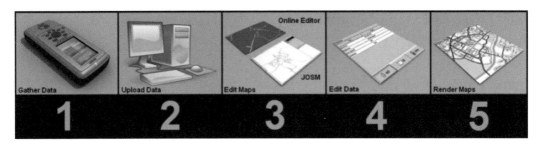

Abbildung 2: „The 5 steps to making a map" (aus OSM Wiki)

Überblick der Komponenten und das Datenmodell

Bevor auf das Datenmodell des OpenStreetMap Projektes eingegangen wird, sollen zuvor die Komponenten im Überblick gezeigt werden. Technologisch besteht das OSM Projekt im Wesentlichen aus den folgenden vier Komponenten:

- Erstens den Editoren, wie zum Beispiel Potlatch (Flash-Online-Editor für den Web-Browser) oder JOSM (Java OpenStreetMap Editor http://josm.openstreetmap.de).
- Einer MySQL Datenbank als zentralen Datenbankserver. Dieser steht in einem Serverraum der University College of London.
- Aus verschiedenen Renderern, die für die Kartenvisualisierung – d.h. das Erstellung der Karten zuständig sind.
- Und zum Schluss den Viewern, die in verschiedenen Anwendungen oder Browsern genutzt werden, um eine OSM Karte anzuzeigen.

Editoren

Um Daten in das OpenStreetMap Projekt einzupflegen oder zu bearbeiten, gibt es mehrere verschiedene Editoren. Die zwei bekanntesten Editoren sind Potlatch und JOSM. Ein guter Vergleich der Editoren ist unter http://wiki.openstreetmap.org/index.php/Comparison_of_editors zu finden.

Potlatch ist ein flashbasierter Online-Editor und kann daher mit einem Webbrowser, über den 'Edit'-Reiter auf der Hauptkarte von OSM, genutzt werden. Er ist gedacht für schnelle und einfache Änderungen der Daten. Satellitenbilder von Yahoo sind im als Hintergrund hinterlegbar, ermöglichen ein Nachzeichnen und die Prüfung von Daten. Da Kartensymbole nur eingeschränkt und mit wenigen Eigenschaften verfügbar sind, wird in der Regel ein Nacharbeiten in JOSM erforderlich. Vgl. http://wiki.openstreetmap.org/index.php/Potlatch.

JOSM ist derzeit der populärste OSM Editor. Es handelt sich um eine Java Standalone-Applikation. Er eignet sich für alle Arbeiten, ist relativ komfortabel und übersichtlich und wird ständig weiterentwickelt. Außerdem gibt es bereits eine Vielzahl von Plugins, die JOSM um sinnvolle Funktionen erweitern. Vgl. http://wiki.openstreetmap.org/index.php/JOSM.

Kartenrenderer und die Slippy Map

Als Kartenrenderer und Kartenlieferanten gibt es verschiedene Varianten, deren Karte auch unterschiedlich aussehen: Mapnik, Tile-Server und Projekt Tiles@home. Die beiden wohl bekanntesten Kartenrender, die aus OSM Daten Karten erstellen sind: der Osmarender und Mapnik.

Um Karten aus Vektordaten zu erstellen, wird relativ viel Rechenzeit benötigt. Aus diesem Grund werden die Karten bereits stückweise vorgerechnet und als Grafik auf einem Server abgelegt (wie bei Google Maps). Dabei entstehen feste „Kacheln" (Tiles) für quadratische Bereiche der Karten.

Osmarender
Mit dem Osmarender können aus OSM Daten SVG-Vektorgrafiken erzeugt werden. Das Programm nutzt als Eingabedaten die OSM Daten und eine Datei, die Regeln beinhaltet, die das Aussehen der einzelnen OSM Map Features beeinflusst. Als Ergebnis erzeugt die Anwendung eine SVG-Grafik, die entsprechend der in den Regeln definierten Styles gerendert wurde, vgl. http://wiki.openstreetmap.org/index.php/Osmarender. Osmarenderer wird auch für das Tiles@home[8] Projekt (verteiltes Rendern der Kartenkacheln für die „Slippy Map") verwendet.

Mapnik
Mapnik ist ein Open-Source C++ Kartenrenderer und wurde unabhängig von OSM entwickelt. Es wird primär zum Rendern der „Slippy Map" für OSM verwendet. Mehr Informationen unter http://mapnik.org.

Erfolgen Änderungen oder Ergänzungen an den OSM Daten, sind diese nicht direkt in den von diesen Rendern zur Verfügung gestellten Karten sichtbar. Die Kacheln des Mapnik Servers werden mindestens einmal die Woche aktualisiert, bei Tiles@home (Osmarender) kann die Aktualisierung der Kacheln angestoßen werden (mehr Informationen unter Tiles@home).

OSM Web Map Server
Da man die Rohdaten selbst herunterladen kann ist es auch möglich eigene Web Map Services (OGC WMS) auf dieser Basis aufzusetzen. Allerdings muss man u.U. erheblichen Aufwand in die Aufbereitung der Daten stecken, da alle Semantik, d.h. die thematische Gliederung in den Tags als Attribut kodiert ist. Beispielsweise bietet OpenRouteService.org einen eigenen WMS mit OSM Daten mehrere Staaten an. Hierbei werden OGC Styled Layer Descriptoren (SLD) zur Konfiguration der verschiedenen Maßstäbe und Layer verwendet.

Slippy Map als Kartenclient
Mit den insbesondere durch Google Maps bekannt gewordenen Ajax-basierten Kartenclients für das Web, hat sich diese Art der relativ intuitiven und einfachen Bedienung einer interaktiven Karte, durchgesetzt. „Jeder" versteht recht schnell wie er sie bewegen, vergrößern und verkleinern kann. Diese Art verschiebbarer Internetkarten wird im OSM-Jargon als „Slippy Map" („flinke Karte") bezeichnet (vgl. Ramm und Topf 2008[9]). Die „Slippy Map" von OpenStreetMap basiert auf OpenLayers und ist das übliche Web-Interface um sich OSM Karten im WWW anzuschauen. Hierbei können verschiedene Renderer ausgewählt werden.

Zugriff auf die OSM Rohdaten

Es bestehen prinzipiell folgende Möglichkeiten auf OSM Datenbasis (also nicht die fertig gerenderte Karten) zuzugreifen:

- Entweder direkt auf die Datenbank (DB) über die OSM-API[10] oder

- es wird ein regelmäßig erzeugter Datenbankabzug (Dump) verwendet.
  Bei beidem werden die OSM Daten in einem spezifischen XML-Dateiformat geliefert.

Bei der Nutzung der OSM-API, um OSM Daten zu erhalten, wird ein geographischer Bereich angegeben, der vom Server geladen werden soll. Bei dieser Nutzung gibt es allerdings Beschränkungen: entweder können maximal 50.000 Nodes abgefragt werden oder der Bereich darf nicht größer 0.25 Quadrat-Grad groß sein (in Deutschland etwa 50x50km). Es gibt aber noch eine weitere API, die keinerlei Beschränkungen aufweist: die Osmxapi[11].

Die erwähnten Dumps der kompletten OSM Datenbank (also der gesamten Welt) werden wöchentlich erstellt und als ein sogenanntes „Planet File"[12] zum Download angeboten. Daneben gibt es zusätzlich noch Änderungsdateien, die die täglichen, stündlichen und sogar minütlichen Änderungen zum Planet File enthalten. Um nicht immer mit dem kompletten Datensatz zu arbeiten, bieten verschiedene Webseiten Auszüge aus dem Planet File zum Download an. Z.B. die OSM-Dateien (*.osm) und Shape-Dateien (*.shp) von der Geofabrik[13]. Diese wurden anfangs auch bei OpenRouteService verwendet.

Das OSM Datenmodell

Das OSM Datenmodell bildet die Grundlage für die Datenbank und das XML-Austauschformat der OSM Daten. Folgende drei Objekte sind die grundlegenden Objekttypen in OpenStreetMap:

- Node,
- Way und
- Relation.

Es existiert also kein spezifischer Objekttyp für flächenhafte Objekte (Polygone) – dies wird über closed ways realisiert. Jedes dieser Objekte kann Attribute besitzen. Diese werden Tags genannt. Ein Tag besteht aus einem Key und einem Value. Über diese „Key=Value"-Paare können den oben genannten Typen weitere Beschreibungen zugeordnet werden.

Jede Node, jeder Way und jede Relation erhalten bei der Erzeugung in der OSM Datenbank einen eigenen, eindeutigen und numerischen Identifikator (ID). Über diese ID können die Objekte abgerufen, bearbeitet und gelöscht werden. Nach einer Löschung eines Objektes wird die ID nicht wieder verwendet.

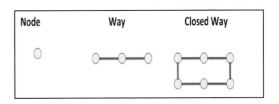

Abbildung 3: OSM Objekttypen: Node und Way (und Closed Way)

Ein Node ist das Grundelement der OpenStreetMap Daten. Dabei muss es folgende Attribute enthalten:

- id (ID)
- lat (geographische Länge)
- lon (geographische Breite).

Was können Nodes denn alles darstellen und beschreiben? (vgl. OSM Wiki[14]):

- einen einzelnen geografischen Punkt oder Ort. Beispielsweise Sehenswürdigkeiten, Ortschaften, Städte oder POIs
- Start- und Endpunkt und alle Zwischenpunkte einer Linie (Way)
- alle Punkte des Umrisses einer Fläche

Ein Way ist in OSM ein Linienzug, der aus mehreren durch Geraden verbundenen Nodes besteht. Durch Ways werden hauptsächlich Straßen und Wege, aber auch andere Elemente wie Flächen (closed Way), Flüsse, Eisenbahnlinien oder noch einiges mehr abgebildet.

Eine Relation dient im OSM Datenmodell zur Modellierung von Beziehungen zwischen OSM Objekten (Node, Way oder Relation). Die Rolle (role) die jedem Teilnehmer (member) zugewiesen werden kann, ist ein beliebiger Text. Bis jetzt findet das Relation-Objekt noch keine starke Verwendung bei der Datenerhebung im OSM Projekt. Dies liegt u.a. daran, dass die Nutzer diese in den Standard-Renderern noch nicht visuell angezeigt bekommen. An der Visualisierung von Relations wird aber gerade gearbeitet, so dass dann ein höherer Anreiz gegeben ist, diese auch bei der Datenerhebung zu berücksichtigen. Ein

Beispiel für eine Relation wird bei der Beschreibung des OSM Datenformats angegeben.

Die Map Features als „offener Objektartenkatalog"

Als Map Features wird die Liste bezeichnet, die Objekttypen (Tags) enthält, die auf der Karte eingezeichnet werden. Dies kann somit mit einem Objektartenkatalog wie bei ATKIS/ALKIS verglichen werden. Allerdings ist diese Liste offen und jederzeit erweiterbar und der Konsens über die darin enthaltenen Elemente geschieht auf völlig anderem Weg. Zurzeit werden Nodes und Ways (inklusive Flächen) über diese Tags modelliert.

Die Tags der Objekte, die in einer beliebigen Anzahl bei jeder Node und jedem Way angegeben werden können, bestehen, wie bereits erklärt, immer aus einem Schlüssel und einem Wert. Hierbei ist wichtig, dass beide vollkommen beliebig gewählt und angegeben werden können. Das heißt: „OpenStreetMap lässt prinzipiell alle möglichen „Schlüssel" oder „Werte" zu. Diese können von jedem frei vergeben werden. Trotzdem ist es natürlich für die Anwendung der OSM-Daten von Vorteil, wenn ein Konsens besteht, welche Basiseigenschaften durch welche Datenrepräsentation ausgedrückt werden."[15] Dies wird dadurch unterstützt, dass natürlich nur „bekannte" Tags in den üblichen Kartenrenderern beachtet werden können – und natürlich wollen die Mapper ihre Ergebnisse dort sehen. Allerdings setzt sich zunehmend das Bewusstsein durch, dass die Daten eben nicht nur für eine visuelle Karte erfasst werden, sondern dass die Erhebung weiterer Eigenschaften für andere Anwendungen relevant sind – wie z.B. in GIS oder für Routenplaner, auch wenn diese Eigenschaften nicht standardmäßig in der Karte dargestellt werden.

Eine Liste der möglichen Map Features befindet sich im OSM Wiki[16]. Im Folgenden werden nur die wichtigsten Hauptgruppen kurz erwähnt. Detaillierte Informationen können im Wiki eingesehen werden. Neue oder wünschenswerte Map Features (Proposed Features) werden auf einer separaten Seite vorgeschlagen und diskutiert[17].

Übersicht der wichtigsten Keys

Key	Beschreibung: Art und Weise um ...
highway	Straßen/Wege und deren Objekte zu kennzeichnen
waterway	Wasserwege und deren Objekte zu kennzeichnen
railway	Schienenwege und deren Objekte zu kennzeichnen
leisure	Freizeitflächen und deren Objekte zu kennzeichnen
amenity	weitere Nutzungsarten zu kennzeichnen
landuse	die Landnutzung zu kennzeichnen
natural	eine Naturfläche zu kennzeichnen
place	Ortschaften/Städten/Ländern etc. zu kennzeichnen

Die Tabelle gibt nur eine Übersicht einer kleinen Teilmenge der möglichen Schlüssel und keine von möglichen Werten (Values) der OSM Map Features wieder. Nützliche Übersichten der verwendeten Tags und die Anzahl deren Nutzung in Europa oder den einzelnen Ländern in Europa können OpenStreetMap Tagwatch18 entnommen werden.

DAS OSM XML-Datenformat

Wird mit Daten über eine der beiden OSM APIs oder mit denen eines anderen Server gearbeitet, sind sie in diesem Dateiformat (*.osm). Der Aufbau dieser Datei ist durch die OSM Document Type Definition (DTD) festgelegt, zurzeit in Version 0.5. Das nachfolgende Schema Diagramm wurde über eine Konvertierung dieser DTD (*.dtd) zu einem XML Schema (*.xsd) erstellt.

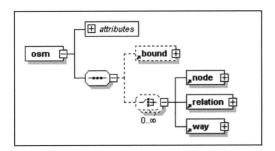

Abbildung 4: Schema Diagramm einer OSM Datei Version 0.5 (*.osm)

Wie in der Abbildung zu sehen ist, besteht eine OSM-XML-Datei aus dem Hauptelement osm. Der eigentliche Inhalt sind aber eine beliebige Anzahl der node, way und relation-Elemente. Sie werden auch in dieser Reihenfolge in der Datei aufgeführt.

Es folgen Beispiele von XML-Auschnitten im OSM Format zu den genannten Objekttypen Node, Way und Relation.

Node
Zur Verdeutlichung sind in dem nachfolgenden Beispiel drei Tags enthalten: Zum einen der Name (Zeile 3), mit welchen Editor den Node erstellt wurde (Zeile 4) und zu welcher Art Map Feature es gehört (hier: „Nutzung=Tankstelle").

```
1 <node id="279148121" timestamp="2008-07-18T09:30:53Z" user="pitscheplatsch">
2 lat="50.2483693" lon="8.1942967">
3 <tag k="name" v="Freie Tankstelle"/>
4 <tag k="created_by" v="Potlatch 0.9c"/>
5 <tag k="amenity" v="fuel"/>
6 </node>
```
Listing: OSM Node

Way
Ein Way muss ein id-Attribut und mindestens zwei Node-Referenzen (nd-Element mit ref -Attribut) enthalten. Die anderen Attribute und Elemente sind, wie bei einer Node, laut der OSM DTD 0.5 optional. Im folgenden Beispiel sind ebenfalls wieder drei Tags enthalten: neben dem Tag name (Zeile 4) und created_by (Zeile 5), ist in Zeile 6 (highway=residential) die Straßenart des Weges enthalten.

```
1 <way id="25611383" timestamp="2008-07-17T15:45:33Z" user="pitscheplatsch">
2 <nd ref="279149781"/>
3 <nd ref="268501735"/>
4 <tag k="name" v="Auf der Langwies"/>
5 <tag k="created_by" v="Potlatch 0.9c"/>
6 <tag k="highway" v="residential"/>
7 </way>
```
Listing: OSM Way

Relation
Das folgende Beispiel zeigt eine mittels relation realisierte Abbiegevorschrift: von Way (ref=211149754), über Node (ref=279149781) und nach Way (ref=279149733) darf nicht rechts abgebogen werden.

```
1 <relation id="2400" timestamp="2008-07-17T15:45:33Z" user="pitscheplatsch">
2 <member type="node" ref="279149781" role="via"/>
3 <member type="way" ref="279149733" role="to"/>
4 <member type="way" ref="211149754" role="from"/>
5 <tag k="restriction" v="no_right_turn"/>
6 <tag k="created_by" v="JOSM"/>
7 <tag k="type" v="restriction"/>
8 </way>
```
Listing: Beispiel für eine OSM Relation, die eine Abbiegevorschrift repräsentiert

Die OSM Lizenz

Alle Daten, die in der OpenStreetMap-Datenbank vorhanden sind, stehen unter der Lizenz Creative Commons Attribution-Share Alike 2.0 (CC-BY-SA 2.0)[19]. „Die Lizenz besagt, dass jegliche Art der Nutzung von OSM-Daten, auch gewerblich, zulässig ist. Es muss jedoch angegeben werden, woher die Daten stammen, und jedes Werk, das aus OSM-Daten abgeleitet ist, muss wiederum unter der CC-BY-SA-Lizenz stehen."[20] Letzteres verhindert insbesondere, dass jemand die OSM-Daten aufkaufen und „schließen" kann. Dass die Lizenz auch nicht unproblematisch ist da sie viele Fragen offen lässt hat sich im Laufe der Zeit herausgestellt. Eine Änderung der Lizenz ist allerdings nicht so leicht durchführbar, da jeder einzelne der Daten zu OSM beigetragen hat, um Zustimmung gefragt werden müsste (vgl. Ramm & Topf 2008)[21].

Abdeckung und Datenqualität

Genaue Aussagen über die Abdeckung, Vollständigkeit oder Detaillierungsgrad zu machen, ist etwas schwierig. Das fängt bei einer weltweiten Betrachtung an und endet in jeder beliebigen Stadt, Dorf oder Straße. Jeder definiert „Vollständigkeit" unterschiedlich: „Was ist „vollständig"? Alle Autobahnen und Bundesstraßen? Oder alle Radwege und Briefkästen? Jede einzelne Hausnummer und jede Parkbank?" Bereits heute sind in Deutschland OSM Daten, in vielen Städten und Ballungsräume schon detailreicher als viele kommerzielle Karten. Umgekehrt kann es genauso gut in manchen Regionen vorkommen, dass statt eines Ortes nur eine Durchgangsstraße oder gar nichts vorhanden ist.[22] Wie die rasante Wachstumskurve vorhin gezeigt hat, dürfen die Tausende engagierter Erfasser nicht unterschätzt werden - auch wenn Falscheingaben (bewusst oder unbewusst) von jedem der Daten einpflegt oder bearbeitet möglich sind und auch die Datenqualität bzgl. Lagegenauigkeit und v.a. Semantik von der Sorgfalt des Kartierers abhängig ist. Wenn Daten aus der Karte aus Versehen oder absichtlich gelöscht worden, sind diese nur wieder mit Handarbeit herzustellen. Daraus entstehen allerdings auch anderes Probleme: Anders als bei Wikipedia, das aus einer Anzahl von vielen Artikeln besteht, bilden bei OSM alle Daten zusammen eine Karte. Grundsätzlich ist das Projekt somit nicht unbedingt gegen Vandalismus geschützt.

Eine berechtigte Frage lautet:
Wie sieht es mit der Genauigkeit aus?
Durch die Aufhebung der künstlichen Verschlechterung des Signals des Global Positioning Systems (GPS) durch die US-Regierung war eine Genauigkeit von +/-10 Metern möglich. Heutzutage liegt, durch immer besser GPS-Chipsätze, die Genauigkeit bei rund +/- 5 Metern. Durch verschiedene Aufbauten, zum Beispiel Differential GPS (DPGS), wären noch genauere Positionsbestimmungen möglich. Aber die Frage ist: Reichen nicht auch diese +/- 5 Meter aus? OSM Karten können natürlich nicht mit Kataster- und Liegenschaftskarten verglichen werden. Aber für viele Anwendungen kann die Frage dennoch positiv beantwortet werden. Bekanntlich ist für viele Anwendungen die topologische Korrektheit weitaus wichtiger als geometrische Genauigkeiten von wenigen Metern. Topologisch richtige Daten sind z.B. die entscheidende Grundlage um einen Routenplaner zu erstellen. Dass dies für viele Gebiete schon passable Ergebnisse erzielt kann u.a. durch den Staaten-übergreifenden Routing-Dienst für Fußgänger, Radfahrer und Autofahrer www.OpenRouteService.org[23] gezeigt werden. Auf dieser Webseite können auf Basis von aufbereiteten OSM Daten noch weitere Dienste, wie z.B. eine POI-Umkreissuche (OpenLS Directory Service etc.), genutzt werden.

Resümee: das Potential

Mit obigem Beispiel wird auch das prinzipielle Potential durch OSM Daten und darauf aufbauenden Karten deutlich. Knopp[24] (2008) schreibt zum Thema deutsche OSM Daten:

- Abdeckung und Genauigkeit reichen in kleinen Maßstäben oder regional bereits aus

- Viele Städte und Kreise sind bereits nahe „vollumfänglich" erfasst

- Die Daten können mit fremden oder eigenen Daten kombiniert werden (Standorte, Luftbilder, Demographie etc.) und sie sind kostenfrei

Es stellt sich die Frage: Welche Gründe sprechen dafür OSM statt kommerzieller Lösungen wie z.B. Google Maps oder Map24 zu verwenden, oder amtliche Daten zu beschaffen?

Zwar können die meisten Kartenanbieter im WWW kostenlos genutzt werden, die Verwendung oder Weitergabe deren Abbildungen oder Karten sind aber in der Regel keinesfalls kostenlos nutzbar[25]. Der für GIS-Anwender wichtigste Grund für OSM dürfte sein, dass Zugriff auf die „rohen" Geodaten der Karten besteht. Diese Geodaten können in der verschiedensten Weise genutzt werden: zum Beispiel können eigene Karten mit beliebigen Layout erstellt werden und sie können in verschiedener Form in Geographischen Informationssystemen genutzt werden. Auch die Nutzung in eigenen Diensten, wie z.B. einem Routenplaner, Karten- und Geodatendienst ist gemäß der Lizenz möglich.

Bei kommerziellem Kartenmaterial müssen diese Geodaten erst über eine kostenpflichtige Lizenz eingekauft werden. Hierfür erhält man dann in der Regel ein standardisiertes Produkt, das bestimmten Qualitätskriterien flächendeckend genügt. Hierdurch erhält der Anwender eine gewisse Sicherheit bzgl. Aktualität, Vollständigkeit und Abdeckung und weiteren Qualitätskriterien. Diese formelle Sicherheit und den für die Firma damit verbundenen Aufwand, muss aber auch bezahlt werden. Je nach Nutzungsart oder Umfang der Daten können unter Umständen Kosten entstehen, die bestimmte Nutzungsarten der Geodaten finanziell unattraktiv werden lassen. Eine formelle Sicherheit über eine bestimmte Abdeckung oder sonstige Qualitätseigenschaften wird bei OSM nicht geliefert (werden), doch werden schon die ersten Vergleichsstudien durchgeführt, so dass für bestimmte Regionen und Anwendungsbereiche Aussagen zur Eignung möglich sein werden.

Der Ruf nach freien – oder wenigstens deutlich kostengünstigeren - Geodaten ist in der Wirtschaft seit Langem zu hören. Nun entsteht ein derartiger Datensatz und es wird sich zeigen, in wie weit und in welchen Bereichen dies auch kommerziell Auswirkungen haben wird. Durch die Vielzahl der unterschiedlichsten Datenarten, die im OSM Projekt enthalten oder am entstehen sind, können sie in vorhanden aber auch in neuen Anwendungsfeldern genutzt werden. Verwendet werden können sie beispielsweise in den üblichen Fachanwendungen von Kommunen oder Tourismus. Neue Anwendungsfelder bilden sich durch private GIS-Anwendungen, wie zum Beispiel in der eigenen Webseite, aber vor allem spezielle Anwendungen wie z.B. Routenplaner für Wanderer, Rollstuhlfahrer oder sehbehinderte Menschen. Solche Anwendungen waren bis jetzt aufgrund der fehlenden Daten nur bedingt realisierbar.

Insgesamt können zusammenfassend u.a. folgende Vor- und Nachteile für die Daten des OpenStreetMap Projektes genannt werden:

Vorteile von OSM (+)	Nachteile von OSM (-)
+ produziert weltweit „freie" Geodaten + große Aktualität und schnelles Wachstum + für viele Zwecke „ausreichende" Genauigkeit + teilweise sehr spezielle Daten verfügbar	- stark unterschiedliche weltweite Abdeckung - keine Qualitätsstandards, Qualität ist abhängig vom Erfasser, Falscheingaben - Lizenz behindert z.T. kommerzielle Anreicherung mit anderen Daten - keine einheitliche Semantik

Tabelle: Vor- und Nachteile der OSM Geodaten

Dass die Verfügbarkeit flächendeckend vorliegender freier Geodaten das Potential für neue und kreative Lösungen steigert und so kreative Lösungen mit ganz neuem Verwertungspotential entstehen lassen, zeigt nicht nur das Beispiel von OpenRouteService.org, sondern auch die aktuellen Arbeiten im Projekt www.GDi-3D.de[26]. Hier wurden die freien SRTM-Daten (weltweites digitales Geländemodell auf Basis von Radarmessungen) für Deutschland in mehreren Level of Details aufbereitet und für den im Projekt entwickelten Web 3D Service (W3DS) – einem Standardisierungsentwurf des Open Geospatial Consortiums verfügbar gemacht (vgl. Schilling et al. 2008[27]). Durch die Überlagerung bzw. Verschneidung mit den Landnutzungs- und Straßendaten von OpenStreetMap konnte somit ein deutschlandweiter 3D Web Service realisiert werden. Auch dies zeigt die großen Synergien, wenn offene Daten und offene Standards zusammen gebracht werden. Technisch wurden bei den Arbeiten zu 3D-OSM zwei unterschiedlichen Varianten erstellt, die jeweils interaktiver 3D-Welten über OGC-Dienste realisieren. Einerseits wird ein OSM Web Map Service (WMS) als Geländetexturauf das digitale Geländemodell gelegt, andererseits aber auch eine Vektor-basierte Variante über Verschneidung mit dem DGM umgesetzt (vgl. Schilling et al 200728). Damit kann ganz Deutschland im zugehörigen Clienten (XNavigator) dreidimensional erlebt werden. Außerdem ist u.a. eine Umkreissuche von den in OSM verfügbaren Points of Interest (POIs) über den OpenLS Directory Service von OpenRouteService möglich.

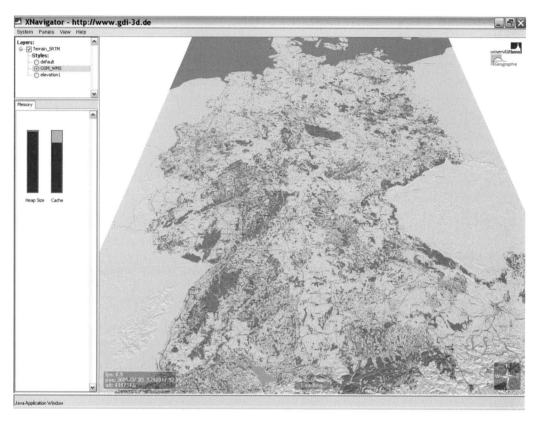

Abbildung 5: Deutschlandweiter 3D OSM-SRTM Web 3D Service im XNavigator von www.gdi-3d.de

Abbildung 6: OSM-POIs über OpenLS Directory Service von 3D OSM W3DS im XNavigator von www.gdi-3d.de

Quellenangaben:

[1] Ramm, F. & Topf, J. (2008). OpenStreetMap - Die freie Weltkarte nutzen und mitgestalten. Lehmanns Media, Berlin.
[2] Benkler, Y. (2002): Coases's Penguin or Linux and The nature of the firm. In: The Yale Law Journal, Vol. 112, 2002.
[3] http://wiki.openstreetmap.org/
[4] The Free Software Definition - GNU Project http://www.gnu.org
[5] OpenStreetMap FAQs: Fragen und Antworten - http://www.openstreetmap.de/faq.html
[6] OSM Wiki: Stats - http://wiki.openstreetmap.org/index.php/Stats
[7] OSM Wiki De:Newbie - http://wiki.openstreetmap.org/index.php/De:Newbie
[8] OSM Wiki: Tiles@home - http://wiki.openstreetmap.org/index.php/Tiles%40home
[9] Ramm, F. & Topf, J. (2008). OpenStreetMap - Die freie Weltkarte nutzen und mitgestalten. Lehmanns Media, Berlin.
[10] OSM Protocol Version 0.5 - http://wiki.openstreetmap.org/index.php/OSM_Protocol_Version_0.5
[11] Osmxapi - http://wiki.openstreetmap.org/index.php/Osmxapi
[12] Planet File - http://planet.openstreetmap.org/
[13] Downloads auf geofabrik.de - http://download.geofabrik.de
[14] De:Elemente - http://wiki.openstreetmap.org/index.php/De:Elemente
[15] OSM Wiki De:Map Features - http://wiki.openstreetmap.org/index.php/De:Map_Features
[16] OSM Wiki: Map Features - http://wiki.openstreetmap.org/index.php/Map_Features
[17] OSM Wiki: Proposed features - http://wiki.openstreetmap.org/index.php/Proposed_Features
[18] OpenStreetMap Tagwatch - http://tagwatch.stoecker.eu
[19] Creative Commons Attribution-Share Alike 2.0 licensehttp://creativecommons.org/licenses/bysa/2.0/de
[20] OpenStreetMap FAQs: Wie ist das mit der Lizenz? - http://www.openstreetmap.de/faq.html
[21] Ramm, F. & Topf, J. (2008). OpenStreetMap - Die freie Weltkarte nutzen und mitgestalten. Lehmanns Media, Berlin.
[22] OpenStreetMap FAQs: Wie vollständig sind die Daten? - http://www.openstreetmap.de/faq.html

[23] Neis, Pascal (2008): Location Based Services mit OpenStreetMap Daten. Master Thesis. Betreuung Prof. Dr. A. Zipf.

[24] Knopp, O. (2008). Anwendungsbeispiele GIS mit OpenStreetMap. Vortrag. Online unter: www.wheregroup.com/files/OSM-Anwendungen.pdf.

[25] Google Maps - AGBs - http://www.google.com/intl/de_de/help/terms_maps.html
Map24 Nutzungsbedingungen - http://www.de.map24.com/eula

[26] Zipf, A., J. Basanow, P. Neis, S. Neubauer, A. Schilling (2007): Towards 3D Spatial Data Infrastructures (3D-SDI) based on Open Standards - experiences, results and future issues. . Requirements, Acquisition, Modelling, Analysis, Visualisation. Delft, NETHERLANDS In: „3D GeoInfo07". ISPRS WG IV/8 International Workshop on 3D Geo-Information

[27] Schilling, A.; Lanig, S.; Neis, P.; Zipf, A. (2008): Integrating Terrain Surface and Street Network for 3D Routing. 3D_Geoinfo 2008. International Conference on 3D Geoinformation. Seoul. South Korea.

[28] Schilling, A., Basanow, J., Zipf, A. (2007): VECTOR BASED MAPPING OF POLYGONS ON IRREGULAR TERRAIN MESHES FOR WEB 3D MAP SERVICES. 3rd International Conference on Web Information Systems and Technologies (WEBIST). Barcelona, Spain. March 2007.

Autoren:

Pascal Neis, Alexander Zipf
http://www.geographie.uni-bonn.de/karto

1.6 LBS 2.0 mit OpenRouteService.org - die OpenGIS-konforme Routing-Plattform auf Basis der freien Geodaten von OpenStreetMap

Von Benutzern freiwillig beigesteuerte Inhalte sind der Grundpfeiler erfolgreicher Anwendungen im Web 2.0. Ein Paradebeispiel ist die Online-Enzyklopädie-Wikipedia. Auch Geoinformationen können durch die freiwillige Kollaboration vieler Individuen generiert werden. Dieses Phänomen wird von Mike Goodchilde mit „Volunteered Geography" (2008) beschrieben. Ein prominentes Beispiel ist das OpenStreetMap-Projekt (OSM). Hier entsteht von einer offenen Community an Freiwilligen gemeinschaftlich erhoben eine frei[1] verfügbare von jedermann editierbare Weltkarte, die besonders in mehreren deutschen Städten bereits höheren Detailreichtum (Fußwege, Radwege) bietet als amtliche oder kommerzielle Kartenwerke. Dieses Projekt wird in einem extra Beitrag beschrieben. Allerdings gab es bislang kaum Berührungspunkte zwischen derartigen von speziellen Communities getriebenen kollaborativen Projekten des Web.2.0 einerseits und den in der Geoinformationswirtschaft relevanten Standards des Open Geospatial Consortiums (OGC) andererseits. OpenRouteService stellt ein erstes Beispiel dar, wie diese Trennung aufgehoben werden kann.

Vor kurzem wurde mit OpenRouteService.org ein zunächst deutschlandweiter Routenplaner vorgestellt, der einerseits komplett auf den offenen Standards des OGC basiert und zudem als Datenbasis die freien Geodaten von OpenStreetMap - der freien Wiki-Weltkarte - nutzt. Damit war OpenRouteService z.B. noch vor Google o.ä. der erste überregionale Fahrrad- und Fußgängerroutenplaner – und das noch auf Basis offener Standards und unter Nutzung einer von in zunehmendem Maße oftmals „besseren" Datenbasis (gerade bzgl. Rad- und Fußgängerwegen).

Mittlerweile werden neben Deutschland auch die Schweiz, Österreich, Belgien, Italien, Lichtenstein, Dänemark und mittlerweile auch dem Heimatland von OpenStreetMap - Großbritannien mit Irland für alle Routing-Varianten und Dienste unterstützt. Eine räumliche Ausdehnung auf weitere Staaten ist in Arbeit.

OpenRouteService ist aber weit mehr als ein einfacher Routenplaner, da er mehrere Dienste der OGC Open Location Services Initiative beinhaltet, die Funktionen wie Gelbe-Seiten-Dienst (Umgebungssuche), Geocoding u. Reverse Geocoding Adressuche etc.) bieten und diese in einem Portal bündelt. Diese Dienste greifen ebenfalls länderübergreifend auf die speziell aufbereiteten Daten von OpenStreetMap zu. Als standardisierte Dienste können sie zudem auch einzeln genutzt oder in andere Anwendungen integriert werden. So wird u.a. der OpenLS Directory Service auf Basis der ODM-Daten im Rahmen von www.gdi-3d.de eingesetzt. Daneben wurden auf diesen Basisdiensten weiterführende Anwendungen – z.T. auch als Dienst - realisiert. Hierzu zählt unter anderem ein Erreichbarkeitsdienst, der u.a. das in einer gegebenen Zeit erreichbare Gebiet als Polygon berechnet. Zudem können in der „extended" Version des Routenplaners vom Nutzer selbst Gebiete in der Karte eingezeichnet werden, die beim Routing umfahren werden sollen – die sogenannten „AvoidAreas". Außerdem werden eine Reihe weiterer OGC-Dienste wie SOS oder WPS für verschiedene Zwecke genutzt – z.B. um TMC Daten einzubinden.

Aber zunächst soll die bisher weniger bekannte OpenGIS Location Services (OpenLS oder OLS) des Open Geospatial Consortiums kurz vorgestellt werden. Diese hat sich der Spezifikation von Schnittstellen gewidmet, um ortsbezogene Dienste (Location Based Services, LBS) zu standardisieren vgl. auch Zipf 2004, Häußler & Zipf 2004). Bei der Erstellung der OpenLS Spezifikation wurden bereits bestehende Spezifikationen und Infrastrukturen von Telekommunikations- und Internetservices beachtet und mit einbezogen. Die Version 1.0 der Spezifikation erschien im Januar 2004. Im Mai 2005 folgte Version 1.1 mit kleineren Überarbeitungen an den Service Schemata und ohne Änderungen an der Anzahl der Services oder deren Aufgabe. Die Version 1.2 der Spezifikation soll noch in diesem Jahr erscheinen. Als weiterer Dienst im OLS Kontext wird der Tracking Service hinzukommen. Vor der 1.0 Version der Spezifikation war noch ein weiterer Dienst im Gespräch, ein sogenannter Navigation Service. In der Version 1.3, die intern bereits bearbeitet wurde, soll dieser Service als Erweiterung des Route Service mit einfließen. Die OLS Spezifikation enthält somit mehrere funktionale Komponenten für LBS. Sie sind als eine detaillierte technische Beschreibung der Schnittstellen verfügbar und stellen damit einen Bauplan für OLS konforme Web Services zur Verfügung. Diese können sowohl von mobilen Clienten, als auch aus Webanwendungen heraus genutzt werden.

In der folgenden Abbildung, sind die Dienste der OLS Spezifikation 1.1 zu sehen. Dort werden sie als sogenannte Core Services bezeichnet.

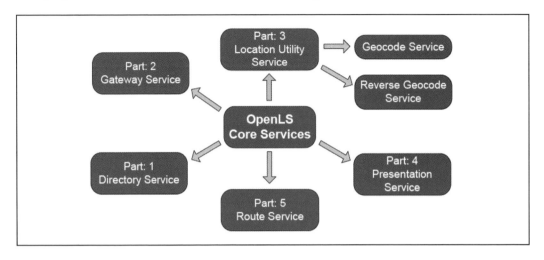

Abbildung 1: Die Core Services der OpenLS-Spezifikation Version 1.1

Im Moment bietet OpenRouteService.org die folgenden Basisdienste:

- OpenLS Directory Service – Ortsbezogene "Gelbe Seiten" - Suche (Online-Branchenverzeichnis), d.h Umkreissuche nach Restaurants, Geschäften, Hotels, Parkplätzen etc.

Abbildung 2: Routenplanung quer durch Europa mit OpenRouteService.org

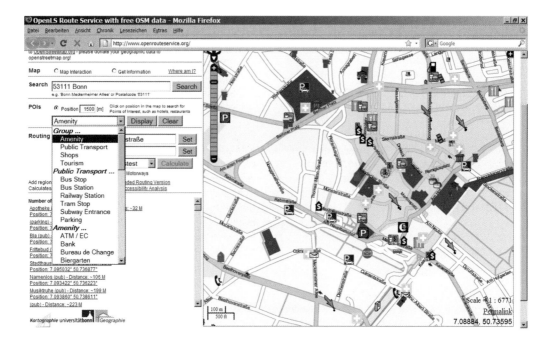

Abbildung 3: Ergebnis einer Umkreissuche nach Points of Interest (POI) in Bonn

- Accessibility Analysis Service (AAS) – Er bietet die Berechnung eines vom ausgewählten Punkt aus in einer vorzugebenden Zeit erreichbares Gebiet als Polygon, auf Basis des Straßennetzes. Intern werden weitere Optionen, wie die Rückgabe der in diesem Gebiet liegenden Orte unterstützt (vgl. Neis & Zipf 2007). Dieser Dienst ist bisher nicht vom OGC standardisiert. Eine OGC-konforme Einbindung würde zur Zeit die Kapselung durch einen Web Processing Service erfordern.

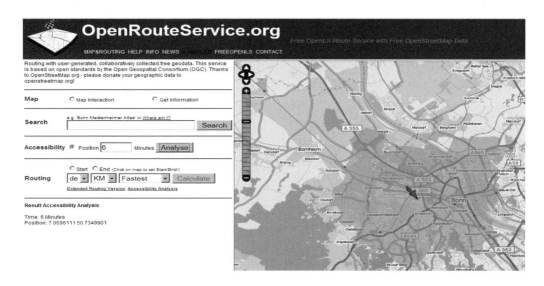

Abbildung 4: Auf Straßennetz berechnetes Erreichbarkeitsgebiet

- OpenLS Location Utility Service – Geocoding & Reverse Geocoding, d.h. Konvertierung von Adressen (auch Freiform) in Geometrien und umgekehrt

- OpenLS Presentation Service – Karten mit eingezeichneten Routen, POIs etc. (Z.Zt. nur interne Nutzung)

- OpenLS Route Service – Routenplanung auf Netzwerkgraphen nach diversen Kriterien

  - Autofahrer: fastest
  - Autofahrer: shortest

    - Autofahrer: bei fastest und shortest zusätzl. Option: ohne Autobahn

  - Radfahrer
  - Fußgänger (u.a. wurden auch schon Indoor-Routing-Anwendungen realisiert, wenn die entsprechenden Wege aufgenommen sind).

  - Erweiterungen (spezielle Optionen für unterschiedliche Vorlieben der Radfahrer)

sind geplant bzw. in Arbeit, auch sind spezielle Lösungen für andere Verkehrsteilnehmer mit speziellen Anforderungen, wie Rollstuhlfahrer oder überbreite Lastwagen o.ä. realisierbar, wenn die hierfür relevanten Daten in ausreichendem Maße aufgenommen wurden).

- RDS-TMC Daten über Staus, Unfälle, Baustellen etc. werden in einer ersten prototypischen Umsetzung sowohl auf der Karte angezeigt, als auch bei der Routenplanung berücksichtigt – allerdings zunächst nur für die Testgebiete Nordrhein-Westfalen und Bayern. Die Integration erfolgte über eine Dienstekette unter Verwendung von OGC SOS (Sensor Observation Service), OGC WPS (Web Processing Service) und OGC WFS (Web Feature Service). Siehe unten.

- Ein OGC WMS (Web Map Service) mit SLD Unterstützung (als TileCache) dienst als OGC-konforme Variante neben den Kartenrenderern von OSM (Mapnik/OSMRenderer)

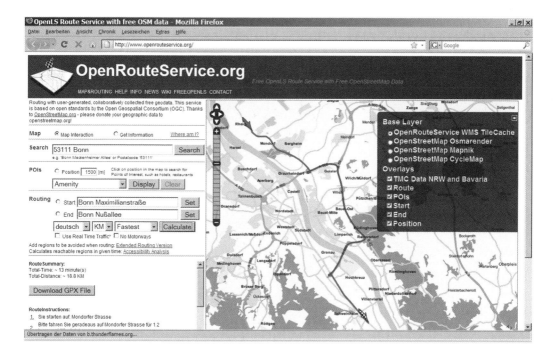

Abbildung 5: OpenRouteService mit eigenem – per SLD gestyltem - WMS Tilecache

- Intern wird ein OGC WFS (Web Feature Service) verwendet, in dem die Daten von OpenStreetMap thematisch aufbereitet und strukturiert vorliegen – und nicht nur im einfachen OSM-Datenmodell. Somit könnten die Daten von OpenStreetMap auch per GML ausgeliefert und somit in eigene GDI-Anwendungen integriert werden.

- Die Integration der Daten in einen OGC Katalogdienst (CS-W, Catalogue Service Web) ist in Arbeit.

- Ein OGC WPS (Web Processing Service) für die Einbindung von Höhenprofilen entlang der berechneten Routen ist unter Nutzung von SRTM-Daten umgesetzt und wird demnächst eingebunden.

- Ein RESTful OLS, der eine vereinfachte Nutzung von OLS Diensten bietet

Neben den normalen Fahranweisungen in mehreren Sprachen (Deutsch, Englisch, Französisch, Spanisch) für die Routen können mittlerweile auch erweiterte Sprachanweisungen ausgegeben werden (Auswahl: ‚de*' oder ‚en*'). Dabei werden in der Fahranweisung zusätzliche Objekte, die an Kreuzungen vorhanden sind, erwähnt, z.B. Ampeln oder kleine Kreisel. Dies wird zurzeit erweitert um Objekte, die in der näheren Umgebung von Entscheidungspunkten, z.B. Kreuzungen, liegen. Wenn also eine weitere Sprachanweisung nötig wird werden zusätzliche POIs (Points of Interest) als Art Landmarke in die Navigationsanweisung eingebunden.

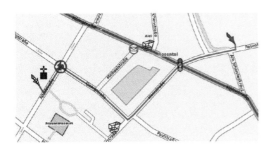

Abbildung 6: Ergebnis einer Routenplanung des Extended Route Service.

Das folgende Beispiel enthält die Fahranweisungen der berechneten Route aus dieser Abbildung wie sie vom normalen Route Service erzeugt wird:

- Nr. 3 - Bitte fahren Sie geradeaus auf Heerstrasse für 0.2 km ...

- Nr. 4 - Bitte fahren Sie rechts auf Georgstrasse für 0.2 km ...

- Nr. 5 - Bitte fahren Sie links auf Adolfstrasse für 0.1 km ...

Die folgenden Anweisungen wurden vom Extended Route Service erzeugt. Dabei sind in Anweisung Nr. 3 und 5 die erwähnten relevanten Objekte erwähnt.

- Nr. 3 - Bitte fahren Sie geradeaus an der Ampel auf Heerstrasse für 0.2 KM ...

- Nr. 4 - Bitte fahren Sie rechts auf Georgstrasse für 0.2 KM ...

- Nr. 5 - Bitte fahren Sie links im Kreisel auf Adolfstrasse für 0.1 KM

Außerdem ist der Download der berechneten Route als GPX-Datei möglich (intern auch KML). Intern sind noch weitere Optionen realisiert (wie z.B. Zwischenpunkte beim Routing setzen, erweiterte Ausgabemöglichkeiten bei der Erreichbarkeitsanalyse etc.), die noch nicht in der Benutzeroberfläche sichtbar sind.

Der Service ist in der Java Version 6.0 realisiert und läuft als Servlet in einem Tomcat6 Server ab Version 5.5.x. Die Kommunikation erfolgt OLS typisch, über das HyperText Transfer Protocol (HTTP) POST und in Form von mittels der Extensible Markup Language (XML) kodierte Anfragen und Antworten ab. Alle benötigten Daten des Dienstes sind in einer PostgreSQL/ PostGIS DB gespeichert. Der Informationsaustausch zwischen den OpenLS Services und der Datenbank findet über die Java Database Connectivity (JDBC) statt.

Es wurden Performanztests mit unterschiedlichen Routing-Bibliotheken (z.B. geotools, pgrouting) und Algorithmen (Dijkstra, A*) und Routen-Längen durchgeführt. Dabei ergaben sich bei kleinen Routenberechnungen keine großen Unterschiede. Müssen allerdings größere Routen im Bereich von mehreren Hundert Kilometern ermittelt werden, ergaben sich die schnellsten Ergebnisse mit unserer eigenen und optimierten Java- Implementierung des A*-Algorithmus. Im Moment sind über 4 Mio Straßensegmente im Graphen enthalten. Da sich die Anzahl der Objekte in den ersten 4 Monaten schon mehr als verdoppelt hat, können es bis sie dies lesen aber auch schon doppelt so viele sein.

Neben der Web-GUI unter http://www.openrouteservice.org wurden auch schon erste mobile Clients für Smartphones / PDAs mit Web-Browser oder über Java Midlet-Technologie entwickelt.

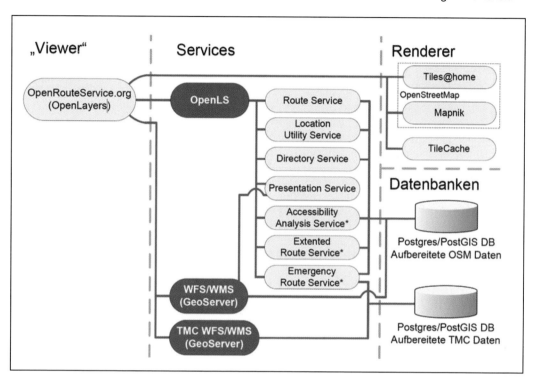

Abbildung 7: OpenGIS Service-Architektur von OpenRouteService.org

Einige ausgewählte Komponenten sollen im Folgenden kurz vorgestellt werden:

Emergency Route Service (ERS)
Wie bereits in Neis (2006) genutzt, besitzt die OpenLS Spezifikation die Option, dass bei einer Routenplanung eine sogenannte AvoidList angegeben werden kann. Aus technischer Sicht ist der Emergency Route Service als Proxy zu einem OpenLS konformen Routensuchdienst realisiert. Die Besonderheit ist dabei, dass der ERS bei einer Anfrage die aktuellen „Vermeidungsgebiete" aus einem WFS abfragt (via GetFeature-Anfrage mit BoundingBox), die erhaltenen Gebiete in die ursprüngliche Anfrage integriert und sie weiter an einen OLS RS sendet. Der OLS RS berechnet dann unter Vermeidung der angegebenen Polygone eine Route.

Diese Funktionen wird ebenfalls bei der erwähnten Integration von TMC-Daten genutzt Mayer et al. (2008). TMC-Meldungen werden dabei als Sensorbeobachtungen betrachtet und mit Hilfe der OGC Sensor Web Technologie bereitgestellt. Somit sind über einen OGC Sensor Observation Service (SOS) immer aktuelle Verkehrsmeldungen abrufbar. Über die OGC WPS Schnittstelle werden die TMC-Rohdaten aufbereitet und daraus Geometrien erzeugt, die die Orte der Verkehrsereignisse repräsentieren. Um diese Geometrien über das Web zugänglich zu machen, erfolgt eine Speicherung dieser in einem WFS. Die zuvor erwähnten Prozessschritte werden in regelmäßigem Zeitabstand ausgeführt, sodass immer die aktuellen TMC-Geometrien verfügbar sind. Durch die Speicherung der TMC Daten in einem WFS, kann der ERS auf die Meldungen zugreifen. Somit können bei einer Routenberechnung aktuelle Verkehrsmeldungen einfließen. Weiterhin werden die TMC-Daten durch die Bereitstellung in einem WMS auch zur Visualisierung genutzt. Die Abbildung zeigt eine Routenberechnung unter Verwendung der TMC Daten über den ERS. Dabei ist zu sehen, dass die Baustelle mit dem Stau, die normalerweise auf dem kürzesten/schnellstenWeg liegen würde, umfahren wird. Nachfolgend sind weitere TMC Meldungen darstellt (Straßenschilder und rot-transparente Linien).

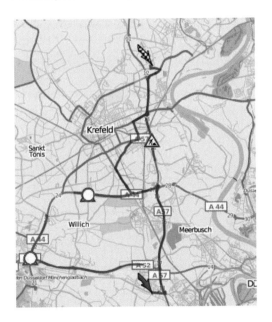

Abbildung 8: Routenberechnung mit Verwendung des ERS & TMC

Haase et al. (2008) demonstrierten, wie die Funktionalität des Emergency Route Service zur Unterstützung der Evakuierung der Bevölkerung in Überschwemmungsgebieten genutzt werden kann.

Außerdem wurde auch der ERS wie der eigentliche Route Service für 3D erweitert und in das Projekt www.gdi-3d.de integriert, so dass mit dem XNavigator als 3D-Clienten auch 3D Routing und 3D Emergency Routing möglich wird (Neis, Schilling und Zipf 2007).

RESTful OpenLS

Um eine vereinfachte Nutzung des OLS RS und OLS Geocoders und Reverse Geocoders zu bieten, wurde zusätzlich ein weiterer prototypischer Web Service im OpenLSFramwork entwickelt. Dieser bietet die Funktionalität, die zuvor genannten Services über den REpresentational State Transfer (Akronym REST) Architekturstil (Fielding, 2000) anzusprechen. Dabei werden die einzelnen Bestandteile einer URL dazu verwendet, um einen Dienst anzusprechen und um Informationen für die Anfrage zu übertragen. Im folgenden Beispiel wird der RESTful OLS Service für eine Geocodierung eines Ortsnamen über die URL angesprochen:

http://www.MyOpenLS.com/openls/restful/geocode/Bonn.

Entscheidend sind die Parameter /geocode und /Bonn. Ersteres für die Signalisierung der Geocodierung und „Bonn" als die zu Geocodierende Adresse. Somit sind folgende Beispiele mit dem RESTful OLS Service für die Geocodierung, Reverse Geocodierung oder eine Routenplanung möglich:

- http://www.MyOpenLS.com/openls/restful/geocode/53111

- http://www.MyOpenLS.com/openls/restful/geocode/reverse/7.099 50.7793

- http://www.MyOpenLS.com/openls/restful/route/7.09 50.74/7.19 50.73/Fastest

Nutzung von OSM

Mit OpenRouteService kann gezeigt werden, dass OSM Daten für eine Reihe funktionaler Bausteine von Location Based Services aufbereitet werden können um sie über verschiedene Web Services nutzbar zu machen. Während der Aufbereitung war es anfangs schwer, einen Überblick über die zahlreichen OSM Tags und deren unterschiedliche Verwendung zu erhalten. Auch kommen bei der Bearbeitung und Filterung im Laufe der Zeit relativ große Datenmengen mit Millionen von Straßensegmenten zustande. Erschwert wurde die Verarbeitung dadurch, dass es keine „standardisierten" Eingaberichtlinien im OSM Projekt gibt. Jeder kann seine Daten eingeben wie er möchte. Es gibt lediglich „Vorschläge" wie semantische Attribute (Tags) aussehen müssen, damit sie in der Karte eingezeichnet werden können, aber keinen strikten Objektartenkatalog wie bei ATKIS etc. Dies bereitete an manchen Stellen bei der Filterung und Konvertierung der OSM Daten Probleme, die es zu lösen galt. Allerdings konvergieren die unterschiedlichen Vorschläge und Tagging-Varianten der Aktiven bei OpenStreetMap nach einer Weile in der Regel doch, so dass mit geeignetem Datenpreprocessing eine für viele Fälle ausreichend gute Datengrundlage erzeugt werden kann. Fehler sind hierbei nie auszuschließen und die Abdeckung der OSM Daten kann regional äußerst unterschiedlich sein. Im Gegensatz zu kommerziellen Kartenanbietern sind zwar insbesondere in Deutschland viele Städte und Ballungsräume im OSM Projekt sehr umfassend erfasst. In ländlichen Gebieten kann es dagegen hin und wieder vorkommen, dass eine ganze Ortschaft, mit Ausnahme der Hauptstraße, nicht in den OSM Daten vorhanden ist.

Ausblick: OSM-Routing in 3D?

Schilling, Lanig, Neis und Zipf (2008) zeigten unter anderem, wie mit Hilfe von Daten der Shuttle Radar Topography Mission (SRTM) und OpenStreetMap ein digitales Geländemodell inklusive Landnutzungsinformation erstellt werden kann. Auf Basis des SRTM-Höhenmodells kann zudem ein Höhenprofil für eine Routenplanung realisiert werden. Letzteres wurde als OGC Web Processing Service (WS) umgesetzt und soll u.a. in die Webseite von OpenRouteService als weitere Option eingebunden werden.

Aber das Potential der Nutzung von OpenStreetMap und OpenRouteService für die dritte Dimension ist noch größer. So wurden im Projekt www.GDI-3D.de die OpenStreetMap-Daten schon in zwei unterschiedlichen Versionen für die Erstellung interaktiver 3D-Welten über OGC-Dienste umgesetzt. So wird der erwähnte Web Map Service (WMS) als Geländetextur auf das digitale Geländemodell gelegt, um so eine thematische Darstellung auf dem SRTM-DGM zu ermöglichen. Dieses wurde mit den in GDI-3D entwickelten Werkzeugen (vgl. Schilling et al 2006, 2008) aufbereitet und kann über den für Heidelberg-3D genutzten Web 3D Service und dem zugehörigen Clienten (XNavigator) betrachtet werden. Die Abbildung zeigt einen Ausschnitt aus der Anwendung XNavigator, in der die Karte des OSM WMS auf das Höhenmodell gemappt wurde. Des Weiteren wurde der entwickelte OLS Directory Service für eine Umkreissuche von Points Of Interest (POIs) mit den OSM Daten in den XNavigator integriert. Siehe Abbildung 9, nächste Seite

OpenRouteService.org und die Dienste, auf deren Basis es realisiert wurde, werden laufend weiterentwickelt und schon erfolgreich in diverse Produkte und Open Source Projekte integriert. So wurde der Route Service auch schon mit Straßendaten anderer Anbieter wie z.B. Teleatlas oder von Stadtvermessungsämtern betrieben.

Bitte kontaktieren Sie uns, wenn Sie OpenRouteService in Ihren Projekten nutzen wollen.
Weitere Informationen unter www.openrouteservice.org und www.geographie.uni-bonn.de/karto

Abbildung 9: OpenStreetMap 3D im XNavigator von www.gdi-3d.de
(OSM WMS und OSM POIs)

Zitierte und weiterführende Literatur:

• Brinkhoff,T., M. Bertling, J. Biermann, T. Gervens, R. König, D. Kümper, P. Neis, B. Stollberg, C. Rolfs, A. Weiser, J. Weitkämper, A. Zipf (2008): Offenes Katastrophenmanagement mit freiem GIS - Zur interoperablen Kopplung von Leitstellensystem, mobilen Clienten und GDI mit Prozessierungsdiensten. AGIT 2008. Symposium für angewandte Geoinformatik. Salzburg. Austria.
• Coast S. (2007). OpenStreetMap. Workshop on Volunteered Geographic Information, December 13-14, 2007 http://www.ncgia.ucsb.edu/projects/vgi/
• Goodchild M.F. (2007): Citizens as sensors: the world of volunteered geography. GeoJournal 69(4): 211-221.
• Haase , M., A. Zipf , P. Neis , V. de Camargo (2008): Interoperable Routing Services in the Context of Evacuation Schemes due to Urban Flooding. EnviroInfo 08. Environmental Informatics and Industrial Ecology. Lüneburg. Germany.
• Heidelberg – 3D: www.heidelberg-3d.de/ www.gdi-3d.de

• Mayer, C., B. Stollberg, A. Zipf (2008, submitted): Providing near Real-time Traffic Information within Spatial Data Infrastructures.
• Neis, P. (2006). Routenplaner für einen Emergency Route Service auf Basis der OpenLS Spezifikation. Diplomarbeit, Fachhochschule Mainz Fachbereich I - Studiengang Geoinformatik und Vermessung.
• Neis, P., A. Zipf (2007): A Web Accessibility Analysis Service based on the OpenLS Route Service. AGILE 2007. International Conference on Geographic Information Science of the Association of Geograpic Information Laboratories for Europe (AGILE). Aalborg, Denmark.
• Neis, P., A. Schilling, A. Zipf (2007): 3D Emergency Route Service (3D-ERS) based on OpenLS Specifications. GI4DM 2007. 3rd International Symposium on Geoinformation for Disaster Management. Toronto, Canada.
• Neis, P. (2008 in Arbeit): Die OpenLS Core Services. Reihe: OpenGIS essentials – Die Geo-Standards von OGC und ISO im Überblick. Hrsg: Andrae, C., Fitzke, J., Zipf, A. Wichmann Hüthig Verlag. Heidelberg.

- Neis, P. (2008): Location Based Services mit OpenStreetMap Daten. Master Thesis. Betreuung Prof. Dr. A. Zipf.
- Neis, P., A. Zipf (2008): Generating 3D Focus Maps for the (mobile) Web - an interoperable approach. In: International Journal of Location Based Services (JLBS). (Special Issue on Telecartography & LBS).
- Neis, P., A. Zipf (2008): Zur Kopplung von OpenSource, OpenLS und OpenStreetMaps in OpenRouteService.org. AGIT 2008. Symposium für angewandte Geoinformatik. Salzburg. Austria.
- OpenLS: OGC Open Location Services Version 1.2 http://www.opengeospatial.org/standards/olscore
- OpenStreetMap: www.openstreetmap.org
- Schilling, A., J. Basanow, A. Zipf (2007): Vector Based Mapping of Polygons on Irregular Terrain Meshes for Web 3D Map Services. 3rd International Conference on Web Information Systems and Technologies (WEBIST). Barcelona, Spain. March 2007.
- Schilling, A., S. Lanig, P. Neis, A. Zipf (2008): Integrating Terrain Surface and Street Network for 3D Routing. 3D_Geoinfo 2008. International Conference on 3D Geoinformation. Seoul. South Korea.
- Weiser, A., P. Neis, A. Zipf (2006): Orchestrierung von OGC Web Diensten im Katastrophenmanagement - am Beispiel eines Emergency Route Service auf Basis der OpenLS Spezifikation. In: GIS - Zeitschrift für Geoinformatik. 09/2006. pp. 35-41.
- Zipf, A. (2004): Mobile Anwendungen und Geodateninfrastrukturen. In: Bernard, L.; Fitzke, J.; und Wagner, R. (Hrsg.): Geodateninfrastrukturen. Wichmann Verlag. Heidelberg.
- Zipf, A., J. Häußler (2004): An Evaluation of the OpenLS Specifications for multi-modal mobile applications. In: Special Issue on LBS and UbiGIS: The Journal of Geographic Information Sciences. CPGIS. Berkeley. California.
- Zipf, A., J. Basanow, P. Neis, S. Neubauer, A. Schilling (2007): Towards 3D Spatial Data Infrastructures (3D-SDI) based on Open Standards - experiences, results and future issues. In: „3D GeoInfo07". ISPRS WG IV/8 International Workshop on 3D Geo-Information: Requirements, Acquisition, Modelling, Analysis, Visualisation. Delft, Netherlands.

Anmerkung:

[1] im Rahmen der Creative Commons Attribution-ShareAlike 2.0 Lizenz

Autoren:

Pascal Neis & Alexander Zipf
http://www.geographie.uni-bonn.de/karto

1.7 Kartendienste von Google

Google Maps

Es ist ein erklärtes Ziel der Firma Google die Informationen der Welt im Internet räumlich durchsuchbar zu machen. Seit Anfang 2005 ist Google diesem Ziel mit der Eröffnung des Kartenportal Google Maps ein erstes gutes Stück näher gekommen. Diese Kartenanwendung besticht nicht nur durch die von Google gewohnte Schlichtheit der Oberfläche, sondern vor allem dadurch, dass die gesamte Erdoberfläche mit Satelliten- und Luftbildern sowie einer Straßenkarte abgedeckt ist. Für Aufsehen in der GIS-Welt sorgte nicht nur die Tatsache, dass z.B. auch ganz Deutschland mit hoch aufgelösten Luftbildern zu erkunden ist, sondern vor allem auch die Geschwindigkeit, in der die Karten bereitgestellt werden.

Google Maps löste eine gewisse Euphorie aus, die nicht nur dazu führte, dass einige Anbieter in der GIS-Branche um ihr Geschäft fürchteten, sondern dass sich plötzlich eine ganz neue Gruppe von Benutzern mit Karten und dem Raumbezug von Informationen im Internet beschäftigte. Während GIS bisher vor allem von Fachleuten genutzt wurden, stehen Karten und raumbezogene Dienste plötzlich allen zur Verfügung und das flächendeckend. Raumbezogene Daten werden plötzlich nicht nur von GIS-Firmen oder öffentlichen Einrichtungen erhoben, sondern jeder kann jetzt seine eigenen Daten verorten oder schon verortete auf der von Google bereitgestellten Kartengrundlage visualisieren. Der Begriff Mashup fasst diese Aktivitäten zusammen. Aber auch Google selbst erfasst immer mehr Daten und stellt sie im Kartenportal dar, wie z.B. Fotos und Lexikoneinträge oder seit neuestem entlang von Strassen gedrehte Videos oder die Verkehrsdichte (in USA).

Darüber, was Google Maps ist, wie es funktioniert, welche Möglichkeiten sich über die einfache Nutzung der Kartenoberfläche hinaus noch ergeben, wird in diesem Kapitel berichtet. Es gibt zahlreiche Links und Literaturhinweise zur Unterstützung weiterer Recherchen und es werden einige Dinge angesprochen, die mit Google Maps im Zusammenhang stehen oder sich vergleichen lassen. Dazu zählt die Desktop Variante Google Earth, Sketch Up zum Erzeugen von 3D-Modellen, das damit verbundene Datenformat KML sowie Konkurrenzprodukte wie Yahoo!Maps und Microsoft's Variante LiveSearch.

Räumliche Suche

Google Maps präsentiert sich international unter maps.google.com und in Deutschland mit maps.google.de. Im oberen Bereich können Suchbegriffe eingegeben werden. Gefunden werden aber nicht wie in Google Maps normaler Suchmaschine beliebige Webseiten, sondern speziell verortete Objekte. Das können Einträge sein, die bei Google als "Locations" oder "Businesses" registriert sind oder von Nutzern erzeugte Inhalte. Ebenfalls werden KML-Dateien, die im Netz gefunden werden, durchsucht und Inhalte aus persönlich erstellten Karten angezeigt. Bei Google registrierte Orte werden mit roten Markern angezeigt und "User-created content" mit blauen. Es ist nicht notwendig raumbezogene Begriffe einzugeben. Wenn z.B. nach "Hotel" gesucht wird, ohne einen Ort einzugeben, werden alle Hotels in dem aktuellen Kartenausschnitt ausgegeben oder wenn dort keine sind, die nächsten in der Nähe. Interessant ist auch, dass direkt nach Postleitzahlen, postalischen Adressen sowie nach geographischen Koordinaten gesucht werden kann. Auch hier gilt: Wird innerhalb des aktuellen Ausschnitts nichts gefunden, wird in der Nähe gesucht. Sucht man z.B. nach der 18055 in Amerika findet man Hellertown, in Deutschland findet man Rostock. Weitere Begrifflichkeiten sind verortet, wie z.B. Abkürzungen von Flughäfen, Länderbezeichnungen oder Autokennzeichen. Hier kann es jedoch Überschneidungen geben. Sucht man z.B. nach HH findet man Hamburg. Sucht man nach HRO findet man einen Flughafen in den USA. Natürlich kann auch nach Sachbegriffen in Verbindung mit räumlichen Namen, Adressen oder Koordinaten gesucht werden. In Abbildung 1-1 ist das Suchergebnis von "Hotels in Rostock" dargestellt. Wie man erkennt können, werden gesponsorte Suchergebnisse oben angezeigt.

Abbildung 1-1: Suchergebnis von "Hotels in Rostock"

Navigation

Im rechten Bereich der Oberfläche befindet sich die Karte, die sich an die Browsergröße anpasst. Hier finden wir die Werkzeuge für Zoom und Pan, die in Form eines LargeScaleMapControls, siehe Fehler! Verweisquelle konnte nicht gefunden werden., eingebunden sind. Eine Besonderheit ist, dass auch die Tastatur und die Maus für die Navigation verwendet werden können: Plus und Minus für das Zoomen sowie die Pfeil- und Bildtasten zum Verschieben. Das Mausrad ermöglicht das einfache Rein- und Rauszoomen im Kartenfenster genau an der Stelle, wo sich die Mouse befindet. Mit der rechten Maustaste lässt sich die Karte verschieben und mit der linken öffnet sich ein Kontextmenü zur Bestimmung von Abfahrts- und Ankunftspunkt einer Routenberechnung sowie zur Navigation in der Karte. Auch der Doppelklick der Maus ist mit Funktionen belegt.

Des Weiteren gibt es Controls für das Einblenden einer Übersichtskarte sowie für das Umschalten der dargestellten Karten. Zur Auswahl stehen standardmäßig eine Straßen- (Map) und Satellitenkarte sowie eine Schummerungskarte (Terrain).

Über dem Kartenbereich stehen noch die Funktionen zum Drucken, Versenden und Verlinken zur Verfügung. Alle Kartenausschnitte können gedruckt werden, jedoch bereitet Google den Ausdruck aus Gründen des Urheberschutzes der Luftbilder so auf, dass nur die Straßenkarte des jeweiligen Ausschnittes dargestellt ist. Der Nutzer kann noch eine Notiz verfassen, bevor er druckt. Die Versendefunktion sendet eine E-Mail mit einem Link auf den aktuellen Kartenausschnitt und die Verlinkungsfunktion zeigt den Link der aktuellen Kartendarstellung einmal als URI und einmal als Tag für das Einbinden des Ausschnittes in einer eigenen Webseite als iframe an. Im letzteren Fall kann die Karte für den iframe noch größenmäßig angepasst werden. Wer diesen Permalink analysiert, findet erstaunliche Möglichkeiten zur individuellen Abfrage per URL-String, siehe dazu Google Mapki[1].

Ansonsten ist die Karte noch mit einem Massstabsbalken in Kilometer und Miles sowie einem Link auf die Benutzungsrechte versehen. Die Interaktion mit der Karte ist sehr intuitiv, was viele Nutzer auch gegenüber herkömmlichen Internet-GIS Anwendungen als sehr positiv hervorheben.

Wer wissen möchte, wie man Google Maps für persönliche Zwecke einsetzen kann, der kann in [Kiefer, P. 2008], [Korduan, P., Zehner, M.-L. 2008: Geoinformationen im Internet. Wichmann Verlag.
Purvice, M., Sambells, J., Turner, C. 2006: Beginning Google Maps Applications with PHP and Ajax. From Novice to Professional. Apress, Springer Verlag New York.
Sauerwald, A., Weckerlin, M. 2007] und [Zwick, V. 2007] nachlesen.

Datenquellen

Als Datenquellen werden im Gebiet von Deutschland unter anderem Google selbst, TeleAtlas für die Straßen- und Terrainkarten, TerraMetrics für Satellitenbilder und DigitalGlobe, GeoContent, AeroWest und GeoEye für Luftbilder angegeben. Die Copyrights der Urheber sind im jeweiligen Ausschnitt und Zoomstufe im unteren Bereich der Karte dynamisch eingeblendet.
Unter "More" können Bilder vom Portal Panoramio[2], siehe Abbildung 1-2, oder Einträge aus Wikipedia[3] eingeblendet werden. In Google Maps findet sich jedoch nur eine Auswahl der in den Portalen verfügbaren Objekte.

In einigen Bereichen ist auch noch die Datenebene Streetviews eingeblendet. Dahinter verbergen sich Bilder, die eine Rundumsicht entlang von Strassen ermöglicht, siehe Abbildung 1-3. Streetviews wurden bisher erstellt in urbanen Räumen und entlang wichtiger Straßen der USA, Australien und Japan sowie der Strecken der Tour de France im Jahr 2008. In einem Streetview hat man die Freiheiten sich vor- und rückwärts zu bewegen, das Bild nach oben und unten zu neigen, es zu drehen sowie zweifach zu Zoomen. Auch in dieser Ansicht sind Shortcuts verfügbar[4].

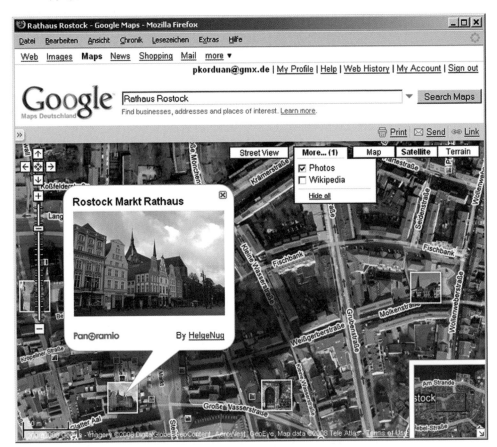

Abbildung 1-2: Eingeblendete Bilder von Panoramio

Abbildung 1-3: Street View entlang der Tour de France Strecke 2008

Die Kombination aus Luftbild, Bildern von Panoramio und Streetview vermittelt schon einen ziemlich realistischen Eindruck von dem, was sich in dem Kartenausschnitt befindet. Jedoch sollte nicht vergessen werden, dass alle Daten nicht in Echtzeit erfasst werden. Es handelt sich in jedem Fall um historische Bilddaten. Die Aktualität bleibt dem Nutzer verborgen, es sei denn, er kann sie an Hand des Inhaltes identifizieren.

Was die vektorbasierten Inhalte wie Locations und Businesses betrifft, gibt sich Google Mühe diese aktuell zu halten. Jedoch, wie in gewohnter Weise, soll dies mit der Hilfe der Community geschehen. Registrierten Nutzern ist es erlaubt, die Position von Markern in ihrer Nähe in Google Maps zu korrigieren[5]. Jedoch ist dies nur um bestimmte Beträge möglich und ein "Show Original" Link weist auf die ursprüngliche Lage hin. Größere Änderungen müssen von einem Moderator bestätigt werden.

Nutzungsrechte

Die Nutzerrechte an der von Google bereitgestellten Software und den Daten sind in den "Terms of Use"[6] hinterlegt. Der Kern besteht darin, dass die Nutzung für private Zwecke frei ist, die Karten nur über die bereitgestellte API verfügbar gemacht werden dürfen und die Lizenzrechte der Datenlieferanten weiterhin gelten. Es ist also z.B. nicht gestattet, die Karten in gedruckter Form zu verbreiten oder für die Nutzung der Karten im Internet Geld zu verlangen. Für die Nutzung der API sowie zur Veröffentlichung von Inhalten in MyMaps muss man sich registrieren lassen und stimmt zu, das die Daten für interne Zwecke[7] verwendet werden, keine rechtswidrigen oder sonstigen „bösen" Inhalte[8] zu veröffentlichen.

Etwas unklar ist die Formulierung „nicht für gewerbliche Nutzung". So darf eine Google Maps-Karte z.B. über die API auch auf einer Webseite einer Firma dargestellt sein. Die Nutzung innerhalb eines Intranets einer Firma z.B. ist dagegen kostenpflichtig. Man darf mit den Karten im Prinzip kein Geld verdienen. Jedoch dürfen in den Karten Objekte und Links vorhanden sein, mit denen man indirekt doch Geld verdient.

Für kommerzielle Nutzung der Karten oder auch für Bereiche der Fahrzeugnavigation, Logistik oder Flottenmanagement, die explizit von der "privaten Nutzung" ausgeschlossen sind, steht auch noch die Google Maps API Premium zur Verfügung, die mit einigen tausend Euro pro Jahr zu Buche schlägt. Hier gelten andere Nutzungsbestimmungen.

Insgesamt kann gesagt werden, dass Google die Anwendung wie üblich vor allem nutzt, um die Community zu stärken. Alles was die Bildung einer Community fördert, wird unterstützt. Auch wenn Google sich vorbehält, den Dienst jederzeit abzuschalten oder auch Werbung einzublenden, ist zu erwarten, dass das die Nutzung in keiner Weise eingeschränkt wird, weil sich Google sonst die eigene Geschäftsgrundlage zerstören würde.

Inwieweit Google Maps, Google Earth, Live-Search und Co. den GIS-Markt beeinträchtigen werden, ist noch nicht entschieden. Es kann zumindest schon so viel gesagt werden: Im Auskunfts- und Präsentationsbereich verlieren traditionelle Anbieter Marktanteile. Fachanwender werden weiterhin nicht auf ihr GIS verzichten können und durch flächendeckende Geodaten, billige Navigationssysteme und Anwendungen wie Google Maps erreicht der GIS-Sektor einen Massenmarkt, der jetzt umkämpft wird. Insgesamt profitiert die GIS Branche von dieser Entwicklung, denn raumbezogene Daten und deren Verarbeitung wird Massenware und hält auch in die Haushalte Einzug.

Google übernimmt im Übrigen auch keinerlei Haftung und schließt jegliche Ansprüche auf Fehlerfreiheit aus.

Eigene Karten

Im linken Teil des Portals werden die Suchergebnisse angezeigt und der Nutzer hat die Möglichkeit eine Routing-Funktion zu nutzen oder eigene Karten zu erzeugen. Der "MyMaps" Bereich bietet darüber hinaus an, in einem Verzeichnis nach Karten und Anwendungen zu suchen, die von anderen erstellt wurden, so genannte "Mapplets". Um eigene Inhalte in Karten einzeichnen zu können, muss der Nutzer ein Login haben.

Für das Erzeugen von Geometrien stehen Werkzeuge zum Zeichnen von Punkten, Linien und Flächen zur Verfügung. Die Sachdaten können als einfacher Text oder formatiert in Rich-Text oder HTML eingegeben und zusätzlich mit Bildern und Links ergänzt werden, siehe Abbildung 1-4. Hilfe zur Erzeugung von eigenen Inhalten findet man im Google Maps Help Center[9].

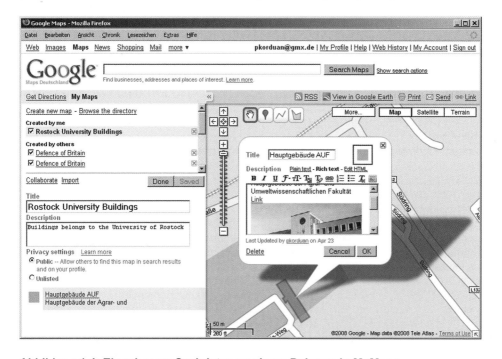

Abbildung 1-4: Eingabe von Sachdaten zu einem Polygon in MyMaps

Die Inhalte, die in MyMaps erzeugt werden, stehen entweder nur dem Nutzer selbst zur Verfügung oder können mit anderen geteilt und veröffentlicht werden. Die Daten werden in KML-Dateien, siehe Abschnitt Google 3D, gespeichert und sind somit auch in Google Earth, durchsuch- und anzeigbar. Die mit MyMaps erzeugten Daten müssen auch nicht auf einem eigenen Server gespeichert werden, sondern werden von Google bei einem Dienstleister abgelegt, der das Hosting übernimmt.

Die Tatsache, dass Luftbilder im Internet frei verfügbar angeboten werden und ja auch genutzt werden, führt zu einer völlig anderen merkwürdig anmutenden Idee, die mit Kommerz zu tun hat. Die Erdoberfläche kann als Werbefläche dienen. Entsprechende Logos und Texte werden vor Befliegungen großflächig installiert[10] und sind für geraume Zeit in Google Maps und den anderen Earth Viewern zu sehen. Neben Roof-Advertising[11] gibt es bereits Firmen, die RoofAds vergleichbar mit AdWords anbieten.

Als Mashup bezeichnet man Internet-Anwendungen, bei denen Daten aus verschiedenen Ressourcen zusammengeführt werden. Beim Geo-Mashup wird der Lagebezug mit der eigentlichen Information verknüpft. Ein typisches Beispiel eines Mashups ist das Photo Sharing Portal Flickr[13]. Auf diesem Portal wurden Bilder und Videos mit einem Raumbezug versehen und können somit in Karten wie Yahoo!Maps[14] oder Google Maps dargestellt werden. Probieren Sie mal Taggalaxy[15] aus und geben Ihren Heimatort ein. Entsprechende API's ermöglichen auch hier den individuellen räumlichen Bezug von Daten und das Einbinden in eigene Anwendungen. Weitere Mashups finden Sie unter http://mashupawards.com und http://coolgooglemaps.blogspot.com.

Um Mashups zu erzeugen gibt es eine Reihe von Werkzeugen. Eines der bekanntesten ist vielleicht map builder[16]. Mit der Anwendung kann man ähnlich wie mit MyMaps eigene Karten zeichnen, jedoch reicht die Vielfalt der Funktionen darüber hinaus. MapBuilder hat sich besonders mit dem Real Estate MapBuilder hervorgetan, mit der Liegenschaften feil geboten werden können. Diese Anwendung basiert, wie viele andere auch auf AJAX, PHP und MySQL. Eine weitere vergleichbare Anwendung zum Erzeugen von eigenen Karten ist der Mapmaker[17] von Platial. Die dort erzeugten Daten erscheinen auch in der Google Maps Ergebnisliste.

Technologie

Die Technologie, die hinter Google Maps steckt, ist nicht so neu, nur Google hat sie konsequent angewendet und im Besonderen auf eine sehr gute Performance hin abgestimmt. Einen Überblick über Internet-GIS-Technologie geben [Korduan, P., Zehner, M.-L. 2008]. Bis zur Eröffnung von Google Maps war es üblich, die Karten, die in Internet-GIS Anwendungen angezeigt werden sollen, dynamisch durch einen MapServer in Echtzeit erzeugen zu lassen. Das hat den Charme, dass beliebige Datenebenen in beliebigen Maßstäben individuell für den jeweiligen Benutzer generiert werden können. Anwendungen wie der UMN-MapServer[18] sind darauf spezialisiert, aus Raster- und Vektordaten individuelle Karten in hoher Geschwindigkeit für die Präsentation im Internet zu erzeugen. Google muss aber im Gegensatz zu vielen amtlichen Geoportalbetreibern nicht Dutzende verschiedene Datenlayer darstellen, sondern nur drei verschiedene. Daher macht es keinen Sinn, diese Karten bei jeder Anfrage neu zu generieren. Außerdem hielt es Google nicht für nötig, alle Maßstäbe abzudecken und entschied sich für 19 Maßstabsebenen. Im kleinsten Maßstab ist die ganze Welt abgebildet, im größten kann man Autos und Schachtdeckel erkennen. Feste Maßstabsstufen in Internet-Mapping-Anwendungen sind auch nichts Neues. Genaugenommen ist das sogar die erste Form von Internet-Kartenanwendung und unter dem Begriff "clickable maps" bekannt. Mit der Anwendung HTML ImageMapper[19] lassen sich z.B. solche Anwendungen erzeugen. Um beliebige Kartenausschnitte in einem Browserfenster darstellen zu können, aber die Bilder nicht jedes Mal extra zuschneiden zu müssen, wird eine sogenannte gekachelte Darstellung verwendet.

Die Karten, die in Google Maps angezeigt werden, setzten sich aus mehreren einzelnen Kacheln der Größe 256x256 zusammen. Kacheln, die über den Rand hinausreichen, werden in ganzer Größe geladen, aber durch die Größe des HTML DIV Elements der Karte begrenzt dargestellt.

Für Google Maps sind also alle Kacheln schon vorberechnet. Das ermöglicht auch, dass die Kacheln auf viele Server verteilt werden können, die als Proxy dienen. Zusätzlich besteht die Möglichkeit des clientseitigen Cachen. Ein Bild einmal geladen muss nicht ein weiteres Mal angefordert werden. Es ist aber eine sehr große Anzahl von

Kacheln notwendig, um die ganze Welt abzudecken. Für Zoomstufe 17 sind es z.B. schon 17.2 Milliarden Bilder, für die man über 3000 TB Speicher bräuchte. Die Bilder sind gut komprimiert und der größte Teil der Welt ist mit Wasser bedeckt, es bedarf jedoch dennoch einer mächtigen Infrastruktur, wie sie sich nur Giganten wie Google oder Microsoft leisten können, um diese Mengen von Daten zu hosten und weltweit schnell und flächendeckend herausgeben zu können.

Ein weiteres Konzept, das von Google angewendet wird, ist das Laden der Bilder im Hintergrund. Also im Gegensatz zu klassischen Internet-GIS wird nicht bei jeder Aktion zur Navigation die ganze HTML-Seite geladen oder die ganze Karte, sondern nur die Kacheln, die für die jeweilige neue Kartendarstellung gebraucht wird, wenn sie nicht schon im Cache vorhanden ist. Für das Nachladen im Hintergrund bedient sich Google der AJAX-Technik, die mit dem Web 2.0 aufgekommen ist. Asynchronous JavaScript and XML (AJAX) beruht auf der Javascript Funktion XMLHttpRequest, die es ermöglicht, im Hintergrund einer geladenen Webseite Teile von einem Server, z.B. Kartenkacheln, nachzuladen und in die aktuell dargestellte Seite einzubinden. Der Nutzer kann also während des Ladevorgangs weiterarbeiten, z.B. noch tiefer hineinzoomen.

Der letzte, aber vielleicht entscheidende Baustein von Google Maps ist die Google Maps API, auf die noch in Abschnitt 1.2 eingegangen wird. Hierbei handelt es sich um eine nun wirklich neue und sehr innovative Programmierschnittstelle in JavaScript, die es ermöglicht, die Oberfläche individuell anzupassen und Kartenanwendungen nachzubauen. Vergleichbar ist die API aus dem OpenLayers[20] Projekt und auch die konkurrierenden Anbieter warteten später mit ähnlichen API's auf.

Google Maps gibt es auch für das Handy. Die Nutzung ist jedoch auch nur für den persönlichen Gebrauch am Arbeitsplatz oder zu Hause erlaubt.

Google Maps API

Das Application Programming Interface (API) von Google Maps ist, wie im letzten Abschnitt erwähnt, das eigentlich erstaunliche und mächtige an der Internetanwendung. Das Konzept von Google Maps API bietet damit jedem die Möglichkeit eigene Anwendungen zu entwickeln. Vom einfachen Darstellen eines bestimmten Kartenausschnittes bis hin zur Datenerfassung und –analyse ist vieles möglich. Einen guten Einstieg in die Programmierung mit Google Maps API gibt [Purvice, M., Sambells, J., Turner, C. 2006]. Dieses Buch ist mittlerweile auch in Deutsch im mitp Verlag verfügbar. Im Folgenden werden kurz die wichtigsten Konzepte und Objekte der API besprochen.

API-Key

Um die Google Maps API nutzen zu können, ist wie erwähnt eine Registrierung notwendig. Anschließend kann sich der Entwickler einen Schlüssel „API-Key" beschaffen, den er für seine Anwendung nutzt. Dieser gilt für eine bestimmte URL und alle Unterverzeichnisse. Zusammen mit dem Schlüssel lässt sich die API wie folgt in eine HTML-Seite einbinden:

```
<script src="http://maps.google.com/
  maps?file=api&v=2&key=<key>"
  type="text/javascript">
</script>
```

GMap2

Durch dieses Script steht das Objekt GMap2 zur Verfügung, welches nur in ein DIV Element in der Seite eingebettet werden muss. Bei einem DIV mit der ID map lautet der Aufruf zum Erzeugen der Karte z.B.:

```
map = new GMap(document.getElementById("map"));
```

Alles Weitere spielt sich jetzt mit dem Objekt, welches der Variable map zugeordnet wurde, ab. Es können sogenannte Controls hinzugefügt werden. Das sind Objekte, die über die Karte gelegt werden und Funktionsaufrufe beinhalten, z.B. verschiedene Controls für die Navigation, das Umschalten der Layer oder das Einblenden einer Übersichtskarte. Die Referenzdokumentation der API[21] gibt einen guten Überblick über die vorhandenen Klassen, Datentypen und Funktionen. Die meisten Klassen haben einen Konstruktor, mit dem Objekte der Klasse erzeugt werden können. Des Weiteren haben die Klassen Methoden und einige Eigenschaften. Beim Ausführen von Methoden werden durch verschiedene Objekte Ereignisse ausgelöst. Es gibt darüber hinaus Interface-Klassen, Aufzählungsklassen, die nur Konstanten enthalten, sowie Klassen in denen Optionen für Objekte gespeichert und übergeben werden können. Die Methode zoomIn() des Map-Objektes vergrößert z.B. um eine Zoomstufe in die Karte hinein und die Methode getZoom() liefert den aktuellen Wert der Zoomstufe. Die Methoden sind in der Dokumentation für jede Klasse nach bestimmten Aufgabenbereichen aufgeteilt. Es gibt für das Map-Objekt z.B. Methoden für die Konfiguration, z.B. enableDoubleClickZoom(), zum Handhaben der Controls und Kartentypen oder für die Koordinatentransformation.

Die von Google vordefinierten Kartentypen werden alle in Mercatorprojektion dargestellt. Für andere Kartenprojektionen können die Funktionen des Interface GProjection überschrieben werden.

GOverlay

Mit dem Interface GOverlay werden Vektordaten in Google Maps dargestellt. Das können ähnlich wie in anderen GIS Punkte, Linien und Flächen sein. Die entsprechenden Objekte zur Repräsentation dieser Geometrien sind GMarker, GPolyline und GPolygon. Die Lage der Punkte und Vertices werden durch GLatLng-Objekte gespeichert. Der Darstellung von Vektordaten im Browser sind Grenzen gesetzt. Da die Objekte vom JavaScript Interpreter im Browser verwaltet werden müssen und dort nur begrenzte Ressourcen zur Verfügung stehen, ist die Grenze für eine gute Performance bei ca. 150 Punkten und ca. 100 Linien erreicht. Bei den Linien und Polygonen hängt die Performance auch noch von der Anzahl der Stützpunkte ab.

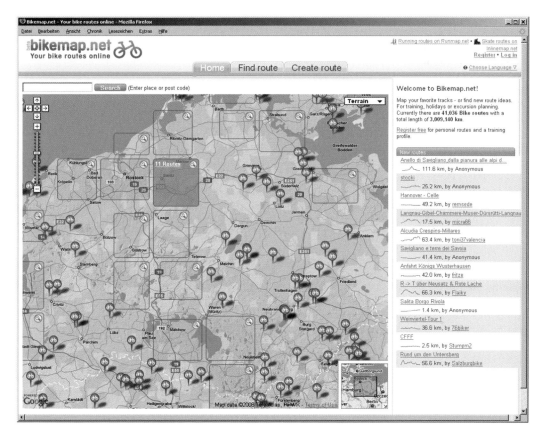

Abbildung 1-5: Clientseitige Clustertechnik bei Bikemap.net

Google versucht durch ein spezielles komprimiertes Format für Polylines mit einem Generalisierungsansatz (Encoding Polylines)[22] dem entgegenzuwirken. Des Weiteren wird durch die API ein GMarkerManager[23] bereitgestellt, mit dem Hunderte von Punkten verwaltet werden können und nur die, die sich im aktuellen Kartenausschnitt befinden, werden angezeigt. Alternativ steht ein MarkerManager aus dem Open Source Projekt "GMaps Utility Library"[24] zur Verfügung. Damit können schon mehr Punkte in der Karte angezeigt werden, ohne große Performanceeinbußen hinzunehmen. Dennoch sind bei Tausenden von Punkten weitere Maßnahmen, wie server- oder clientseitiges Clustering zu verwenden. Bikemap.net[25] ist z.B. eine Seite, bei der Clustering-Technik angewendet wird, siehe Abbildung 1-5. Diese Seite gibt es übrigens auch für Skater und Läufer.

GIcon
Zur Darstellung von Punkten werden Markerobjekte verwendet. Die Lage wird mit einem GLatLng-Objekt definiert und die Darstellung erfolgt mit Symbolen, die in GIcon-Objekten übergeben werden. Darin ist jeweils ein Bild für das Symbol und den dazugehörigen Schatten referenziert. Selbst für Größenangaben in Pixeln wird ein gesondertes Objekt GSize, z.B. für Bilder, bereitgestellt. Text oder Bildinformationen von Punkten werden über Info-Fenster ausgegeben.

GMarkerGInfoWindow
GInfoWindows können entweder an Marker oder an das GMap Objekt gebunden sein. Mit GInfoWindowTab wird der Inhalt in Tabs strukturierter und mit GInfoWindowHTML kann alles wie im Browser gestyled werden. Im GInfoWindowHTML kann auch JavaScript laufen, was dazu führt, dass in den Info-Fenstern selbst eine Karte eingeblendet sein kann.

Erweiterungen
Die API ist so aufgebaut, dass die Objekte selbst geändert und erweitert werden können. Es müssen nur die zur Verfügung stehenden Interfaces implementiert werden, z.B. GControl. GControl ist ein Interface, welches von selbst definierten Controls genutzt werden kann. Die Methode initialize(map) wird ausgeführt, wenn das Control zur Karte mit addControl() hinzugefügt wird. Hier kann beliebiger eigener JavaScript Code enthalten sein. Im Interface müssen bestimmte Klassen überschrieben werden, um es in einer eigenen Klasse zu implementieren. Mit dem Konzept der Interfaces lassen sich auch eigene Overlays definieren, z.B. selbst gestaltete Label, sowie eigene MapTypes. Mit selbst definierten MapTypes ist es Nutzern möglich, eigene Rasterdaten zur Google Maps Karte hinzuzufügen.

Es gibt einige fertige und frei verfügbare Erweiterungen zur API. Die meisten beruhen auf dem eben beschriebenen Konzept der selbst implementierten Interfaces. Sie stellen Funktionen z.B. zum Einbinden von OGC Web Map Services (WMS)[26] bereit. Das XML-Google-Maps-WordPress Plugin[27] bietet Möglichkeiten zur Einbindung weiterer Daten.

Es gibt aber auch Plug-Ins, die die Erweiterungsmöglichkeiten von Browsern mit der API verknüpfen, z.B. Geasemap, welches die Koordinaten von ICMB Tags der Webseite in Google Maps Karten anzeigt. Siehe Abbildung 6, Seite gegenüber

Mapplets
Mapplets sind kleine Kartenanwendungen, die vollständig in Google Maps laufen und für die man keinen API-Key benötigt. Der Entwickler benötigt keinen eigenen Server, um die Anwendung anzubieten. Sowohl die Daten als auch die Funktionen werden von Google gehostet. Entwickler, die angemeldet sind, können sich das Mapplet "Mapplet Scratch Pad" laden und haben somit ein Textfeld, in das sie Quellcode direkt eingeben können. Nach einem Click auf "Preview" wird das Ergebnis sofort in der nebenstehenden Karte angezeigt. Es können alle Objekte aus der API verwendet werden. Derart erstellte Anwendungen können veröffentlicht werden und stehen wieder anderen unter dem Directory für Mapplets zur Verfügung. In diesem Bereich gibt es bereits unzählige interessante Lösungen[28].

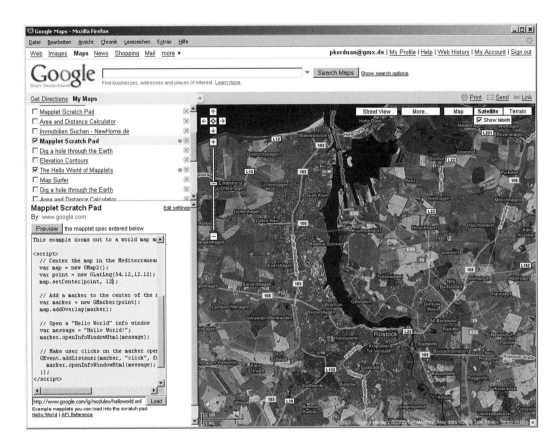

Abbildung 6: Google Mapplet Scratch Pad

Google Maps Services

Neben Basics, Events, Controls und Overlays, die im vorigen Abschnitt beschrieben wurden, bietet Google immer mehr Kartendienste an. Es lohnt sich auf jeden Fall immer mal wieder auf die Google Maps API Seite[29] zu schauen, weil hier permanent neue interessante Dienste hinzukommen. Wie oben bei Google Maps schon erwähnt, sind Straßenansichten (StreetViews) und die Verkehrsbelastung (Traffic) darstellbar. Diese können aber nicht nur in Google Maps angesehen werden, sondern über die Google Maps API in eigene Anwendungen eingebunden werden.

Geocoding

Es gibt umfangreiche Möglichkeiten zur Geocodierung, also zur Umwandlung von Adressen in Koordinaten und umgekehrt. Die Genauigkeit ist dabei aber nicht Gebäudegenau, wie es bei der ALK wäre, sondern es wird nur ein Approximationsverfahren zur Ermittlung der Position über das Schema der Hausnummernvergabe angewendet. Zur Adresse liefert ein **GClientGeocoder**-Objekt aber mehr Informationen als nur die Koordinaten, z.B. die Zuordnung zu administrativen Gebieten. Dafür ist die Funktion getLocations zuständig. Damit für Locations, die nur mit Adressen bekannt sind, nicht immer wieder Koordinaten abzufragen sind, können diese im GClientGeocoder-Objekt gecached werden. Die Anzahl kostenfreier Anfragen zur Geocodierung ist nämlich begrenzt auf einige Tausend pro Tag.

KML und GeoRSS Overlay

Die Google Maps API unterstützt auch die Darstellung von KML-Dateien und GeoRSS-Feeds. Dazu kann die GGeoXml-Klasse verwendet werden. Die Elemente placemarks, polylines, polygons und groundoverlay werden automatisch mit den in der API zur Verfügung stehenden Objekten GMarker, GPolyline etc. umgesetzt. So können auf einfache Weise ganze Geometriesammlungen auf einmal mit addOverlay und removeOverlay in der Karte ein- und ausgeschaltet werden. Es können also z.B. Daten in Google Earth erfasst werden, als KML exportiert und direkt in Google Maps dargestellt werden.

Google Earth Plug-in

Eine überraschende Nachricht, aber nach der Integration von Virtual Earth in LiveSearch als Plug-in für den InternetExplorer, zu erwarten, ist die Integration von Google Earth über ein Plug-In in den Browser. Unterstützt werden Firefox, IE6 und IE7 aber nur auf Windows. Durch das Plug-In kommt zu den standardmäßigen MapTypes noch G_SATELLITE_3D_MAP hinzu und das GMapTypeControl ist automatisch erweitert um die Funktion zur Betrachtung von 3D Objekten. Die Karte kann geneigt werden und es sind einige 3D-Objekte zu sehen, siehe Abbildung 1-7.

Schließlich gibt es mit der GDirections-Klasse noch die Möglichkeit individuelle Routen zu berechnen. Dabei wird nicht nur die Route von einer Koordinate zur anderen berechnet, sondern z.B. auch solche Anfragen wie von Rostock nach Hannover. Die Route kann wahlweise als Text ausgegeben werden oder als Polyline in der Karte. Eine Station innerhalb einer Route kann z.B. ermittelt werden mit:

GRoute.getStep(i:Number)

Fast selbstverständlich wird auch die Fahrtdauer und die Entfernung auf der Strecke abfragbar. Die Textausgabe zum Routing ist übrigens auch in Deutsch verfügbar.

Abbildung 1-7: Das 3D-Modell des Stadions vom FC Hansa Rostock in Google Maps mit Google Earth Plug-In

Google 3D

SketchUp

Zur Vervollständigung der Palette von Anwendungen im Geobereich sei noch SketchUp[30] erwähnt. Dies ist die Applikation, mit der jeder auf recht einfache Weise ein 3D-Modell erzeugen kann, siehe Abbildung 1-8. Vor allem wird das Tool dazu genutzt, um Gebäude zu modellieren, mit Textur zu versehen und anschließend in Google Earth zu visualisieren. Eine Gebrauchsanweisung finden sich in [Steffens, E., Lüthje, J. 2007]. Es lässt sich sehr gut in den Objekten navigieren, es gibt viele verschiedene Modell-, Darstellungs- und Schatteneinstellungen sowie Werkzeuge zum Zeichnen und Konstruieren. Hervorzuheben ist auch hier der Zusammenhang mit der Community.

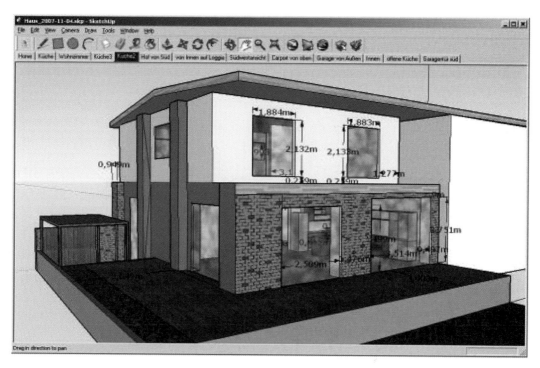

Abbildung 1-8: Ein Gebäudemodell mit Bemaßung in SketchUp

Es gibt ein Portal, auf dem fertige Modelle frei zum Download angeboten werden. Dadurch kann jede Menge Wiederholungsaufwand eingespart werden. Fenster, Türen, vorgefertigte Dachformen, Texturen bis hin zum Mobilar kann alles direkt über SketchUp in das eigene Modell gezogen werden. Das fertige Modell lässt sich sehr leicht über eine Exportfunktion inmitten der 3D Landschaft von Google Earth platzieren und als KML-File abspeichern. Auf diese Weise kommt Google und alle, die sich an der Erstellung von raumbezogenen Daten beteiligen, dem Wunsch, die Daten der Welt räumlich abzubilden und durchsuchbar zu machen, ein Stück näher.

Literatur:

- Benda, C.: Senghor on the rocks. Teil I bis III, Internetbuch: http://www.senghorontherocks.net/part1.html
- Brown, M. C. *2006*: Hacking Google Maps and Google Earth. ExtremeTech, Wiley Publishing Indianapolis.
- Gibson, R., Erle, S. 2006: Google Maps Hacks, Tips & Tools for Geographic Searching and Remixing. O'Reilly Media, Sebastopol 2006, ISBN: 0-596-10161-9.
- Kiefer, P. 2008: Auf die Schnelle Touren planen mit Google Earth: Rad- und Wanderrouten clever planen. Touren selbst erstellen & auf's GPS-Gerät übertragen. Data Becker Verlag.
- Korduan, P., Zehner, M.-L. 2008: Geoinformationen im Internet. Wichmann Verlag.
- Purvice, M., Sambells, J., Turner, C. 2006: Beginning Google Maps Applications with PHP and Ajax. From Novice to Professional. Apress, Springer Verlag New York.
- Sauerwald, A., Weckerlin, M. 2007: Google-Suche&GoogleEarth. KnowWare Heft Nr. 190.
- Steffens, E., Lüthje, J. 2007: Einfach SketchUp, Eine Gebrauchsanweisung. Sketch-Shop Köln.
- Zwick, V. 2007: Auf die Schnelle mehr entdecken mit Google Earth: Die besten Tipps für die Urlaubsplanung am PC. Interessante Bauwerke und geheime Orte erkunden. Data Becker Verlag.

Autoren:

Dr.-Ing. Peter Korduan
Universität Rostock
Agrar- u. Umweltwissenschaftliche Fakultät
Geodäsie

1.8 Microsoft Virtual Earth – Räumliche Technologien in das alltägliche Leben integrieren

Der Wettlauf um die beste Kopie der Welt ist noch nicht entschieden

„Im Stil von Google Maps" schrieb das Magazin Focus Online im Juli 2005. Aber Virtual Earth hat sich seit dieser Zeit von seinem Wettbewerber in großem Maße differenziert. Um einen besseren Einblick zu erlangen, sprach ich mit Dr. Josef Kauer, dem Business Development Manager für Virtual Earth und Michael Amrehn, Marketing und Partner Manager für Virtual Earth und außerdem mit Tobias Lörracher, einem Absolventen der Hochschule Karlsruhe. Alle drei gehören zum Geschäftsbereich Virtual Earth für Zentral- und Osteuropa in Microsofts Niederlassung in München.

3D-Ansicht mit Birds Eye Bildern von Las Vegas in Microsoft Virtual Earth

Eine realistische 3D-Welt

Aus meinen Augenwinkeln erkenne ich zuerst ein blaues Schimmern, dann langsam die Landmasse von Nordamerika auf meiner Reise zu einem kleinen Punkt namens Las Vegas. Nach einem kurzen Abstecher durch die anmutigen Schluchten des Grand Canyon, fliege ich zurück nach Las Vegas, um durch die Stadt zu schlendern. Während ich mich auf das Bellagio Hotel zubewege, erkenne ich deutlich die Fassade des Caesar's Palace und das Mirage Hotel. Microsoft versprach eine realistische 3D-Welt und hier kann ich einen kleinen Vorgeschmack darauf haben. Aber die Kombination aus 3D-Gebäuden mit der Bird-Eye Perspektive ist nur eine von vielen Verbesserungen in der aktuellen Version der Microsoft Virtual Earth Plattform. Andere bedeutende Verbesserungen sind erweiterte Routeneinstellungen, wie Routen für Fußgänger und Routen mit mehreren Zwischenstationen. Darüber hinaus werden in der neuen Version weitere Sprachen unterstützt und natürlich die Programmierschnittstelle verbessert. „Die Programmierschnittstelle von Virtual Earth wird ständig optimiert", sagt Michael Amrehn. Darüber hinaus ist er ziemlich stolz über das stets positive Feedback von Entwicklern, wie beispielsweise die Website www.viawindowslive.com zeigt. Dies ist eine sehr lebhafte Gemeinschaft von Virtual Earth Entwicklern in Australien, die umfassende Informationen für Entwickler und Benutzer bereitstellt. Besonders die interaktive SDK ist eine sehr positive Erfahrung. Sie erleichtert die Entwicklung von Mashups für Virtual Earth durch die Verknüpfung von Programmiercode, dessen Visualisierung und detaillierten Erklärungen. Mit meiner Neugier auf die nächste Version von Virtual Earth konfrontiert, lächelt Josef Kauer: „Das wird natürlich eine Überraschung!".

Ein Auge auf Medienveranstaltungen haben

Die Version 6.1 bietet mehr Städte in 3D und Funktionalitäten, mit denen 3D-Touren erstellt werden können. Josef Kauer erklärt, dass an jedem Tag durchschnittlich eine 3D-Stadt hinzugefügt wird, wohingegen Microsoft die neuen Daten in der Regel einmal im Monat veröffentlicht. „Im Moment fliegen im Auftrag von Microsoft ungefähr 40 Flugzeuge, um Luftbilder aufzunehmen – manchmal mehr und manchmal weniger", erwähnt Josef Kauer. Im März 2008 veröffentlichte Microsoft eine eindrucksvolle Menge von 42 Terrabyte an neuen Luftbilddaten, inklusive Birds-Eye Bilder aller Veranstaltungsorte der Europameisterschaft 2008 in Österreich und der Schweiz. Somit können die Fans die Städte in der Halbzeit der Spiele genauer erkunden. Darüber hinaus wird Wien bald sogar komplett in 3D verfügbar sein. Der Fokus auf wichtige Medienveranstaltungen hat sich bereits während der Weltmeisterschaft 2006 in Deutschland als sehr erfolgreich erwiesen. Viele Fans in den Gastgeberländern und zu Hause vor dem Bildschirm nutzten die digitalen Globen. Es ist eine wichtige Strategie, die Nachfrage nach Umgebungsinformationen zu den Austragungsstätten zu bedienen.

**Marktentwicklung –
Entwicklung von Märkten**

Die Europameisterschaft 2008 ist in der Tat eine wichtige Angelegenheit für Virtual Earth. Rundfunkgesellschaften benötigen für ihre Reportagen und Übertragungen graphisches Material über die Stadien und deren Umgebung. Aber Virtual Earth bietet genauso eine Plattform, um Neuigkeiten von Rundfunkgesellschaften zu verorten und erlaubt damit einen räumlichen Überblick über die Nachrichten. „Der Markt ist im Moment sehr dynamisch", erklärt Josef Kauer. Microsoft verfolgt dabei eine komplett andere Vorgehensweise als Google. Microsoft verlässt sich nicht ausschließlich auf die Beteiligung der Privatanwender, sondern geht strategische Partnerschaften ein. Kauer erklärt, dass Microsoft die Plattform mit hochqualitativen Basisdaten liefert, auf deren Grundlage die Partner Mashups erstellen: „Das ist wichtig, um die Datenqualität zu gewährleisten – und Datenqualität ist immer noch sehr wichtig". Allerdings wird darüber nachgedacht, ob Privatanwender in Zukunft Daten beisteuern können, wobei es dann immer schwieriger werden wird, die Datenqualität zu garantieren. Daher kooperiert Microsoft mit professionellen Partnern, welche Mashups erstellen, Daten hinzufügen und Anwendungen entwickeln, um eine hohe Qualität zu garantieren. Die Bereiche Immobilien und Tourismus sind in der Marktentwicklung derzeit am sichtbarsten. Es scheint, dass die hochqualitative räumliche Visualisierung für diese Bereiche besonders wichtig ist. Für die Bereiche Finanzwesen, Versicherungen, sowie Handelsketten werden geläufige Filialfinder von Virtual Earth Partnern erstellt. Starbucks bietet einen solchen Filialfinder sogar für Mobiltelefone an. Der große Vorteil in der Verwendung von Virtual Earth ist, dass die Anzeige der Karte auf der eigenen Firmeninternetseite erfolgt. Somit kann eine Firma sehr leicht die Darstellung anpassen, sodass diese zu den restlichen Elementen auf der Website passt. Virtual Earth stellt eine Plattform zur Visualisierung zur Verfügung, der Rest geschieht auf der Firmenwebsite. Daher verlässt der Anwender niemals die Seite. Klicks und Benutzer auf ihrer Website zu halten, ist das, was Firmen wollen. Einige Beispiele können in Microsofts Virtual Earth Galerie gefunden werden (siehe Links am Ende des Artikels).

Geschäftsmodelle

Bezüglich der Geschäftsmodelle unterscheidet sich Microsoft nicht viel von seinem Wettbewerber. Für Privatanwender ist die Anwendung kostenlos und kann in private Internetseiten ohne zusätzliche Kosten integriert werden. In einem kommerziellen Kontext bietet Microsoft drei verschiedene Lizenzmodelle an. Erstens ein transaktionsbasiertes Lizenzmodell, bei dem neben einer Grundgebühr die Anzahl der Aufrufe berechnet wird. Zweitens einen Pauschaltarif für eine unbegrenzte Anzahl von Aufrufen und drittens eine Unternehmenslizenz, bei der pro Arbeitsplatz eine Pauschale bezahlt wird. Abgesehen von den genannten Tarifen bietet Microsoft eine Rundfunklizenz, bei der Virtual Earth kostenlos verwendet werden kann, solange die Copyright Hinweise sichtbar sind. Bezüglich Internetanwendungen ist die Situation anders und wird in der Regel individuell zwischen Microsoft und dem entsprechenden Anwender vereinbart. Letztendlich sieht Microsoft in Zukunft die Möglichkeit, Werbung in die kostenlose Privatanwendung einzubauen, um so Erlöse zu erzielen. Alles außer der Anwendung für Privatanwender wird definitiv auch in Zukunft werbefrei bleiben.

Microsoft zurück im OGC

Nach einigen Jahren Abwesenheit ist Microsoft im Oktober 2007 wieder dem Open Geospatial Consortium (OGC) beigetreten. Die Mitgliedschaft von Google und Microsoft stellt einen wichtigen Meilenstein in der Geschichte des OGC dar. „In seinen frühen Jahren, wurde das OGC hauptsächlich von Entwicklern von Geotechnologien für vertikale Märkte, wie z.B. ESRI und Autodesk unterstützt. Die Beitritte von Google und Microsoft repräsentieren eine grundlegende Veränderung", sagte David Schell, Präsident und Geschäftsführer des OGC gemäß der Government Computer News (GCN) am 29. Oktober 2007. „Dies wird für einen sehr stabilisierenden und konstruktiven Einfluss innerhalb des Konsortiums haben und die OGC Mitglieder werden viel sicherer sein, dass zukunftsweisende Richtlinien und praxistaugliche Standards entstehen werden. Dies ist sowohl für die öffentliche Verwaltung, als auch für große Firmen sehr wichtig.", fügt er hinzu. Gemäß den Vorhersagen von David Schell spielt Microsofts Mitgliedschaft eine entscheidende Rolle, um Standards für räumliche und ortsbezogenen Dienste auf einer horizontalen Marktebene zu unterstützen und somit Stabilität für die Ideen des OGC zu erzeugen. Obwohl Microsoft und Google gemeinsam den OpenGIS KML 2.2 Encoding Standard (OGC KML) am 14. April 2008 verabschiedet haben, wird Microsoft nicht viel Energie aufbringen, um andere Standardisierungsprozess innerhalb des OGC voranzubringen. „Das gehört nicht zu unserem Geschäft", sagt Josef Kauer, aber er erklärt, dass Microsoft wegen den Kunden in der öffentlichen Verwaltung, engen Kontakt zum Bereich der Geodateninfrastrukturen beibehalten wird.

Microsoft Spatial

Eine Mitgliedschaft im OGC ist für Microsoft unverzichtbar, um auf die Anforderungen von Verwaltungen und großen Firmen zu reagieren. Demzufolge hat sich Microsoft zum Ziel gesetzt, seine Produkte mit den Anforderungen des OGC zu harmonisieren. Die Virtual Earth Plattform soll nahtlos innerhalb einer Geodateninfrastruktur eingebunden werden können, genauso wie Microsoft SQL Server 2008. Die Version 2008 unterstützt die räumliche Datenhaltung mit zwei räumlichen Datentypen. Auf der einen Seite ein Datentyp, welchem das planare Modell einer „flachen Erde" zu Grunde liegt und die OGC Simple Features for SQL Specification mit über 70 räumlichen Funktionen komplett unterstützt. Auf der anderen Seite ein Datentyp, der vom geodätischen Modell einer „runden Erde" ausgeht. Für beide Datentypen wird die Erstellung eines räumlichen Index unterstützt, um so schnellere räumliche Berechnungen zu ermöglichen. „Dadurch wird SQL Server die Datenschicht und Virtual Earth die Präsentationsschicht für räumliche Business Intelligence" erklärt Tobias Lörracher, ein Absolvent der Hochschule Karlsruhe, der seine Diplomarbeit im Virtual Earth Geschäftsbereich schreibt. In seiner Diplomarbeit will er die Potentiale von Mashups in Bezug auf geschäftsbezogene Entscheidungsfindung herausarbeiten. Dabei konzentriert er sich auf Enterprise Mashups, eine Kombination von webbasierten Kartendiensten wie Virtual Earth, räumliche Datenbanken wie SQL Server und externe Daten im KML- und GeoRSS-Format.

Mobile Welten

Mobile Anwendungen werden in letzter Zeit immer beliebter. Besonders ortsbezogene Dienste als Spielplatz für mobile soziale Netzwerke und mobiles „collaborative mapping" sind auf dem Weg zu den Privatanwendern. Microsoft bietet eine Anwendung für Privatanwender, um mobile Clients für Virtual Earth zu erstellen, sowie eine Anwendung für Windows Mobile, welche auf J2ME (Java) Mobiltelefonen läuft und „Mobile Search" genannt wird. Diese Anwendung bietet Karten, Routenplanung, örtliche Suche und weitere Anwendungen an, die in der browserbasierten Version nicht möglich sind. Jedoch konzentriert sich Microsoft hauptsächlich auf den business-to-business (B2B) Bereich. Microsoft stellt die Virtual Earth Plattform zur Verfügung und Partner entwickeln auf dieser Grundlage Mashups. „Manchmal ist es eher eine B2B2C Herangehensweise", gibt Josef Kauer zu. „Aber die meisten Anwendungen sind nicht ausschließlich auf Mobiltelefonen verfügbar. Die Kombination von Web Client und mobilem Client ist am weitesten verbreitet", merkt Michael Amrehn an. Darüber hinaus erklärt er, dass der Markt sich immer noch an mobile Anwendungen gewöhnen muss. Daher sind Anwendungen, die auf einem „collaborative mapping" Ansatz basieren ein ernsthaftes Thema für Microsoft, aber die passende Zeit muss erst noch kommen. Nichtsdestotrotz ist ein interessantes Beispiel für „collaborative mapping" der Harley-Davidson Great Roads Explorer. Diese auf Virtual Earth basierende Anwendung ist in erster Linie ein Informationswerkzeug, welches tolle Routen für das Motorradfahren, sowie Tankstellen und Hotels präsentiert und somit der Harley Davidson Gemeinde dient, um individuelle Aktivitäten zu organisieren. In zweiter Linie können Mitglieder ihre eigenen Touren und interessanten Stellen hinzufügen und diese mit anderen Mitgliedern teilen. Es ist ein großartiger Weg, um die Gemeinschaft zu mobilisieren und die Identifikation mit der Marke Harley Davidson zu fördern.

Glauben Sie, dass sich die Sonne um die Erde dreht?

Ich auch nicht! Aber die klassische GIS-Branche ist auf irgendeine Art immer noch in dieser geozentrische Herangehensweise gefangen, und ignoriert die Bedürfnisse der breiten Masse. Im 16. Jahrhundert haben Nikolaus Kopernikus und Johannes Kepler die geozentrische Weltanschauung abgelöst – und heute lösen Microsoft und Google die geozentrische Weltanschauung der GIS-Branche ab, indem sie Geotechnologie überall integrieren und dabei breite Lebensbereiche erreichen. Sie sind Wegbereiter einer Informationsgesellschaft, welche auf räumliche Informationen zugreifen, diese mit anderen teilen und durch einen einfachen Klick in das alltägliche Leben integrieren kann. Bisherige spezialisierte Märkte für GIS-Software und Geoinformation erweitern sich zum Massenmarkt und führen zur Integration von räumlichen Informationen in die Massenmedien. „Es ist ein Paradigmenwechsel", folgert Josef Kauer und die GIS-Branche befindet sich in einem Zwiespalt. Sie bekommt auf der einen Seite eine große Beachtung durch die weite Verbreitung der virtuellen Globen. Zur gleichen Zeit hat sie Angst, Marktanteile zu verlieren, da Microsoft und Google in der Tat in ihrem Bereich wildern. In jedem Fall ist das Rennen um die beste Kopie der Welt derzeit noch nicht entschieden und der Wettbewerb zwischen Microsoft und Google verspricht eine weiter zunehmende Integration von Geotechnologien in das alltägliche Leben.

Links:

- Chris Pendleton's "Virtual Earth, An Evangelist's Blog": http://blogs.msdn.com/virtualearth/archive/2008/05.aspx
- N.N. (2005): Microsofts virtuelle Erde. Online verfügbar: http://www.focus.de/digital/diverses/im-google-maps-stil_aid_97236.html
- Marshall P., (2007): Microsoft Joins OGC. Online verfügbar: http://www.gcn.com/online/vol1_no1/45310-1.html
- Microsoft's Virtual Earth gallery: http://www.microsoft.com/virtualearth/platform/gallery.aspx

Dieser Artikel erschien im Juni 2008 im Geoinformatics Magazine for Surveying, Mapping und GIS Professionals (www.geoinformatics.com). Autor ist Florian Fischer, Diplom-Geograph und Wissenschaftlicher Mitarbeiter an der ÖAW-Forschungsstelle für GIScience in Salzburg.
Übersetzt aus dem Englischen von Tobias Lörracher.

1.9 Termine

Für den Entscheidungsprozess zur Findung für die Ihren Ansprüchen entsprechende GIS Software können Organisationen, Veröffentlichungen, Konferenzen und Veranstaltungen aber auch Anwender nicht unerhebliche Hilfestellungen leisten.

Eine aktuelle Liste von Konferenzen und Veranstaltungen im GIS-Bereich finden Sie zum Beispiel in GIS-Fachzeitschriften und Magazinen, wie Der Vermessungsingenieur, AVN, GIS Europe oder GeoBIT und im Internet wie zum Beispiel den www-Adressen,

www.gis-report.de

oder

www.geobranchen.de

Besonders soll auf die uns zum Zeitpunkt der Drucklegung bekannten Messen und Veranstaltungen im deutschsprachigen Raum hingewiesen werden

Intergeo 2008
Termin: 30.09. - 2.10.2008
Ort: Bremen
URL: www.intergeo.de
E-Mail: info@intergeo.de

5. esgeo-Konferenz -
Sichere Geoinformationen Bochum
Termin: 28./29.10.2008
Ort: Bochum
URL: www.cfgi.de/de/
E-Mail: info@cfgi.de

KOMCOM Bayern 2008
Termin: 28./29.10 2008
Ort: Augsburg
URL: www.komcom.de
E-Mail: komcom@komcom.de

Pipelinetage München
Termin: 3./4.11.2008
Ort: München
URL: www.pipelinetage.de/
E-Mail: sina.halm@geomagic.de

Praxisworkshop "GIS & Internet"
Termin: 4./5.11.2008
Ort: München
URL: www.unibw.de/bauv11/geoinformatik
E-Mail: gisela.pietzner@unibw-muenchen.de

Rechtsfragen bei der Erstellung und Verarbeitung von Geoinformationen
Termin 10.11.2008
Ort: Hannover
URL: www.cfgi.de/de/veranstaltungen.html
E-Mail: info@cfgi.de

Digital Earth Summit on Geoinformatics: Tools for Global Change Research
Termin: 12. - 14.11.2008
Ort: Potsdam
URL: www.isde-summit-2008.org/front_content.php
E-Mail: isde-summit@gfz-potsdam.de

Wirtschaftlichkeit von Geoinformationssystemen
Termin: 12.11.2008
Ort: München
URL: www.rtg.bv.tum.de/
E-Mail: runder-tisch@bv.tum.de

GIS in der Umweltplanung - zwischen Effizienz und fachlichem Anspruch - Kontaktstudientage 2008
Termin: 14./15.11.2008
Ort: Osnabrück
URL: www.fh-osnabrueck.de
E-Mail: Dekanat-AI@fh-osnabrueck.de

GiN-EVU-Forum Oldenburg
Termin: 20.11.2008
Ort: Oldenburg
URL: www.gin-netzwerk.de/
E-Mail: info@gin-netzwerk.de

5th International Symposium on LBS & Tele-Cartography Salzburg
Termin: 26. - 28.11.2008
Ort: Salzburg
URL: www.lbs2008.org/
E-Mail: office@lbs2008.org

5. esgeo-Konferenz - Sichere Geoinformationen
Termin: 27.11.2008
Ort: Leipzig
URL: www.cfgi.de/de/veranstaltungen.html
E-Mail: info@cfgi.de

DOAG 2008 Deutsche Oracle anwenderkonferenz und Ausstellung
Termin: 1. - 3.12.2008
Ort: Nürnberg
URL: www.doag.org
E-Mail: office@doag.org

FME-Anwendertreffen Münster
Termin: 1./2.12.2008
Ort: Münster
URL: www.fme-anwendertreffen.de
E-Mail: info@anwendertreffen.de

Archiving 2008
Termin: 4./5.12.2008
Ort: Berlin
URL: /www.codata-germany.org/Archiving_2008
E-Mail: office@horst-kremers.de

GIS in der Wasserwirtschaft
Termin: 21./22.1.2009
Ort: Kassel
URL: www.itrust.de/atv/bildungsdatenbank
E-Mail: Sps@wupperverband.de

15. Internationale geodätische Woche Obergurgl
Termin: 8. - 14.2.2009
Ort: Obergurgl - Ötztal - Tirol , Österreich
URL: www.mplusm.at/ifg/
E-Mail: international-relations@uibk.ac.at

KOMCOM NORD 2009
Termin: 10./11.2.2009
Ort: Hannover
URL: www.komcom.de
E-Mail: komcom@komcom.de

6. Sächsisches GIS-Forum
Termin: 25.2.2009
Ort: Dresden
URL: www.gdi-sachsen.de/
E-Mail: info@gdi-sachsen.de

14. Münchner Fortbildungsseminar Geoinformationssysteme
Termin: 3. - 5.3.2009
Ort: München
URL: www.rtg.bv.tum.de/
E-Mail: runder-tisch@bv.tum.de

Festveranstaltung 100 Jahre DGPF und 29. Wissenschaftlich-Technische Jahrestagung
Termin: 24. - 26.3.2009
Ort: Jena
URL: www.dgpf.de/neu/
E-Mail: info@dgpf.de

GI-TAGE-NORD 2009
Termin: 31.3. - 2.4.2009
Ort: Osnabrück
URL: www.gi-tage-nord.de/
E-Mail: info@gin-online.de

GeoForum M-V Rostock-Warnemünde
Termin: 27./28.4.2009
Ort: Rostock
URL: www.geomv.de/
E-Mail: info@geomv.de

KOMCOM SÜD 2009
Termin: 28./29.4.2009
Ort: Karlsruhe
URL: www.komcom.de
E-Mail: komcom@komcom.de

12. AGILE Konferenz „Advances in GIScience"
Termin: 2. - 5.6.2009
Ort: Hannover
URL: www.ikg.uni-hannover.de/agile/
E-Mail: info@agile2009.de

Intergraph-Forum 2009
Termin: 23./24.6.2009
Ort: Mainz
URL: www.intergraph.de
E_Mail: info@intergraph.de

KOMCOM OST 2009
Termin: 15./16.9.2009
Ort: Leipzig
URL: www.komcom.de
E-Mail: komcom@komcom.de

INTERGEO 2009
Termin: 22. - 24.9.2009
Ort: Karlsruhe
URL: www.intergeo.de
E-Mail: ofreier@hinte-messe.de

KOMCOM NORD 2010
Termin: 9./10.2.2010
Ort: Hannover
URL: www.komcom.de
E-Mail: komcom@komcom.de

KOMCOM NRW 2010
Termin: 23./24.3.2010
Ort: Essen
URL: www.komcom.de
E-Mail: komcom@komcom.de

58. Deutscher Kartographentag
Termin: 8. - 10.6.2010
Ort: Potsdam
URL: http://dgfk.net/
E-Mail: Sekretaer@dgfk.net

INTERGEO 2010
Termin: 5. - 7.10.2010
Ort: Köln
URL: www.intergeo.de
E-Mail: ofreier@hinte-messe.de

INTERGEO 2011
Termin: 27. - 29.9.2011
Ort: Nürnberg
URL: www.intergeo.de
E-Mail: ofreier@hinte-messe.de

INTERGEO 2012
Termin: 9. - 11.10.2012
Ort: Hannover
URL: www.intergeo.de
E-Mail: ofreier@hinte-messe.de

1.10 GIS-Einführungsliteratur

Ausgewählte Einführungsliteratur

Akademie für Raumforschung und Landesplanung (2001): GIS in der Regionalplanung - Arbeitsmaterial. Akademie für Raumforschung und Landesplanung, Hannover.

Aronoff, S. (1989): Geographic Information Systems: A Management Perspective. WDL Publications, Ottawa/Ontario.

Asch, K. (Hrsg.) (1999):
GIS (Geoinformationssysteme) in Geowissenschaften und Umwelt.
Springer Verlag GmbH&Co KG, Berlin.

Asche, H.; Herrmann, Ch. (Hrsg.) (2003): Web. Mapping 2 - Telekartographie, Geovisualisierung und mobile Geodienste. Herbert Wichmann-Verlag, Heidelberg.

Bartelme, N. (2000): Geoinformatik - Modelle, Strukturen, Funktionen. Dritte, erweiterte und aktualisierte Auflage.
Springer Verlag Berlin, Heidelberg.

Bähr, H.-P.; Vögtle, Th. (Hrsg.) (1999):
GIS for Environmental Monitoring,
Schweizerbart, Stuttgart.

Bartelme, N. (2005):
Geoinformatik.
Springer Verlag, Heidelberg.

Behr, F.-J. (2000): Strategisches GIS-Management - Grundlagen und Schritte zur Systemeinführung,
Herbert Wichmann Verlag, Heidelberg.

Bernhardsen, T. (2002): Geographic Information Systems - An Introduction. 3.Aufl.
Wiley, John, & Sons, Inc.

Bernhardt, U. (2001): GIS-Technologien in der New Economy. Markttransparenz durch Geoinformationssysteme. Herbert Wichmann Verlag, Heidelberg.

Bill, R. (1999): Grundlagen der Geo-Informationssysteme. Band 1: Hardware, Software und Daten.
Herbert Wichmann Verlag, Heidelberg.

Bill, R. (1999): Grundlagen der Geo-Informationssysteme. Band 2: Analysen, Anwendungen und neue Entwicklungen.
Herbert Wichmann Verlag, Heidelberg.

Bill, R.; Seuß, R.; Schilcher, M. (Hrsg.) (2002): Kommunale Geo-Informationssysteme - Basiswissen, Praxisberichte und Trends. Herbert Wichmann Verlag, Heidelberg.

Bill, R.; Zehner, M. (2001):
Lexikon der Geoinformatik.
Herbert Wichmann Verlag, Heidelberg.

Blaschke, Th. (Hrsg.) (1999): Umweltmonitoring und Umweltmodellierung. GIS und Ferner-kundung als Werkzeug einer nachhaltigen Entwicklung.
Herbert Wichmann Verlag, Heidelberg.

Blaschke, Th. (2001): Fernerkundung und GIS. Neue Sensoren - innovative Methoden. Herbert Wichmann Verlag, Heidelberg.

Bonham-Carter, G.F. (1994): Geographic Information Systems for Geoscientists: Modelling with GIS. Pergamon Press.

Braun, G.; Buzin, R.; Wintges, Th. (Hrsg) (2001):
GIS und Kartographie im Umweltbereich. Herbert Wichmann Verlag, Heidelberg.

Breunig, M. (2001):
On the Way to Component-based 3D/4D Geoinformation Systems.
Springer Verlag, Berlin.

Buhmann, E.; Nothhelfer, U.; Pietsch, M. (Hrsg.) (2002):
Trends in GIS and Virtualization in Environmental Planning and Design.
Herbert Wichmann Verlag, Heidelberg.

Buhmann, E.; Ervin, S. (Eds..) (2003):
Trends in Landscape Modeling.
Herbert Wichmann Verlag, Heidelberg.

Buhmann, E.; Paar, P.; Strobl, J. (Hrsg.), a.o.. (2006): Trends in Knowledge based Landscape Modeling. Proceedings at Anhalt University of Applied Sciences.
Herbert Wichmann Verlag, Heidelberg.

Buhmann, E.; Ervin, S.; Bishop, I. D. (Hrsg.), a.o. (2005): Trends in Real-Time Landscape Visualization and Participation. Proceedings at Anhalt University of Applied Sciences.
Herbert Wichmann Verlag, Heidelberg.

Burrough, P.A. (1993): Principles of Geographical Information Systems for Land Ressources Assessment. Oxford University Press, 2. Aufl., Oxford.

Buziek, G. (Hrsg.) (1995):
GIS in Forschung und Praxis.
Verlag Konrad Wittwer, Stuttgart.

Clarke, K. C. (2001): Getting Started with Geographic Information Systems. 3rd ed. Prentice Hall

Coors, V.; Zipf, A. (Hrsg.) (2005):
3D-Geoinformationssysteme. Grundlagen und Anwendungen.
Herbert Wichmann Verlag, Heidelberg.

Delijska, B. (2002): Elseviers Dictionary of Geographical Information Systems. In English, German, French and Russian.
Elsevier Science.

Demers, M. N. (1997):
Fundamentals of Geographic Information Systems.
John Wiley & Sons Inc., New York.

Deutsche Gesellschaft für Kartographie, AK Kartographie und Geo-Informationssysteme, Grünreich, Dietmar (Hrsg.) (1997): GIS und Kartographie im multimedialen Umfeld, Grundlagen, Anwendungen und Entwicklungstrends, Kartographische Schriften, Band 2.
Kirschbaum Verlag, Bonn.

Dickmann, F.; Zehner, K. (2001):
Computerkartographie und GIS.
Westermann Schulbuchverlag, Braunschweig.

Dickmann, F. (2001): Web-Mapping und Web-GIS, mit CD-ROM - Arbeitsbuch fürs Studium.
Westermann Schulbuchverlag, Braunschweig.

Fally, M.; Strobl, J. (Hrsg.) (2001).:
Business Geographics.
Herbert Wichmann Verlag, Heidelberg.

Gahsche, J.; Bens, P. (2002): ArcView Kochbuch - Praktische GIS-Anleitungen für Ökologie, Naturschutz und Landschaftsplanung. Lutra.

Göpfert, W. (1991):
Raumbezogene Informationssysteme. 2. Aufl.
Herbert Wichmann Verlag, Heidelberg.

Goodchild, M.F.; Kemp K.K. (1990):
NCGIA GIS Core Curriculum, National Center for Geographic Information and Analysis,
University of California, Santa Barbara.

Grimshaw, D. (1994): Bringing GIS into Business.
GeoInformation International, Cambridge.

Gröger, G. (2000): Modellierung raumbezogener Objekte und Datenintegrität in GIS.
Herbert Wichmann Verlag, Heidelberg.

GTZ GmbH (Hrsg.:) (1994): GTZ-Leitfaden Geographische Informationssysteme. Einsatz in Projekten der Technischen Zusammenarbeit.
Gesellschaft für Technische Zusammenarbeit, Abt. 425, Eschborn

Günther, O. (1998):
Environmental Information Systems.
Springer Verlag .GmbH&Co KG, Berlin.

Guhse, B. (2005):
Kommunales Flächenmonitoring und Flächenmanagement.
Herbert Wichmann Verlag, Heidelberg.

Haines-Young, R.; Green, D. (1994):
Landscape Ecology and GIS.
Taylor & Francis Publishing, London.

Hennemann, K. (2006):
Kartographie und GIS.
Wissenschaftl. Buchgesellschaft, Berlin.

Herrmann, Ch.; Asche, H. (Hrsg.) (2001):
Web.Mapping 1.
Herbert Wichmann-Verlag, Heidelberg.

Hermsdörfer, D. (2005):
Generische Informationsmodellierung. Semantische Brücke zwischen Daten und Diensten.
Herbert Wichmann Verlag, Heidelberg.

Herter, M.; Koos, B. (2006):
Java und GIS. Programmierung - Beispiele – Lösungen.
Herbert Wichmann Verlag, Heidelberg.

Hoppe, W.; Mantyk, R.; Schomakers, J. (1997):
WinCAT als GeoDesk.
Herbert Wichmann-Verlag, Heidelberg.

Hutchinson, S. (2000):
Inside ArcView GIS, 3rd Ed.,
Onword Press & Intl. Thomson Pub.

Huxhold, W.E. (1991): An Introduction to Urban Geographic Information Systems.
Oxford University Press, Oxford.

KGSt (Kommunale Gemeinschaftsstelle für Verwaltungsvereinfachung) (1994): Raumbezogene Informationsverarbeitung in Kommunalverwaltungen. KGSt Bericht 12/1994, Köln.

Kilchenmann, A.; Schwarz-von Raumer, H.-G. (Hrsg.) (1998) :
GIS in der Stadtentwicklung.
Springer Verlag GmbH & Co KG, Berlin.

Klemmer, Wilfried (2006):
GIS-Projekte erfolgreich durchführen
Bernhard Harzer Verlag, Karlsruhe

Kloos, H. W. (1990): Landinformationssysteme in der öffentlichen Verwaltung - Ein Handbuch der Nutzung grundstücks- und raumbezogener Datensammlungen für Umweltschutz, Städtebau, Raumordnung und Statistik.
Schriftenreihe Verwaltungsinformatik Bd. 7. Heidelberg.

Konecny, G. (2002): Geoinformation - Remote Sensing, Photogrammetry and Geographical Information Systems,
Taylor & Francis Books Ltd.

Korduan, P., Zehner, M. (2008):
Geoinformation im Internet.
Herbert Wichmann Verlag, Heidelberg.

Kuhlmann, Ch.; Markus, F.; Theurer, E. (2003):
CAD und GIS in der Stadtplanung.
Bernhard Harzer Verlag, Karlsruhe.

Lang, S., Blaschke, T. (2007):
Landschaftsanalyse mit GIS.
Ulmer Verlag, Stuttgart.

de Lange, N. (2002):
Geoinformatik in Theorie und Praxis.
Springer Verlag, Berlin.

Leiberich, P. (Hrsg.) (1997):
Business mapping im Marketing,
Herbert Wichmann Verlag, Heidelberg.

Liebig, W. (2001):
Desktop GIS mit Arcview-GIS.
Herbert Wichmann-Verlag, Heidelberg.

Linder, W. (1999): Geo-Informationssysteme.
Springer Verlag .GmbH&Co KG, Berlin.

Longley, P. & Clarke, G. (1995):
GIS for Business and Service Planning. GeoInformation International, Cambridge.

Longley, P.; Goodchild, M.; Maguire, D.; Rhind, D. (Hrsg.) (1999):
Geographical Information Systems - Principles, Techniques, Applications, and Management. 2.Aufl., Wiley, John, & Sons, Inc.

Longley, P.; Goodchild, M.; Maguire, D.; Rhind, D. (2001):
Geographic Information - Systems and Science.
Wiley, John, & Sons, Inc.

Masser, I.; Blakemore, M. (Hrsg.) (1991):
Handling Geographical Information: Methodology and Potential Applications.
Longman Publishing, Cambridge.

Mayer-Föll, R.; Streuff, H.; Bock, M.; Müller, M.; Zölitz-Möller, R.; Greve, K.; Schultze, A. (Hrsg.) (2001): Gegenwart und Zukunft des GIS-Einsatzes im Umweltbereich - Dokumentation des Workshops des Bund/Länder-Arbeitskreises Umweltinformationssysteme am 22.03.01 in Stuttgart. Universitätsverlag Ulm.

Molenaar, M. (1998): Introduction to the Theory of Spatial Object Modelling for GIS.
Research Monographs in GIS

Müller, J.-C.; Lagrange, J.P.; Weibel, P. (1995): GIS and Generalization: Methodology and Practice.
Taylor & Francis Publishing, London.

Neteler, M.; Mitasova, H. (2002): Open Source GIS: A Grass GIS Approach.
Kluwer Academic Publishers

Olbrich, G. (2002): Desktop Mapping. Grundlagen und Praxis in Kartographie und GIS.
Springer Verlag, Berlin.

Ormsby, T.; Napoleon, E.; Feaster, L.; Groessl, C. (2001): Getting to Know ArcGIS Desktop - Basics of ArcView, ArcEditor, and ArcInfo.
ESRI Press, Redlands CA.

Osterheld; Spielberg (Hrsg.) (1997):
Anwendungen und Projekte mit INTERGRAPH's GIS. GIS-Arbeitsbuch.
Herbert Wichmann Verlag, Heidelberg.

Patzl, Ch. (2002):
GIS in der Gartenarchitektur - Erkundung, Dokumentation und Management von Garten- und Parkanlagen.
Herbert Wichmann Verlag, Heidelberg.

Plümer. L.; Asche, H. (Hrsg.) (2004): Geoinformation - Neue Medien für eine neue Disziplin.
Herbert Wichmann Verlag, Heidelberg.

Raper, J.; Green, N. (1994):
GISTutor2. GeoInformation International, Cambridge.
(Lernsoftware für MS-Windows oder Apple Macintosh).

Rigaux, P.; Scholl, M.; Voisard, A. (2002):
Spatial Databases with Applications to GIS.
Morgan Kaufmann.

Saurer, H.; Behr, F.-J. (1997):
Geographische Informationssysteme. Eine Einführung.
Wissenschaftliche Buchgesellschaft, Darmstadt.

Schiewe, J. (Hrsg.) (2004):
E-Learning in Geoinformatik und Fernerkundung.
Herbert Wichmann Verlag, Heidelberg.

Seuß, M.; Seuß, R. (2002) :
GeoMedia - GIS-Arbeitsbuch.
Herbert Wichmann Verlag, Heidelberg.

Shekar, S.; Chawla, S. (2002):
Spatial Databases.
Prentice Hall.

Star, J.; Estes, J. (1990): Geographic Information Systems: An Introduction.
Prentice-Hall, Englewood Cliffs.

Strobl, Josef (Ed.) et al, (2006):
Angewandte Geoinformatik 2006. Beiträge zum 18. AGIT-Symposium Salzburg.
Herbert Wichmann Verlag, Heidelberg.

Strobl, J.; Blaschke, T.; Griesebner, G. (Hrsg.), (2003):
Angewandte geographische Informationsverarbeitung XV,
Herbert Wichmann Verlag, Heidelberg.

Strobl, J.; Roth, C. (Hrsg.) (2006):
GIS und Sicherheitsmanagement.
Herbert Wichmann Verlag, Heidelberg.

Tappert, Werner (2007):
Geomarketig in der Praxis
Bernhard Harzer Verlag, Karlsruhe

Tomlin, C. D. (1990):
Geographic Information Systems and Cartographic Modeling,
Prentice Hall Inc., Englewood Cliffs, New Jersey.

Traub, K.-P.; Kohlus, J. (Hrsg.) (2006):
GIS im Küstenzonenmanagement. Grundlagen und Anwendungen.
Herbert Wichmann Verlag, Heidelberg.

Ueberschär, N.; Winter, A. M.(2006):
Visualisieren von Geodaten mit SVG im Internet.
Band 1: Scalable Vector Graphics - Einführung, clientseitige Interaktionen und Dynamik.
Herbert Wichmann Verlag, Heidelberg.

Universität Hannover, AIDA -Institut für Architekturinformatik und Darstellung, Teil 1, Marktübersicht Bausoftware 1999, - AVA - Fachprogramme -Tragwerksplanung - Datensammlungen. Update unter: www.marktübersicht.de

Universität Hannover, AIDA - Institut für Architekturinformatik und Darstellung, Teil 2, Marktübersicht Bausoftware 1999, - CAD - Facility Management - Haustechnik. Update unter: www. marktübersicht.de

Warcup, Charles (2004):
Von der Landkarte zum GIS.
Points Verlag, Norden-Halmstadt.

Wiesel, J. (1997): Umweltinformationssysteme im WWW am Beispiel der graphischen Dienste des WWW-UIS. In: GIS und Kartographie im multimedialen Umfeld, Grundlagen, Anwendungen und Entwicklungstrends. Kartographische Schriften, Band 2.
Kirschbaum Verlag, Bonn.

Zagel, B. (Hrsg.) (2000):
GIS in Verkehr und Transport.
Herbert Wichmann Verlag, Heidelberg.

Zipf, A.; Strobl, J. (2002) (Hrsg.):
Geoinformation mobil.
Herbert Wichmann-Verlag, Heidelberg.

Ausgewählte GIS Fachzeitschriften

AVN - Allgemeine Vermessungs-Nachrichten.
Herbert Wichmann Verlag, Heidelberg.
10 Ausgaben pro Jahr. (www.huethig.de)

Cartography and Geographic Information Science .
4 Ausgaben pro Jahr. (www.acsm.net)

Der Vermessungsingenieur.
Zeitschrift des VDV.
6 Ausgaben pro Jahr. (www.vdv-online.de)

Geobranchen.de
Onlinedienst
Bernhard Harzer Verlag, Karlsruhe
(www.geobranchen.de)

GeoInformatis.
P.O. Box 231, 8300 AE Emmeloord, Niederlande.
8 Ausgaben pro Jahr.
(www.geoinformatics.com)

Geo Info Systems.
Aster Publishing Company, USA.10 Ausgaben pro Jahr. (www.geoinfosystems.com).

GEOEurope.
GIS Europe Inc., Niederlande.
10 Ausgaben pro Jahr. (www.geoplace.com)

GeoSpatial Solutions - Applications of GIS and Related Spatial Information Technologies.
Advanstar Communications Inc., 12 Ausgaben pro Jahr. (www.geospatial-online.com)

GEOWorld.
GIS World Inc., Fort Collins, USA.
6 Ausgaben pro Jahr. (www.geoplace.com).
GIS Business
abc Verlag, Heidelberg.
12 Ausgaben pro Jahr. (www.geopoint.de)

International Journal of Geographical Information Science.
Taylor and Francis, London, New York, Philadelphia.
8 Ausgaben pro Jahr (www.balkema.nl)

Journal of Geographic Information and Decision Analysis.
Online-Zeitschrift. (www.geodec.org)

PFG - Photogrammetrie, Fernerkundung, Geoinformation.
Organ der Deutschen Gesellschaft für Photogrammetrie und Fernerkundung e.V. E. Schweizerbart'sche Verlagsbuchhandlung, Stuttgart.
7 Ausgaben pro Jahr. (www.schweizerbart.de)

ZfV. Zeitschrift für Vermessungswesen .
Herausgeber: Deutscher Verein für Vermessungswesen (www.dvw.de)

2. Software

2.1 Erläuterungen zu den GIS-Softwareübersichten

Rund 900 aktuelle Kurzbeschreibungen von GIS-Software im deutschsprachigen Bereich der Schweiz, in Österreich und Deutschland, sind in diesem GIS-Report erfasst. Die Gesamtanzahl der eingereichten Beschreibungen hat sich seit der letzten Ausgabe wiederum vergrößert. Der GIS-Report ist im deutschsprachigen Markt für den Bereich GIS-Software die führende Übersicht.

Der Großteil der Entwicklungen konzentriert sich nach wie vor auf die großen Anwenderfamilien. Da für diese die internationalen Mutterhäuser die Anwendungsentwicklung zunehmend auf Partnerfirmen verlagert haben, bleibt die Gesamtanzahl der GIS-Programmanbieter sehr hoch. Im deutschsprachigen Markt kam es neben der großen Anzahl an sehr spezifischen Fachapplikationen auch zudem zu einer Reihe von eigenen GIS-Desktop- und Internet-GIS-Entwicklungen, die sich mit den Jahren etabliert haben.

In den im Kapitel 2.2 aufgelisteten Tabellen **"GIS-Softwareübersicht"** konnte jeder Anbieter sein Softwareprodukt einbringen. Die Aufnahme in diese Übersicht ist kostenfrei, so dass die Tabelle den gesamten deutschsprachigen GIS-Markt widerspiegelt. Wir haben allen uns bekannten Herstellern eine Datenbank zukommen lassen, um sie in diese Übersicht aufnehmen oder diese korrigieren bzw. ergänzen zu können.

Trotz aller Sorgfalt können allen Beteiligten Fehler unterlaufen. Informieren uns, wenn wichtige Produkte fehlen. Wir werden sie in den nächsten GIS Report einzubauen.

Um diese Fülle an unterschiedlichsten Softwareprodukten für den Anwender halbwegs vergleichbar darstellen zu können, gehen wir wie folgt vor:

Bildung von möglichst eindeutigen Softwarekategorien, die jeweils ein vergleichbares Leistungsspektrum darstellen.

Für den GIS-Report 2008/09 haben wir die Kategorien entsprechend unserer Marktbeobachtung in folgende „GIS-Softwarekategorien" eingeteilt:

nach Funktionsumfang

- GIS
- Desktop-GIS
- GIS-Viewer

oder nach technischer Charakteristik

- CAD-GIS
- GIS-Fachschale und Applikation
- Internet-GIS
- GIS-Ergänzung
- Geo-Datenserver
- Mobile-GIS

Auswahl von wenigen relevanten Schlüsselkriterien für die Softwarebeschreibung

Die GIS-Softwarekategorien 2008/09

Wesentliche Voraussetzung zum Verständnis der folgenden Übersicht ist die **Definition der GIS-Softwarekategorien**. Jeder Hersteller musste sein GIS-Programm einer dieser Kategorien zuordnen.

GIS:

Geographisches Informationssystem bzw. Geo-Informationssystem, verwaltet räumliche Informationen. Es erlaubt die Ablage, Abfrage, Auswertung und Verknüpfung kartographischer Daten.

Unter Professional GIS werden GIS-Programme mit voller GIS-Funktionalität, wie Flächenverwaltung und Analyse bezeichnet (z. B. ArcGIS, GeoMedia Professional, SMALLWORLD Core Spatial Technology, SICAD/open, ALK-GIAP u.a.).

Desktop-GIS:

GIS-Programm mit interaktivem GUI und reduzierter GIS-Funktionalität, vorwiegend zur Visualisierung von GIS-Daten oder nur für spezielle Anwendungen gedacht, teilweise auch nur zur

www.GEObranchen.de
Geobusiness & Geowissenschaft

DAS INTERNETPORTAL

- www:GEOjobs.de
- www.GEOevents.de
- www.GEOdatenmarkt.de
- **gis-report-news*****
- Software. Daten. Firmen.
- Treffpunkt Fachwissen!

Bernhard Harzer Verlag GmbH
Westmarkstr. 59/59 a
D-76227 Karlsruhe
Tel. +49 (0)721 944 02 0
Fax +49 (0)721 944 02 30
E-Mail: info@harzer.de
www.GEObranchen.de
www.GEOjobs.de
www.GEOdatenmarkt.de

Verarbeitung lokaler Datenbestände konzipiert (z. B. ArcView GIS, MapInfo Professional, GeoMedia SICAD/Spatial Desktop).

GIS-Viewer:

Standalone-GIS-Programm zur visuellen Darstellung (Softcopy/Hardcopy) von GIS-Daten und/oder Kartenbildern. Nur einfache Darstellungsanpassungen werden unterstützt. Diese Kategorie enthält jetzt auch die früher verwendete Kategorie Business-Map-GIS (Microsoft MapPoint und Regiograph).

CAD-GIS:

GIS-Programm mit vollständiger GIS-Funktionalität auf der Basis eines CAD-Systems (z.B. Autodesk Map 3D, MicroStation).

Internet-GIS:

GIS-Programm für Client-Server GIS-Anwendung, die mit einem Web-Browser als Benutzer-Frontend über Internet-Protokolle auf einen Applikationsserver zugreift (z. B. GeoMedia WebMap, Autodesk MapGuide, MapInfo MapXtreme/J, ArcIMS).

Mobile-GIS:

Für den mobilen Einsatz auf einem Pencomputer entwickelte GIS-Software mit dem Schwerpunkt der Datenerfassung und -aktualisierung (z. B. ArcPad).

Geodatenbank-Server:

Verwaltet Geoobjekte in einem kommerziellen DBMS und stellt Geooperatoren über eine dokumentierte und von Anwendungsentwicklern nutzbare Schnittstelle zur Verfügung - (z. B. MapInfo SpatialWare, ESRI Spatial Data Engine, Autodesk MapGuide, IBM geoManager, Oracle Spatial).

GIS-Ergänzung:

Programm-Module, wie Konverter, Bildverarbeitung, Simulation, die ergänzend zu GIS-Programmen entwickelt wurden (z. B. ENV/IDL, CAD.DIA. ESP, Sound PLAN, NuLoc).

GIS-Fachschale und Applikationen:

Programmerweiterung von GI-Systemen einer Berufsgruppe zu einer Fachapplikation (z. B. SMALLWORLD Fachschale Strom, Ingenieurbüro Dr. Ing. Stein, AGIS GeoAS-Baum).

Die von dem Hersteller geforderte eindeutige Zuordnung der Produkte ist weitgehend zufriedenstellend. Bei der Betrachtung der einzelnen Produktgruppen sind immer wieder Grenzfälle zu diskutieren.

Aufgeschlüsselt nach diesen GIS-Softwarekategorien sind in diesem Jahr gegenüber 2002 und 2003 folgende Anzahl von Softwarebeschreibungen im GIS-Report aufgenommen:

2.2 Tabelle: GIS-Softwareübersicht

Alle uns vorliegenden GIS-Software-Produkte sind in der folgenden Gesamttabelle als Übersicht zusammengestellt. Wir geben grundsätzlich die uns eingereichten Zuordnungen und Vertriebsangaben der GIS-Industrie wieder. Für die Beurteilung der Marktbedeutung eines Produktes ist der Leser oder sein Berater gefordert, diese Angaben zu hinterfragen. Die Autoren des GIS-Reportes vertrauen auf die Selbstkontrolle des Marktes, die gegenüber den letzten Jahren zunehmend greift.

Entscheidend für die Marktbeurteilung ist zunächst die Einordnung eines Programmes in die **Produktkategorien**. Hierbei ist die Sicht des jeweiligen Produktbeauftragten aus einem CAD-Systemhaus eine andere, als die Einschätzung eines klassischen GIS-Anbieters.

Die Schlüsselkriterien für die GIS-Softwareübersicht

Wie beschrieben, haben wir in erster Linie versucht, möglichst eindeutige Kategorien von Programmen mit vergleichbarem Leistungsspektrum zu bilden. Zu den Schlüsselkriterien für die Ersteinschätzung der GIS-Software innerhalb dieser Kategorien gehören

- **Allgemeine Softwarecharakteristika**
- **Anwendungsmerkmale**
- **Kurzbeschreibung**

Softwarekategorie
Die Definition der Kategorie, die je Produkt nur einmal genannt werden konnte, wurde bereits weiter oben erläutert.

Plattform
Grundsätzlich wird nicht mehr zwischen Rechnerplattformen wie Workstation und Personalcomputer unterschieden. Als Kriterium sind hier jedoch Angaben zu den möglichen Betriebssystemen aufgenommen.

Umfang der Software
Wir unterscheiden zunächst allgemein zwischen

- **Eigenständige Lösung**
    Eigenständiges CAD- bzw. GIS-Softwareprodukt

- **Applikation**
    Umfangreiche Softwareapplikation für eine Branche, die auf ein Standardprodukt wie AutoCAD oder MicroStation aufsetzt. Die jeweilige Applikation wird unter „Weitere Merkmale" aufgeführt.

Datenformat
Hier finden Sie Angaben zur Unterstützung der beiden GIS-Hauptdatenformate Vektor und Raster.

Datenbankschnittstellen
Als Kriterium wurden die Standarddatenbanken mit häufiger Nennung vorgegeben. Weitere Nennungen sind in den nebenstehenden Kurztexten wiedergegeben.

Anwendungsschwerpunkte
Hier wurden wesentliche Anwendungsschwerpunkte als Kategorie vorgegeben, um dem Leser eine rasche Suche zu ermöglichen. Weitere Anwendungsschwerpunkte der Anbieter sind in den Kurzbeschreibungen wiedergegeben.

Sonstige Angaben zu Applikationen, Systemtypen und Plattformen / Kurzbeschreibung
Neben dem Produktnamen finden Sie zunächst die „sonstigen Angaben", soweit hier jeweils eine freie Eingabe erfolgte. Es folgt dann eine stichpunktartige Kurzbeschreibung mit ergänzenden Charakteristika der Software.

Mit etwa 990 Einträgen ist sicher eine Grenze für eine Übersicht erreicht. Wir hoffen aber, dass Sie das Produkt Ihres Interesses mit den auch für Sie relevanten Schlüsselkriterien finden werden. Da die Angaben für den Eintrag in dieser Tabelle für die Firmen völlig kostenfrei ist, sollte die Übersicht in jedem Fall so vollständig wie möglich sein.

GIS-Softwareübersicht

Software	Anbieter	Ansprechpartner Telefon	Erstinstallation	Versionsnummer	GIS	Desktop-GIS	GIS-Fachschale	GIS-Viewer	Internet-GIS	Mobil-GIS	CAD-GIS	Geo-Datenbankserver	GIS-Ergänzung	Windows	UNIX	eigenst. GIS-Kernsoftware	Applikation zu ArcGIS	Applikation zu Geomedia	Applikation zu Autodesk Map	Applikation zu Microstation
Abwasser-Gebührensplitting	UMGIS Informatik GmbH		2001				✓							✓						
acadALKIS	Widemann Systeme GmbH	Thomas Baron 0611 - 77819-0	2007	1.0										✓					✓	
acadEDBS.Object	Widemann Systeme GmbH	Thomas Baron 0611 - 77819-0	1995	5.1							✓	✓							✓	
Active JAVA BEANS Map 2.3	LUTUM + TAPPERT GmbH		1998	2.3					✓					✓	✓	✓				
ActiveMap 3.5	LUTUM + TAPPERT GmbH		1995	3.5										✓	✓					
Address Mapper	AGIS GmbH, Wien		1999	V.1.5 3										✓	✓	✓				
Adjust. JT	METTENMEIER GmbH												✓							
AED-GIS	AED-SICAD Aktiengesellschaft		1987	1.5	✓									✓	✓	✓				
Agro Survey	EFTAS Fernerkundung Technologietransfer GmbH		2000	1.6			✓							✓				✓		
AgroView	GAF AG	Daniela Miller 089 - 121528-0	2000	3.0	✓	✓	✓							✓			✓			
AgroView Online	GAF AG	Daniela Miller 089 - 121528-0	2005	08.3	✓		✓	✓						✓	✓	✓				
ALB - Viewer	Geodatenservices GmbH		2005									✓	✓							
ALK / ATKIS-Reader 3	geoVAL Informationsysteme GmbH	0421 - 34892-0	1995	3 / Pro										✓	✓					
ALK / ATKIS-Reader 8	geoVAL Informationsysteme GmbH	0421 - 34892-0	2002	8 / Pro										✓	✓					
ALKCONN	ICF GmbH		1992									✓	✓	✓	✓					
ALK-Online	Terradata & Co		2001	1.009	✓									✓	✓					
Amtliche Geobasisdaten	CISS TDI GmbH	Rolf Jüttner 02642 - 9780-0												✓	✓	✓				
Anlagenüberwachung wassergef. Stoffe/Vaw	UMGIS Informatik GmbH		2001				✓							✓						

© Bernhard Harzer: GIS-Report 2008/09, Bernhard Harzer Verlag, Karlsruhe

GIS-Softwareübersicht

Vektor	Raster	Interne DB	Oracle	MS-SQL-Server	DB/2	Informix	Ingres	JDBC	ODBC	Sybase	xBase-Format	Facility Management	Umwelt u. Naturschutz	Ver- u. Entsorgung	Telekommunikation	Auskunftssysteme	Kartographie	Marketing	Logistik	Vermessung u. Kataster	Verkehrsplanung	Raum- und Bauleitplanung	Photogrammetrie	Fernerkundung	Kurzbeschreibung, Applikation zu, Sonstige Systemtypen, Sonstige Plattformen, Sonstiger Anwendungsschwerpunkt
✓	✓		✓	✓										✓											Verwaltung von versiegelten Flächen zur Ermittlung der Niederschlagswassergebühr
✓																				✓					Konvertiert Katasterdaten aus ALKIS ins DWG-Format, inklusive Erstellung von Sachdaten
✓																				✓					Applikation zu AutoCAD Map, konvertiert ALK-Daten in DWG-Format, inklusive Erstellung von Sachdaten
✓			✓	✓				✓							✓	✓	✓	✓	✓						Java-Applet für die thematische Kartographie mit ZoomIn, ZoomOut und Daten-Popup
✓		✓	✓	✓		✓		✓	✓						✓	✓	✓	✓	✓						integriert geographische Komponenten in ein Informationssystem
✓			✓						✓			✓			✓	✓				✓	✓	✓			Geokodierung und Abgleich von Adress-Datenbanken. Adressensuche in Intra- und Internetapplikation
													✓												Homogenisierungsprodukt das Ausgleichungsprozesse bei Grundänderungen automatisiert
✓	✓	✓	✓			✓							✓	✓	✓	✓				✓		✓			Erfassung, Bearbeitung und Verwaltung von Daten mit Raumbezug
✓	✓												✓				✓							✓	
✓	✓	✓									✓														Flächenidentifikation und Antragsunterstützung für Landwirte
✓	✓		✓																						Webbasierte Flächenidentifikation und Antragsunterstützung für Landwirte
✓	✓		✓					✓				✓								✓	✓				Sachdatenviewer ALB mit bidirektionaler Kopplung zu GAUSZ
✓									✓				✓	✓	✓	✓	✓			✓	✓	✓			Umsetzung amtlicher Vermessungsdaten nach ArcView 3.x; Visualisierung von ALK & ATKIS-Daten.
✓			✓	✓				✓	✓			✓	✓	✓	✓					✓	✓	✓			Umsetzung amtlicher Vermessungsdaten nach ArcGIS 8 & 9; Visualisierung von ALK & ATKIS-Daten
✓												✓	✓	✓	✓		✓			✓		✓	✓		bidirektionale Umsetzung von ALK-GIAP-(Ent)Ladeformat nach und von Microstation DGN
✓	✓		✓	✓			✓	✓	✓				✓			✓	✓			✓		✓			ALB-, ALK-, ALKIS-Auskunft, Intranet, Internet
✓			✓										✓	✓	✓	✓	✓			✓	✓	✓	✓		Vertrieb, Beschaffung und Aufbereitung von amtlichen Geobasisdaten (ALK), Bereitstellung in vielen GIS-Formaten
✓	✓		✓	✓									✓												Anlagenüberwachung wassergefährdender Stoffe (VAWS)

© Bernhard Harzer: GIS-Report 2008/09, Bernhard Harzer Verlag, Karlsruhe

GIS-Softwareübersicht

Software	Anbieter	Ansprechpartner Telefon	Erstinstallation	Versionsnummer	GIS	Desktop-GIS	GIS-Fachschale	GIS-Viewer	Internet-GIS	Mobil-GIS	CAD-GIS	Geo-Datenbankserver	GIS-Ergänzung	Windows	UNIX	eigenst. GIS-Kernsoftware	Applikation zu ArcGIS	Applikation zu Geomedia	Applikation zu Autodesk Map	Applikation zu Microstation
AQUASPLIT®	BFUB GmbH	Kim Hübner 040 - 3005 04 50	1999	3.3.5		✓						✓		✓		✓				
AQUASPLIT®-Enterprise	BFUB GmbH	Kim Hübner 040 - 3005 04 50	1999	3.5.5	✓							✓		✓		✓				
AQUASPLIT®-Express	BFUB GmbH	Kim Hübner 040 - 3005 04 50	2007	1.0.2		✓								✓		✓				
ArcGIS 3D Analyst	ESRI Geoinformatik GmbH		1998	9,3										✓	✓	✓ 1	✓			
ArcGIS Data Interoperability	ESRI Geoinformatik GmbH		2004	9,3										✓	✓	✓ 1	✓			
ArcGIS Desktop	ESRI Geoinformatik GmbH		2001	9,3		✓								✓		✓				
ArcGIS Engine	ESRI Geoinformatik GmbH		2001	9,3										✓	✓					
ArcGIS for AutoCAD	ESRI Geoinformatik GmbH		2006	9,2				✓			✓								✓ 3	
ArcGIS Geostatistical Analyst	ESRI Geoinformatik GmbH		2001	9,3										✓	✓	✓ 1	✓			
ArcGIS Image Server	ESRI Geoinformatik GmbH		2006	9,3	✓									✓		✓	✓	✓	✓	✓
ArcGIS Job Tracking (JTX)	ESRI Geoinformatik GmbH		2004	9,3										✓	✓	✓ 1	✓			
ArcGIS Maplex	ESRI Geoinformatik GmbH		2004	9,3										✓	✓	✓ 1	✓			

© Bernhard Harzer: GIS-Report 2008/09, Bernhard Harzer Verlag, Karlsruhe

GIS-Softwareübersicht

Datenformate		Datenbank und Datenbankschnittstellen (Sachdaten)										Anwendungsschwerpunkte													Kurzbeschreibung, Applikation zu, Sonstige Systemtypen, Sonstige Plattformen, Sonstiger Anwendungsschwerpunkt
Vektor	Raster	Interne DB	Oracle	MS-SQL-Server	DB/2	Informix	Ingres	JDBC	ODBC	Sybase	xBase-Format	Facility Management	Umwelt u. Naturschutz	Ver. u. Entsorgung	Telekommunikation	Auskunftssysteme	Kartographie	Marketing	Logistik	Vermessung u. Kataster	Verkehrsplanung	Raum- und Bauleitplanung	Photogrammetrie	Fernerkundung	
✓	✓		✓											✓											Einführung getrennte Abwassergebühr: Fragebogenmassendruck, Rückläuferbearbeitung, Unterstützung telefonische Hotline, Gebührenverwaltungsschnittstelle
✓	✓		✓											✓											siehe AQUASPLIT®, räumliche Datenhaltung unter ArcSDE, speziell für Großstädte
✓	✓													✓											siehe AQUASPLIT®, vereinfachte Datenhaltung und Funktionen, speziell für kleinere Gemeinden
✓	✓		✓	✓	✓	✓		✓	✓			✓	✓	✓	✓	✓	✓	✓	✓	✓		✓			Erstellung, Visualisierung u. Analyse von 3D-Daten. Desktop- und Server-GIS Erweiterung. 1 = Als Server-Erweiterung auch unter Unix verfügbar. Datenformate: Services nutzbar
✓	✓		✓	✓	✓	✓		✓	✓			✓	✓	✓	✓	✓	✓	✓	✓	✓	✓	✓	✓	✓	Direktes Lesen von > 65 und Schreiben von > 50 Raster- und Vektorformaten versch. Anbieter auf Basis der FME Engine. Desktop- und Server-GIS Erweiterung. 1 = Als Server-Erweiterung auch unter Unix verfügbar. Datenformate: Services nutzbar und konvertierbar
✓	✓		✓	✓	✓	✓		✓	✓			✓	✓	✓	✓	✓	✓	✓	✓	✓	✓	✓	✓	✓	Skalierbare professionelle Desktop-GIS-Produkte (ArcView, ArcEditor, ArcInfo), bestehend aus ArcMap und ArcCatalog, anpassbar und erweiterbar durch nachfolgend aufgeführte Extensions. intergrierte GIS-Entwicklungsplattform
✓	✓		✓	✓	✓	✓		✓	✓			✓	✓	✓	✓	✓	✓			✓		✓	✓		Erweiten und Erzeugen angepasster Desktop-Anwendungen mit ArcGIS-Komponenten (COM, .NET, Java, C++). GIS-Entwicklungsplattform. Datenformate: Services nutzbar
✓	✓		✓	✓	✓	✓		✓	✓			✓	✓	✓	✓	✓	✓			✓	✓	✓	✓		Ermöglicht AutoCAD Nutzern Zugriff auf ArcGIS Server Dienste und Daten mit Porjektionsunterstützung und Feature-Abfrage. 3 = Verfügbar für AutoCAD 2007 und 2008
✓	✓		✓	✓	✓	✓		✓	✓				✓									✓		✓	Oberflächenmodellierung basierend auf fortgeschrittenen Methoden der räumlichen Statistik. Desktop- und Server-GIS Erweiterung. 1 = Als Server-Erweiterung auch unter Unix verfügbar. Datenformate: Services nutzbar
	✓		✓	✓	✓	✓							✓	✓	✓	✓	✓				✓	✓	✓	✓	Server zur zeitnahmen Bereitstellung und dynamischen Verarbeitung auch grosser Mengen von Rasterdaten. Kann auch als Server Erweiterung zu ArcGIS Server lizensiert werden. Kostenfreie Klienten für zahlreiche andere Systeme enthalten. Development Kit enthalten
✓	✓		✓	✓	✓	✓		✓	✓			✓				✓				✓		✓			Organisieren und Standardisieren von Workflows inclusive Erzeugen von MultiuserDatenbanken. Desktop- und Server-GIS Erweiterung. 1 = Als Server-Erweiterung auch unter Unix verfügbar. Datenformate: Services nutzbar
✓			✓	✓	✓	✓		✓	✓			✓	✓	✓	✓	✓	✓	✓	✓	✓	✓	✓			Erweiterung der Beschriftungsmöglichkeiten durch parametrisierte Textplatzierung. Für kartografisch hochwertige Ausgaben. In ArcGIS Server und ArcInfo immer enthalten. Desktop-GIS Erweiterung

© Bernhard Harzer: GIS-Report 2008/09, Bernhard Harzer Verlag, Karlsruhe

GIS-Softwareübersicht

Software	Anbieter	Ansprechpartner Telefon	Erstinstallation	Versionsnummer	GIS-Softwarekategorie							Plattform		Umfang der GIS-Software			
					GIS	Desktop-GIS	GIS-Fachschale	GIS-Viewer	Internet-GIS	Mobil-GIS	CAD-GIS	Geo-Datenbankserver	GIS-Ergänzung	Windows	UNIX	eigenst. GIS-Kernsoftware	Applikation zu ArcGIS	Applikation zu Geomedia	Applikation zu Autodesk Map	Applikation zu Microstation
ArcGIS Mobile	ESRI Geoinformatik GmbH		2006	9.3						✓				✓ 2			✓			
ArcGIS Network Analyst	ESRI Geoinformatik GmbH		1997	9.3									✓	✓	✓ 1		✓			
ArcGIS Online	ESRI Geoinformatik GmbH		2006	9.3									✓	✓	✓		✓			
ArcGIS Production Line Toolset (PLTS)	ESRI Geoinformatik GmbH		2004	9.3									✓	✓			✓			
ArcGIS Publisher	ESRI Geoinformatik GmbH		2002	9.3									✓	✓			✓			
ArcGIS Schematics	ESRI Geoinformatik GmbH		2003	9.3									✓	✓	✓ 1		✓			
ArcGIS Server	ESRI Geoinformatik GmbH		2004	9.3	✓			✓				✓		✓	✓	✓				
ArcGIS Spatial Analyst	ESRI Geoinformatik GmbH		1998	9.3									✓	✓	✓ 1		✓			
ArcGIS Survey Analyst	ESRI Geoinformatik GmbH		2003	9.3									✓	✓			✓			
ArcGIS Tracking Analyst	ESRI Geoinformatik GmbH		2003	9.3									✓	✓			✓			
ArcGISExplorer	ESRI Geoinformatik GmbH		2006	build 480				✓						✓		✓	✓			
ArcGPS	COMMUNICATION & NAVIGATION		1995										✓	✓		✓				

© Bernhard Harzer: GIS-Report 2008/09, Bernhard Harzer Verlag, Karlsruhe

GIS-Softwareübersicht

Datenformate		Datenbank und Datenbankschnittstellen (Sachdaten)									Anwendungsschwerpunkte												Kurzbeschreibung, Applikation zu, Sonstige Systemtypen, Sonstige Plattformen, Sonstiger Anwendungsschwerpunkt
Vektor	Raster	Interne DB	Oracle	MS-SQL-Server	DB/2	Informix	Ingres	JDBC	ODBC	Sybase	xBase-Format	Facility Management	Umwelt u. Naturschutz	Ver- u. Entsorgung	Telekommunikation	Auskunftssysteme	Kartographie	Marketing	Logistik	Vermessung u. Kataster	Verkehrsplanung	Raum- und Bauleitplanung	Photogrammetrie	Fernerkundung	
✓	✓		✓	✓	✓	✓			✓			✓	✓	✓	✓					✓	✓	✓	✓		Smart Client (Offline- wie Online Nutzung) zu ArcGIS Server mit Editierfunktionen. Bestandteil von ArcGIS Server Advanced GIS-Entwicklungsplattform; GPS optional 2 = Windows Mobile OS Datenformate: Services nutzbar
✓			✓	✓	✓	✓		✓	✓			✓	✓	✓	✓	✓	✓	✓	✓	✓	✓	✓			Analyse von Netzwerken, Berechnung von optimalen Wegen, Tourenplanung u.a. Verteilungsfunktionen. Desktop- und Server-GIS Erweiterung 1 = Als Server-Erweiterung auch unter Unix verfügbar
✓	✓											✓	✓	✓	✓	✓	✓	✓	✓	✓	✓	✓	✓		Als Services bereitgestellter kostenfreier Datenkontent für alle ArcGIS Anwendungen. Strassenkarten, Topographie, ... weltweit
✓	✓		✓	✓	✓	✓		✓	✓			✓		✓	✓		✓			✓		✓			Tools zur automatisierten datenbankgestützten Produktion von Karten, Kartenserien, Atlanten. Integrierte Qualitätskontrollverfahren Desktop-GIS Erweiterung Datenformate: Services nutzbar
✓	✓		✓	✓	✓	✓		✓	✓			✓	✓	✓	✓	✓	✓			✓	✓				Erzeugt read-only Dateien (*.PMF) aus ArcMap Projekten (*.MXD) für den kostenlosen ArcReader Desktop-GIS Ereiterung Datenformate: Services
✓			✓	✓	✓				✓	✓		✓	✓	✓	✓	✓			✓		✓	✓			Erstellung und Bereitstellung von Schemaplänen (orthogonal, hierarchisch, geografisch, ...) aus Netzdaten (Utilities, Verkehr, ..) aller Art. Desktop- und Server-GIS Erweiterung 1 = Als Server-Erweiterung unter Unix verfügbar
✓	✓		✓	✓	✓	✓		✓	✓	✓		✓	✓	✓	✓	✓	✓	✓	✓	✓	✓	✓			Serven aller ESRI GIS Funktionen als standardkonforme Dienste. Ausgabe in SOAP, WMS, WFS, WCS möglich. GIS Entwicklungsplattform mit vielen Erweiterungen und Entwicklerschnittstellen (SOAP, REST, JScript, Flex...). Produkt out-of-the box nutzbar, Development Kits enthalten (Java, .NET) Datenformate: Services einbindbar Datenbank: auch PostgreSQL
✓	✓		✓	✓	✓	✓		✓	✓			✓	✓	✓	✓	✓	✓	✓	✓	✓		✓			Raumbezogene Analysen auf Rasterdaten und Rasterdiensten (WCS). Desktop- und Server-GIS Erweiterung 1 = Als Server-Erweiterung auch unter Unix verfügbar Datenformate: Services nutzbar
✓			✓	✓	✓	✓		✓	✓							✓				✓		✓			Erweiterung mit umfangreicher Vermessungsfunktionalität, Vollständiger und verlustfreier Datenfluss Desktop-GIS Erweiterung
✓			✓	✓	✓	✓		✓	✓			✓	✓	✓	✓	✓	✓		✓						Darstellung und Analyse von Daten mit raum-zeitlichem Bezug in 2D und 3D. Desktop-GIS Erweiterung
✓	✓											✓	✓	✓	✓	✓	✓	✓	✓	✓		✓			kostenfreier Desktop-Klient für ArcGIS Server, der auch externe Services und lokale Daten integrieren kann. Produkt out-of-the box nutzbar, Development Kits enthalten. Datenformate: Services nutzbar
✓		✓							✓	✓		✓	✓			✓	✓								GPS-for-GIS Datenerfassungssystem

© Bernhard Harzer: GIS-Report 2008/09, Bernhard Harzer Verlag, Karlsruhe

GIS-Softwareübersicht

Software	Anbieter	Ansprechpartner Telefon	Erstinstallation	Versionsnummer	GIS	Desktop-GIS	GIS-Fachschale	GIS-Viewer	Internet-GIS	Mobil-GIS	CAD-GIS	Geo-Datenbankserver	GIS-Ergänzung	Windows	UNIX	eigenst. GIS-Kernsoftware	Applikation zu ArcGIS	Applikation zu Geomedia	Applikation zu Autodesk Map	Applikation zu Microstation
ArchiCAD 3DStadtmodell	Graphisoft Deutschland GmbH		1984											✓						
ARCHIKART Connector für ArcGIS	ARC-GREENLAB GmbH	030 - 762 933 - 50	2007	1.1			✓						✓	✓			✓			
ArcIMS	ESRI Geoinformatik GmbH		1999	9.3	✓				✓					✓	✓	✓				
ArcPad	ESRI Geoinformatik GmbH		2000	7.1.1						✓				✓ 2		✓	✓			
ArcPad Studio	ESRI Geoinformatik GmbH		2002	7.1						✓				✓			✓			
ArcReader	ESRI Geoinformatik GmbH		2001	9.3				✓						✓	✓	✓	✓			
ArcScan für ArcGIS	ESRI Geoinformatik GmbH		2003	9.3									✓	✓			✓			
ASKO-Lader	ITS Informationstechnik Service GmbH		1998											✓	✓	✓				
ATKIS/ALK-Manager	Gfl mbH		1999	2.1										✓			✓			
AutoCAD Map 3D	Autodesk GmbH		1996	2009		✓					✓			✓		✓				
AutoCAD Raster Design	Autodesk GmbH		1996	2009									✓	✓						✓
Autodesk MapGuide	Autodesk GmbH		1996	2009					✓	✓				✓		✓				
Autodesk Topobase	Autodesk GmbH		1999	2009	✓								✓	✓		✓				
AutoGIS	IBB Ingenieurbüro Battefeld		1986	2002								✓		✓						
AvALK Professional	GDV Gesellschaft für geografische Datenverarbeitung mbH	Herr Peter Hurlemann 06132 - 7148-23	1996	3.1.0-0									✓	✓						
AvATKIS Professional	GDV Gesellschaft für geografische Datenverarbeitung mbH	Herr Peter Hurlemann 06132 - 7148-23	1996	3.1.0-0									✓	✓						
B&B Flussbau und -vermessung	B & B Ingenieurgesellschaft mbH	0771 - 83 262-0	2003	2008								✓		✓						✓
B&B GeoElemente	B & B Ingenieurgesellschaft mbH	0771 - 83 262-0	1991	2008								✓		✓						✓

© Bernhard Harzer: GIS-Report 2008/09, Bernhard Harzer Verlag, Karlsruhe

GIS-Softwareübersicht

Datenformate		Datenbank und Datenbankschnittstellen (Sachdaten)									Anwendungsschwerpunkte											Kurzbeschreibung, Applikation zu, Sonstige Systemtypen, Sonstige Plattformen, Sonstiger Anwendungsschwerpunkt
Vektor	Raster	Interne DB	Oracle	MS-SQL-Server	DB/2	Informix	Ingres	JDBC	ODBC	Sybase	xBase-Format	Facility Management	Umwelt u. Naturschutz	Ver- u. Entsorgung	Telekommunikation	Auskunftssysteme	Kartographie	Marketing	Logistik	Vermessung u. Kataster	Verkehrsplanung	Raum- und Bauleitplanung	Photogrammetrie	Fernerkundung	
✓												✓													Integration von 3D Architekturmodellen und Gebäudehüllen aus Photogrammetrie, Fortführung, Shapefile
																✓									Schnittstellen von ArcGIS Desktop- und AcGIS Serverprodukten zu ARCHIKART
✓	✓		✓	✓	✓	✓		✓	✓			✓		✓	✓	✓	✓	✓	✓	✓		✓			Internet Map Server. Publishing von Geodaten. Einfaches Erstellen von Websites GIS-Entwicklungsplattform; out-of-the-box nutzbar; Development Kits enthalten
✓	✓							✓																	GIS für Einsatz auf mobilen Devices, Datenerfassung - Fortführung, GPS optional. 2 = Windows Mobile OS
✓	✓							✓				✓	✓	✓	✓	✓	✓	✓	✓		✓				Einfache Anpassung der Oberfläche (Button, Toolbars, ...), sowie Applikationen und Applets für ArcPad erstellen GIS-Entwicklungsplattform
✓	✓		✓	✓	✓	✓		✓			✓	✓	✓	✓	✓	✓	✓	✓	✓	✓	✓	✓	✓	✓	kostenfreier Viewer, um mit ArcGIS Desktop (Publisher Extension) erstellte Projekte im Read-only Modus bereitzustellen. Markups und Notes möglich Datenformate: Services nutzbar
✓	✓		✓	✓	✓	✓		✓	✓			✓	✓	✓	✓	✓				✓	✓	✓			Teil- und vollautomatische Vektorisierung von Rasterdaten Desktop-GIS Erweiterung
		✓											✓							✓					Einlesen von ASCII-Koordinatendateien mit autom. Erzeugung von Punkt-, Linien- und Flächenobjekten
✓			✓						✓				✓			✓				✓		✓			vollst. ALK- und ATKIS-Daten-Umsetzung, Management und Visualisierung, Erz. v. Teildatenbest., BZSN
✓	✓	✓	✓	✓					✓			✓	✓	✓	✓		✓			✓	✓	✓			AutoCAD Map 3D basiert auf AutoCAD. Es vereint CAD- mit GIS-Funktionalität, Erfassung, Konstruktion und Analyse
	✓																								AutoCAD Raster Design ist die perfekte Ergänzung zur Rasterdaten-Bearbeitung für AutoCAD und AutoCAD basierende Produkte
✓	✓	✓	✓	✓					✓			✓	✓	✓	✓	✓	✓			✓	✓	✓			Visualisierung, Abfrage und Auswertung von Raster-, Vektor- und Sachdaten über das Intra- und Internet
✓	✓		✓									✓		✓	✓	✓				✓		✓			Geodatenserver basierend auf Oracle mit Fachschalen für Gas, Wasser, Abwasser, Strom, …etc.
✓	✓		✓	✓	✓			✓	✓			✓	✓		✓					✓		✓	✓		Objektorientiertes GIS für die Ver- und Entsorgungswirtschaft (alle Sparten) und Kommunen
																									Konverter für ALK-Daten in den Formaten EDBS/SQD/BGRUND. Zielformat ESRI-Shape, DXF. Kostenfreie Version als Download erhältlich.
																									EDBS-Konverter für ATKIS-Daten. Zielformat ESRI-Shape.
✓													✓							✓					Pkt. M. Attr. Rauheits-, Bewuchsklasse, Schnitt aus Punktwolke, DA66, WPROF, ASCII-Exp., INTERLIS
✓	✓		✓										✓		✓					✓					Fachschalen ALK/ALB, Friedhof, Jagdkataster, Umwelt/Altlasten, Viewer, Auskunft, Berichte, Office

© Bernhard Harzer: GIS-Report 2008/09, Bernhard Harzer Verlag, Karlsruhe

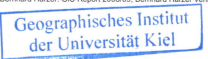

GIS-Softwareübersicht

Software	Anbieter	Ansprechpartner Telefon	Erstinstallation	Versionsnummer	GIS	Desktop-GIS	GIS-Fachschale	GIS-Viewer	Internet-GIS	Mobil-GIS	CAD-GIS	Geo-Datenbankserver	GIS-Ergänzung	Windows	UNIX	eigenst. GIS-Kernsoftware	Applikation zu ArcGIS	Applikation zu Geomedia	Applikation zu Autodesk Map	Applikation zu Microstation
B&B Kanalmassenermittlung	B & B Ingenieurgesellschaft mbH	0771 - 83 262-0	1991	2008							✓			✓		✓				
B&B Kanalplanung/ Kanalkataster	B & B Ingenieurgesellschaft mbH	0771 - 83 262-0	1991	2008			✓		✓		✓								✓	
B&B Leitungssysteme	B & B Ingenieurgesellschaft mbH	0771 - 83 262-0	1991	2008							✓			✓					✓	
B&B Straßenplanung	B & B Ingenieurgesellschaft mbH	0771 - 83 262-0	1991	2008							✓			✓					✓	
B&B Viewer	B & B Ingenieurgesellschaft mbH	0771 - 83 262-0	1991	2008				✓						✓	✓					
BahnSoft	ICF GmbH		1992	4.1										✓						
BaSYS	Barthauer Software GmbH	0531 - 23533-0	1997	08.02.0000	✓							✓	✓	✓		✓	✓	✓	✓	✓
BaSYS-Fachschale Gas	Barthauer Software GmbH	0531-23533-0	1997	08.02.0000			✓							✓			✓	✓	✓	✓
BaSYS-Fachschale Kanal	Barthauer Software GmbH	0531-23533-0	1997	08.02.0000			✓							✓			✓	✓	✓	✓
BaSYS-Fachschale Wasser	Barthauer Software GmbH	0531-23533-0	1997	08.02.0000			✓							✓			✓	✓	✓	✓
BaSYS-GeoObjekte	Barthauer Software GmbH	0531-23533-0	1997	08.02.0000			✓					✓	✓	✓			✓	✓	✓	✓
BaSYS-Indirekteinleiter	Barthauer Software GmbH	0531 - 23533-0	1999	06.07.0000			✓							✓			✓	✓	✓	✓
BaSYS-Längsschnitt-Module	Barthauer Software GmbH	0531-23533-0	1997	08.02.0000			✓							✓			✓	✓	✓	✓
BaSYS-Mobile	Barthauer Software GmbH	0531-23533-0	2003	08.02.0000						✓				✓						
BaSYS-Modul HydroCAD	Barthauer Software GmbH	0531-23533-0	2003	08.02.0000			✓							✓			✓	✓	✓	✓
BaSYS-Modul Kanalsanierung	Barthauer Software GmbH	0531-23533-0	2003	08.02.0000			✓							✓			✓	✓	✓	✓
BaSYS-Modul Vermögensbewertung	Barthauer Software GmbH	0531-23533-0	1993	08.02.0000			✓							✓			✓	✓	✓	✓
BaSYS-Module für den Kanalzustand	Barthauer Software GmbH	0531-23533-0	2003	08.02.0000			✓							✓			✓	✓	✓	✓

© Bernhard Harzer: GIS-Report 2008/09, Bernhard Harzer Verlag, Karlsruhe

GIS-Softwareübersicht

Vektor	Raster	Interne DB	Oracle	MS-SQL-Server	DB/2	Informix	Ingres	JDBC	ODBC	Sybase	xBase-Format	Facility Management	Umwelt u. Naturschutz	Ver- u. Entsorgung	Telekommunikation	Auskunftssysteme	Kartographie	Marketing	Logistik	Vermessung u. Kataster	Verkehrsplanung	Raum- und Bauleitplanung	Photogrammetrie	Fernerkundung	Kurzbeschreibung, Applikation zu, Sonstige Systemtypen, Sonstige Plattformen, Sonstiger Anwendungsschwerpunkt
✓	✓													✓											ATV A139/DIN EN 1610, Isybau, Standalone oder Ergänzung zu B&B Kanalplanung, Netzvisualisierung
✓	✓	✓												✓						✓					hydr. Bemessung n. Zeitbeiw/KOSTRA/Summenlinie, Schacht-/Haltungsblatt, Bewert. ATV/ISYB, Ingrada
✓	✓	✓												✓	✓	✓									Wasser, Netzberechnung n Hardy-CROSS, L-Schnitt, Armat. Liste, Gas, Strom, indir. Einleiter, Chemlis
✓	✓																			✓	✓				Straßenplanung und Knotenplanung, REB, LandXML, OKSTRA-Schnittstellen
✓	✓	✓											✓	✓	✓	✓									Datenviewer, Zoom, Messen, Plotten, Bilder & Rasterdaten, Berichte, MS-Office, Grafikexport
✓																					✓	✓	✓		Programm zur Digitalisierung und Fortführung von Bahnhofs- und Streckenplänen der DB AG
✓	✓	✓	✓									✓	✓	✓											BaSYS ist ein modulares, scalierbares Netzinformationssystem, optional mit eigenem Geodatenserver, das auf verschiedenen DBMS aufsetzt und sich bei gleicher Fachfunktionalität in diverse GIS/CAD-Plattformen integriert.
✓	✓	✓	✓											✓											Planung, Erfassung, Berechnung und Verwaltung beliebig strukturierter Gasnetze mit allen Netzkomponenten bei GAWANIS-Kompatibilität
✓	✓	✓	✓											✓											Erfassung, Berechnung und Verwaltung beliebig strukturierter auch vermaschter Kanalnetze mit allen Netzkomponenten bei 100%iger ISYBAU-Kompatibilität (mit ISYBAU 2006 XML).
✓	✓	✓	✓											✓											Planung, Erfassung, Berechnung und Verwaltung beliebig strukturierter Wasserleitungsnetze mit allen Netzkomponenten bei GAWANIS-Kompatibilität
✓	✓												✓	✓	✓										Erstellen Sie sich selbst eine kleine GIS-Fachanwendung. Ob Punkt, Symbol, Sondertext, Linie oder Flächenobjekt - Sie haben viele Möglichkeiten
✓	✓			✓									✓	✓	✓										Verwaltet Indirekteinleiter komfortabel und kostengünstig mit länderspezifischer Vorschriften, automatischer Terminkontrolle und Visualisierung
✓	✓	✓	✓											✓											Dient der Visualisierung während der Planungsphase
✓	✓	✓	✓										✓	✓											Mobile Schachterfassung per Pocket-PC für den Außendienst
✓	✓	✓	✓											✓											Die Hydrodynamische Kanalnetzberechnung mit dem impliziten Lösungsverfahren der St.Venantschen Differentialgleichungen. **NEU:** jetzt mit Modul Schmutzfrachtberechnung und Langzeitsimulation
✓	✓	✓	✓											✓											Ein Werkzeug zur Sanierungsplanung von Kanalnetzen
✓	✓	✓	✓										✓	✓											Zertifiziert für Kameralistik und Doppik in 2006 vom TÜV-IT – spezialisiert für Kanal- und Straßenobjekte, anwendbar für alle Anlagevermögensgegenstände öffentlicher Betriebseinrichtungen
✓	✓	✓	✓											✓											Umfassende Werkzeuge zum Prüfen von ISYBAU-Daten, Import-/Exportfunktionen für ISYBAU-Daten (alle Versionen!), Erfassung und Editierung, Bewertung und Visualisierung

© Bernhard Harzer: GIS-Report 2008/09, Bernhard Harzer Verlag, Karlsruhe

GIS-Softwareübersicht

Software	Anbieter	Ansprechpartner Telefon	Erstinstallation	Versionsnummer	GIS	Desktop-GIS	GIS-Fachschale	GIS-Viewer	Internet-GIS	Mobil-GIS	CAD-GIS	Geo-Datenbankserver	GIS-Ergänzung	Windows	UNIX	eigenst. GIS-Kernsoftware	Applikation zu ArcGIS	Applikation zu Geomedia	Applikation zu Autodesk Map	Applikation zu Microstation
BaSYS-Plan	Barthauer Software GmbH	0531 - 23533-0	1997	08.02.0000		✓							✓				✓	✓	✓	✓
BaSYS-Plan Abwasser	Barthauer Software GmbH	0531 - 23533-0	1993	08.02.0000		✓							✓				✓	✓	✓	✓
BaSYS-Plan Gas	Barthauer Software GmbH	0531 - 23533-0	1997	08.02.0000		✓							✓				✓	✓	✓	✓
BaSYS-Plan Wasser	Barthauer Software GmbH	0531 - 23533-0	1997	08.02.0000		✓							✓				✓	✓	✓	✓
BaSYS-Regie Kanal	Barthauer Software GmbH	0531-23533-0	2003	08.02.0000								✓	✓				✓	✓	✓	
BaSYS-Spectator Module	Barthauer Software GmbH	0531-23533-0	2003	08.02.00 00				✓					✓							
BaSYS-TVCD Player	Barthauer Software GmbH	0531-23533-0	1997	08.02.0000		✓							✓				✓	✓	✓	✓
BaSYS-Visor	Barthauer Software GmbH	0531 - 23533-0	2003	08.02.0 000				✓					✓				✓	✓	✓	✓
Baumkataster	geoVAL Informationsysteme GmbH	0421 - 34892-0	1998	3.8	✓								✓			✓				
Bemaßungskomponente	Fichtner Consulting & IT		1998										✓							
Bentley Geo Web Publisher	Bentley Systems Germany GmbH								✓				✓	✓						
Bentley GeoSpatial Mangement	Bentley Systems Germany GmbH											✓	✓	✓						
Bentley Map	Bentley Systems Germany GmbH		1996	V8 XM Edition							✓		✓							✓
Bentley PowerMap	Bentley Systems Germany GmbH		2003	V8 XM Edition		✓							✓	✓						
Bentley PowerMap Field	Bentley Systems Germany GmbH		1996							✓	✓		✓	✓						
BMS - Baustellenmanagement	IDP Dr. Stein GmbH		2000					✓				✓	✓	✓						
Bodenschutz und Flächenrecycling	UMGIS Informatik GmbH		2000				✓						✓					✓		
Bodenzustandskataster KA4/KA5	UMGIS Informatik GmbH		2000				✓						✓							
B-Plan-Fachschale	BTC AG		2001				✓						✓							
BusinessManager für ArcGIS	ESRI Geoinformatik GmbH		2003	9,3								✓	✓				✓			

© Bernhard Harzer: GIS-Report 2008/09, Bernhard Harzer Verlag, Karlsruhe

GIS-Softwareübersicht

Datenformate		Datenbank und Datenbankschnittstellen (Sachdaten)								Anwendungsschwerpunkte												Kurzbeschreibung, Applikation zu, Sonstige Systemtypen, Sonstige Plattformen, Sonstiger Anwendungsschwerpunkt
Vektor	Raster	Interne DB	Oracle	MS-SQL-Server	DB/2	Informix	Ingres	JDBC	ODBC	Sybase	xBase-Format	Facility Management	Umwelt u. Naturschutz	Ver. u. Entsorgung	Telekommunikation	Auskunftssysteme	Kartographie	Marketing	Logistik	Vermessung u. Kataster	Verkehrsplanung	Raum- und Bauleitplanung	Photogrammetrie	Fernerkundung	
✓	✓		✓	✓										✓	✓	✓									Die interaktive Leitungsplanung, - erfassung und -pflege für alle von BaSYS unterstützen CAD/GIS-Systeme, Speicherung von Sachdaten, Geometrie und Planausgestaltung in der BaSYS-Datenbank
✓	✓		✓	✓										✓	✓					✓	✓				Grafische und datenbankgestützte Planung/Erfassung von Kanalnetzen
✓	✓		✓	✓										✓	✓					✓	✓				Grafische und datenbankgestützte Planung/Erfassung von Gasnetzen
✓	✓		✓	✓										✓	✓					✓	✓				Grafische und datenbankgestützte Planung/Erfassung von Wasserversorgungsnetzen
✓	✓		✓	✓										✓											Verwaltet alle Arbeitsabläufe, die für die vorgeschriebenen Nachweise nach EKVO der Länder für Kanalnetze notwendig sind – mit Außendienstmodulen für PDA und Tablet-PC
			✓	✓										✓	✓	✓									Zur WEB-Anbindung für Auskunftsarbeitsplätze über HTML-Formulare, lokal oder serverbasiert im Internet oder Intranet
			✓	✓										✓											Ermöglicht die Ansteuerung von digitalen TV-Inspektionsvideofilmen
✓			✓	✓										✓	✓					✓	✓				Grafische Visualisierung von Leitungsnetzen und anderen Themen auf Basis von Shape-Dateien
✓	✓		✓	✓							✓	✓	✓										✓		Baumkataster zur Dokumentation und Zustandserhebung von Straßenbäumen
✓													✓			✓				✓					Ermöglicht es, beliebige GeoMedia-Komponenten mit Bemaßungen unterschiedl. Art zu versehen.
✓	✓	✓	✓	✓				✓						✓	✓	✓	✓			✓					Server-basierende Applik. zur Internetveröffentlichung von CAD-, GIS-, Oracle Spatial- u. Bilddaten
			✓	✓				✓				✓	✓							✓					Bentley GeoSpatial Management ist eine räumlich integrierte Umgebung für AEC und Geodaten
✓	✓	✓	✓	✓				✓				✓	✓	✓	✓	✓				✓	✓	✓			GIS zu MicroStation; GIS/NIS-System für alle Anw.gebiete, MStation-funktionalität, openGIS-konform
✓	✓		✓	✓				✓	✓				✓	✓	✓	✓				✓	✓	✓			2D und 3D GeoSpatial Lösung zur Datenerfassung, Bearbeitung und Analyse von räumlichen Daten
✓	✓	✓	✓	✓				✓					✓	✓	✓	✓				✓	✓	✓			2D und 3D GeoSpatial Lösung zum Sichten, Analysieren und Redlinen von räumlichen Daten
✓	✓		✓					✓					✓	✓						✓					Koordination der Baustellen im öffentlichen Raum
✓	✓		✓	✓									✓												Verwaltung von Bodenschutzflächen gemäß BBodSchG+BBodSchV
✓	✓		✓	✓									✓												Bodenzustandskataster gemäß Kartieranleitung (KA4 bzw KA5) der BBodSchV
✓	✓		✓	✓				✓									✓								Fachschale zu InterALB. Schnittstelle zu "Docuware", Stellt B-Plan-Umringe und Rasterkarten mit bel.
✓	✓		✓	✓	✓	✓		✓	✓			✓				✓			✓						Erweiterung aus Geodaten und Routinen für Businessanalysen (Standortsuche, Gebietsplanung etc.) Kooperationsprodukt mit Infas Geodaten GmbH Desktop-GIS Erweiterung Datenformate: Services nutzbar

© Bernhard Harzer: GIS-Report 2008/09, Bernhard Harzer Verlag, Karlsruhe

GIS-Softwareübersicht

Software	Anbieter	Ansprechpartner Telefon	Erstinstallation	Versionsnummer	GIS	Desktop-GIS	GIS-Fachschale	GIS-Viewer	Internet-GIS	Mobil-GIS	CAD-GIS	Geo-Datenbankserver	GIS-Ergänzung	Windows	UNIX	eigenst. GIS-Kernsoftware	Applikation zu ArcGIS	Applikation zu Geomedia	Applikation zu Autodesk Map	Applikation zu Microstation
CAD - GIS TRIAS 3D	BB - ZWO Software GbR	08331 - 9748030	1990	3.215							✓			✓		✓	✓			
Cadcorp SIS	GEF - RIS AG		2000	6.2	✓									✓		✓	✓			
Cadcorp SIS	promegis Gesellschaft für Geoinforma-tionssysteme mbH		2000			✓								✓		✓	✓			
CANALIS-HYDRA	Widemann Systeme GmbH	Mustafa Kocatürk 0611 - 77819-0	1990	6.1							✓	✓		✓						✓
CARD/1 Bahnplanung	IB&T Ingenieurbüro Basedow & Tornow GmbH		1985	Version 8.2							✓			✓		✓				
CARD/1 Kanalplanung	IB&T Ingenieurbüro Basedow & Tornow GmbH		1985	Version 8.2							✓			✓		✓				
CARD/1 Straßenplanung	IB&T Ingenieurbüro Basedow & Tornow GmbH		1985	Version 8.2							✓			✓		✓				
CARD/1 Vermessung	IB&T Ingenieurbüro Basedow & Tornow GmbH		1985	Version 8.2							✓			✓		✓				
CARD/1 Weichenkataster	IB&T Ingenieurbüro Basedow & Tornow GmbH		2001	Version 8.2							✓			✓		✓				
CARD/1 Zeichnungsbearbeitung	IB&T Ingenieurbüro Basedow & Tornow GmbH		1985	Version 8.2										✓		✓				
CASOB	aadiplan münchen		1985								✓			✓						
CITRA (Vollversion, Konverter & Konfigurationen)	CISS TDI GmbH	Rolf Jüttner 02642 - 9780-0												✓	✓	✓	✓			
CITRA ConfigCenter	CISS TDI GmbH	Rolf Jüttner 02642 - 9780-0												✓	✓	✓				
CITRA ExportCenter & geoCommerce: Der Shop	CISS TDI GmbH	Rolf Jüttner 02642 - 9780-0												✓	✓	✓				
CITRA Konverter für Oracle Spatial / Locator	CISS TDI GmbH	Rolf Jüttner 02642 - 9780-0												✓	✓					
CITRA Konverter für Smallworld	CISS TDI GmbH	Rolf Jüttner 02642 - 9780-0												✓	✓	✓				
CITRA QS	CISS TDI GmbH	Rolf Jüttner 02642 - 9780-0												✓	✓	✓				
CITRA StaRS: ALKIS-Reader für div. Systeme und Formate	CISS TDI GmbH	Rolf Jüttner 02642 - 9780-0												✓	✓			✓	✓	✓

© Bernhard Harzer: GIS-Report 2008/09, Bernhard Harzer Verlag, Karlsruhe

GIS-Softwareübersicht

Vektor	Raster	Interne DB	Oracle	MS-SQL-Server	DB/2	Informix	Ingres	JDBC	ODBC	Sybase	xBase-Format	Facility Management	Umwelt u. Naturschutz	Ver- u. Entsorgung	Telekommunikation	Auskunftssysteme	Kartographie	Marketing	Logistik	Vermessung u. Kataster	Verkehrsplanung	Raum- und Bauleitplanung	Photogrammetrie	Fernerkundung	Kurzbeschreibung, Applikation zu, Sonstige Systemtypen, Sonstige Plattformen, Sonstiger Anwendungsschwerpunkt
✓	✓	✓	✓						✓			✓	✓			✓	✓			✓		✓			Das CAD-GIS System ist die ideale Grundlage für ein Kommunales-Informationssystem
✓	✓	✓	✓	✓	✓	✓	✓		✓	✓	✓	✓	✓			✓	✓			✓		✓			OpenGIS konforme Lösung für d. konversionsfreien Zugriff auf über 100 GIS/CAD/Raster-Formate
✓	✓	✓	✓	✓	✓	✓			✓			✓	✓	✓	✓	✓	✓	✓		✓		✓			ALK,ALB,Bauleitplanung, Kanal, Geomarketing, Polizei, Feuerwehr
✓	✓	✓							✓					✓		✓	✓			✓					Professionelle Planungs-Software für Kanalprojektierung, Wasserversorgungsnetze und GIS auf Basis von AutoCAD, AutoCAD Map 3D, AutoCAD Civil 3D oder AutoCAD Architecture
✓	✓	✓																		✓	✓	✓			graf.-interakt. CAD-System für die integr. Planung von Trassen schienengebundener Verkehrsmittel
✓	✓	✓												✓						✓					graf.-interakt. CAD-System für die integr. Planung von Kanalisations- und Entwässerungseinrichtungen
✓	✓	✓																		✓	✓	✓			graf.-interakt. CAD-System für die integr. Plang. v. Straßenverkehrswegen und zur Bauabrechnung
		✓															✓			✓					graf.-interakt. CAD-System für die Ingenieur- und Katastervermessung
✓	✓								✓											✓					graf. Interakt. CAD-Systm zur Bestandsdokumentation von Weichen für Schienennetzbetreiber
✓	✓	✓										✓	✓							✓					Grafisch-interaktives CAD-System zur klassischen Erstellung und Bearbeitung von Zeichnungen
✓		✓				✓		✓									✓			✓					CASOB ist ein theodolitengestütztes digitales 3D - Lasermesssystem zur Baubestandserfassung
✓			✓										✓	✓	✓	✓		✓	✓	✓	✓	✓			Schnittstellen- und Datenmodellierungssoftware zwischen GIS- und CAD-Systemen und Datenbanken sowie vordefinierte Datenmodellierungen
✓		✓		✓									✓	✓	✓	✓		✓	✓	✓	✓	✓			Oberfläche für die Definition und die Ablaufkontrolle von CITRA-Konvertern
✓	✓	✓						✓				✓	✓	✓	✓	✓		✓		✓		✓			Verteilsystem für Geodaten: kontrollierter Zugriff und für nutzergerechte Bereitstellung von Daten über das Intra-/Internet
✓		✓										✓	✓	✓	✓	✓		✓	✓	✓					z.B. ALK-, ALB- und ALKIS-Konverter oder nutzbar als ETL-Tool
✓		✓										✓	✓	✓	✓	✓		✓	✓	✓	✓	✓			Import und Export für beliebige Datenmodelle in Smallworld, CITRA®-DataDistributor, die flexible Oberfläche für den Datenexport aus Smallworld GIS nach z.B. Oracle, DXF, SHAPE, MapInfo und andere externe Systeme,
✓												✓	✓	✓	✓	✓		✓	✓	✓					Prüfroutinen zur Qualitätssicherung von Geodaten
✓												✓	✓	✓	✓	✓		✓	✓	✓	✓				NAS/ALKIS-Konverter, Präsentation gemäß GeoInfoDok 5.1 und höher, Zielformate DWG, DXF, SHAPE, GeoMedia, MapInfo, CITRA (zur Übernahme in beliebige Fremdsysteme) u.a.

© Bernhard Harzer: GIS-Report 2008/09, Bernhard Harzer Verlag, Karlsruhe

GIS-Softwareübersicht

Software	Anbieter	Ansprechpartner Telefon	Erstinstallation	Versionsnummer	GIS	Desktop-GIS	GIS-Fachschale	GIS-Viewer	Internet-GIS	Mobil-GIS	CAD-GIS	Geo-Datenbankserver	GIS-Ergänzung	Windows	UNIX	eigenst. GIS-Kernsoftware	Applikation zu ArcGIS	Applikation zu Geomedia	Applikation zu Autodesk Map	Applikation zu Microstation
CITRA StaRS: EDBS/ALK-Reader für div. Systeme und Formate	CISS TDI GmbH	Rolf Jüttner 02642 - 9780-0											✓	✓			✓	✓	✓	
CITRA StaRS: EDBS/ATKIS-Reader für div. Systeme und Formate	CISS TDI GmbH	Rolf Jüttner 02642 - 9780-0											✓	✓				✓		
Civil pipes	Barthauer Software GmbH	0531-23533-0	2006	01.01.0 000		✓					✓		✓							
CommonGIS	Fraunhofer Gesellschaft, Institut AiS		1997			✓								✓	✓	✓				
CP 7	IDP Dr. Stein GmbH		1989		✓							✓		✓		✓				
CP 7-Abwasser	IDP Dr. Stein GmbH		1989				✓					✓		✓		✓				
CP 7-ALB/ALK	IDP Dr. Stein GmbH		1989				✓					✓		✓		✓				
CP 7-Bau und Instandsetzung	IDP Dr. Stein GmbH		2000									✓	✓	✓		✓	✓			
CP 7-Baustellenkoordinierung	IDP Dr. Stein GmbH		2000									✓	✓	✓		✓	✓			
CP 7-Entstörung	IDP Dr. Stein GmbH		2000									✓	✓	✓		✓				
CP 7-Fernwärme	IDP Dr. Stein GmbH		1989				✓					✓		✓		✓				
CP 7-Fremdkoordinierung	IDP Dr. Stein GmbH		2000									✓	✓	✓		✓	✓			
CP 7-Gas	IDP Dr. Stein GmbH		1989				✓					✓		✓		✓				
CP 7-Instandhaltung	IDP Dr. Stein GmbH		1989									✓	✓	✓		✓	✓			
CP 7-MDE	IDP Dr. Stein GmbH		1998		✓			✓		✓		✓		✓		✓				
CP 7-mobile	IDP Dr. Stein GmbH		1998		✓			✓		✓		✓		✓		✓				
CP 7-Straßenbeleuchtung	IDP Dr. Stein GmbH		1989				✓					✓		✓		✓				
CP 7-Strom	IDP Dr. Stein GmbH		1989				✓					✓		✓		✓				
CP 7-Wasser	IDP Dr. Stein GmbH		1989				✓					✓		✓		✓				
CP 7-Web	IDP Dr. Stein GmbH		1998		✓				✓			✓		✓		✓				
cso|gis	CSO GmbH	Jörg Schempf 07231 - 973510	1998			✓						✓	✓	✓						
cso|mappa	CSO GmbH	Jörg Schempf 07231 - 973510	2001				✓					✓	✓	✓						
cso|moduCAD	CSO GmbH	Jörg Schempf 07231 - 973510	1993								✓	✓	✓	✓						

© Bernhard Harzer: GIS-Report 2008/09, Bernhard Harzer Verlag, Karlsruhe

GIS-Softwareübersicht

Datenformate		Datenbank und Datenbankschnittstellen (Sachdaten)									Anwendungsschwerpunkte												Kurzbeschreibung, Applikation zu, Sonstige Systemtypen, Sonstige Plattformen, Sonstiger Anwendungsschwerpunkt
Vektor	Raster	Interne DB	Oracle	MS-SQL-Server	DB/2	Informix	Ingres	JDBC	ODBC	Sybase	xBase-Format	Facility Management	Umwelt u. Naturschutz	Ver- u. Entsorgung	Telekommunikation	Auskunftssysteme	Kartographie	Marketing	Logistik	Vermessung u. Kataster	Verkehrsplanung	Raum- und Bauleitplanung	Photogrammetrie	Fernerkundung	
✓													✓	✓	✓	✓				✓	✓	✓	✓		EDBS/ALK-Konverter für alle Bundesländer, Zielformate DXF, SHAPE, GeoMedia, MapInfo, Topol u.a.
✓													✓	✓	✓	✓				✓	✓	✓	✓		EDBS/ATKIS-Konverter für GeoMedia, MapInfo u.a.
		✓												✓											Das alternative Kanalplanungsmodul für Anwender von Autodesk Civil3D mit Schnittstelle zu BaSYS 7.x/8.x
✓	✓	✓	✓					✓	✓				✓	✓	✓	✓	✓								Interakt.Exploration, Analyse,Entscheidungsunterstütz.,Visualisierung, Spatial Business Intelligence
✓	✓		✓						✓					✓	✓	✓				✓					GIS für Energieversorgungsunternehmen und kommunale Verwaltung
✓	✓		✓						✓					✓		✓	✓			✓					Fachschale für Kanalnetze
✓	✓		✓						✓					✓		✓	✓			✓					Fachschale Liegenschaftsbuch/Liegenschaftskarte
✓	✓		✓						✓			✓		✓	✓	✓									Prozessmodul für die Bauplanung, Baudurchführung, Instandsetzung für alle Betriebsmittel
✓	✓		✓						✓					✓	✓	✓					✓				Prozessmodul f.d. Koord. v. Bauplanung u. Baustellen im öffentl. Raum, Aufbruchgenehmigungsverfahren
✓	✓		✓						✓			✓		✓	✓	✓									Prozessmodul für die Entsorgung bei Ver- u. Entsorgern u. Kommunen
✓	✓		✓						✓					✓	✓	✓				✓					Fachschale Fernwärme für CP 7
✓	✓		✓						✓			✓		✓	✓	✓									Externe Leitungsnetzauskunft für Dritte
✓	✓		✓						✓					✓	✓	✓				✓					Fachschale Gas für CP 7
✓	✓		✓						✓			✓		✓	✓	✓									Prozessmodul für die Instandhaltung aller Betriebsmittel der Ver- u. Entsorger u. der Kommunen
✓	✓		✓						✓				✓	✓	✓	✓						✓			mobile Datenerfassung und Auskunft für alle Fachschalen zu CP 7
✓	✓		✓						✓				✓	✓	✓	✓						✓			mobile Auskunft für alle Fachschalen zu CP 7
✓	✓		✓						✓					✓	✓	✓				✓					Fachschale für Straßenbeleuchtungsnetze
✓	✓		✓						✓					✓	✓	✓				✓					Fachschale Strom für CP 7
✓	✓		✓						✓					✓	✓	✓				✓					Fachschale Wasser für Wasserversorgungsnetze
✓	✓		✓						✓				✓	✓	✓	✓				✓		✓			Für alle Fachschalen zu CP 7
✓	✓	✓	✓	✓					✓				✓	✓		✓									csolgis ist ein webbasierendes geografisches Auskunftssystem für Kommunen, Ver- und Entsorgungsunternehmen
✓	✓		✓	✓					✓																cso|mappa, die Internetstadtplananwendung
✓													✓	✓						✓					cso|moduCAD: Datenkonvertierung von SICAD nach AutoCAD und umgekehrt

© Bernhard Harzer: GIS-Report 2008/09, Bernhard Harzer Verlag, Karlsruhe

GIS-Softwareübersicht

Software	Anbieter	Ansprechpartner Telefon	Erstinstallation	Versionsnummer	GIS-Softwarekategorie							Plattform		Umfang der GIS-Software				
					GIS	Desktop-GIS	GIS-Fachschale	GIS-Viewer	Internet-GIS	Mobil-GIS	CAD-GIS	Geo-Datenbankserver	GIS-Ergänzung	Windows	UNIX	eigenst. GIS-Kernsoftware	Applikation zu ArcGIS	Applikation zu Geomedia	Applikation zu Autodesk Map	Applikation zu Microstation
CUBIS/POLIS EVU	IDP Dr. Stein GmbH		1989		✓								✓	✓		✓				
CUBIS/POLIS Kommunal	IDP Dr. Stein GmbH		1989		✓								✓	✓		✓				
DAVID	ibR Ges. für Geoinformation mbH		1989	3.7+4.4	✓									✓	✓	✓				
DAVID Web Auskunft	ibR Ges. für Geoinformation mbH		1999	4.4					✓					✓	✓	✓				
DAVID-GeoAuskunft	ibR Ges. für Geoinformation mbH		1995	3.7+4.4		✓								✓	✓	✓				
DAVID-GeoDB	ibR Ges. für Geoinformation mbH		1995	3.7+4.4								✓		✓	✓	✓				
DAVID-PenGIS	ibR Ges. für Geoinformation mbH		1999	3.7+4.4						✓				✓		✓				
deegree Catalog Service	lat/lon GmbH	0228 - 184960	2002	2					✓					✓	✓	✓				
deegree Gazetteer Service	lat/lon GmbH	0228 - 184960	2002	2					✓					✓	✓	✓				
deegree iGeo3D	lat/lon GmbH	0228 - 184960	2006	2					✓					✓	✓	✓				
deegree iGeoPortal	lat/lon GmbH	0228 - 184960	2004	2					✓					✓	✓	✓				
deegree iGeoSecurity	lat/lon GmbH	0228 - 184960	2004	2					✓					✓	✓	✓				
deegree owsWatch	lat/lon GmbH	0228 - 184960	2008	2					✓					✓	✓	✓				
deegree WAS	lat/lon GmbH	0228 - 184960	2005	2					✓					✓	✓	✓				
deegree WCS	lat/lon GmbH	0228 - 184960	2002	2					✓					✓	✓	✓				
deegree WFS	lat/lon GmbH	0228 - 184960	2001	2					✓					✓	✓	✓				
deegree WMPS	lat/lon GmbH	0228 - 184960	2006	2					✓					✓	✓	✓				
deegree WMS	lat/lon GmbH	0228 - 184960	2000	2					✓					✓	✓	✓				
deegree WPS	lat/lon GmbH	0228 - 184960	2006	2					✓					✓	✓	✓				
deegree WSS	lat/lon GmbH	0228 - 184960	2005	2					✓					✓	✓	✓				
deegree WTS/WPVS	lat/lon GmbH	0228 - 184960	2003	2					✓					✓	✓	✓				

© Bernhard Harzer: GIS-Report 2008/09, Bernhard Harzer Verlag, Karlsruhe

GIS-Softwareübersicht

Vektor	Raster	Interne DB	Oracle	MS-SQL-Server	DB/2	Informix	Ingres	JDBC	ODBC	Sybase	xBase-Format	Facility Management	Umwelt u. Naturschutz	Ver- u. Entsorgung	Telekommunikation	Auskunftssysteme	Kartographie	Marketing	Logistik	Vermessung u. Kataster	Verkehrsplanung	Raum- und Bauleitplanung	Photogrammetrie	Fernerkundung	Kurzbeschreibung, Applikation zu, Sonstige Systemtypen, Sonstige Plattformen, Sonstiger Anwendungsschwerpunkt
✓	✓	✓									✓			✓	✓	✓				✓					zur Erfassung und Auswertung techn. Daten für Ver- und Entsorger
✓	✓	✓				✓						✓	✓	✓	✓	✓	✓			✓		✓			für die kommunale Anwendung wie z.B. ALK/ALB, Kanal, B-Plan usw.
✓	✓	✓	✓			✓	✓		✓					✓		✓	✓			✓					GIS, kommunales GIS, Kataster-Lösungen, ALK-Erfassung, ALKIS, Flurbereinigung
✓	✓	✓												✓		✓	✓			✓					Weblösung zur DAVID-GeoDB (ALKIS)
✓	✓	✓	✓			✓		✓						✓		✓	✓			✓					Geo-Auskunft für die öffentliche Verwaltung
✓	✓	✓	✓			✓	✓							✓		✓	✓			✓					Geodaten-Server zum Geo-Informationssystem DAVID; ALKIS-Datenhaltungskomponente
✓	✓	✓	✓					✓						✓		✓	✓			✓		✓			Feldsystem zum Geo-Informationssystem DAVID der moderne Außendienst auf Pen-Computern
			✓	✓	✓	✓		✓	✓	✓	✓	✓	✓	✓	✓	✓	✓			✓	✓	✓		✓	OGC-basierter Catalog Service, siehe http://www.lat-lon.de
✓			✓	✓	✓	✓		✓	✓		✓		✓							✓	✓	✓	✓		OGC Web Gazetter Service (WFS-G) 0,9, siehe http://www.lat-lon.de
✓	✓		✓					✓	✓				✓	✓	✓	✓	✓	✓		✓					Lösung zur Speicherung, Abgabe und Präsentation von 3D-Geodaten, siehe http://www.lat-lon.de
✓	✓											✓	✓	✓	✓	✓	✓			✓		✓			Portal für Geodateninfrastrukturen, siehe http://www.lat-lon.de
			✓					✓	✓																Security-Lösung zur Absicherung von OGC Web Services, siehe http://www.lat-lon.de
												✓	✓	✓	✓	✓	✓								Service-Monitor, siehe http://www.lat-lon.de
												✓	✓	✓	✓	✓	✓			✓	✓	✓			GDI-NRW Web Authentication Service, siehe http://www.lat-lon.de
	✓											✓	✓	✓	✓	✓	✓							✓	OGC Web Coverage Service 1.0.0, siehe http://www.lat-lon.de
✓			✓	✓	✓	✓		✓	✓		✓	✓	✓	✓	✓	✓	✓			✓	✓				OGC Web Feature Service 1.1.0, siehe http://www.lat-lon.de
✓	✓					✓	✓					✓	✓	✓	✓	✓	✓			✓	✓	✓			Service zur Erstellung großformatiger Plots, siehe http://www.lat-lon.de
✓			✓	✓	✓	✓		✓	✓		✓		✓			✓	✓			✓	✓				OGC Web Map Service 1.1.1, siehe http://www.lat-lon.de
✓	✓												✓	✓	✓	✓	✓			✓	✓				OGC Web Processing Service 0.4.0, siehe http://www.lat-lon.de
													✓	✓	✓	✓	✓			✓	✓				GDI-NRW Web Security Service, siehe http://www.lat-lon.de
✓	✓		✓	✓	✓	✓		✓	✓		✓	✓	✓	✓	✓	✓	✓			✓	✓				OGC Web Terrain Service 0.3.2, siehe http://www.lat-lon.de

© Bernhard Harzer: GIS-Report 2008/09, Bernhard Harzer Verlag, Karlsruhe

GIS-Softwareübersicht

Software	Anbieter	Ansprechpartner Telefon	Erstinstallation	Versionsnummer	GIS	Desktop-GIS	GIS-Fachschale	GIS-Viewer	Internet-GIS	Mobil-GIS	CAD-GIS	Geo-Datenbankserver	GIS-Ergänzung	Windows	UNIX	eigenst. GIS-Kernsoftware	Applikation zu ArcGIS	Applikation zu Geomedia	Applikation zu Autodesk Map	Applikation zu Microstation
DeeJUMP	lat/lon GmbH	0228 - 184960	2005	2		✓		✓						✓	✓	✓				
Definiens Developer	CGI Systems GmbH	K. Engelhardt, 08801 - 912 322	2000	7.0									✓	✓		✓				
Delta - Analyzer	METTENMEIER GmbH												✓	✓	✓					
Deponie-GIS	UMGIS Informatik GmbH		2002				✓							✓						
Deponieverwaltung	UMGIS Informatik GmbH		2001				✓							✓						
Detail Browser	Fichtner Consulting & IT		1997										✓	✓						
DGN2CARD/1	ICF GmbH		1995										✓	✓						
Digitale Straßendaten	CISS TDI GmbH	Rolf Jüttner 02642 - 9780-0											✓	✓	✓					
DIGITERRA CAD-Export für ESRI ArcMap	DIGITERRA Systemhaus	07021 - 7242851	2007								✓		✓	✓			✓			
DIGITERRA DT-Tools für Bricscad und AutoCAD	DIGITERRA Systemhaus	07021 - 7242851	2005								✓		✓	✓						
DIGITERRA FM Wasser für ESRI ArcMap	DIGITERRA Systemhaus	07021 - 7242851	2002				✓						✓	✓						
DIGITERRA GeoCockpit für ESRI ArcMap	DIGITERRA Systemhaus	07021 - 7242851	2008										✓	✓			✓			
DIGITERRA Jagdverwaltung	DIGITERRA Systemhaus	07021 - 7242851	2003				✓						✓							
DIGITERRA Metadatenmanager	DIGITERRA Systemhaus	07021 - 7242851	2006										✓							
District	cartogis – digitale Landkarten	Sabine Stengel 030 - 318 03 500		10		✓	✓							✓		✓				
DISTRICT	GfK MACON GmbH		1991	8		✓								✓		✓				
District Manager 8.2	LUTUM + TAPPERT GmbH		1998	8.2		✓								✓		✓				
disy Cadenza	disy Informationssysteme GmbH	Dr. Wassilios Kazakos +49 721 16006 000	1997	4.0	✓	✓								✓	✓	✓				
disy GISterm	disy Informationssysteme GmbH	Dr. Wassilios Kazakos +49 721 16006 000	1997	4.0	✓	✓		✓	✓					✓	✓	✓				
disy Preöudio	disy Informationssysteme GmbH	Dr. Wassilios Kazakos +49 721 16006 000	2004	2.0								✓		✓	✓					
EarthExtension	infas Geodaten GmbH		2007			✓			✓				✓	✓				✓		

© Bernhard Harzer: GIS-Report 2008/09, Bernhard Harzer Verlag, Karlsruhe

GIS-Softwareübersicht

Datenformate		Datenbank und Datenbankschnittstellen (Sachdaten)								Anwendungsschwerpunkte											Kurzbeschreibung, Applikation zu, Sonstige Systemtypen, Sonstige Plattformen, Sonstiger Anwendungsschwerpunkt
Vektor	Raster	Interne DB	Oracle	MS-SQL-Server	DB/2	Informix	Ingres	JDBC	ODBC	Sybase	xBase-Format	Facility Management	Umwelt u. Naturschutz	Ver- u. Entsorgung	Telekommunikation	Auskunftssysteme	Kartographie	Marketing	Logistik	Vermessung u. Kataster	Verkehrsplanung	Raum- und Bauleitplanung	Photogrammetrie	Fernerkundung	
✓	✓	✓											✓	✓	✓	✓	✓	✓		✓	✓	✓			OpenJUMP-basierter SDI-Desktop, siehe http://www.lat-lon.de
✓	✓														✓		✓				✓	✓			Objektorient. Bildanalyse zur automatisierten Auswertg. hochaufgelöster Luft- und Satellitenbilder
✓													✓												Tool, das die Möglichkeitenpalette bei der Arbeit mit dem Smallworld GIS erweitert
✓	✓		✓	✓									✓	✓											Verwaltung aller Ver- und Entsorgungseinrichtungen (Gas, Wasser, Elektro) bei Deponien
✓	✓		✓	✓										✓											Ablagerungsflächen, Verfüllfelder, Quadranten, Einbauliste, Stoffströme
		✓	✓	✓	✓	✓	✓	✓	✓				✓	✓						✓					Applikation zur Verknüpfung von Dokumenten mit geografischen Objekten aus dem GIS
✓																	✓			✓		✓	✓		Schnittstelle zur Übersetzung von MicroStation-DGN nach CARD/1
✓			✓												✓	✓	✓	✓		✓	✓	✓			Daten von NAVTEQ und Tele Atlas, eigenes Produkt CISSMap sowie CISSMap-Ergänzungen (Wirtschaftswege, Adressdaten und Hauskoordinaten), Bereitstellung in vielen GIS-Formaten
✓														✓						✓					Export von GIS-Daten aus ArcMap™ in die CAD-Formate DXF oder DWG; Klassifizierte Layerausgabe, Erzeugen von Texten über Werte aus der Attributtabelle, etc.
✓														✓							✓	✓			Tool zur einfacheren und schnelleren Organisation, Erstellung, Bearbeitung und Ausgabe von CAD-Zeichnungen.
✓														✓											Fachschale zur Verwaltung und Erfassung von Wasserleitungsnetzen
✓													✓	✓			✓	✓				✓			ArcGIS® goes Virtual Earth™; Export von klassifizierten GIS-Daten aus ArcMap™ in Microsoft® Virtual Earth™
																		✓							Programm zur Verwaltung von Jagdgenossenschaften
																✓									Web-Anwendung zur einfachen Erstellung und Verwaltung von Metadaten; Export in PDF und XML
✓	✓	✓		✓					✓										✓	✓					Partner der Gfk Geomarketing
✓	✓								✓	✓						✓	✓	✓	✓	✓		✓			GIS mit weltweiten Landkarten und integriertem VBA
✓		✓							✓									✓	✓						Planung, Optimierung u. Kontrolle von Vertriebsgebieten
✓	✓		✓	✓	✓	✓		✓	✓				✓							✓					Spatial Reporting Platform: Sach- und Geodaten integriert auswerten und visualisieren; GISterm enthalten
✓	✓	✓	✓					✓	✓				✓			✓				✓					Kompaktes Desktop- und Web-GIS; Alternative zur Ablösung von Arc View 3 Arbeitsplätzen
✓	✓	✓	✓																						Unterstützung der INSPIRE Richtlinie; GDI Aufbau; Management von ISO 19115-konformen Metatdaten
	✓											✓		✓	✓				✓	✓	✓	✓			Luftbilddienst (vergleichbar mit Google Earth) für ArcGIS mit bis zu 25 cm x 25 cm hohen Auflösung

© Bernhard Harzer: GIS-Report 2008/09, Bernhard Harzer Verlag, Karlsruhe

GIS-Softwareübersicht

Software	Anbieter	Ansprechpartner Telefon	Erstinstallation	Versionsnummer	GIS	Desktop-GIS	GIS-Fachschale	GIS-Viewer	Internet-GIS	Mobil-GIS	CAD-GIS	Geo-Datenbankserver	GIS-Ergänzung	Windows	UNIX	eigenst. GIS-Kernsoftware	Applikation zu ArcGIS	Applikation zu Geomedia	Applikation zu Autodesk Map	Applikation zu Microstation
Easy Dimensions	METTENMEIER GmbH												✓	✓	✓					
Easymap 8.0	LUTUM + TAPPERT GmbH		1986	8.0		✓								✓		✓				
Einfärbetool	METTENMEIER GmbH		2000										✓	✓	✓					
EnFile	Fichtner Consulting & IT		1990	3.0										✓						
EnvGDB	LCC Consulting AG	Slavo Kratochvila +41 44 454 30 10	2007	1.9	✓	✓	✓		✓			✓		✓			✓			
Envinsa Location Platform	MapInfo GmbH													✓	✓					
envVision	M.O.S.S. GmbH	Julian Claudius 089 - 66675-144	2007			✓			✓					✓				✓		
envVision Service AIR	M.O.S.S. GmbH	Julian Claudius 089 - 66675-144					✓		✓					✓				✓		
envVision Service NOISE	M.O.S.S. GmbH	Julian Claudius 089 - 66675-144	2008				✓		✓					✓				✓		
ERDAS ADE Suite	GEOSYSTEMS GmbH	Heike Weigand 089 - 89 43 43 11	2007								✓	✓	✓	✓						
ERDAS Image Compressor	GEOSYSTEMS GmbH	Heike Weigand 089 - 89 43 43 11	2007											✓	✓					
ERDAS Image Manager	GEOSYSTEMS GmbH	Heike Weigand 089 - 89 43 43 11	2007									✓		✓	✓	✓				
ERDAS IMAGINE	GEOSYSTEMS GmbH	Heike Weigand 089 - 89 43 43 11	1979	9.2								✓		✓	✓	✓				
ERDAS TITAN	GEOSYSTEMS GmbH	Heike Weigand 089 - 89 43 43 11	2007					✓	✓					✓						
ERDAS Virtual Explorer	GEOSYSTEMS GmbH	Heike Weigand 089 - 89 43 43 11	2006	3.1				✓						✓		✓				
ESN-Modulpaket Fortführung	EnergieSystemeNord GmbH			4.0										✓	✓					
ESN-Modulpaket Komfort	EnergieSystemeNord GmbH			4.0										✓	✓					
ESN-Schnittstelle Smallworld GIS/LIS	EnergieSystemeNord GmbH			4.0										✓	✓					
ESN-Schnittstelle Smallworld-GIS/Panoramo	EnergieSystemeNord GmbH			4.0										✓	✓					
ESN-Schnittstelle: Smallworld GIS/EASY-ARCHIV	EnergieSystemeNord GmbH			4.0										✓	✓					
EVA MOBIL	DGIS Service GmbH		1999	V. 3.0						✓				✓		✓				

© Bernhard Harzer: GIS-Report 2008/09, Bernhard Harzer Verlag, Karlsruhe

GIS-Softwareübersicht

Datenformate		Datenbank und Datenbankschnittstellen (Sachdaten)										Anwendungsschwerpunkte												Kurzbeschreibung, Applikation zu, Sonstige Systemtypen, Sonstige Plattformen, Sonstiger Anwendungsschwerpunkt
Vektor	Raster	Interne DB	Oracle	MS-SQL-Server	DB/2	Informix	Ingres	JDBC	ODBC	Sybase	xBase-Format	Facility Management	Umwelt u. Naturschutz	Ver- u. Entsorgung	Telekommunikation	Auskunftssysteme	Kartographie	Marketing	Logistik	Vermessung u. Kataster	Verkehrsplanung	Raum- und Bauleitplanung	Photogrammetrie	Fernerkundung	
												✓													komfortable Erweiterung des Standard-Bemaßungseditors
✓		✓					✓						✓	✓		✓	✓								auf Anforderungen in Marketing, Vertrieb, Controlling u. Statistik zugeschnittenes Desktop-Mapping
✓													✓												Gezieltes farbiges Darstellen von Sachverhalten in Smallworld GIS
✓	✓																				✓				Fahrzeugsimulation
✓	✓	✓											✓								✓				Die EnvGDB (Environmental Geodatabase) versteht sich als ganzheitliche Lösung einer Umweltdateninfrastruktur. Sie erlaubt den sicheren Umgang mit Daten unterschiedlichster Herkunft und das Planen und Beurteilen von Massnahmen.
✓	✓	✓	✓				✓					✓	✓	✓	✓	✓	✓	✓	✓	✓	✓				Location Platform, um innerhalb eines Unternehmens Standortdaten zentral übergreifend zu verwalten
✓	✓		✓										✓									✓			GIS Lösung für fachübergreifendes und nachhaltiges Umweltmanagement (Daten- und Planungsmanagement)
✓	✓	✓											✓	✓											Fachschale Für die Luftreinhaltung.
✓	✓												✓												Fachschale Lärm: von der Erfassung bis zur Lärmminderungsplanung.
✓		✓											✓	✓						✓	✓				Webbasierter Dateneditor für Oracle 10g Daten zur Datenerfassung bzw. -modifikation inkl. Geometrie, Topologie und Attribute.
	✓												✓	✓						✓				✓	Datenkompression für nahtlose und hoch komprimierte Bildmosaike im JPEG 2000 und ECW-Format
✓	✓	✓	✓			✓	✓						✓	✓	✓	✓	✓						✓	✓	Platform für unternehmensweites Bilddatenmanagement: skalierbar, sicher und interoperabel durch OGC- und ISO-Standards.
✓	✓	✓	✓														✓			✓	✓		✓	✓	Modulare Produktlinie zur Extraktion GIS-relevanter Information aus Bilddaten: sehr bedienungsfreundlich, mit Datenbank-Anbindung.
✓	✓												✓		✓	✓							✓	✓	Online-Lösung, um Geodaten, Webservices u. Geoinformation in sicherer Umgebung zu verteilen. 3-D Geo-Chat
✓	✓	✓											✓	✓			✓				✓		✓	✓	Visualisierung und Analyse von 3-D Geländeszenen über Intranet und Internet in einer Client-Server-Umgebung
✓	✓												✓												Modulpakete, die die Handhabung des Smallworld GIS erleichtern u. effizienter gestalten
✓	✓												✓												Modulpakete, die die Handhabung des Smallworld GIS erleichtern u. verbessern
✓	✓												✓												Ergänzung der GIS-Objekte um die Sachdaten aus dem Liegenschaften-Informations-System LIS
✓	✓												✓												Intelligenter Viewer für die Kanalbegutachtung. Panoramo-Filmsequenz aus GIS angesteuert
✓	✓												✓												Anbindung an das Archivsystem EASY-ARCHIV zur wirtschaftlichen Vorhaltung großer Datenmengen
✓	✓												✓	✓	✓	✓				✓	✓				Software für mobile CAD- und GIS-Anwendungen; Erfassung, Verifizierung, Auskunft von Daten

© Bernhard Harzer: GIS-Report 2008/09, Bernhard Harzer Verlag, Karlsruhe

GIS-Softwareübersicht

Software	Anbieter	Ansprechpartner Telefon	Erstinstallation	Versionsnummer	GIS	Desktop-GIS	GIS-Fachschale	GIS-Viewer	Internet-GIS	Mobil-GIS	CAD-GIS	Geo-Datenbankserver	GIS-Ergänzung	Windows	UNIX	eigenst. GIS-Kernsoftware	Applikation zu ArcGIS	Applikation zu Geomedia	Applikation zu Autodesk Map	Applikation zu Microstation
ExifExtractor	alta4 Geoinformatik AG	0651 - 96626-0	2005	NG									✓	✓						
Fachschale - Abwasser	IDP Dr. Stein GmbH		1989				✓							✓		✓	✓			
Fachschale - ALB	IDP Dr. Stein GmbH		1989				✓							✓		✓	✓			
Fachschale - Fernwärme	IDP Dr. Stein GmbH		1989				✓							✓		✓	✓			
Fachschale - Gas	IDP Dr. Stein GmbH		1989				✓							✓		✓	✓			
Fachschale - Strassenbeleuchtung	IDP Dr. Stein GmbH		1989				✓							✓		✓	✓			
Fachschale - Strom	IDP Dr. Stein GmbH		1989				✓							✓		✓	✓			
Fachschale - Umwelt	IDP Dr. Stein GmbH		1989				✓							✓		✓	✓			
Fachschale - Wasser	IDP Dr. Stein GmbH		1989				✓							✓		✓	✓			
Fachschale Bauleitplanung	Moskito GIS GmbH		2001				✓							✓						
Fachschale Baumkataster	Moskito GIS GmbH		2001	2.62			✓							✓						
Fachschale Friedhof	Moskito GIS GmbH		2001				✓							✓						
Fachschale Gas	Moskito GIS GmbH		2004				✓							✓						
Fachschale Kataster	Moskito GIS GmbH						✓													
Fachschale Moskito Forst	Moskito GIS GmbH		2004				✓							✓						
Fachschale Moskito Kanal	Moskito GIS GmbH		1999				✓							✓						
Fachschale Moskito Straße	Moskito GIS GmbH		2004				✓							✓						
Fachschale Strom	Moskito GIS GmbH		1996				✓							✓						
Fachschale Wasser	Moskito GIS GmbH		1996				✓							✓						
Facility Management	IDP Dr. Stein GmbH		2000				✓							✓	✓					
fahradfahrerinformationssystem (FIS)	EFTAS Fernerkundung Technologietransfer GmbH		2004						✓					✓			✓			

GIS-Softwareübersicht

Vektor	Raster	Interne DB	Oracle	MS-SQL-Server	DB/2	Informix	Ingres	JDBC	ODBC	Sybase	xBase-Format	Facility Management	Umwelt u. Naturschutz	Ver- u. Entsorgung	Telekommunikation	Auskunftssysteme	Kartographie	Marketing	Logistik	Vermessung u. Kataster	Verkehrsplanung	Raum- und Bauleitplanung	Photogrammetrie	Fernerkundung	Kurzbeschreibung, Applikation zu, Sonstige Systemtypen, Sonstige Plattformen, Sonstiger Anwendungsschwerpunkt
												✓						✓	✓		✓				Stand-Alone-Konverter zur Auslese von GPS-Photos in Standard Datenformaten (shape, Google Earth, csv)
✓	✓		✓						✓					✓		✓	✓			✓					zur Erfassung und Auswertung techn. Daten für Entsorger
✓	✓		✓						✓					✓		✓	✓								für die kommunale Anwendung ALB
✓	✓		✓						✓					✓		✓	✓			✓					zur Erfassung und Auswertung techn. Daten für Fernwärme-Versorger
✓	✓		✓						✓					✓		✓	✓			✓					zur Erfassung und Auswertung techn. Daten für Gasversorger
✓	✓		✓						✓					✓		✓	✓			✓					für die kommunale Anwendung Strassenbeleuchtung
✓	✓		✓						✓					✓		✓	✓			✓					zur Erfassung und Auswertung techn. Daten für Stromversorger
✓	✓		✓						✓				✓	✓		✓	✓			✓	✓				für die kommunale Anwendung Umwelt
✓	✓		✓						✓					✓	✓	✓				✓					zur Erfassung und Auswertung techn. Daten für Wasser-Versorger
✓	✓	✓	✓						✓													✓			Umsetzung der Planzeichenverordnung 1990, Routinen zur Planerstellung
✓	✓	✓	✓						✓				✓												Erfassung und Fortführung des Baumbestandes, Pflegemaßnahmen etc.
✓	✓	✓	✓						✓			✓				✓									Friedhofsverwaltung (Erfassung, Auswertung, Planausgabe)
✓	✓	✓	✓						✓					✓											Erhebung, Dokumentation u. Pflege von Leitungsnetzen der Gasversorgungswirtschaft
✓	✓	✓	✓						✓							✓				✓		✓			Kataster - Darstellung u. Fortführung ALK, ALB, ALKIS in Vorbereitung
✓	✓	✓	✓						✓				✓			✓						✓			Verwaltung für Forstwirtschaft
✓	✓	✓	✓						✓			✓	✓												normgerechte Verwaltung von Abwassersystemen
✓	✓	✓	✓						✓			✓													Straßenkataster, NKF/Dopick
✓	✓	✓	✓						✓					✓											Dokumentation von Leitungsnetzen in der Stromwirtschaft
✓	✓	✓	✓						✓					✓	✓										Erhebung, Dokumentation u. Pflege von Leitungsnetzen der Wasserversorgungswirtschaft
✓	✓		✓						✓			✓				✓				✓					Facility Management
✓	✓	✓																							

© Bernhard Harzer: GIS-Report 2008/09, Bernhard Harzer Verlag, Karlsruhe

GIS-Softwareübersicht

Software	Anbieter	Ansprechpartner Telefon	Erstinstallation	Versionsnummer	GIS	Desktop-GIS	GIS-Fachschale	GIS-Viewer	Internet-GIS	Mobil-GIS	CAD-GIS	Geo-Datenbankserver	GIS-Ergänzung	Windows	UNIX	eigenst. GIS-Kernsoftware	Applikation zu ArcGIS	Applikation zu Geomedia	Applikation zu Autodesk Map	Applikation zu Microstation
Fast-Map-Loader	METTENMEIER GmbH													✓		✓				
Fehlersymbol	METTENMEIER GmbH													✓		✓	✓			
FIBERNET	POWERSOFT R. PIAN SA													✓		✓				✓
FIELDGIS	GEG mbH		2003	BASIC			✓							✓		✓				
Filialinfo	IVU Traffic Technologies AG, Berlin	Frau Dr. Claudia Feix, +49 30 - 85906260	1998			✓								✓		✓				
FireGIS	GEOCOM Informatik AG		2007			✓			✓					✓		✓				
FKS-Pad	GI Geoinformatik GmbH	0821 25869-0		2.x		✓				✓	✓								✓	
Flächenpool und Ökokonto	UMGIS Informatik GmbH		2001				✓							✓						
FLADIS	IVU Umwelt GmbH		1995				✓							✓	✓	✓				
floodFILL	IVU Umwelt GmbH		2000				✓							✓					✓	
Flow Manager	geoSYS		2000	1.14			✓							✓					✓	
FME - Die Schnittstelle für Geodaten	AGIS GmbH (Frankfurt am Main)		1999	2006										✓		✓				
FUGAWI	GPS GmbH		1996	F3-3.1.0.336	✓									✓		✓				
G!NIUS (vormals: G/Net)	Intergraph (Deutschland) GmbH	Vertrieb +49 (0)89 / 96106-0	2000	2.2	✓									✓		✓				
g.business integrator	GeoTask AG		1999							✓						✓	✓			
g.business MDM	GeoTask AG		2003									✓		✓		✓				
g.business server	GeoTask AG		1998	Build 86								✓		✓		✓	✓			
GAFDEM	GAF AG	Sebastian Carl 089 - 121528-0	2007	1.0										✓		✓			✓	
GAFTools VHReference	GAF AG	Sebastian Carl 089 - 121528-0	2006	2.0										✓		✓			✓	
GART-2000	ALLSAT GmbH	Michael Schulz 0511 - 30399-0	1995	2.1				✓						✓		✓			✓	✓
GAUSZ	Geodatenservices GmbH		1993								✓			✓						

© Bernhard Harzer: GIS-Report 2008/09, Bernhard Harzer Verlag, Karlsruhe

GIS-Softwareübersicht

Vektor	Raster	Interne DB	Oracle	MS-SQL-Server	DB/2	Informix	Ingres	JDBC	ODBC	Sybase	xBase-Format	Facility Management	Umwelt u. Naturschutz	Ver- u. Entsorgung	Telekommunikation	Auskunftssysteme	Kartographie	Marketing	Logistik	Vermessung u. Kataster	Verkehrsplanung	Raum- und Bauleitplanung	Photogrammetrie	Fernerkundung	Kurzbeschreibung, Applikation zu, Sonstige Systemtypen, Sonstige Plattformen, Sonstiger Anwendungsschwerpunkt
	✓												✓	✓						✓					Tool zum schnellen und komfortablen Laden von georeferenzierten Rasterdaten
✓													✓	✓	✓					✓					ermöglicht die effiziente Änderung oder Ergänzung von topografischen Objekten in den Geobasisdaten
✓														✓	✓	✓									Planung und schematische Darstellung Fiber Optic Netze
✓	✓	✓						✓	✓					✓		✓				✓	✓	✓			GIS-Programm f. den mobilen Einsatz auf einem PEN-PC.
✓	✓	✓	✓	✓				✓	✓	✓	✓	✓	✓			✓	✓	✓	✓						Filialinfo bringt Geografische Informationssysteme und Business Intelligence sowie umfassendes Fach- und Methodenwissen zusammen.
✓	✓			✓								✓				✓									GIS-Lösung für die Feuerwehr-Einsatzplanung inkl. Übungsplaner und Dokumentation
✓	✓												✓												Programm zur GPS-gestützten EU-Förderflächenkontrolle (InVeKoS) im Gelände
✓	✓			✓	✓								✓							✓					Eingriffs- und Ausgleichsflächen mit Biotopwertermittlung, Biotopwertkonten
✓													✓			✓	✓								Auswertung und Interpolation von Messnetzdaten, Darstellung, Animation
✓													✓												Ausweisung überschwemmungsgefährdeter Flächen, Katastrophenmanagement
✓	✓												✓										✓		hydrologische Modellierung u. Analyse, Auswertung von Geländemodellen
✓	✓	✓	✓	✓	✓	✓		✓	✓			✓	✓	✓	✓	✓	✓	✓	✓	✓	✓	✓	✓	✓	Schnittstelle für räumliche Daten. Konvertiert über 100 verschiedene Formate (ED BS, ALKIS).
✓	✓	✓														✓	✓		✓						Moving Map für GPS Navigation + Ortung
✓	✓		✓					✓						✓	✓	✓				✓					Datenbankgetriebenes, unternehmensübergreifend einsetzbares GIS/NIS mit SAP-CRM-Anb., Multi-Utilit.
✓	✓	✓	✓	✓				✓	✓			✓	✓	✓	✓	✓	✓								Performante und interoperable Transaktions- u. Integrationsplattform f. Dienste-, DBMS u. Clientanb.
✓	✓	✓	✓																						
✓	✓	✓	✓		✓	✓						✓	✓	✓	✓	✓	✓	✓	✓	✓					Räuml. DB-Erweiterung f. Standard-DBMS (Oracle, DB2, PostgreSQL, PostGIS)
✓	✓																						✓		Prozess gesteuerte Anwendungssoftware zur Verwaltung, Analyse, Weiterverarbeitung und Qualitätskontrolle von Höhendaten
✓	✓			✓	✓	✓	✓			✓													✓		Anpassung und Bereitstellung von Ground Control Information zur weiteren Verarbeitung (Orthokorrektur) in Standard-Bildverarbeitungssoftware
✓	✓	✓			✓											✓				✓					Software für mobile Vermessungssysteme mit GIS- und CAD-Schnittstellen
✓	✓			✓	✓	✓	✓		✓				✓	✓	✓	✓	✓			✓					GIS Auskunftssystem mit Sachdatenanbindung und Zeichnungsergänzung

© Bernhard Harzer: GIS-Report 2008/09, Bernhard Harzer Verlag, Karlsruhe

GIS-Softwareübersicht

Software	Anbieter	Ansprechpartner Telefon	Erstinstallation	Versionsnummer	GIS-Softwarekategorie									Plattform		Umfang der GIS-Software				
					GIS	Desktop-GIS	GIS-Fachschale	GIS-Viewer	Internet-GIS	Mobil-GIS	CAD-GIS	Geo-Datenbankserver	GIS-Ergänzung	Windows	UNIX	eigenst. GIS-Kernsoftware	Applikation zu ArcGIS	Applikation zu Geomedia	Applikation zu Autodesk Map	Applikation zu Microstation
GAUSZ - TM (Modul TM)	Geodatenservices GmbH		2005										✓	✓						
GAUSZ/web - Bauauskunft	Geodatenservices GmbH		1998						✓					✓						
GC Access Manager	GIS Consult GmbH	Dietmar Hauling 02364 - 9218-60	2003	4.1									✓	✓						
GC GeoFried	GIS Consult GmbH	Thomas Hermes 02364 - 9218-32	2005	4.1		✓								✓					✓	
GC GeoTour	GIS Consult GmbH	Thomas Hermes 02364 - 9218-32	2005	4.1		✓								✓						
GC LIS	GIS Consult GmbH	Dietmar Hauling 02364 - 9218-60	2003	4.1		✓								✓						
GC Oracle Manager	GIS Consult GmbH	Thomas Hermes 02364 - 9218-32	2003	4.1								✓		✓						
GC Oracle Objects	GIS Consult GmbH	Thomas Hermes 02364 - 9218-32	2007	4.1								✓		✓						
GC OSIRIS	GIS Consult GmbH	Dietmar Hauling 02364 - 9218-60	2004	4.0					✓					✓						
GC SAP-Connect	GIS Consult GmbH	Thomas Hermes 02364 - 9218-32	2003	4.1								✓		✓						
GC SIB	GIS Consult GmbH	Dietmar Hauling 02364 - 9218-60	2000	4.1		✓								✓						
GC SpOT	GIS Consult GmbH	Dietmar Hauling 02364 - 9218-60	2005	4.1								✓		✓						
GC Thematische Kartografie	GIS Consult GmbH	Thomas Hermes 02364 - 9218-32	2008	4.1								✓		✓						
GDF SUITE	LOGIBALL GmbH	02323 - 925550	2001	2.4									✓	✓						
GDV-MapBuilder	GDV Gesellschaft für geografische Datenverarbeitung mbH	Herr Peter Hurlemann 06132 - 7148-23	2002	0.33.17-0	✓	✓	✓	✓	✓	✓				✓	✓	✓				
GDV-WebGIS Office	GDV Gesellschaft für geografische Datenverarbeitung mbH	Herr Peter Hurlemann 06132 - 7148-23	2002	2.0.1-0				✓	✓	✓				✓	✓					
GDV-WebGIS Studio	GDV Gesellschaft für geografische Datenverarbeitung mbH	Herr Peter Hurlemann 06132 - 7148-23	2003	2.0.1-0				✓	✓	✓				✓	✓					
GebMAN Connector für ArcGIS	ARC-GREENLAB GmbH	030 - 762 933 - 50	2007	1.0								✓		✓			✓			
Gensi	ITS Informationstechnik Service GmbH		1999									✓		✓	✓					
GeoAREA	GEOGRAT Informationssystem GmbH		1990	V11		✓								✓						

© Bernhard Harzer: GIS-Report 2008/09, Bernhard Harzer Verlag, Karlsruhe

GIS-Softwareübersicht

Datenformate		Datenbank und Datenbankschnittstellen (Sachdaten)								Anwendungsschwerpunkte												Kurzbeschreibung, Applikation zu, Sonstige Systemtypen, Sonstige Plattformen, Sonstiger Anwendungsschwerpunkt
Vektor	Raster	Interne DB	Oracle	MS-SQL-Server	DB/2	Informix	Ingres	JDBC	ODBC	Sybase	xBase-Format	Facility Management	Umwelt u. Naturschutz	Ver- u. Entsorgung	Telekommunikation	Auskunftssysteme	Kartographie	Marketing	Logistik	Vermessung u. Kataster	Verkehrsplanung	Raum- und Bauleitplanung	Photogrammetrie	Fernerkundung	
✓	✓		✓						✓					✓			✓	✓			✓	✓			Modul Thematisch, Kartographie für Auswertung und Darstellung in GAUSZ
✓	✓		✓					✓	✓					✓											Java-basierende Webserver-Lösung für GIS-Auskunftssysteme
✓	✓	✓	✓									✓	✓	✓	✓	✓	✓	✓	✓	✓	✓	✓	✓	✓	Anbindung von MS-Access-Datenbanken an Smallworld
✓	✓	✓	✓										✓			✓				✓					Grafische Erweiterung für das Friedhofsverwaltungsprogramm WinFried
✓	✓	✓	✓										✓	✓		✓	✓								Tourenoptimierungs-Programm für den Entsorgungsbereich
✓	✓	✓	✓									✓		✓						✓					GIS-basierte Liegenschaftsverwaltung für Versorger und Kommunen
✓	✓	✓	✓									✓	✓	✓	✓	✓	✓	✓	✓	✓	✓	✓	✓	✓	Werzeug zur Erstellung von Smallworld-Applikationen aus Oracle-Datenmodellen
✓	✓	✓	✓									✓	✓	✓	✓	✓	✓	✓	✓	✓	✓	✓	✓	✓	Erstellung von Oracle-Datenmodellen für die Nutzung aus Smallworld-Applikationen
✓	✓	✓	✓																				✓	✓	Internet GIS-Funktionalität für Smallworld, OGC-konform nach WMS 1.1.1, Unstützung der gängigen Broeser
✓	✓	✓	✓									✓	✓	✓	✓	✓	✓			✓					Bidirektionale Schnittstelle zwischen SAP und Smallworld GIS-Anwendungen
✓	✓	✓	✓											✓							✓				Straßeninformationsbank für Kreise, Kommunen und Versorger
✓	✓	✓	✓									✓	✓	✓	✓	✓	✓	✓	✓	✓	✓	✓	✓	✓	Spatial-Object-Analyse-Tool, Leistungsfähiges und flexibles Werkzeug
✓	✓	✓	✓									✓	✓	✓	✓	✓	✓	✓	✓	✓	✓	✓	✓	✓	Komplexes Modul zur Erstellung anspruchsvoller kartografischer Ansichten und Auswertungen
✓			✓												✓	✓		✓							Die GDF SUITE ist ein modulares Engineering Werkzeug für Navigationsdaten. Die GDF SUITE Technologie erlaubt die Erstellung und Verwaltung weltweiter Navigationsdatenbestände, deren Manipulation, Qualitätssicherung und Prozessierung bis zum Physikalischen Storage Format (PSF) der jeweiligen Anwendung.
✓	✓		✓	✓	✓	✓							✓			✓	✓	✓		✓	✓	✓			JAVA-GIS-API zur Entwicklung von Windows/Linux-tauglichenGIS-Fachanwendungen, die an beliebig vielen Arbeitsplätzen genutzt werden können.
✓	✓		✓	✓												✓				✓					Fachlich einfach zu erweiterndes Liegenschafts-Auskunftssystem.
✓	✓	✓	✓									✓	✓	✓	✓	✓	✓	✓	✓	✓	✓	✓			Sehr einfach zu bedienendes Werkzeug zur Erstellung und Publikation von Fach-Kartendiensten (z.B. im Rahmen von INSPIRE). Diese können als WMS-Dienst veröffentlicht und dann mit jedem bliebigen WMS-Client genutzt werden (z.B. MapBender). Der zugehörige WebClient bietet viele GIS-Funktionen und benötigt keinerlei Installation. Die Metadatenverwaltung erfolgt wahlweise in PostgreSQL oder MySQL.
												✓													Schnittstellen von ArcGIS Desktop zum FM-System GebMAN
✓	✓	✓											✓							✓					Automatische Generalisierung von Übersichtsplänen auf Basis der Bestandspläne
✓	✓		✓	✓				✓				✓		✓		✓				✓					Fachschale für Planung, Fortführung, Dokumentation und Auskunft im Bereich ALK, ALB, Liegenschaften

© Bernhard Harzer: GIS-Report 2008/09, Bernhard Harzer Verlag, Karlsruhe

GIS-Softwareübersicht

Software	Anbieter	Ansprechpartner Telefon	Erstinstallation	Versionsnummer	GIS	Desktop-GIS	GIS-Fachschale	GIS-Viewer	Internet-GIS	Mobil-GIS	CAD-GIS	Geo-Datenbankserver	GIS-Ergänzung	Windows	UNIX	eigenst. GIS-Kernsoftware	Applikation zu ArcGIS	Applikation zu Geomedia	Applikation zu Autodesk Map	Applikation zu Microstation
GeoAS - ALK/ALB	AGIS GmbH (Frankfurt am Main)		1997	4.6			✓							✓						
GeoAS - Altlasten	AGIS GmbH (Frankfurt am Main)		1999	4.6			✓							✓						
GeoAS - Anlagevermögen	AGIS GmbH (Frankfurt am Main)		2005				✓							✓						
GeoAS - Bauantrag	AGIS GmbH (Frankfurt am Main)		1997	4.6			✓							✓						
GeoAS - Baulücken	AGIS GmbH (Frankfurt am Main)		1999	4.6			✓							✓						
GeoAS - Baum	AGIS GmbH (Frankfurt am Main)		1997	4.6			✓							✓						
GeoAS - Bauwerks- u. Brückenkataster	AGIS GmbH (Frankfurt am Main)		2000	4.6			✓							✓						
GeoAS - Bebauungsplan	AGIS GmbH (Frankfurt am Main)		1997	4.6			✓							✓						
GeoAS - Beitragsberechnung	AGIS GmbH (Frankfurt am Main)		2005				✓							✓						
GeoAS - Bodenrichtwerte	AGIS GmbH (Frankfurt am Main)		2000	4.6			✓													
GeoAS - Bodenschätzung	AGIS GmbH (Frankfurt am Main)		2005				✓							✓						
GeoAS - Brunnenkataster	AGIS GmbH (Frankfurt am Main)		2005				✓							✓						
GeoAS - Das Geoinformationssystem	AGIS GmbH (Frankfurt am Main)		1996	4.6	✓									✓						
GeoAS - desktop	AGIS GmbH (Frankfurt am Main)		2000	4.6	✓									✓						
GeoAS - Facility Management	AGIS GmbH (Frankfurt am Main)		2000	4.6			✓							✓						
GeoAS - Flächennutzungsplan	AGIS GmbH (Frankfurt am Main)		1997	4.6			✓							✓						
GeoAS - Friedhof	AGIS GmbH (Frankfurt am Main)		1997	4.6			✓							✓						
GeoAS - Gas	AGIS GmbH (Frankfurt am Main)		2001	4.6			✓							✓						
GeoAS - Gebäude	AGIS GmbH (Frankfurt am Main)		1999	4.6			✓							✓						
GeoAS - Geomarketing	AGIS GmbH (Frankfurt am Main)		2005				✓							✓						
GeoAS - Graben	AGIS GmbH (Frankfurt am Main)		2005				✓							✓						
GeoAS - Grün	AGIS GmbH (Frankfurt am Main)		1997	4.6			✓							✓						
GeoAS - Grundstücksakte	AGIS GmbH (Frankfurt am Main)		2005				✓							✓						
GeoAS - info	AGIS GmbH (Frankfurt am Main)		1997	4.6				✓						✓						
GeoAS - Kanal	AGIS GmbH (Frankfurt am Main)		1997	4.6			✓							✓						

© Bernhard Harzer: GIS-Report 2008/09, Bernhard Harzer Verlag, Karlsruhe

GIS-Softwareübersicht

Vektor	Raster	Interne DB	Oracle	MS-SQL-Server	DB/2	Informix	Ingres	JDBC	ODBC	Sybase	xBase-Format	Facility Management	Umwelt u. Naturschutz	Ver- u. Entsorgung	Telekommunikation	Auskunftssysteme	Kartographie	Marketing	Logistik	Vermessung u. Kataster	Verkehrsplanung	Raum- und Bauleitplanung	Photogrammetrie	Fernerkundung	Kurzbeschreibung, Applikation zu, Sonstige Systemtypen, Sonstige Plattformen, Sonstiger Anwendungsschwerpunkt
✓	✓	✓	✓	✓	✓				✓		✓		✓			✓				✓	✓				Kataster- u. Liegenschaftsverwalt. (Kataster- u. Eigentümerauskunft), Integration v. Fach-DB, ALKIS
✓	✓	✓	✓	✓	✓	✓			✓		✓		✓			✓				✓					Altlastenkataster (Erfassung, Auswertung, Pflege)
✓	✓	✓	✓	✓	✓	✓			✓		✓	✓				✓				✓					GIS-gestützte Verwaltung des Anlagevermögens (Erfassung, Auswertung, Pflege)
✓	✓	✓	✓	✓	✓	✓			✓		✓					✓				✓	✓				Bauantragsverwaltung (Erfassung, Auswertung, Pflege), bundeslandspezifisch
✓	✓	✓	✓	✓	✓	✓			✓		✓					✓				✓	✓				Baulückenkataster (Erfassung, Pflege, Auskunft, Analyse, Vermarktung)
✓	✓	✓	✓	✓	✓	✓			✓		✓	✓				✓				✓					Baumkataster (Erfassung, Auswertung, Pflege)
✓	✓	✓	✓	✓	✓	✓			✓		✓	✓	✓			✓				✓	✓	✓			Bauwerks- u. Brückenkataster (Erfassung, Auswertung, Pflege)
✓	✓	✓	✓	✓	✓	✓			✓		✓					✓				✓		✓			Digitale Bebauungsplanung (Erfassung, Auswertung, Planausgabe)
✓	✓	✓	✓	✓	✓	✓			✓		✓					✓				✓		✓			GIS-gestützte Beitragsberechnung (Erfassung, Auswertung, Pflege
✓	✓	✓	✓	✓	✓	✓			✓		✓					✓				✓	✓				Bodenrichtwerte + Kaufpreissammlung (Erfassung, Auswertung, Pflege)
✓	✓	✓	✓	✓	✓	✓			✓		✓					✓				✓					GIS-gestützte Verwaltung von Informatione der Bodenschätzung (Erfassung, Auswertung, Pflege)
✓	✓	✓	✓	✓	✓	✓			✓		✓		✓			✓				✓		✓			Brunnenkataster (Erfassung, Auswertung, Pflege)
✓	✓	✓	✓	✓	✓	✓		✓	✓	✓	✓	✓	✓	✓	✓	✓	✓	✓	✓	✓	✓	✓	✓	✓	GeoAS - Das Geoinformationssystem mit ca. 40 Fachschalen, zahlreiche GIS-Manager + Werkzeuge
✓	✓	✓	✓	✓	✓	✓		✓	✓	✓	✓	✓	✓	✓	✓	✓	✓	✓	✓	✓	✓	✓	✓	✓	GeoAS-Plattform für Dienstleister + Außendienst
✓	✓	✓	✓	✓	✓	✓			✓	✓	✓	✓				✓				✓					Facility-Management, Raum-/Inventarverwaltung (Erfassung, Auswertung, Pflege)
✓	✓	✓	✓	✓	✓	✓			✓		✓					✓				✓		✓			Digitale Flächennutzungsplanung (Erfassung, Auswertung, Planausgabe)
✓	✓	✓	✓	✓	✓	✓			✓		✓					✓				✓					Grafische Datenbank für die Friedhofsverwaltung (Erfassung, Auswertung, Pflege), Gebührenbescheide
✓	✓	✓	✓	✓	✓	✓			✓		✓			✓		✓				✓	✓	✓			Gasleitungsnetz (Erfassung, Auswertung; Pflege)
✓	✓	✓	✓	✓	✓	✓			✓		✓	✓				✓				✓					Gebäudekataster (Erfassung, Auswertung, Pflege)
✓	✓	✓	✓	✓	✓	✓			✓		✓							✓							GIS-gestütztes CRM-Modul
✓	✓	✓	✓	✓	✓	✓			✓		✓			✓		✓				✓					Grabenkataster (Erfassung, Auswertung, Pflege)
✓	✓	✓	✓	✓	✓	✓			✓		✓		✓			✓				✓					Grünflächenkataster (Erfassung, Auswertung, Pflege)
✓	✓	✓	✓	✓	✓	✓			✓		✓					✓				✓	✓				GIS-gestützte Dokumentation von Liegenschaftsveränderungen
✓	✓	✓	✓	✓	✓	✓			✓		✓	✓	✓	✓	✓	✓	✓	✓	✓	✓	✓	✓			Plattform für GeoAS - Auskunftsarbeitsplätze
✓	✓	✓	✓	✓	✓	✓			✓		✓			✓		✓				✓					Kanalnetzkataster (Auswertung, Pflege, Planausgabe, Datenimport, ISYBAU), XML-Unterstützung

© Bernhard Harzer: GIS-Report 2008/09, Bernhard Harzer Verlag, Karlsruhe

GIS-Softwareübersicht

Software	Anbieter	Ansprechpartner Telefon	Erstinstallation	Versionsnummer	GIS-Softwarekategorie							Plattform		Umfang der GIS-Software				
					GIS	Desktop-GIS	GIS-Fachschale	GIS-Viewer	Internet-GIS	Mobil-GIS	CAD-GIS	Geo-Datenbankserver	GIS-Ergänzung	Windows	UNIX	eigenst. GIS-Kernsoftware	Applikation zu ArcGIS	Applikation zu Geomedia	Applikation zu Autodesk Map	Applikation zu Microstation
GeoAS - Kleinräumige Gliederung	AGIS GmbH (Frankfurt am Main)		2005				✓							✓						
GeoAS - MapCAD	AGIS GmbH (Frankfurt am Main)		1997	4.6							✓			✓					✓	
GeoAS - MapPlot	AGIS GmbH (Frankfurt am Main)		1997	4.6							✓			✓						
GeoAS - project	AGIS GmbH (Frankfurt am Main)		1997	4.6		✓								✓						
GeoAS - Schutzgebiete	AGIS GmbH (Frankfurt am Main)		2000	4.6			✓							✓						
GeoAS - Schutzgebiete	AGIS GmbH (Frankfurt am Main)		2000	4.3			✓							✓						
GeoAS - Spielplatz	AGIS GmbH (Frankfurt am Main)		2001	4.6			✓							✓						
GeoAS - Straßenaufbruch	AGIS GmbH (Frankfurt am Main)		1997	4.6			✓							✓						
GeoAS - Straßenbeleuchtung	AGIS GmbH (Frankfurt am Main)		2000	4.6			✓							✓						
GeoAS - Strom	AGIS GmbH (Frankfurt am Main)		2000	4.6			✓							✓						
GeoAS - Verkehrsschilder	AGIS GmbH (Frankfurt am Main)		1997	4.6			✓							✓						
GeoAS - Wasser	AGIS GmbH (Frankfurt am Main)		1997	4.6			✓							✓						
GeoAS city	AGIS GmbH (Frankfurt am Main)		2003	4.6		✓								✓						
GeoAS Denkmal	AGIS GmbH (Frankfurt am Main)		2003	4.6			✓							✓						
GeoAS Internet City	AGIS GmbH (Frankfurt am Main)		2005						✓					✓						
GeoAS Jagdkataster	AGIS GmbH (Frankfurt am Main)		2005				✓							✓						
GeoAS Kabelverteiler	AGIS GmbH (Frankfurt am Main)		2003	4.6			✓							✓						
GeoAS Liegenschaften	AGIS GmbH (Frankfurt am Main)		2003	4.6			✓							✓						
GeoAS mobile	AGIS GmbH (Frankfurt am Main)		2005							✓				✓						
GeoAS mobile (GPS)	AGIS GmbH (Frankfurt am Main)		2005							✓				✓						
GeoAS Ökokonto	AGIS GmbH (Frankfurt am Main)		2001	4.6			✓							✓						
GeoAS Stadtplanung	AGIS GmbH (Frankfurt am Main)		2002	4.6			✓							✓						
GeoAS Versiegelung	AGIS GmbH (Frankfurt am Main)		2002	4.6			✓							✓						
geoBaum	Graphservice GmbH		1997	1.1.3			✓							✓						
geoBIZ	geoSYS		2002	2.2										✓		✓				

© Bernhard Harzer: GIS-Report 2008/09, Bernhard Harzer Verlag, Karlsruhe

GIS-Softwareübersicht

Datenformate		Datenbank und Datenbankschnittstellen (Sachdaten)										Anwendungsschwerpunkte													Kurzbeschreibung, Applikation zu, Sonstige Systemtypen, Sonstige Plattformen, Sonstiger Anwendungsschwerpunkt
Vektor	Raster	Interne DB	Oracle	MS-SQL-Server	DB/2	Informix	Ingres	JDBC	ODBC	Sybase	xBase-Format	Facility Management	Umwelt u. Naturschutz	Ver- u. Entsorgung	Telekommunikation	Auskunftssysteme	Kartographie	Marketing	Logistik	Vermessung u. Kataster	Verkehrsplanung	Raum- und Bauleitplanung	Photogrammetrie	Fernerkundung	
✓	✓	✓	✓	✓	✓	✓			✓		✓									✓		✓			Variante der Bebauungsplan- Sez Flächennutzungsplanapplikation
✓			✓	✓	✓	✓			✓		✓	✓	✓	✓	✓	✓	✓	✓	✓	✓	✓	✓	✓	✓	Leistungsfähiges Werkzeug für Konstruktion und Bemaßung (Zusatzprogramm für MapInfo Prof.)
✓		✓	✓	✓	✓	✓			✓		✓	✓	✓	✓	✓	✓	✓	✓	✓	✓	✓	✓	✓	✓	Werkzeug für benutzerdefinierte Druck- u. Plotausgabe (Zusatzprogramm für MapInfo Prof.)
✓	✓	✓	✓	✓	✓	✓			✓		✓	✓	✓	✓	✓	✓	✓	✓	✓	✓	✓	✓			Plattform für GeoAS-Vollarbeitsplätze (Administration + Datenerfassung)
✓	✓	✓	✓	✓	✓	✓			✓		✓		✓							✓		✓			Schutzgebiete (Erfassung, Auswertung, Pflege)
✓	✓	✓	✓	✓	✓	✓			✓		✓		✓							✓		✓			Schutzgebietskataster (Erfassung, Pflege, Auskunft, Analyse)
✓	✓	✓	✓	✓	✓	✓			✓		✓						✓			✓					Spielplatzkataster (Erfassung, Auswertung, Pflege), Spielplatzüberprüfung
✓	✓	✓	✓	✓	✓	✓			✓		✓			✓						✓					Straßenaufbruchskataster (Erfassung, Auswertung, Pflege)
✓	✓	✓	✓	✓	✓	✓			✓		✓	✓		✓						✓	✓				Straßenbeleuchtungsverwaltung (Erfassung, Auswertung, Pflege)
✓	✓	✓	✓	✓	✓	✓			✓		✓			✓						✓	✓				Stromleitungsnetz (Erfassung, Auswertung, Pflege)
✓	✓	✓	✓	✓	✓	✓			✓		✓					✓				✓	✓				Verkehrsschilderverwaltung (Erfassung, Auswertung, Pflege)
✓	✓	✓	✓	✓	✓	✓			✓		✓			✓						✓					Wasserleitungsnetz (Erfassung, Auswertung, Pflege), Barthauer-Schnittstelle
✓	✓	✓	✓	✓	✓	✓			✓		✓	✓	✓			✓				✓		✓			Vollwertiges Auskunfts-GIS, umfassende ALK/DFK-ALB-Funktionalität, einblenden anderer Geodaten
✓	✓	✓	✓	✓	✓	✓			✓		✓					✓				✓					Denkmalkataster (Erfassung, Auswertung, Pflege)
✓	✓	✓	✓	✓	✓	✓			✓		✓	✓	✓	✓	✓	✓	✓	✓	✓	✓	✓	✓	✓	✓	Web-GIS mit Fachapplik., 1-Klick-Veröffentlichung, konfigurierbar, speicherbare Vektorzeichnungen
✓	✓	✓	✓	✓	✓	✓			✓		✓		✓							✓					GIS-gestützte Verwaltung bejagbarer Flurstücke
✓	✓	✓	✓	✓	✓	✓			✓		✓			✓	✓					✓					Kabelverteilerverwaltung (Erfassung, Auswertung, Pflege)
✓	✓	✓	✓	✓	✓	✓			✓		✓	✓				✓				✓					Liegenschaftsverwaltung (Erfassung, Auswertung, Pflege), öffentliche/private Liegenschaften
✓	✓	✓	✓	✓	✓	✓			✓		✓	✓	✓	✓	✓	✓	✓	✓	✓	✓	✓	✓	✓	✓	optionales GPS-Modul für GeoAS mobile, Standortanzeige + Trackingfunktion
✓	✓	✓	✓	✓	✓	✓			✓		✓	✓	✓	✓	✓	✓	✓	✓	✓	✓	✓	✓	✓	✓	mobiles Auskunfts- u. Erfassungssystem, auf Wunsch mit Fachapplikationen u. GPS-Modul
✓	✓	✓	✓	✓	✓	✓			✓		✓		✓							✓					Ökokonto (Erfassung, Auswertung, Pflege), bundeslandspezifisch, verordnungsspezifisch
✓	✓	✓	✓	✓	✓	✓			✓		✓									✓	✓	✓			Digitale Stadtplanung (Erfassung, Auswertung, Pflege, Planausgabe)
✓	✓	✓	✓	✓	✓	✓			✓		✓		✓			✓				✓	✓				Versiegelungskataster (Abwassergebührensplitting) (Erfassung, Auswertung, Pflege)
✓		✓	✓						✓			✓				✓				✓					Baumkataster mit integrierter Baumkontrolle
✓			✓					✓	✓							✓		✓	✓						Vertriebssteuerung, -analyse, -planung u. Marketing; Unterstützung von CRM-Lösungen

GIS-Softwareübersicht

Software	Anbieter	Ansprechpartner Telefon	Erstinstallation	Versionsnummer	GIS	Desktop-GIS	GIS-Fachschale	GIS-Viewer	Internet-GIS	Mobil-GIS	CAD-GIS	Geo-Datenbankserver	GIS-Ergänzung	Windows	UNIX	eigenst. GIS-Kernsoftware	Applikation zu ArcGIS	Applikation zu Geomedia	Applikation zu Autodesk Map	Applikation zu Microstation
GeoBroker Analyst	ESG Elektroniksystem- und Logistik- GmbH		2000	04.00		✓								✓						
GeoBroker Archiver	ESG Elektroniksystem- und Logistik- GmbH		2000	04.00								✓		✓						
GeoBroker Map	ESG Elektroniksystem- und Logistik- GmbH		1999	04.00				✓						✓						
GeoBroker SVG Map Viewer	ESG Elektroniksystem- und Logistik- GmbH		2004	04.00				✓						✓						
GeoBroker Web Server	ESG Elektroniksystem- und Logistik- GmbH		2002	04.00					✓					✓						
GeoCAD-Classic	RMR Softwareentwicklungs- gesellschaft bR																			✓
GeoCAD-Operator	RMR Softwareentwicklungs- gesellschaft bR							✓	✓		✓			✓						✓
GeoCollector	BTC AG		2002									✓	✓							
GeoDAta eXchange	WASY GmbH		2000									✓						✓		
GeoData eXchange	WASY GmbH		2000									✓	✓							
Geodatenserver / Geodata Warehouse	CISS TDI GmbH	Rolf Jüttner 02642 - 9780-0										✓	✓	✓	✓					
GeoFES	WASY GmbH		2000			✓								✓						
GEOfield	GEOsat GmbH	Hr. Ludwig 0208 - 45 000 -39	2006	1.0.0.14						✓				✓		✓				
GeoGIS	GEOGRAT Informationssystem GmbH		1990	V11							✓			✓		✓				
GEOgraf Version 5	HHK Datentechnik GmbH	0531 - 2881-0	1984	5.0 (2258)							✓			✓		✓				
GEOgraFIS	HHK Datentechnik GmbH	0531 - 2881-0	1999	5 (3604)	✓	✓	✓							✓		✓				
Geographic Imager	screen & paper WA GmbH	Andreas Haux 08161 - 97940	2005	2.0								✓	✓							
geoGrün	Graphservice GmbH		1997	2.0			✓							✓						
geoKonst	Graphservice GmbH		1997	2.8.6							✓			✓						
Geomarketing Starter Kit	infas Geodaten GmbH		2008		✓	✓	✓							✓		✓				

© Bernhard Harzer: GIS-Report 2008/09, Bernhard Harzer Verlag, Karlsruhe

GIS-Softwareübersicht

Vektor	Raster	Interne DB	Oracle	MS-SQL-Server	DB/2	Informix	Ingres	JDBC	ODBC	Sybase	xBase-Format	Facility Management	Umwelt u. Naturschutz	Ver- u. Entsorgung	Telekommunikation	Auskunftssysteme	Kartographie	Marketing	Logistik	Vermessung u. Kataster	Verkehrsplanung	Raum- und Bauleitplanung	Photogrammetrie	Fernerkundung	Kurzbeschreibung, Applikation zu, Sonstige Systemtypen, Sonstige Plattformen, Sonstiger Anwendungsschwerpunkt
✓	✓		✓						✓						✓	✓				✓				✓	Bild- u. Höhendatenverarbeitung, Richtfunkplanung, Eloka-Bedrohung, takt. u. operat. Lagedarstellung/-bearbeitung
✓	✓		✓						✓							✓									Erfassung, Bestandsverwaltung, Recherche und Verteilung von Geodaten im Netzwerk
✓	✓		✓						✓							✓	✓				✓				Georeferenzierung, Darstellung von Recherchergebnissen, Symbolgenerator, Raster/Vektor-Overlay
✓																									Darstellung einer Vektorkarte mit weltweiter Abdeckung in 5 Maßstabsstufen im SVG-Format
✓	✓		✓													✓									Web-basierte Recherche, Bestellung u. Download von Geodaten mit Hilfe von Standard Web-Browsern
																				✓					Hierbei handelt es sich um eine Softwarelösung mit Fachschalen für den Bau- und Vermessungsbereich, die wir sowohl auf AutoCAD-Basis als auch auf einer eigenständigen AutoCAD kompatiblen CAD anbieten. GeoCAD Classicist modular aufgebaut und kann auf Ihre Aufgabenbereiche abgestimmt werden.
	✓																			✓					GeoCAD-Operator (OP) ist ein neu entwickeltes 3D GIS für die Bereiche Bau, Vermessung und Maschinen-steuerung. Das Programm verwirklicht die Einheit von Datenverwaltung, Berechnung, CAD und 3D Visualisierung.
✓			✓	✓					✓				✓							✓					Suche nach ALK-Objekten anhand von flurstücksbezogenen Fachdatenbanken (zB. ALB/Eigentümer)
✓			✓	✓	✓																				Datenimport in ESRI Geoinformatik GmbH Geodatabase
✓			✓	✓	✓	✓	✓		✓																Import von Geodaten in eine normalisierte ESRI Geoinformatik GmbH-Geodatabase (ArcSDE oder Personal Database)
✓													✓	✓	✓		✓	✓	✓	✓					Standardkonforme Integration von Geodaten verschiedener Herkunft und Struktur, Qualitätssicherung und Verwaltung dieser Daten und nutzerorientierte Bereitstellung auch in heterogener Umgebung
✓	✓																								Unterstützung von Entscheidungsträgern bei Feuerwehr- und Katastropheneinsätzen in Leitstelle u.loka
✓			✓										✓	✓	✓					✓		✓			Software für Erfassung von Geometrien und Strukturen in der Örtlichkeit z.B. Flächenvermessung, Baumkataster
✓	✓		✓						✓				✓	✓	✓	✓				✓					Vollwertiges GIS
✓	✓	✓											✓		✓					✓	✓	✓			CAD-System für Vermessung, Kataster, Planung und GIS-Datenerfassung
✓	✓	✓	✓	✓								✓	✓	✓						✓					GIS für Kommunen und Versorger. Anbindung diverser Fachapplikationen. Werkzeuge zur Datenprüfung. Viele Schnittstellen zu GIS und CAD.
	✓																✓								Freie Bearbeitung von (georeferenzierten) Rasterdaten in Adobe Photoshop unter Beibehaltung (oder Neuerstellung) der Georeferenzierung; auch für Macintosh
✓		✓	✓			✓			✓				✓		✓					✓					Grünflächenkataster (Erfassung, Pflege, Auswertung)
✓	✓													✓	✓	✓	✓			✓					umfangreiche MapInfo-Applikation für Konstruktion und Bemaßung
✓	✓								✓				✓		✓	✓	✓								Geomarketing Einstiegspaket: Vertriebsgebiets- und Standortplanung, einfache Analysen für Marketing und Vertrieb, Basis-Marktdatenpaket und Geocoder

© Bernhard Harzer: GIS-Report 2008/09, Bernhard Harzer Verlag, Karlsruhe

GIS-Softwareübersicht

Software	Anbieter	Ansprechpartner Telefon	Erstinstallation	Versionsnummer	GIS-Softwarekategorie							Plattform		Umfang der GIS-Software			
					GIS	Desktop-GIS	GIS-Fachschale	GIS-Viewer	Internet-GIS	Mobil-GIS	CAD-GIS	Geo-Datenbankserver	GIS-Ergänzung	Windows	UNIX	eigenst. GIS-Kernsoftware	Applikation zu ArcGIS	Applikation zu Geomedia	Applikation zu Autodesk Map	Applikation zu Microstation
GeoMedia	Intergraph (Deutschland) GmbH	Vertrieb +49 (0)89 / 96106-0	1997	6.1		✓								✓		✓				
GeoMedia Professional	Intergraph (Deutschland) GmbH	Vertrieb +49 (0)89 / 96106-0	1998	6.1	✓									✓		✓				
GeoMedia Viewer	Intergraph (Deutschland) GmbH	Vertrieb +49 (0)89 / 96106-0	2003	6.1				✓						✓		✓				
GeoMedia WebMap / WebMap Professional	Intergraph (Deutschland) GmbH	Vertrieb +49 (0)89 / 96106-0	1998	6.1					✓					✓		✓				
GeoMedia-SAP R/3 PM-Schnittstelle	Fichtner Consulting & IT		2000										✓	✓						
geo-mobile EZ / TDS Solo Field	geo-konzept GmbH			3.1						✓				✓		✓				
GeoNetz	GEOGRAT Informationssystem GmbH		1988	V11								✓		✓		✓				
GeoNetz Elektro	GEOGRAT Informationssystem GmbH		1990	V11			✓							✓		✓				
GeoNetz Fernwärme	GEOGRAT Informationssystem GmbH		1990	V11			✓							✓		✓				
GeoNetz Gas	GEOGRAT Informationssystem GmbH		1990	V11			✓							✓		✓				
GeoNetz Kanal	GEOGRAT Informationssystem GmbH		1990	V11			✓							✓		✓				
GeoNetz Wasser	GEOGRAT Informationssystem GmbH		1990	V11			✓							✓		✓				
GEONIS expert	GEOCOM Informatik AG		2001		✓	✓								✓			✓			
GEONIS expert Abwasser/ Siedlungsentwäss.	GEOCOM Informatik AG		2001			✓	✓							✓			✓			
GEONIS expert Elektro	GEOCOM Informatik AG		2001			✓	✓							✓			✓			
GEONIS expert Gas	GEOCOM Informatik AG		2001			✓	✓							✓			✓			
GEONIS expert Heizfernwärme	GEOCOM Informatik AG		2003			✓	✓							✓			✓			
GEONIS expert Kataster	GEOCOM Informatik AG		2001			✓	✓							✓			✓			
GEONIS expert Kommunalfachschalen	GEOCOM Informatik AG		2001			✓	✓							✓			✓			
GEONIS expert Pipeline	GEOCOM Informatik AG		2001			✓	✓							✓			✓			
GEONIS expert Strasse	GEOCOM Informatik AG		2001			✓	✓							✓			✓			
GEONIS expert Telco	GEOCOM Informatik AG		2003			✓	✓							✓			✓			
GEONIS expert Wasser	GEOCOM Informatik AG		2001			✓	✓							✓			✓			
GEONIS user	GEOCOM Informatik AG		2001				✓	✓	✓					✓			✓			

© Bernhard Harzer: GIS-Report 2008/09, Bernhard Harzer Verlag, Karlsruhe

GIS-Softwareübersicht

Vektor	Raster	Interne DB	Oracle	MS-SQL-Server	DB/2	Informix	Ingres	JDBC	ODBC	Sybase	xBase-Format	Facility Management	Umwelt u. Naturschutz	Ver- u. Entsorgung	Telekommunikation	Auskunftssysteme	Kartographie	Marketing	Logistik	Vermessung u. Kataster	Verkehrsplanung	Raum- und Bauleitplanung	Photogrammetrie	Fernerkundung	Kurzbeschreibung, Applikation zu, Sonstige Systemtypen, Sonstige Plattformen, Sonstiger Anwendungsschwerpunkt
✓	✓		✓	✓	✓	✓		✓				✓	✓	✓	✓	✓	✓	✓	✓	✓	✓	✓	✓	✓	Integration, Analyse und Darstellung von Daten aus verschiedensten heterogenen Quellen
✓	✓		✓	✓	✓	✓		✓				✓	✓	✓	✓	✓	✓	✓	✓	✓	✓	✓	✓		Modellierung, Erfassung, Editierung u. Management von Geodaten in Standard-RDBMS
✓	✓		✓	✓																					Viewing-Tool mit OpenGIS-Konformen Datenzugriff (GML), kostenlos
✓	✓		✓	✓	✓	✓		✓				✓	✓	✓	✓	✓		✓	✓	✓	✓	✓	✓	✓	Sichtung und Analyse von GIS-Daten im Internet/Intranet ohne GIS-Kenntnisse des Users
												✓	✓												Schnittstelle GeoMedia/SAP-Instandhaltungsmodul PM z. Anzeigen, Anlagen o. Ändern v. SAP-PM-Objekten
✓	✓	✓										✓	✓							✓		✓	✓	✓	Mobiles GIS zur Erfassung raumbezogener Daten mit GPS und Laservermessungssystemen
✓	✓		✓	✓				✓				✓													Grundsystem für alle Netzbetreiber
✓	✓		✓	✓				✓						✓	✓	✓									Fachschale für Plang. Fortführung, Dokument. und Auskunft im Bereich Strom, Beleuchtung, Kommunikat.
✓	✓		✓	✓				✓						✓	✓										Fachschale für Planung, Fortführung, Dokumentation und Auskunft im Bereich Fernwärme
✓	✓		✓	✓				✓					✓	✓											Fachschale für Planung, Fortführung, Dokumentation und Auskunft im Bereich Gas
✓	✓		✓	✓										✓	✓										Fachschale für Planung, Fortführung, Dokumentation u. Auskunft in Bereichen Kanal, Abwasser
✓	✓		✓	✓				✓						✓	✓										Fachschale für Planung, Fortführung, Dokumentation und Auskunft im Bereich Wasser
✓	✓		✓	✓	✓			✓				✓	✓	✓	✓	✓	✓	✓		✓	✓	✓			Modular ausbaubares GIS-Framework. Lösung für Ver- u. Entsorgung, Industrie, Umwelt sowie Vermessung und Kataster
✓	✓		✓	✓	✓			✓				✓		✓											Fachschale für Abwasserentsorgungsnetze und Siedlungsentwässerung
✓	✓		✓	✓	✓			✓				✓		✓											Fachschale für Stromversorgungsnetze, inklusive Stationsinnenleben, div. Schemapläne
✓	✓	✓	✓	✓				✓						✓											Fachschale für Gasversorgung
✓	✓		✓	✓				✓						✓											Fachschale für Heizfernwärmenetze
✓	✓		✓	✓	✓			✓												✓					Fachschale für amtliche Vermessung der Schweiz nach DM.01-AV
✓	✓		✓	✓	✓			✓				✓	✓								✓				Fachschale für Wasserversorgungsnetze
✓	✓		✓	✓	✓			✓						✓											Fachschale für Wasserversorgungsnetze
✓	✓		✓	✓	✓			✓				✓									✓				Fachschale für Strassenmanagement
✓	✓		✓	✓	✓			✓							✓										Fachschale fürTelekommunikationsnetze
✓	✓		✓	✓	✓			✓						✓											Fachschale für Wasserversorgungsnetze
✓	✓		✓	✓	✓			✓				✓	✓	✓	✓	✓	✓			✓	✓	✓			Abfrage- u. Analysesystem f. Ver- u. Entsorgung sowie Kataster als Ergänzung zu GEONIS expert

© Bernhard Harzer: GIS-Report 2008/09, Bernhard Harzer Verlag, Karlsruhe

GIS-Softwareübersicht

Software	Anbieter	Ansprechpartner Telefon	Erstinstallation	Versionsnummer	GIS	Desktop-GIS	GIS-Fachschale	GIS-Viewer	Internet-GIS	Mobil-GIS	CAD-GIS	Geo-Datenbankserver	GIS-Ergänzung	Windows	UNIX	eigenst. GIS-Kernsoftware	Applikation zu ArcGIS	Applikation zu Geomedia	Applikation zu Autodesk Map	Applikation zu Microstation
GEONIS web	GEOCOM Informatik AG		2003						✓					✓	✓		✓			
GeoNV mobil	PLEdoc GmbH		2002							✓				✓						
GeoNV telcoedition	PLEdoc GmbH		2001				✓							✓						
GEOPAC-GIS	GEO DIGITAL GmbH		1988											✓	✓					
GeoPlaner	AGIS GmbH, Wien		1999	V 1.9							✓			✓		✓				
geoPlot	Graphservice GmbH		1996	3.1.0									✓	✓						
GEOROVER XT	GAF AG	Tilmann Jenett 089 - 121528-0	2002	1.0		✓								✓						
GEOS Pro	a / m / t software service ag		2001				✓							✓						✓
GEOS4	a / m / t software service ag		1991							✓				✓						
GeoServer / @GIS	AED-SICAD Aktiengesellschaft		2000	4.3					✓					✓	✓		✓			
GeoSolution	mobile-geomatics		2002							✓				✓		✓				
GEOvision³	K2-Computer Softwareentwicklung		2000	7.2								✓		✓		✓				
GICAD (PWS-GIS)	POWERSOFT R. PIAN SA		1991	6.1	✓									✓		✓				
G-Info	Horstick GmbH		1998	2006		✓								✓						
GIRES (PWS-GIS)	POWERSOFT R. PIAN SA		1990	6.1		✓								✓						
GIS - Broker	SRP Ges. f. Stadt- u. Regionalplang. mbH		2002									✓								
GIS Portal Extensions	ESRI Geoinformatik GmbH		2006	9.2									✓	✓			✓			
GIS Portal Toolkit	ESRI Geoinformatik GmbH		2001	9.2					✓					✓	✓		✓			
GIS@Entsorgung	BFUB GmbH	Kim Hübner 040 - 3005 04 50	2004	2.0.1		✓								✓			✓			
GISeye	BT-GIS		1998					✓						✓	✓	✓				
GisGWM	BGS Umwelt GmbH / CIP		2004				✓							✓	✓					
GisGWM.net	BGS Umwelt GmbH / CIP		2002						✓					✓			✓			
GISPAD	con terra GmbH		1993	4.1								✓		✓	✓					

© Bernhard Harzer: GIS-Report 2008/09, Bernhard Harzer Verlag, Karlsruhe

GIS-Softwareübersicht

Datenformate		Datenbank und Datenbankschnittstellen (Sachdaten)										Anwendungsschwerpunkte													Kurzbeschreibung, Applikation zu, Sonstige Systemtypen, Sonstige Plattformen, Sonstiger Anwendungsschwerpunkt
Vektor	Raster	Interne DB	Oracle	MS-SQL-Server	DB/2	Informix	Ingres	JDBC	ODBC	Sybase	xBase-Format	Facility Management	Umwelt u. Naturschutz	Ver- u. Entsorgung	Telekommunikation	Auskunftssysteme	Kartographie	Marketing	Logistik	Vermessung u. Kataster	Verkehrsplanung	Raum- und Bauleitplanung	Photogrammetrie	Fernerkundung	
✓	✓		✓	✓	✓								✓	✓	✓	✓	✓	✓		✓	✓	✓			Internet/Intranet - Erweiterung als Ergänzung zu WebOffice
✓	✓		✓					✓						✓	✓	✓									Die Lösung bietet eine optimierte Netzauskunft für den mobilen Einsatz.
✓	✓		✓	✓				✓							✓	✓									Plg u. Doku. von grafischen u. alphanumerischen Daten aller nachrichtentechnischen Netze u. Anlagen
✓	✓	✓										✓				✓				✓					Fachbereichsübergreifendes, attributbezogeneIS zur freien Modellierung raumbezogener Objekte
✓	✓		✓		✓		✓									✓		✓	✓		✓				Standortanalyse-Werkzeug für die Standortplanung und Standortbewertung, Filialnetzoptimierung
✓	✓							✓	✓				✓	✓	✓	✓	✓	✓		✓					Planausgabe mit frei definierbaren Layouts nach Standards und Parametern
✓	✓									✓														✓	GIS-gestützte Kartiersoftware mit Online-GPS-Unterstützung auf der Grundlage von Fernerkundungsdaten
✓	✓			✓									✓	✓			✓			✓					
✓	✓																			✓					
✓			✓			✓			✓				✓	✓		✓	✓			✓					Bereitstellung von Geodaten und -diensten in Intra- und Internet
✓	✓										✓		✓	✓			✓								
✓	✓	✓	✓	✓	✓	✓			✓	✓			✓	✓	✓					✓		✓			GEOvision³ GIS bietet vielfältige Funktionen zum Aufbau, Wartung u. Pflege von Informationssystemen
✓	✓	✓	✓						✓	✓	✓	✓													Network Information System: NIS mit Schnittstelle zu verschiedenen Fachschalen, SDE (optinal)
			✓	✓	✓				✓			✓													
			✓											✓											Planung und Verwaltung von Elektrizitäts-, Wasser-, Gas- und Kabel Netze
✓	✓		✓	✓			✓		✓			✓								✓		✓			OGL-konforme Bereitstellung von Geodaten- und -diensten im Inter-/Intranet
✓	✓												✓	✓	✓	✓	✓	✓			✓	✓	✓	✓	Kostenfreie Erweiterungen der Desktop-GIS Produkte von ESRI. Ermögichen Zugriff auf Catalog Services (OGC CS-W Standard) und Web Map Context (OGC WMC) Dokumente
✓	✓		✓	✓	✓	✓		✓	✓											✓		✓			Erweiterung zu ArcIMS um ein GDI konformes GIS Portal zu implementieren.
✓			✓											✓											GIS-Datenhaltung für die Entsorgungswirtschaft, speziell Straßenreinigung und Winterdienst, Tourenplanung
✓	✓		✓	✓					✓				✓							✓		✓			WebGIS mit vielen Schnittstellen zu Fachverfahren, ogc konform, ZVAUT konform
✓			✓	✓									✓	✓											integrierte GIS-Applikation zu „GW-Manager", dem Softwarepaket für Grundwasserbewirtschaftung
✓	✓		✓	✓									✓	✓											Fachschale zu „GW-Manager", Basis: Arc JMS oder MapServer
✓	✓	✓	✓						✓				✓		✓					✓	✓				Software zur mobilen Datenerfassung und -fortführung mit Tablet-PCs und GPS/DGPS

© Bernhard Harzer: GIS-Report 2008/09, Bernhard Harzer Verlag, Karlsruhe

GIS-Softwareübersicht

Software	Anbieter	Ansprechpartner Telefon	Erstinstallation	Versionsnummer	GIS-Softwarekategorie									Plattform		Umfang der GIS-Software				
					GIS	Desktop-GIS	GIS-Fachschale	GIS-Viewer	Internet-GIS	Mobil-GIS	CAD-GIS	Geo-Datenbankserver	GIS-Ergänzung	Windows	UNIX	eigenst. GIS-Kernsoftware	Applikation zu ArcGIS	Applikation zu Geomedia	Applikation zu Autodesk Map	Applikation zu Microstation
GISx	GEOGRAT Informationssystem GmbH		2001	V2	✓									✓						
GISx expert Flächen	GEOGRAT Informationssystem GmbH		2001				✓							✓		✓				
GISx expert Längsschnitt	GEOGRAT Informationssystem GmbH		2004										✓	✓		✓				
GISx expert Netze	GEOGRAT Informationssystem GmbH		2001				✓							✓		✓				
GISx works ALB	GEOGRAT Informationssystem GmbH		2002				✓							✓						
GISx works ALK	GEOGRAT Informationssystem GmbH		2002				✓							✓		✓				
GISx works Electro Bestand	GEOGRAT Informationssystem GmbH		2004				✓							✓						
GISx works Fernwärme Bestand	GEOGRAT Informationssystem GmbH		2004				✓							✓						
GISx works Flächen Bestand	GEOGRAT Informationssystem GmbH		2001				✓							✓						
GISx works Gas Bestand	GEOGRAT Informationssystem GmbH		2004				✓							✓		✓				
GISx works Kanal Bestand	GEOGRAT Informationssystem GmbH		2001				✓							✓						
GISx works Kanalzustand	GEOGRAT Informationssystem GmbH		2003				✓							✓		✓				
GISx works Wasser Bestand	GEOGRAT Informationssystem GmbH		2003				✓							✓		✓				
GISx WorldView	GEOGRAT Informationssystem GmbH		2001					✓						✓		✓				
gl-data	ARC-GREENLAB GmbH	030 - 762 933 - 50	2004	2.2		✓								✓			✓			
gl-flur	ARC-GREENLAB GmbH	030 - 762 933 - 50	2005	1.2		✓								✓			✓			
gl-forest	ARC-GREENLAB GmbH	030 - 762 933 - 50	2008	1.1			✓					✓		✓			✓			
gl-map	ARC-GREENLAB GmbH	030 - 762 933 - 50	2003	2.2								✓		✓			✓			
gl-survey	ARC-GREENLAB GmbH	030 - 762 933 - 50	2005	2.2		✓								✓			✓			
gl-view	ARC-GREENLAB GmbH	030 - 762 933 - 50	1995	4.1	✓									✓						
GM2CAD-Schnittstelle	Fichtner Consulting & IT		2000											✓		✓				
GPS Analyst	GI Geoinformatik GmbH	0821 25869-0		2.x	✓				✓					✓			✓			
GPS PhotoMapper	alta4 Geoinformatik AG	0651 - 96626-0	2005	NG										✓		✓	✓			

© Bernhard Harzer: GIS-Report 2008/09, Bernhard Harzer Verlag, Karlsruhe

GIS-Softwareübersicht

Datenformate		Datenbank und Datenbankschnittstellen (Sachdaten)								Anwendungsschwerpunkte												Kurzbeschreibung, Applikation zu, Sonstige Systemtypen, Sonstige Plattformen, Sonstiger Anwendungsschwerpunkt
Vektor	Raster	Interne DB	Oracle	MS-SQL-Server	DB/2	Informix	Ingres	JDBC	ODBC	Sybase	xBase-Format	Facility Management	Umwelt u. Naturschutz	Ver- u. Entsorgung	Telekommunikation	Auskunftssysteme	Kartographie	Marketing	Logistik	Vermessung u. Kataster	Verkehrsplanung	Raum- und Bauleitplanung	Photogrammetrie	Fernerkundung	
✓	✓		✓						✓				✓	✓	✓	✓				✓					Vollwertiges GIS
✓	✓	✓												✓		✓				✓					Grundmodul für die Flächenbearbeitung für die GISx-Produktfamilie
✓	✓	✓												✓											Modul zur automatischen Längsschnitt-Generierung in GISx
✓	✓	✓												✓		✓				✓					Grundmodul für Ver- und Entsorgungsnetze für die GISx-Produktfamilie
✓	✓	✓																		✓					Module und Schnittstellen zum Thema ALB der GISx-Produktfamilie
✓	✓	✓																		✓					Module und Schnittstellen zu ALK der GISx-Produktfamilie
✓	✓	✓												✓		✓				✓					Grundmodul für das Thema Elektro der GISx-Produktfamilie
✓	✓	✓												✓						✓					Grundmodul für das Thema Fernwärme der GISx-Produktfamilie
✓	✓	✓														✓				✓					Grundmodul für das Thema Flächen/ALK der GISx-Produktfamilie
✓	✓	✓												✓		✓									Grundmodul für das Thema Gas der GISx-Produktfamilie
✓	✓	✓												✓		✓									Grundmodul für das Thema Kanal der GISx-Produktfamilie
✓	✓	✓												✓		✓									Modul zur Dokumentation des Kanalstands (z.B.
✓	✓	✓												✓		✓									Grundmodul für das Thema Wasser der GISx-Produktfamilie
✓	✓	✓														✓									Eigenständiger GIS-Viewer für die GISx-Produktfamilie
													✓	✓	✓	✓				✓		✓			Flexible, generische Fachanwendungen zur Datenerfassung und -verwaltung
																✓				✓	✓	✓			Interaktive, parameterbeeinflußte Gliederung von Flächenstrukturen. (z.B. Flurneuordnung, Flächentausch)
			✓	✓										✓			✓								forstliches Informations- und Managementsystem
												✓	✓	✓	✓		✓			✓	✓	✓			Rasterbearbeitung, Konstruktion, Planbearbeitung und -ausgabe
																				✓					Kataster- und Ingenieurvermessung als Feld- und Bürolösung
												✓	✓	✓	✓					✓		✓			Universell einsetzbarer Geodaten-Viewer
✓												✓	✓							✓		✓			Ermöglicht den Export von Objektklassen aus GeoMedia in die Formate gängiger CAD-Systeme
✓	✓											✓	✓							✓					ArcGIS Erweiterung zur DGPS-gestützten Objekterfassung direkt unter ArcGIS (Geodatabase)
✓	✓											✓						✓	✓		✓				GIS - Integrationssoftware zur Verwaltung, Analyse und Präsentation von GPS-Photos in ArcGIS

© Bernhard Harzer: GIS-Report 2008/09, Bernhard Harzer Verlag, Karlsruhe

GIS-Softwareübersicht

Software	Anbieter	Ansprechpartner Telefon	Erstinstallation	Versionsnummer	GIS	Desktop-GIS	GIS-Fachschale	GIS-Viewer	Internet-GIS	Mobil-GIS	CAD-GIS	Geo-Datenbankserver	GIS-Ergänzung	Windows	UNIX	eigenst. GIS-Kernsoftware	Applikation zu ArcGIS	Applikation zu Geomedia	Applikation zu Autodesk Map	Applikation zu Microstation
GPScorrect	GI Geoinformatik GmbH	0821 25869-0		2.x						✓			✓			✓				
GPS-Tracker	ARC-GREENLAB GmbH	030 - 762 933 - 50	1999	1.5						✓	✓									
GRAPPA	Graphservice GmbH		1996	V2.5		✓							✓							
GRAPPA / Online	Graphservice GmbH		1999	V 3.6					✓							✓	✓	✓		
GRASS 5.0	Intevation GmbH		1984	5.0		✓										✓	✓	✓		
GRICAL expert	GEOCOM Informatik AG		1997			✓	✓						✓	✓				✓		
Grünflächeninformationssystem netGRIS	geoVAL Informationsysteme GmbH	0421 - 34892-0	2000	4.0		✓								✓			✓			
GS-Service	GreenGate AG	02243 - 923070	2001	3,8		✓							✓	✓						
GS-Service	GreenGate AG	02243 - 923070	2001	3,8		✓							✓	✓						
Gutachten, Richtwerte, Kaufverträge	UMGIS Informatik GmbH		2004				✓							✓						
GzGPS	Geodatenservices GmbH		2004										✓	✓						
HansaGeoKIS	ICF GmbH		2000	1.0									✓	✓						
HHKmapserver	HHK Datentechnik GmbH	0531 - 2881-0	2004	5 (3604)					✓											
HL complexer	ICF GmbH		1997										✓	✓	✓	✓				
HL tool Kit	ICF GmbH													✓	✓					
Hochwasser-Gefahrenkarten Toolbox	Björnsen Beratende Ingenieure (BCE)	Björnsen Zentrale 0261 - 8851-0	2006	1			✓							✓			✓			
HTML ImageMapper für ArcGIS	alta4 Geoinformatik AG	0651 - 96626-0	2001	NG2					✓					✓			✓			
HTML ImageMapper für ArcView GIS	alta4 Geoinformatik AG	0651 - 96626-0	1999	3.5					✓					✓						
IBM GTiS - GeoGPG	IBM Deutschland GmbH		1991	2 (5765-040)	✓											✓	✓			
IBM GTiS - geoInterface	IBM Deutschland GmbH		1996	1.1.3 (83H2 760)		✓								✓						
IBM GTIS - Translator Toolkit	IBM Deutschland GmbH		1996	5799-EPK												✓		✓	✓	
IBM GTiS geoManager for multiplatforms	IBM Deutschland GmbH		1991	1.1.4+ (P901 02) / (5685-)								✓		✓	✓					
ibR-Vermessungspaket VPR	ibR Ges. für Geoinformation mbH		1989	7.6										✓	✓	✓	✓			
iDocumentTM	CADMEC AG		2000					✓						✓						
idomeoKOMMpakt	idomeo gmbh	Herr Held (08705) 939316	2008		✓	✓	✓	✓		✓			✓	✓			✓			✓

© Bernhard Harzer: GIS-Report 2008/09, Bernhard Harzer Verlag, Karlsruhe

GIS-Softwareübersicht

Datenformate		Datenbank und Datenbankschnittstellen (Sachdaten)										Anwendungsschwerpunkte													Kurzbeschreibung, Applikation zu, Sonstige Systemtypen, Sonstige Plattformen, Sonstiger Anwendungsschwerpunkt
Vektor	Raster	Interne DB	Oracle	MS-SQL-Server	DB/2	Informix	Ingres	JDBC	ODBC	Sybase	xBase-Format	Facility Management	Umwelt u. Naturschutz	Ver- u. Entsorgung	Telekommunikation	Auskunftssysteme	Kartographie	Marketing	Logistik	Vermessung u. Kataster	Verkehrsplanung	Raum- und Bauleitplanung	Photogrammetrie	Fernerkundung	
✓												✓	✓	✓	✓					✓	✓	✓			ArcPad Erweiterung zur Anbindung von differenziellen Korrekturdaten und Postprocessing
													✓	✓	✓					✓	✓	✓			Extension zur Darstellung und Aufzeichnung von Koordinaten eines angeschlossenen GPS-Empfängers direkt in ArcView GIS
✓	✓	✓	✓			✓	✓		✓	✓				✓	✓	✓	✓	✓	✓	✓					dezentrale Auskunft aus ALK-, ATKIS- u.a. Fachdatenbanken
✓	✓	✓	✓	✓	✓			✓	✓		✓		✓	✓	✓	✓	✓	✓	✓	✓					webbasierendes GIS zur Auskunft über Standard-Browser
✓	✓	✓	✓					✓	✓				✓	✓	✓	✓				✓		✓			Opens Source Produkt, umfangreiche GIS-Bibliothek, Programmierung v. UNIX, Shellscripts, Perl-Scripts, internetbasierte Steuerung ü. CGI- oder Perl Scripts
		✓	✓																	✓					Punktberechnungsprogramm für Vermessungswesen
✓	✓		✓	✓								✓	✓			✓						✓			Grünflächeninfosystem zur Bestandsdokumentation, Stundenerfassung und Kostenleistungsrechnung
✓	✓		✓	✓								✓	✓	✓	✓					✓					System für Betriebsführung und Instandhaltung Einsatzgebiet: Ver- und Entsorger, Wasserwirtschaft, Industrie
✓	✓		✓	✓								✓	✓	✓	✓					✓					System für Betriebsführung und Instandhaltung Einsatzgebiet: Ver- und Entsorger, Wasserwirtschaft, Industrie
✓	✓		✓	✓								✓								✓					Verwaltung v. Gutachten, Richtwerten u. Kaufverträgen bei den Gutachterausschüssen d. Vermessungsver
✓	✓													✓		✓				✓					Programm zur GPS-Kopplung von GAUSZ für den mobilen Einsatz
✓	✓		✓									✓	✓	✓	✓	✓	✓	✓	✓			✓	✓		Metadatengestütztes Gis-Daten Präsentationssystem
																✓									Der HHKmapserver wird zum Publizieren von GEOgraf- und GEOgraFIS-Daten im Intra-/Internet eingesetzt
✓													✓	✓	✓		✓					✓	✓		Programm zur Erzeugung von Complex-Shapes um einen Centroiden, Flächensicherung (2D u. 3D)
✓												✓	✓	✓	✓		✓								Werkzeugsammlung zur Produktivitätssteigerung
✓	✓												✓												Geoprocessing-Werkzeugpalette zur Analyse und Verarbeitung von 1D, 1D/2D bzw. 2D Hydraulikergebnissen für die Erstellung von Hochwasser-Gefahrenkarten.
✓	✓												✓	✓	✓	✓		✓		✓					Erstellung interaktiver Online - Karten zur Veröffentlichung im Internet oder auf CD, Export nach Google Earth
✓	✓												✓	✓	✓	✓				✓					Erstellung interaktiver Online-Karten zur Veröffentlichung im Internet oder auf CD-Rom
✓	✓	✓	✓									✓	✓	✓						✓		✓	✓	✓	Basissoftware zur graphisch-interaktiven Erfassung und Bearbeitung von Geo-Daten
✓	✓											✓								✓					auf dem IBM GTiS Datenmodell basierende objektorientierte GIS-Plattform für PCs+Handhelds
✓													✓	✓	✓					✓	✓	✓	✓		Schnittstellenprog. für den kompl. Datentransfer mit anderen (OEM-) Gis-Systemen-in beide Richtungen
													✓	✓		✓				✓	✓	✓	✓		offene Datenmanagementsoftw. die Zugriff, Sicherh. u. Konsistenz gewährl.,vollrelationale Speicherng
✓	✓	✓	✓																	✓					Vermessungstechnische Berechnungen zum Geo-Informationssystem DAVID
✓	✓												✓		✓										Anlagedokumentation in digitaler Form um einen Mehrnutzen zu erzielen
✓			✓						✓				✓	✓	✓	✓				✓	✓	✓			idomeoKOMMpakt ist eine moderne, sehr wirtschaftliche und leicht bedienbare GIS-Software. Bestens geeignet für Kommunen von 500 bis 50.000 Einwohner.

© Bernhard Harzer: GIS-Report 2008/09, Bernhard Harzer Verlag, Karlsruhe

GIS-Softwareübersicht

Software	Anbieter	Ansprechpartner Telefon	Erstinstallation	Versionsnummer	GIS	Desktop-GIS	GIS-Fachschale	GIS-Viewer	Internet-GIS	Mobil-GIS	CAD-GIS	Geo-Datenbankserver	GIS-Ergänzung	Windows	UNIX	eigenst. GIS-Kernsoftware	Applikation zu ArcGIS	Applikation zu Geomedia	Applikation zu Autodesk Map	Applikation zu Microstation
IGLIS	DI FORSTHUBER GmbH		1989	5.0							✓			✓	✓	✓				
ILWIS	ITC Enschede (NL)		1989	3.3	✓									✓	✓					
imap	IDP Dr. Stein GmbH		1999					✓						✓						
IMMISarc	IVU Umwelt GmbH		1997			✓								✓			✓			
ImmoGIS	Borchert Geoinfo GmbH		2000			✓								✓			✓			
ImmoGISonline	Borchert Geoinfo GmbH		2003					✓						✓						
In3D Admintool	GIStec GmbH		2003										✓	✓	✓					
In3D Database	GIStec GmbH												✓	✓						
In3D Viewer	GIStec GmbH		2003										✓	✓						
InfraSystem, Basis-Modul InfraGrün	GLOBUS-Informationssysteme GmbH	Herr Rehatschek, 07141 - 6439405	1997	6.0			✓							✓					✓	
InfraSystem, Basis-Modul InfraPlan	GLOBUS-Informationssysteme GmbH	Herr Rehatschek, 07141 - 6439405	2001	6.0			✓							✓					✓	
InfraSystem, Modul InfraGrün-Mobil	GLOBUS-Informationssysteme GmbH	Herr Rehatschek, 07141 - 6439405	1997	3.0			✓			✓				✓					✓	
InfraSystem, Modul InfraGrün-Vergabe	GLOBUS-Informationssysteme GmbH	Herr Rehatschek, 07141 - 6439405	1997	6.0									✓	✓						✓
InfraSystem-Web	GLOBUS-Informationssysteme GmbH	Herr Rehatschek, 07141 - 6439405	1997	2.0			✓	✓						✓					✓	
InGeo EasyPublisher	GIStec GmbH		2003										✓	✓						
InGeo Entrytool	GIStec GmbH		2002										✓	✓	✓	✓				
InGeo Metadatabase	GIStec GmbH		2002										✓	✓						
INGRADA	Softplan Informatik GmbH		1994	4.145.2	✓					✓	✓			✓		✓				✓
INGRADA web	Softplan Informatik GmbH		2001	3.4.4.0				✓	✓	✓				✓		✓				
Instandhal-tungsmanagement	IDP Dr. Stein GmbH		1989										✓	✓	✓					
INSTRA	Ingenieurbüro Feiler, Blüml, Hänsel		1993			✓								✓						
InterALB	BTC AG		1999					✓						✓		✓				
InterGIS	BTC AG		1998	1.5				✓						✓	✓	✓				
InterGIS-IMS	BTC AG		2000					✓						✓						
Interlis Studio	GEOCOM Informatik AG		1997		✓								✓	✓						

© Bernhard Harzer: GIS-Report 2008/09, Bernhard Harzer Verlag, Karlsruhe

GIS-Softwareübersicht

Datenformate		Datenbank und Datenbankschnittstellen (Sachdaten)								Anwendungsschwerpunkte												Kurzbeschreibung, Applikation zu, Sonstige Systemtypen, Sonstige Plattformen, Sonstiger Anwendungsschwerpunkt
Vektor	Raster	Interne DB	Oracle	MS-SQL-Server	DB/2	Informix	Ingres	JDBC	ODBC	Sybase	xBase-Format	Facility Management	Umwelt u. Naturschutz	Ver- u. Entsorgung	Telekommunikation	Auskunftssysteme	Kartographie	Marketing	Logistik	Vermessung u. Kataster	Verkehrsplanung	Raum- und Bauleitplanung	Photogrammetrie	Fernerkundung	
✓	✓		✓										✓	✓			✓			✓	✓				objektorientiertes u. blattschnittfreies Arbeiten
✓	✓	✓									✓		✓	✓		✓				✓		✓		✓	Dektop-GIS mit umfangreicher Funkt., Vektor, Raster, Fernerkundung, DGM's, Georeferenzierung u.v.m.
✓			✓												✓	✓		✓	✓						WEB basierende Softwarelösung für online Präsentation der Kommunen und der Wirtschaft
✓									✓				✓							✓					Integration von IMMIS Luft/Em (Luftschadstoffprognose Straßenverkehr) in ArcView/ ArcGIS
✓	✓		✓	✓				✓												✓					GIS zur Standort- und Umfeldanalyse sowie Bewertung
✓	✓		✓	✓				✓																	GIS zur Standort- und Umfeldanalyse sowie Bewertung
			✓																						Managemant der 3D-Daten u. Verbindung zum 2D-GIS und zu Fachdaten
✓	✓		✓	✓									✓									✓			Speicherung von 3D_Modellen in einer Datenhaltung
			✓	✓	✓								✓									✓			3D-Visualisierung von Raster- und Vektordaten in Echtzeit
✓	✓		✓	✓					✓																Baum-/Grünflächen-/Spielplatz-/Biotop-/Friedhofs-/Straßen-Management-Fachschale (weitere Datenbank: ACCESS)
✓			✓	✓																		✓			Flächennutzungsplan, Landschaftsplan mit Variantenverwaltung und Verfahrensdatenerfassung
✓	✓								✓																Mobile Schadens- und Maßnahmenerfassung / Mobile InfraStrukturerfassung auf Pentops (Datenbank ACCESS)
			✓	✓					✓																Pflegeplan- und Reparaturplanerstellung zu Baum-/Grünflächen-/Spielplatz-/Biotop-/Friedhofs-/Straßen- (weitere Datenbank: ACCESS)
✓	✓		✓	✓					✓																Auskunft und Bearbeiten der InfraStrukturelemente mittels Web-Technologie (weitere Datenbank: ACCESS)
		✓																							Darstellungund Wandlung von Metadaten aus der Datenbank
			✓	✓	✓			✓	✓																Eingabewerkzeug zur Erfassung von ISO19115 basierten Metadaten
			✓																						Speicherung von ISO19115 - basierenden Metadaten
✓	✓		✓	✓					✓					✓	✓	✓				✓	✓	✓			Ämterübergreifendes Geographisches Informationssystem für Kommunen, Städte, Ingenieurbüros und Versorgungsunternehmen
✓	✓		✓	✓					✓											✓	✓				Browserbasierendes Geoinformatonssystem für Kommunnen, Städte, Landkreise, Ingenieurbüros und Versorgungsunternehmen
✓	✓		✓	✓								✓		✓	✓	✓									Planung und Steuerung von Instanthaltungsmaßnahmen
✓	✓		✓	✓	✓			✓	✓											✓	✓				interaktive Straßenanalyse, Straßendatenbank und Straßenzustandsvisualisierung
✓	✓		✓	✓			✓	✓							✓										vereint ALB, ALK mit Internet. Durch zus. Grafische Folien u. Fachdaten leistungsstarkes Geo-Auskunf
✓	✓	✓	✓	✓				✓	✓											✓		✓	✓		ALB-ALK Auskunft, Bodenrichtwerte Online CD, Digitale Karte, Map-Server, Fachschalen, Konverter
✓	✓		✓	✓																					InterGIS IMS ist ein Webmapserver gemäß OGC-Spezifikation, de es erlaubt, auf unterschiedl. Geodaten
✓			✓	✓	✓				✓				✓							✓					Tool zur Konvertierung unterschiedlicher Datenformate und Datenmodelle, inklusive Interlis (Schweiz)

© Bernhard Harzer: GIS-Report 2008/09, Bernhard Harzer Verlag, Karlsruhe

GIS-Softwareübersicht

Software	Anbieter	Ansprechpartner Telefon	Erstinstallation	Versionsnummer	GIS	Desktop-GIS	GIS-Fachschale	GIS-Viewer	Internet-GIS	Mobil-GIS	CAD-GIS	Geo-Datenbankserver	GIS-Ergänzung	Windows	UNIX	eigenst. GIS-Kernsoftware	Applikation zu ArcGIS	Applikation zu Geomedia	Applikation zu Autodesk Map	Applikation zu Microstation
internet visor	megatel GmbH		1996	2.1.3								✓		✓	✓					
Internetcon-verter CUBIS/POLIS	IDP Dr. Stein GmbH		1998					✓					✓	✓						
IP ALB Manager	IP SYSCON GmbH		1997	5.0		✓								✓			✓			
IP ALK / ALB f. ArcIMS/ UMN MapServer	IP SYSCON GmbH		1999	2.5					✓					✓			✓			
IP ALK/ALB f. ArcView GIS 3.x/ArcGIS	IP SYSCON GmbH		1995	5.0		✓								✓			✓			
IP ALKIS Konverter	IP SYSCON GmbH		2005			✓								✓			✓			
IP ATKIS f. ArcView GIS 3.x/ArcGIS	IP SYSCON GmbH		1997	3.0		✓								✓			✓			
IP Bauleitplanung f. Arc IMS/UMN MapServer	IP SYSCON GmbH		2003	1.0					✓					✓			✓			
IP Bauleitplanung f. ArcView 3.x/ArcGIS	IP SYSCON GmbH		1996	4.0		✓								✓			✓			
IP Baum f. ArcView GIS 3.x/ArcGIS	IP SYSCON GmbH		1997	3.5		✓								✓			✓			
IP Beiträge f. ArcView GIS 3.x/ArcGIS	IP SYSCON GmbH		2001	2.0		✓								✓			✓			
IP Beleuchtung f. ArcView GIS 3.x/ArcGIS	IP SYSCON GmbH		1998	4.0		✓								✓			✓			
IP Bemaßung für ArcView 3.x / ArcGIS	IP SYSCON GmbH		1999	3.5									✓	✓		✓	✓			
IP Druckmanager f. ArcView3.x/ArcGIS	IP SYSCON GmbH		1999	3.0									✓	✓			✓			
IP EDBS	IP SYSCON GmbH		1997	5.5		✓								✓			✓			
IP Flächenversiegelung f. ArcView GIS 3.x	IP SYSCON GmbH		1999	3.5		✓								✓			✓			
IP Flink f. ArcView ArcGIS Desktop, ArcIMS/UMN MapServer	IP SYSCON GmbH		2002	2.0								✓	✓	✓			✓			
IP Gas f. ArcView GIS 3.x/ArcGIS	IP SYSCON GmbH		1999	3.0		✓								✓			✓			
IP Geodatenmanager f. ArcView GIS 3.x/ArcGIS/ IP Linfo	IP SYSCON GmbH		2002	3.0								✓	✓	✓			✓			
IP Gruve f. ArcView GIS 3.x/ArcGIS	IP SYSCON GmbH		1997	4.5		✓								✓			✓			
IP Kanal f. ArcView GIS 3.x/ArcGIS	IP SYSCON GmbH		1997	5.0		✓								✓			✓			
IP Kleinkläranlagen f. ArcView3.x/ArcGIS	IP SYSCON GmbH		1998	3.5		✓								✓			✓			
IP Komkat f. ArcView GIS 3.x	IP SYSCON GmbH		2002				✓							✓			✓			
IP Konstruktion f. ArcView 3.x/ArcGIS	IP SYSCON GmbH		1999	4.0								✓	✓	✓			✓			
IP Miniclient f. ArcIMS	IP SYSCON GmbH		2005					✓						✓			✓			

© Bernhard Harzer: GIS-Report 2008/09, Bernhard Harzer Verlag, Karlsruhe

GIS-Softwareübersicht

Datenformate		Datenbank und Datenbankschnittstellen (Sachdaten)										Anwendungsschwerpunkte													Kurzbeschreibung, Applikation zu, Sonstige Systemtypen, Sonstige Plattformen, Sonstiger Anwendungsschwerpunkt
Vektor	Raster	Interne DB	Oracle	MS-SQL-Server	DB/2	Informix	Ingres	JDBC	ODBC	Sybase	xBase-Format	Facility Management	Umwelt u. Naturschutz	Ver- u. Entsorgung	Telekommunikation	Auskunftssysteme	Kartographie	Marketing	Logistik	Vermessung u. Kataster	Verkehrsplanung	Raum- und Bauleitplanung	Photogrammetrie	Fernerkundung	
✓	✓	✓	✓	✓			✓	✓	✓	✓		✓				✓	✓		✓	✓	✓	✓			Web-Server-System, Bereitstellung ortsbezogener Sachdaten
✓	✓		✓					✓					✓			✓	✓	✓	✓	✓					zur Konvertierung beliebiger GIS-Daten für Web-Anwendungen
			✓	✓					✓				✓	✓	✓	✓	✓	✓	✓	✓		✓	✓	✓	Konvertierungstool für ALB-Daten
✓			✓	✓					✓			✓	✓	✓	✓	✓				✓	✓				Browser-basierte ALK / ALB-Auskunft
✓		✓	✓	✓					✓				✓	✓	✓	✓	✓	✓		✓					ALB / ALK Auskunftssystem
✓													✓	✓	✓	✓	✓	✓	✓	✓	✓				ALKIS konverter
✓									✓				✓	✓			✓			✓	✓				ATKIS Fachschale
✓	✓	✓	✓	✓					✓													✓			Browserbasierte Bauleitplanauskunft
✓	✓								✓													✓			Bauleitplanung
✓	✓		✓	✓					✓			✓								✓					Baumkataster
✓	✓		✓						✓				✓	✓						✓	✓				Beitragsberechnung f. Straßenausbau- und Erschließungsbeiträge
✓	✓		✓	✓					✓				✓							✓					Beleuchtungskataster
✓	✓												✓	✓		✓				✓					Bemaßungswerkzeug
✓	✓											✓	✓	✓						✓					Druckmanagement
✓			✓	✓					✓			✓	✓	✓	✓	✓	✓	✓	✓	✓		✓	✓	✓	EDBS Konverter
✓	✓											✓	✓							✓	✓				Ermittlung versiegelter Flächen
✓	✓	✓	✓	✓					✓			✓		✓	✓					✓					Kopplungsbaustein für Datenbankanwendungen
✓	✓		✓	✓					✓				✓												Gaskataster
✓	✓												✓	✓	✓					✓					Geodatenmanager für Desktop GIS Produkte ESRI Geoinformatik GmbH
✓	✓		✓	✓					✓				✓	✓		✓				✓					Grundstücksverwaltung
✓	✓		✓	✓					✓				✓							✓					Kanalkataster
✓	✓		✓	✓					✓				✓	✓						✓					Kleinkläranlagenverwaltung
✓	✓		✓	✓					✓				✓									✓			Kompensationsflächenkataster
✓	✓											✓		✓	✓					✓					Konstruktionswerkzeug
✓	✓												✓	✓	✓	✓					✓				Internet-GIS-Viewer

© Bernhard Harzer: GIS-Report 2008/09, Bernhard Harzer Verlag, Karlsruhe

GIS-Softwareübersicht

Software	Anbieter	Ansprechpartner Telefon	Erstinstallation	Versionsnummer	GIS-Softwarekategorie							Plattform		Umfang der GIS-Software			
					GIS	Desktop-GIS	GIS-Fachschale	GIS-Viewer	Internet-GIS	Mobil-GIS	CAD-GIS	Geo-Datenbankserver	GIS-Ergänzung	Windows	UNIX	eigenst. GIS-Kernsoftware	Applikation zu ArcGIS	Applikation zu Geomedia	Applikation zu Autodesk Map	Applikation zu Microstation
IP SD- Edit f. ArcView GIS 3.x, 9.x u. ArcIMS	IP SYSCON GmbH		2003	2.0									✓	✓			✓			
IP Standard Client ArcIMS/UMN MapServer	IP SYSCON GmbH		2000	3.0					✓					✓			✓			
IP Strabe f. ArcView GIS 3.x/ArcGIS	IP SYSCON GmbH		1997	4.0			✓							✓			✓			
IP Strom f. ArcView GIS 3.x/ArcGIS	IP SYSCON GmbH		1999	3.0			✓							✓			✓			
IP Tifosy für ArcGIS Desktop	IP SYSCON GmbH		2007	1.0			✓							✓			✓			
IP UniKat	IP SYSCON GmbH		2008	1.0			✓						✓	✓			✓			
IP Wasser f. ArcView GIS 3.x/ArcGIS	IP SYSCON GmbH		1997	5.0			✓							✓			✓			
IP Xtra f. ArcGIS Desktop	IP SYSCON GmbH		2004										✓	✓			✓			
IRIS - Integratives Rauminformations-system	Widemann Systeme GmbH	Thomas Baron 0611 - 77819-0	2001		✓		✓							✓	✓					
ISYTEST 7.0	Barthauer Software GmbH	0531-23533-0	2001	07.00.0000									✓	✓		✓				
Jcoder Business	infas Geodaten GmbH		2003		✓									✓	✓					
Jcoder Enterprise	infas Geodaten GmbH		2008		✓			✓						✓	✓	✓				
K - Viewer	Geodatenservices GmbH		2001										✓	✓						
K3-Umwelt Altablagerungen/Altstandorte	KISTERS AG		1995	H 2.5A			✓							✓	✓					
K3-Umwelt Einleiterüberwach. Indirekt	KISTERS AG		2000	H 2.5A			✓							✓	✓					
K3-Umwelt Einleiterüberwachung Direkt	KISTERS AG		2000	H 2.5A			✓							✓	✓					
K3-Umwelt Grundwasser Gewässeraufsicht	KISTERS AG		2000	H 2.5A			✓							✓	✓					
K3-Umwelt Grundwasser Wasserschutzgebiet	KISTERS AG		2000	H 2.5A			✓							✓	✓					
K3-Umwelt Grundwasser Wasserversorgung	KISTERS AG		2000	H 2.5A			✓							✓	✓					
K3-Umwelt Katastergenerator	KISTERS AG		1995	H 2.5A			✓							✓	✓					
K3-Umwelt Naturschutz Biotope	KISTERS AG		1995	H 2.5A			✓							✓	✓					
K3-Umwelt Naturschutz Eintritt/Ausgleich	KISTERS AG		1995	H 2.5A			✓							✓	✓					
K3-Umwelt VAwS	KISTERS AG		1995	H 2.5A			✓							✓	✓					
K3-Umwelt Wasserrechte	KISTERS AG		2000	H 2.5A			✓							✓	✓					

© Bernhard Harzer: GIS-Report 2008/09, Bernhard Harzer Verlag, Karlsruhe

GIS-Softwareübersicht

Vektor	Raster	Interne DB	Oracle	MS-SQL-Server	DB/2	Informix	Ingres	JDBC	ODBC	Sybase	xBase-Format	Facility Management	Umwelt u. Naturschutz	Ver. u. Entsorgung	Telekommunikation	Auskunftssysteme	Kartographie	Marketing	Logistik	Vermessung u. Kataster	Verkehrsplanung	Raum- und Bauleitplanung	Photogrammetrie	Fernerkundung	Kurzbeschreibung, Applikation zu, Sonstige Systemtypen, Sonstige Plattformen, Sonstiger Anwendungsschwerpunkt
✓	✓		✓	✓				✓				✓	✓	✓	✓	✓	✓		✓	✓		✓			Editieren in der ArcSDE via ArcIMS, ArcGIS Desktop und ArcView GIS 3.x
✓	✓	✓	✓	✓				✓				✓	✓	✓	✓	✓	✓	✓	✓	✓		✓			Funktionspaket zu ArcIMS/UMN MapServer
✓	✓		✓	✓				✓					✓	✓		✓				✓		✓			Straßenbestandsverzeichnis
✓	✓		✓	✓				✓					✓												Stromkataster
																				✓					Anbindung des nts Tifosy Straßenkatasters
			✓	✓																					Generisches Kataster
✓	✓		✓	✓				✓					✓												Wasserleitungskataster
✓	✓												✓	✓		✓				✓					Toolsammlung f. Arc GIS Dektop
✓	✓	✓	✓					✓					✓	✓		✓								✓	Informationssystem für den einfachen Zugriff auf Geodaten im Intranet oder Internet. Z. B.: Grünflächenkataster, Baukataster, Planauskunft Bauleitplanung usw.
			✓											✓											Überprüft jede ISYBAU-Datei der Versionen 01/96 bis 06/01 auf Fehlerfreiheit des ISYBAU-Austauschformats
✓	✓	✓														✓	✓		✓	✓	✓	✓			Geocodierungs Software: Identifizierung u. Korrektur fehlerhafter Adressen sowie genaue Lagekoordinaten
✓	✓	✓														✓	✓		✓	✓	✓	✓			Geocodierungs Software als Server-Lösung: Identifizierung u. Korrektur fehlerhafter Adressen sowie genaue Lagekoordinaten
✓	✓		✓					✓					✓												Sahcdatenviewer Abwasser mit bidirektionaleer Kopplung zu GAUSZ
✓	✓		✓	✓	✓	✓		✓					✓												Erfassung und Auswertung von Altlasten und deren Verdachtsflächen
✓	✓		✓	✓									✓												Verwaltung und Überwachung von Indirekteinleiterdaten
✓	✓		✓	✓									✓												Verwaltung und Überwachung von Direkteinleiterdaten
✓	✓		✓	✓	✓			✓					✓												für untere Wasserbehörden zur Durchführung der Gewässeraufsicht für den Bereich Grundwasser
✓	✓		✓	✓	✓			✓					✓												für die Aufgaben bei Ausweisung von Wasserschutzgebieten, Vollzug der Wasserschutzgebietsverordnung
✓	✓		✓	✓	✓			✓					✓												für Aufgaben bei der Wassersicherstellung, Wasseraufbereitung, Wasserverteilung
✓	✓		✓	✓	✓			✓					✓												eigene Erstellung individueller Kataster in Umweltämtern
✓	✓		✓	✓	✓			✓					✓												Unterstützung der Naturschutzbehörden bei der Erfassung von Biotopkartierungen
✓	✓		✓	✓	✓			✓					✓												Unterstützt beim Vollzug der Eingriffsregelung nach den Naturschutzgesetzen von Bund und Ländern
✓	✓		✓	✓	✓			✓					✓												Erfassung u. Überwachung v. Anlagen mit wassergefährdenden Stoffen, unterstützt beim Gesetzesvollzug
✓	✓		✓	✓	✓			✓					✓												für Wasserbehörden:Unterstützung bei der Erteilung von Wasserrechten und dem Führen des Wasserbuches

© Bernhard Harzer: GIS-Report 2008/09, Bernhard Harzer Verlag, Karlsruhe

GIS-Softwareübersicht

Software	Anbieter	Ansprechpartner Telefon	Erstinstallation	Versionsnummer	GIS	Desktop-GIS	GIS-Fachschale	GIS-Viewer	Internet-GIS	Mobil-GIS	CAD-GIS	Geo-Datenbankserver	GIS-Ergänzung	Windows	UNIX	eigenst. GIS-Kernsoftware	Applikation zu ArcGIS	Applikation zu Geomedia	Applikation zu Autodesk Map	Applikation zu Microstation
KALYPSO 1D/2D	Björnsen Beratende Ingenieure (BCE)	Björnsen Zentrale 0261 - 8851-0	2007	1		✓	✓	✓						✓	✓	✓				
KALYPSO Flood	Björnsen Beratende Ingenieure (BCE)	Björnsen Zentrale 0261 - 8851-0	2007	1		✓	✓	✓						✓	✓	✓				
KALYPSO NA	Björnsen Beratende Ingenieure (BCE)	Björnsen Zentrale 0261 - 8851-0	2007	1		✓	✓	✓						✓	✓	✓				
KALYPSO Risk	Björnsen Beratende Ingenieure (BCE)	Björnsen Zentrale 0261 - 8851-0	2007	1		✓	✓	✓						✓	✓	✓				
KALYPSO WSPM	Björnsen Beratende Ingenieure (BCE)	Björnsen Zentrale Tel.: 0261 - 8851-0	2007	1		✓	✓	✓						✓	✓	✓				
Kaufpreissammlung	GIS Consult GmbH	Dietmar Hauling 02364 - 9218-60	2000	4.1			✓							✓						
KOMINFO.net	geoinform AG		2001						✓					✓		✓				
KOMINFO.server	geoinform AG	-	2001						✓					✓	✓					
KOMINFO.view	geoinform AG		2002					✓						✓		✓				
LaFIS	GAF AG	Daniela Miller 089 - 121528-0	1999	4.0	✓	✓	✓							✓		✓				
LaFIS AppServer	GAF AG	Daniela Miller 089 - 121528-0	2003	3.0					✓					✓	✓	✓				
LaFIS LFK	GAF AG	Daniela Miller 089 - 121528-0	2002	1.0	✓	✓	✓							✓		✓				
LaFIS VOK	GAF AG	Daniela Miller 089 - 121528-0	2003	4.0	✓	✓	✓							✓		✓				
LAGIS/IMS	GEVAS software GmbH		2001	1.6					✓					✓	✓	✓				
LAGIS/öv	GEVAS software GmbH		1996	4.1				✓						✓		✓				
LCC Generics	LCC Consulting AG	Slavo Kratochvila +41 44 454 30 10	2007	1		✓	✓	✓		✓		✓		✓				✓		
le ciel	mtc	Herr Dreesmann 033731 - 30480	2008	1.0								✓				✓	✓			
le portier	mtc	Herr Dreesmann 033731 - 30480	2008	1.0								✓				✓	✓			
le village	mtc	Herr Dreesmann 033731 - 30480	2008	1.0				✓									✓	✓		
LEHO	ITS Informationstechnik Service GmbH		1999											✓	✓					
LIDS Datenmodell Industrie	BERIT GmbH (Deutschland)		1992					✓						✓						✓

GIS-Softwareübersicht

Vektor	Raster	Interne DB	Oracle	MS-SQL-Server	DB/2	Informix	Ingres	JDBC	ODBC	Sybase	xBase-Format	Facility Management	Umwelt u. Naturschutz	Ver- u. Entsorgung	Telekommunikation	Auskunftssysteme	Kartographie	Marketing	Logistik	Vermessung u. Kataster	Verkehrsplanung	Raum- und Bauleitplanung	Photogrammetrie	Fernerkundung	Kurzbeschreibung, Applikation zu, Sonstige Systemtypen, Sonstige Plattformen, Sonstiger Anwendungsschwerpunkt
✓	✓	✓											✓												GIS-basiertes gekoppeltes 1-/2-dimensionales Wasserspiegellagenprogramm für die instationär ungleichförmige Spiegellinienberechnung einschließlich Pre- und Postprocessing-Komponenten.
✓	✓	✓											✓												GIS-basiertes Werkzeug zur Verknüpfung und Nachbearbeitung von hydraulischen Berechnungsergebnissen.
✓	✓	✓											✓												GIS-basiertes Niederschlag-Abfluss-Modell zur Simulation des landgebundenen Teils des hydrologischen Kreislaufs einschließlich Pre- und Postprocessing-Komponenten.
✓	✓	✓											✓												GIS-basierte Ausweisung von Risikozonen entlang von Gewässern und Ermittlung von Hochwasserschadenspotentialen sowie Schadenserwartungswerten auf der Basis hydraulischer Berechnungsergebnisse.
✓	✓	✓											✓												GIS-basiertes 1-dimensionales Wasserspiegellagenprogramm für die stationär ungleichförmige Spiegellinienberechnung einschließlich Pre- und Postprocessing-Komponenten.
✓	✓	✓	✓														✓			✓		✓			Verwalten von Verträgen für unbebaute und bebaute Grundstücke und Wohnungen. Erstellen von Katalogen und grafischer Darstellung
✓	✓	✓					✓									✓									Auskunftssystem für ALB-, ALK-,Raster-, Ver- und Entsorgungs-Daten
✓		✓								✓						✓									ALB-/ALK-Auskunftssysteme mit integrierten Schnittstellen
✓	✓	✓	✓													✓									Shareware ALB-,ALK-,DXF- und Rasterbild-Auskunft beliebig lange kostenlos testbar
✓	✓	✓	✓	✓		✓				✓															InVeKoS-GIS-System gemäß VO (EWG) 1593/00
✓	✓	✓																							Applikationsserver mit Modulen für Verschneidungs- und Massendruckaufgaben sowie für die Verwaltung serverbasierter Geschäftsprozesse
✓	✓	✓	✓	✓		✓				✓															Pflege und Aufbau landwirtschaftlicher Nutzungskataster
✓	✓	✓																							Vor-Ort-Kontrolle im Rahmen des InVeKoS
✓	✓	✓															✓		✓		✓				GIS-basiertes regionales Infosystem im Internet/Intranet mit Schwerpunkt Mobilitätsmanagement
✓	✓	✓															✓			✓	✓				GIS-basiertes System für Planungs- und Verwaltungsaufgaben im ÖPNV für öffentliche Behörden
✓	✓	✓													✓	✓	✓		✓	✓	✓				LCC Generics ist eine Entwicklungsumgebung für anspruchsvolle GIS-Applikationen mit Datenbank-Anbindung.
✓												✓	✓	✓	✓	✓	✓			✓	✓				Web Service zur Verarbeitung von GPS-Daten im GPX-Datenformat mit optionaler WMS und WFS Anbindung
✓												✓	✓	✓	✓	✓	✓	✓	✓	✓	✓	✓	✓		Semantische Firewall für OGC Web Services mit einem PostGIS ORDBMS-Anschluss
✓	✓											✓	✓	✓	✓	✓	✓	✓	✓	✓	✓				Sehr einfacher WMS-Viewer als Dienstleistung für Kunden ohne Web Service Plattform
✓	✓	✓											✓												Leitungsnetzhomogenisierung für das SMALLWORLD GIS
✓	✓		✓																						Spezial-Datenmodell f. Industrie: Abwasser, Energieleitung,Rohrbrücken,Flächenkatas.,Gefahrstoffkat.

© Bernhard Harzer: GIS-Report 2008/09, Bernhard Harzer Verlag, Karlsruhe

GIS-Softwareübersicht

Software	Anbieter	Ansprechpartner Telefon	Erstinstallation	Versionsnummer	GIS	Desktop-GIS	GIS-Fachschale	GIS-Viewer	Internet-GIS	Mobil-GIS	CAD-GIS	Geo-Datenbankserver	GIS-Ergänzung	Windows	UNIX	eigenst. GIS-Kernsoftware	Applikation zu ArcGIS	Applikation zu Geomedia	Applikation zu Autodesk Map	Applikation zu Microstation
LIDS Datenmodell Stadtwerke	BERIT GmbH (Deutschland)		1992				✓						✓							
LIDS iView	BERIT GmbH (Deutschland)		1997	6.7				✓					✓				✓			
LIDS MSC+	BERIT GmbH (Deutschland)		1992								✓	✓								✓
LIDS V6	BERIT GmbH (Deutschland)		1991		✓								✓							
LIDS-Plot	BERIT GmbH (Deutschland)		1992								✓	✓								✓
LIDS-Tools	BERIT GmbH (Deutschland)		1992								✓	✓								✓
LIDS-Topo	BERIT GmbH (Deutschland)		1992								✓	✓								✓
Liegenschaftsmodul LIVE	ITS Informationstechnik Service GmbH		1999										✓	✓	✓					
LimAarc	IVU Umwelt GmbH		2004			✓							✓					✓		
LIMOS	geoVAL Informationsysteme GmbH	0421 - 34892-0	2003	1.1.3	✓	✓							✓			✓				
LIVEMAP	LiveMap GmbH		1999					✓					✓							
LOCATION PROFESSIONAL	METTENMEIER GmbH		2000										✓	✓						
Location Spooler	ITS Informationstechnik Service GmbH		1999										✓	✓	✓					
LocationGIS	Borchert Geoinfo GmbH		2005			✓							✓							
LPS	GEOSYSTEMS GmbH	Heike Weigand 089 - 89 43 43 11	2004	9.2									✓	✓	✓					
LTMapServer	LUTUM + TAPPERT GmbH		2002						✓				✓			✓				
Magallan Fachschale Kanal	geoinform AG		1997	V.6			✓						✓							
Magallan Fachschale Liegenschaften	geoinform AG		1997	V6			✓						✓							
Magallan Auskunftssystem CubiC-View	geoinform AG		1997	V.3				✓					✓			✓				
Magallan Fachschale Fernwärme	geoinform AG		1998	V.6			✓						✓							
Magallan Fachschale Gas	geoinform AG		1998	V.6			✓						✓							
Magallan Fachschale Straße	geoinform AG		1999	V.6			✓						✓							
Magallan Fachschale Strom	geoinform AG		1999	V6			✓						✓							
Magallan Fachschale Wasser	geoinform AG		1998	V.6			✓						✓							
Magallan GIS-BASIS	geoinform AG		1997	V.6								✓	✓			✓				

© Bernhard Harzer: GIS-Report 2008/09, Bernhard Harzer Verlag, Karlsruhe

GIS-Softwareübersicht

Vektor	Raster	Interne DB	Oracle	MS-SQL-Server	DB/2	Informix	Ingres	JDBC	ODBC	Sybase	xBase-Format	Facility Management	Umwelt u. Naturschutz	Ver- u. Entsorgung	Telekommunikation	Auskunftssysteme	Kartographie	Marketing	Logistik	Vermessung u. Kataster	Verkehrsplanung	Raum- und Bauleitplanung	Photogrammetrie	Fernerkundung	Kurzbeschreibung, Applikation zu, Sonstige Systemtypen, Sonstige Plattformen, Sonstiger Anwendungsschwerpunkt
✓	✓		✓											✓	✓										Datenmodell für Versorgungsunternehmen (Strom, Gas, Wasser, Fernwärme)
✓	✓		✓											✓	✓										Datenabfrage u. Analyse über WEB Oberfläche (Inter- und Intranet)
✓														✓	✓					✓					Werkzeug zur Analyse, Prüfung und Korrektur von MicroStation Designfiles
✓	✓		✓											✓	✓	✓	✓								Netzinformationssystem für alle Sparten der Ver- und Entsorgung, Datenmodell "Industrie"
✓	✓													✓		✓	✓								Plotfunktionalität (Legendeneinbindung u.a.)
			✓											✓						✓					Übernahme diverser Daten aus der Vermessung
✓			✓											✓	✓	✓									Leitungsverfolgung mit Verfolgungs- und Resultatsbedingungen, Datenqualitätssicherung
✓	✓	✓												✓			✓								Verwaltung von Liegenschaften für Versorger
✓	✓												✓							✓	✓				Integration von LimA (Schallimmissionsberechnung) in ArcGIS
✓	✓			✓								✓	✓												GIS-basiertes Liegenschaftsmanagement
✓	✓	✓	✓	✓				✓	✓					✓											Konzeption, Entwicklung und Betreuung v. Web-GIS-Applik. (Active X, Plugin, Java oder Servlet-Based)
✓	✓														✓										Erweit. der SW-Lokationsobjekte zur multiplen, spartenbez. Positionierung v. Straßennamen u. Hausnummern
✓	✓	✓												✓						✓					Automat. Plotten v. Blattschnitten n. Differenzialabgleich., Basis d. mobilen Auskunftslösg.
✓		✓	✓	✓		✓												✓							GIS für Geomarketing und Standortbewertung sowie Routenplanung
✓	✓						✓		✓				✓	✓						✓		✓	✓		Modulare Produktlinie für die photogrammetrische Auswertung von Luft- und Satellitenbilddaten. Höhenmodelle, LIDAR.
✓													✓	✓	✓										
✓	✓		✓	✓				✓						✓											Eingabe, Verwaltung von Schächten, Sonderschächten, Haltungen, Schäden, Abzweigen
✓	✓		✓	✓				✓									✓								Erstellung und Verwaltung von Grundkarten, mit Gebäude- und Flurstücksverwaltung
✓	✓		✓	✓				✓						✓											Spartenübergreifendes Auskunftssystem mit DXF-Import, ALK-Schnittstelle und ALB-Anbindung
✓	✓		✓	✓				✓						✓											Eingabe und Verwaltung von Fernwärmenetzen mit allen Einbauteilen
✓	✓		✓	✓				✓						✓											DIN-gerechte Darstellung und Verwaltung von Gas-Netzplänen
✓	✓		✓	✓				✓												✓					Netzplan, Oberflächenverwaltung, Aufbruchskataster, Schadenspläne, Straßenausbauten
✓	✓		✓	✓				✓					✓												Eingabe, Korrektur und Verwaltung von Kabel, Trasse, Leitungsobjekte, mit Querschnittsmanager
✓	✓		✓	✓				✓						✓											DIN-gerechte Darstellung, Eingabe und Korrektur von Knoten, Sonderknoten, Strängen, Leitungsobjekte
✓	✓		✓	✓				✓						✓						✓					GIS-Basissystem zur Verwaltung von Sach- und Grafik-Daten

© Bernhard Harzer: GIS-Report 2008/09, Bernhard Harzer Verlag, Karlsruhe

GIS-Softwareübersicht

Software	Anbieter	Ansprechpartner Telefon	Erstinstallation	Versionsnummer	GIS	Desktop-GIS	GIS-Fachschale	GIS-Viewer	Internet-GIS	Mobil-GIS	CAD-GIS	Geo-Datenbankserver	GIS-Ergänzung	Windows	UNIX	eigenst. GIS-Kernsoftware	Applikation zu ArcGIS	Applikation zu Geomedia	Applikation zu Autodesk Map	Applikation zu Microstation
map Client (sdi. suite)	con terra GmbH		2005						✓					✓	✓	✓				
Map for Fun	CWSM GmbH	Dr. Wolfgang Bischoff 0391 - 288 970	2002	1.0				✓						✓						
MAP&GUIDE Developer Solutions	MAP&GUIDE GmbH		1998			✓								✓						
Map500 Im-/Export	ITS Informationstechnik Service GmbH		2000	4.0									✓	✓		✓				
MapInfo Discovery	MapInfo GmbH		2002	1.1				✓						✓						
MapInfo Drivetime	MapInfo GmbH		1992	6.2										✓		✓				
MapInfo Map Marker Deutschland	MapInfo GmbH		2000	2.0										✓		✓	✓		✓	
MapInfo MapX	MapInfo GmbH		1997	5.01										✓		✓				
MapInfo MapX Mobile	MapInfo GmbH		2002	1.01						✓				✓		✓				
Mapinfo MapXtreme 2004	MapInfo GmbH		2004						✓					✓						
MapInfo MapXtreme for Windows	MapInfo GmbH		1997	3.01					✓					✓		✓	✓			
MapInfo MapXtreme Java Edition	MapInfo GmbH		1999	4.7.1					✓					✓		✓	✓			
MapInfo Professional	MapInfo GmbH		1986	7.8		✓								✓		✓				
MapInfo ProViewer	MapInfo GmbH			7.8				✓						✓		✓				
MapInfo Routing J Server	MapInfo GmbH		2000	3.0								✓		✓	✓	✓				
MapInfo SpatialWare	MapInfo GmbH		1996	4.8								✓		✓	✓					
MapInfo Vertical Mapper	MapInfo GmbH												✓							
Mapkey	IP SYSCON GmbH		2005	2.0	✓									✓		✓				
MapReader	IP SYSCON GmbH		2005	2.0				✓						✓		✓				
MAPublisher	screen & paper WA GmbH	Andreas Haux 08161 - 97940	1996	7.6									✓	✓						
Mapviewer	HarbourDom Consulting			6										✓		✓				
MapViewSVG	uismedia Lang & Müller		2002	7.0					✓				✓	✓					✓	
marion 24	DVM Consulting GmbH		2002					✓						✓	✓					
MarktAnalyst	infas Geodaten GmbH		2005	2.0	✓	✓	✓							✓		✓	✓			
MarktAnalyst Enterprise	infas Geodaten GmbH		2008		✓	✓	✓	✓	✓					✓		✓	✓			

© Bernhard Harzer: GIS-Report 2008/09, Bernhard Harzer Verlag, Karlsruhe

GIS-Softwareübersicht

Vektor	Raster	Interne DB	Oracle	MS-SQL-Server	DB/2	Informix	Ingres	JDBC	ODBC	Sybase	xBase-Format	Facility Management	Umwelt u. Naturschutz	Ver- u. Entsorgung	Telekommunikation	Auskunftssysteme	Kartographie	Marketing	Logistik	Vermessung u. Kataster	Verkehrsplanung	Raum- und Bauleitplanung	Photogrammetrie	Fernerkundung	Kurzbeschreibung, Applikation zu, Sonstige Systemtypen, Sonstige Plattformen, Sonstiger Anwendungsschwerpunkt
✓	✓															✓									Web-Anwendung GDI-Dienste; OGC-konformer Thin-Client, Darstellung, Navigat. v. WMS-u. ArcIMS-Diensten
		✓														✓									Touristikinfosystem Land Brandenburg u. Sachsen-Anhalt
✓	✓		✓	✓	✓	✓		✓					✓	✓	✓	✓	✓								Softwarekomponenten für Mapping und Routing
✓	✓	✓												✓						✓					Exp. Der Bestandsdaten zum FIS Map 500, Imp. Der Fortführungsdaten vom FIS Map als vollst. Objekte
✓	✓	✓	✓	✓	✓			✓				✓	✓	✓	✓	✓	✓	✓	✓	✓	✓	✓			Erweiterung zu MapInfo Professional zur Verteilung von interaktiver Karten im Web. Out-of-the-Box
✓												✓	✓	✓	✓	✓				✓					Applikation zur Berechng des kürzesten/schnellsten Wegs u. Berechnung v. Isochronen u. Isodistanzen
			✓	✓				✓		✓		✓		✓	✓	✓									Lösung zur Geokodierung von Adressdaten. Als Standalone oder Server-Ausführung erhältlich.
✓	✓	✓	✓	✓	✓			✓				✓	✓	✓	✓	✓	✓	✓	✓	✓	✓				OCX-Komponente die einfach in bestehende Anwendungen integriert werden kann
✓	✓	✓										✓	✓	✓	✓	✓	✓	✓	✓	✓	✓	✓			Das Premium Entwicklungswerkzeug für die Erstellung kundenspezifischer Mapping-Applikationen
✓	✓	✓	✓	✓	✓			✓				✓	✓	✓	✓	✓	✓	✓	✓	✓	✓	✓			.NET Entwicklungsumgebung z. Erst. von Mappingappl. Im Internet u. auf dem Desktop
✓	✓	✓	✓	✓	✓			✓				✓	✓	✓	✓	✓	✓	✓	✓	✓	✓	✓	✓		Windows basierender Applikationsserv. zur Bereitstellg v. Karten und Sachdaten im Inter- u. Intranet
✓	✓	✓	✓	✓	✓	✓		✓				✓	✓	✓	✓	✓	✓	✓	✓	✓	✓	✓			100% Java basierender Applikationsserver zur Bereitstellung von Karten und Sachdaten im Internet
✓	✓	✓	✓	✓	✓			✓				✓	✓	✓	✓	✓	✓	✓	✓	✓	✓	✓			Lsg. Zur Erfassung, Bearbeitung, Visualisierung u. Analyse auf Desktop und Client/Server-Umgebung
✓	✓	✓										✓	✓	✓	✓	✓	✓	✓	✓	✓	✓				Kostenloser Viewer für TAB-Dateien und MapInfo Arbeitsbereiche
✓		✓										✓				✓			✓		✓				Servertool zur Weg-/Zeitberechnung (Isochronen u. Isodistanzen), Matrixrouting, Fußgängerrouting etc.
✓		✓		✓		✓			✓			✓	✓	✓	✓	✓	✓			✓					High-end Geodatenserver zur Geodatenhaltung in relationalen Datenbanken
✓	✓												✓			✓									Lösung zur Gridanalyse und 3D-Darstellung in MapInfo Professional
✓	✓	✓	✓	✓							✓	✓	✓	✓	✓	✓	✓	✓	✓	✓	✓			✓	Mapkey, DesktopGIS
✓	✓	✓	✓	✓																					MapReader, GIS-Datenviewer
✓	✓																✓								Schnittstelle Geodaten und Grafik: Import, Bearbeitung und Export von Geodaten in Adobe Illustrator / FreeHand; auch für Macintosh
✓	✓	✓											✓				✓	✓							statistische Auswertungen u. thematische Karten, kompatibel zu AutoCAD
✓	✓		✓	✓	✓	✓	✓		✓			✓	✓	✓	✓	✓	✓	✓	✓	✓	✓				Erstellen von Web-Mapping Lösungen im Scalable Vector Graphic (SVG) Format auf der Grundlage von ArcGIS/ArcView Projekten unter Verwendung aller ayouteinstellungen
✓	✓																	✓							Marktanalyse u. Rauminfo. online, Geomarketing für Unternehmer, Adressgeocodierg, Standortanalyse
✓	✓		✓	✓	✓		✓	✓	✓	✓	✓		✓			✓		✓	✓	✓					Geomarketing Komplettlösung: Expansionsplanung, Standortoptimierung, Vertriebsgebietssteuerung, umfangreiches Marktdatenpaket, Geocoder und Karten
✓	✓	✓	✓	✓				✓	✓	✓	✓		✓	✓		✓		✓	✓	✓					Geomarketing Web-Lösung: Expansionsplanung, Standortoptimierung, Vertriebsgebietssteuerung, Reporting, umfangreiches Marktdatenpaket, Geocoder, Routing u. Karten

© Bernhard Harzer: GIS-Report 2008/09, Bernhard Harzer Verlag, Karlsruhe

GIS-Softwareübersicht

Software	Anbieter	Ansprechpartner Telefon	Erstinstallation	Versionsnummer	GIS	Desktop-GIS	GIS-Fachschale	GIS-Viewer	Internet-GIS	Mobil-GIS	CAD-GIS	Geo-Datenbankserver	GIS-Ergänzung	Windows	UNIX	eigenst. GIS-Kernsoftware	Applikation zu ArcGIS	Applikation zu Geomedia	Applikation zu Autodesk Map	Applikation zu Microstation
MartViewer 4.0	GfK Marktforschung GmbH		1998	3.0		✓								✓		✓				
METROPOLY GATE Konverter	Geobyte Software GmbH		1992										✓	✓	✓	✓				
METROPOLY MapWeb	Geobyte Software GmbH		2000	4.0					✓					✓	✓	✓				
METROPOLY MapWork	Geobyte Software GmbH		1998	2.6		✓								✓		✓				
METROPOLY MW3D	Geobyte Software GmbH		2002	1.0		✓								✓		✓				
METROPOLY MWTERRA	Geobyte Software GmbH		2002	1.0		✓								✓		✓				
METROPOLY SIAS Mobil	Geobyte Software GmbH		1998	2.24						✓				✓		✓				
METROPOLY Spatial Bridge	Geobyte Software GmbH		2002	1.0								✓		✓		✓				
METROPOLY Spatial Server (SIAS)	Geobyte Software GmbH		1998	2.3								✓		✓	✓	✓				
METROPOLY ThemKart	Geobyte Software GmbH		1999	2.0		✓								✓		✓				
METROPOLY WMS	Geobyte Software GmbH		2002	1.0								✓		✓		✓				
MicroImages iTNTmap	GIS Team Ingenieurbüro für Geoinformatik	Dipl.-Ing. Frank Kohlleppel, +49 641 - 9483021	2008	2008.74				✓	✓					✓		✓				
MicroImages TNTatlas	GIS Team Ingenieurbüro für Geoinformatik	Dipl.-Ing. Frank Kohlleppel, +49 641 - 9483021	1994	2008.74				✓						✓	✓	✓				
MicroImages TNTedit	GIS Team Ingenieurbüro für Geoinformatik	Dipl.-Ing. Frank Kohlleppel, +49 641 - 9483021	1996	2008.74		✓								✓	✓	✓				
MicroImages TNTmap Open	GIS Team Ingenieurbüro für Geoinformatik	Dipl.-Ing. Frank Kohlleppel, +49 641 - 9483021	2006	2008.74				✓	✓					✓	✓					
MicroImages TNTmips	GIS Team Ingenieurbüro für Geoinformatik	Dipl.-Ing. Frank Kohlleppel, +49 641 - 9483021	1988	2008.74	✓									✓	✓	✓				
MicroImages TNTserver	GIS Team Ingenieurbüro für Geoinformatik	Dipl.-Ing. Frank Kohlleppel, +49 641 - 9483021	2001	2008.74					✓					✓	✓	✓				
MicroImages TNTview	GIS Team Ingenieurbüro für Geoinformatik	Dipl.-Ing. Frank Kohlleppel, +49 641 - 9483021	1998	2008.74		✓	✓							✓	✓	✓				
MILGisProLage	Screen Paper Communication GmbH	Hr. Schmitz 02225 - 7032412	2001	5.0		✓								✓	✓				✓	
MILGisProLageWeb	Screen Paper Communication GmbH	Hr. Schmitz 02225 - 7032412	2007	2.7		✓								✓	✓	✓				
MILGisProPCMap	Screen Paper Communication GmbH	Hr. Schmitz 02225 - 7032412	2002	2.3		✓								✓	✓				✓	
mini CASOB	aadiplan münchen		1992									✓		✓		✓	✓	✓	✓	✓
mobiGIS Catalog	INTEND Geoinformatik GmbH		2006							✓		✓		✓		✓				
mobiGIS RFID	INTEND Geoinformatik GmbH		2008							✓		✓		✓		✓				
mobiGIS Road	INTEND Geoinformatik GmbH		2006					✓		✓				✓		✓				

© Bernhard Harzer: GIS-Report 2008/09, Bernhard Harzer Verlag, Karlsruhe

GIS-Softwareübersicht

Datenformate		Datenbank und Datenbankschnittstellen (Sachdaten)									Anwendungsschwerpunkte												Kurzbeschreibung, Applikation zu, Sonstige Systemtypen, Sonstige Plattformen, Sonstiger Anwendungsschwerpunkt
Vektor	Raster	Interne DB	Oracle	MS-SQL-Server	DB/2	Informix	Ingres	JDBC	ODBC	Sybase	xBase-Format	Facility Management	Umwelt u. Naturschutz	Ver.- u. Entsorgung	Telekommunikation	Auskunftssysteme	Kartographie	Marketing	Logistik	Vermessung u. Kataster	Verkehrsplanung	Raum- und Bauleitplanung	Photogrammetrie	Fernerkundung	
✓	✓		✓	✓					✓							✓		✓	✓						Intelligente Software für die Standortplanung, Filialnetzoptim., Kleinräumige Zielgruppenanalyse
✓			✓		✓				✓				✓	✓		✓	✓			✓		✓			GIS und CAD Datenkonverter zur verlustfreien Konvertierung (mit Erhaltung der Objektstrukturen)
✓	✓		✓		✓			✓	✓			✓	✓			✓	✓		✓						MapWeb ist ein Java Applet, das als Browser Frontend f. die Visualisg. von Geodaten eingesetzt wird.
✓	✓								✓				✓	✓	✓	✓	✓	✓		✓					Desktop Mopping Software mit GIS und CAD Funktionalität, erweiterbar mit Plugins
✓	✓								✓			✓		✓											MapWork Plugin zur Darstellung von 3D-geodaten; kann mit MWTERRA kombiniert werden
✓	✓								✓					✓											MapWork Plugin zur Projektion von 2D-Rasterdaten auf ein 3D-Gittermodel
✓	✓								✓				✓	✓						✓	✓				Mobilversion des METROPOLY Spatial Server für den Einsatz auf Notebooks
✓	✓															✓									OpenGIS-konformes Oracle Spatial Zugriffsmodul zum METROPOLY Spatial Server (SIAS)
✓	✓							✓	✓				✓			✓	✓								Geodatenserver mit OpenGIS Support (Spatial Datenbanken, WMS) und zahlreichen weiteren Services
✓	✓								✓			✓	✓			✓	✓	✓		✓					Flexible Verknüpfung von Geodaten und Sachdaten zu thematischen Darstellungen
✓	✓		✓	✓			✓									✓									OpenGIS-konformes WebMapping-Modul zum METROPOLY Spatial Server (SIAS)
																									kostenloser OGC-konformer WMS-Client zum Zugriff auf Mapserver wie TNTserver oder ArcIMS über Apple iPhone oder Apple iTouch
✓	✓	✓	✓	✓	✓	✓	✓	✓	✓	✓	✓		✓	✓		✓	✓	✓	✓	✓	✓	✓	✓	✓	Kostenloser Viewer für Geodaten mit Hyperlink-Funktion für einfachen Zugriff auf komplexe Geodatenbestände
✓	✓	✓	✓	✓	✓	✓	✓	✓	✓	✓	✓		✓	✓	✓	✓	✓			✓	✓	✓	✓	✓	Editor für Geodaten in den Formaten Vektor, CAD, Raster, TIN, vollständige Vektortopologie, integrierte umfasst alle Funktionen von TNTview
																									Kostenloser OGC-konformer WMS-Client zum Zugriff auf Mapserver wie TNTserver oder ArcIMS per PC und Browser
✓	✓	✓	✓	✓	✓	✓	✓	✓	✓	✓	✓		✓	✓	✓	✓	✓	✓	✓	✓	✓	✓	✓	✓	Software für GIS, Fernerkundung, Kartographie, 3D-Modelliergung, 3D-Simulation, 3D-Visualisierung, umfasst alle Funktionen von TNTedit/TNTview
✓	✓	✓	✓	✓	✓	✓	✓	✓	✓	✓	✓		✓	✓	✓	✓	✓	✓	✓	✓	✓	✓			OGC-zertifizierter dynamischer Webmapserver
✓	✓	✓	✓	✓	✓	✓	✓	✓	✓	✓	✓		✓	✓		✓	✓	✓	✓	✓	✓	✓	✓	✓	Desktop-GIS und Kartographie, Anbindung externer Datenbanken, zahlreiche Im- und Exportfilter, daher auch als Geodatenkonverter geeignet
			✓	✓	✓				✓							✓			✓						Lageplanungswerkzeug mit Zugriff auf SAP und NATO Datenmodelle als ArcGIS Extension.
			✓	✓	✓				✓							✓			✓						Lageplanungswerkzeug mit Zugriff auf SAP und NATO Datenmodelle auf der Basis des WebMapService.
	✓															✓									Lesen des Formates PC-Map des Amtes für militärische Geowesen.
✓	✓											✓								✓					miniCASOB ist ein lasergestütztes Aufmaßsystem zur digitalen Baubestandserfassung
	✓															✓	✓								Erweiterung zu ArcPad; einfaches Einbinden von Rasterkatalogen zur performanten Darstellung von großen Mengen Rasterdaten
✓													✓	✓		✓	✓	✓	✓						Erweiterung zu ArcPad; Ermöglicht die Integration der RFID-Technologie in ArcPad. Auslesen und Beschreiben von RFID-Transpondern.
✓	✓															✓	✓			✓	✓				Fachschale zur ArcPad; Erfassung und Kontrolle von Straßeninfrastrukturelementen - basiert auf den bundeseinheitlichen Vorgaben der "Anweisung Straßeninformationsbank – ASB 2005".

© Bernhard Harzer: GIS-Report 2008/09, Bernhard Harzer Verlag, Karlsruhe

GIS-Softwareübersicht

Software	Anbieter	Ansprechpartner Telefon	Erstinstallation	Versionsnummer	GIS	Desktop-GIS	GIS-Fachschale	GIS-Viewer	Internet-GIS	Mobil-GIS	CAD-GIS	Geo-Datenbankserver	GIS-Ergänzung	Windows	UNIX	eigenst. GIS-Kernsoftware	Applikation zu ArcGIS	Applikation zu Geomedia	Applikation zu Autodesk Map	Applikation zu Microstation
monavista	mobile-geomatics		2004							✓				✓		✓				
Moskito GIS	Moskito GIS GmbH		1996	4.0	✓									✓		✓				
Multi-Map-Editor	METTENMEIER GmbH												✓	✓		✓				
Multiple-Object-Editor (MOE)	METTENMEIER GmbH		1995										✓	✓		✓				
MyWMS	BT-GIS		2004						✓					✓		✓	✓			
NASI/OM (ALKIS)	TERRALKIS GmbH		2005				✓							✓						
NASloader++	GDV Gesellschaft für geografische Datenverarbeitung mbH	Herr Peter Hurlemann 06171 7148-23	2008	0.6.7-0										✓		✓	✓			
Naturschutz und Biotopkartierung	UMGIS Informatik GmbH		2000			✓								✓						
Neapoljs - Internet Mapping	AGIS GmbH (Frankfurt am Main)		1999						✓					✓		✓	✓			
NEPLAN SCHNITTSTELLE	METTENMEIER GmbH		2004									✓								
NetRIS	GISA GmbH		1999	3.2					✓					✓						
NIS Fachschalen	NIS AG	Daniel Lehmann +41 41 267 05 05	1997	4	✓		✓	✓	✓	✓		✓	✓	✓	✓	✓				
NIS Instandhaltung	NIS AG	Daniel Lehmann +41 41 267 05 05	2008	1			✓							✓						
nofdp IDSS	Björnsen Beratende Ingenieure (BCE)	Björnsen Zentrale 0261 - 8851-0	2008	1		✓	✓	✓						✓	✓	✓				
NONSTOP	GEVAS software GmbH		2000	2.5		✓								✓		✓				
novaFACTORY	M.O.S.S. GmbH	Julian Claudius 089 - 66675-144	2003	3.2				✓				✓		✓	✓				✓	
novaFACTORY 3D	M.O.S.S. GmbH	Julian Claudius 089 - 66675-144	2008					✓				✓		✓	✓				✓	
novaFACTORY 4AI	M.O.S.S. GmbH	Julian Claudius 089 - 66675-144						✓				✓		✓	✓				✓	
novaFACTORY Extended	M.O.S.S. GmbH	Julian Claudius 089 - 66675-144	2007					✓				✓		✓	✓				✓	
novaFACTORY Vektor	M.O.S.S. GmbH	Julian Claudius 089 - 66675-144	2007					✓				✓		✓	✓				✓	
novaFACTORY@SCOP	M.O.S.S. GmbH	Julian Claudius 089 - 66675-144	2006					✓				✓		✓	✓				✓	
novaKANDIS	CADMAP GmbH	Wolfgang Jaeger 0201 - 82765-50	2003	3.1		✓		✓						✓		✓				
novaMOBIL	CADMAP GmbH	Wolfgang Jaeger 0201 - 82765-50	2004	4.2						✓				✓		✓				
novaRoSy	M.O.S.S. GmbH	Julian Claudius 089 - 66675-144	2004	3.2	✓				✓					✓		✓				

© Bernhard Harzer: GIS-Report 2008/09, Bernhard Harzer Verlag, Karlsruhe

GIS-Softwareübersicht

Vektor	Raster	Interne DB	Oracle	MS-SQL-Server	DB/2	Informix	Ingres	JDBC	ODBC	Sybase	xBase-Format	Facility Management	Umwelt u. Naturschutz	Ver- u. Entsorgung	Telekommunikation	Auskunftssysteme	Kartographie	Marketing	Logistik	Vermessung u. Kataster	Verkehrsplanung	Raum- und Bauleitplanung	Photogrammetrie	Fernerkundung	Kurzbeschreibung, Applikation zu, Sonstige Systemtypen, Sonstige Plattformen, Sonstiger Anwendungsschwerpunkt
✓	✓										✓														
✓	✓	✓	✓	✓			✓							✓	✓					✓	✓				GIS zur effektiven Erfassung, Analyse und Präsentation, Anwenderkonfigurierbar und automatisierbar
														✓											Blattschnitt-Objekte komfortabel anlegen und plotten
														✓											Tool zur gleichzeitigen Bearbeitung mehrerer Objekte
✓	✓		✓	✓				✓																	WebmapService ogc konform. In alle standardisierten Systeme integrierbar, auch in CMS.
✓			✓	✓				✓					✓				✓								Bidirektionale ALKIS/NAS-Schnittstelle für beliebige CAD-GIS-Systeme
			✓	✓	✓		✓																		Linux-tauglicher ALKIS/ATKIS Konverter für NAS-Daten. Ausgabe in Shape/DXF/DB. Unterstützt auch PostgreSQL. Kostenfreie Version als Download erhältlich.
✓	✓		✓										✓												Biotopkartierungen, Flora und Fauna, Biotopverbundplanung, Landschaftsplan
✓	✓	✓	✓	✓	✓	✓		✓	✓	✓	✓	✓	✓	✓	✓	✓	✓	✓	✓		✓				Neapolis-Internet-Mapping auf Plattform von MapServer, MapXtreme oder ArcIms
✓		✓												✓											Schnittstelle für SW-GIS zum Strom- und Netzberechnungsprogramm NEPLAN d. Fa. ABB
✓	✓		✓											✓						✓					Geografische Auskunftslösung für GIS-Daten mit SAP-Schnittstelle
✓	✓	✓							✓							✓	✓	✓							weitere Angaben unter www.nis.ch
			✓	✓					✓			✓													weitere Angaben unter www.nis.ch
✓	✓	✓											✓									✓			GIS-basiertes Informations- und Entscheidungsunterstützungssystem zur interaktiven Planung von Hochwasserschutzmaßnahmen unter Berücksichtigung des technisch-ökologisch-ökonomischen-raumplanerischen Kontextes dieser Maßnahmen (Integrated River Basin Management) einschließlich umfangreicher Pre- und Postprocessing-Werkzeuge sowie Einbindung eines Hydraulikprogramms und Reportingfunktionen.
✓	✓	✓																			✓				Verkehrsfluss-Simulation zur Planung und Qualitätsanalyse von Verkehrsnetz-Steuerungssystemen
✓	✓		✓		✓	✓			✓	✓			✓	✓		✓	✓			✓			✓	✓	Geodateninfrastruktur zur datenbankbasierten Verwaltung von Georasterdaten in blattschnittfreien Layern, Datenverteilung und Abgabe
✓	✓		✓		✓	✓							✓			✓	✓			✓			✓	✓	Prozesssteuerungsmodul für die automatisierte Erzeugung großflächiger Gebäudemodelle
	✓		✓	✓	✓											✓	✓			✓			✓	✓	Aufsatzmodul zum Aufbau eines Luftbildarchivs
✓	✓		✓	✓	✓	✓							✓			✓	✓			✓			✓	✓	Aufsatzmodul für erweiterte Workflowkontrolle und Qualitätssicherung
			✓	✓	✓								✓				✓			✓			✓	✓	Erweiterungsmodul für Vektordaten
✓	✓		✓		✓	✓							✓			✓	✓			✓			✓	✓	Aufsatzmodul für hochwertige Digitale Geländemodelle
✓	✓		✓											✓											Modulares Kanalmanagementsystem für Verwaltung, Betrieb und Instandhaltung von Kanalnetzen
✓	✓												✓	✓											Mobile Erfassung und Pflege von Grafik- und Sachdaten unter ArcPad, z.B. Baumkataster, Sinkkästen
✓	✓																✓		✓						CAD und Rasterfunktionalität für ArcView, Plottern, Georeferenzierung, Vektorisierung, Mustererkennung

© Bernhard Harzer: GIS-Report 2008/09, Bernhard Harzer Verlag, Karlsruhe

GIS-Softwareübersicht

Software	Anbieter	Ansprechpartner Telefon	Erstinstallation	Versionsnummer	GIS	Desktop-GIS	GIS-Fachschale	GIS-Viewer	Internet-GIS	Mobil-GIS	CAD-GIS	Geo-Datenbankserver	GIS-Ergänzung	Windows	UNIX	eigenst. GIS-Kernsoftware	Applikation zu ArcGIS	Applikation zu Geomedia	Applikation zu Autodesk Map	Applikation zu Microstation
NRM - EIS	METTENMEIER GmbH						✓													
ObjectBuilder	AGIS GmbH, Wien		1999									✓	✓						✓	
OLAP for ArcGIS	ESRI Geoinformatik GmbH		2005	9.2								✓	✓				✓			
ONLINE BAUAUSKUNFT	METTENMEIER GmbH		2003						✓				✓							
Open Mobile GIS	Kirchner EDV-Service Bremen		2001	2.0						✓			✓	✓						
OPERATION ANALYSER	METTENMEIER GmbH		2004									✓	✓							
Operatives Liegenschaftsmanage-ment	UMGIS Informatik GmbH		2001				✓						✓							
OptiPlan Schnittstelle	METTENMEIER GmbH		2001										✓							
ORA&SW	GIS Consult GmbH	Thomas Hermes 02364 - 9218-32	2005	41								✓	✓							
PAN - Schnittstelle	METTENMEIER GmbH												✓							
Paris IQ Client	SHH GmbH Systemhaus Hemminger		1999	IQ 1.2	✓	✓			✓	✓				✓		✓				
Paris IQ Datamodels	SHH GmbH Systemhaus Hemminger		1999	IQ 1.2					✓					✓		✓				
Paris IQ Manager	SHH GmbH Systemhaus Hemminger		1999	IQ 1.2	✓	✓								✓		✓				
Paris IQ Mobile	SHH GmbH Systemhaus Hemminger		2002	IQ 1.2						✓				✓		✓				
Paris IQ Modeller	SHH GmbH Systemhaus Hemminger		1999	IQ 1.2	✓	✓								✓		✓				
Paris IQ Server	SHH GmbH Systemhaus Hemminger		1999	IQ 1.2								✓		✓		✓				
Paris IQ Trace	SHH GmbH Systemhaus Hemminger		2005	IQ 1.2								✓		✓		✓				
Paris IQ View	SHH GmbH Systemhaus Hemminger		2007	IQ 1.2			✓	✓						✓		✓				
Paris OPEN	SHH GmbH Systemhaus Hemminger		1999		✓	✓			✓	✓				✓		✓				
Paris Web	SHH GmbH Systemhaus Hemminger		2003						✓					✓		✓				

© Bernhard Harzer: GIS-Report 2008/09, Bernhard Harzer Verlag, Karlsruhe

GIS-Softwareübersicht

Vektor	Raster	Interne DB	Oracle	MS-SQL-Server	DB/2	Informix	Ingres	JDBC	ODBC	Sybase	xBase-Format	Facility Management	Umwelt u. Naturschutz	Ver.- u. Entsorgung	Telekommunikation	Auskunftssysteme	Kartographie	Marketing	Logistik	Vermessung u. Kataster	Verkehrsplanung	Raum- und Bauleitplanung	Photogrammetrie	Fernerkundung	Kurzbeschreibung, Applikation zu, Sonstige Systemtypen, Sonstige Plattformen, Sonstiger Anwendungsschwerpunkt
													✓												NRM-EIS-Enterprise Integration Services, Systemintegration d. Smallworld GIS in d. Unternernehmens JT
✓													✓	✓		✓				✓	✓				dGPS-Datenimport und Erstellung von CAD/GIS-Objekten für GIS und CAD
✓																✓	✓								Freie Erweiterung für ArcGIS Desktop. Ermöglicht die Einbindung von OLAP Systemen wie SAP BW, SAS OLAP Server und Microsoft SQL Server Analysis Services direkt aus ArcGIS Desktop heraus
✓	✓	✓														✓	✓								Online-Planauskunft an Bauunternehmen
✓	✓										✓		✓	✓		✓				✓	✓				Mobiles GIS/GPS Erfassungs- und Auskunftssystem
		✓												✓											Tool zur spartenübergreifenden Netzwerkanalyse und Präsentation
✓	✓		✓	✓										✓						✓					Liegenschaftsverwaltung mit Schwerpunkt Pachtverhältnisse, Pflegemaßnahmen, Termine und Kosten
																	✓								Relevante Daten für die Rohrnetzberechnung können aus den Smallworld GIS exportiert werden.
✓	✓	✓	✓									✓	✓	✓	✓	✓	✓	✓	✓	✓	✓	✓	✓		Transfer von Oracle-Modellen und Daten nach Smallworld
✓																									Netzberechnungs-Produkt, Pan und Smallworld GIS
✓	✓		✓					✓	✓				✓	✓	✓					✓					PARIS IQ Desktop Client für Erfassung, Fortführung und Analyse von GIS-Daten. Änderungen werden unmittelbar in DB gespeichert und sind an allen Arbeitsplätzen verfügbar
✓	✓		✓						✓				✓	✓						✓					Basis Datenmodelle für die Sparten Gas, Wasser, Strom für einen schnellen, problemlosen Start mit PARIS IQ. Die Datenmodelle können jederzeit mit dem PARIS IQ Modeller angepasst und erweitert werden
✓	✓		✓					✓	✓				✓	✓	✓					✓					WEB-Anwendung zur Administration von PARIS IQ. Administration der Datenquellen, Benutzer, Zugriffsrechte, Starten und Stoppen einzelner Server-Dienste
✓	✓		✓					✓	✓				✓	✓						✓					Mobiler Client mit gleichem Funktionsumfang wie Desktop Client und Funktionen zur Synchronisation mit dem Server.
✓	✓		✓					✓	✓				✓	✓	✓					✓					Modul zur Erstellung oder Bearbeitung von Datenmodellen für PARIS OPEN. Schnelle und flexible Anpassung der Datenmodelle an Kundenwünsche
✓	✓		✓					✓	✓				✓	✓	✓					✓					Stellt die zentralen Dienste für die GIS-Datenverwaltung, GIS-Datenbearbeitung und GIS-Datenanalyse bereit. Die Daten werden OGC-konform in einer Oracle Datenbank verwaltet.
✓	✓		✓					✓	✓				✓	✓	✓					✓					Paris IQ Service für die Netzverfolgung. Sekundenschnelle Ermittlung von Netzverfolgungsergebnissen
✓	✓		✓					✓	✓				✓	✓	✓					✓					Kostenfreies und leistungsstarkes CAD zur Anzeige und Bearbeitung von Grafikdateien.
✓	✓		✓					✓	✓				✓	✓	✓					✓					Die Produktfamilie PARIS Open stellt flexible und skalierbare GIS Lösungen für jede Unternehmensgröße zur Verfügung.
✓	✓		✓					✓	✓				✓	✓	✓					✓					Zentral verwaltetes, flexibles Auskunfts- und Analysewerkzeug, das mit Standard-Webbrowsern an jedem Arbeitsplatz genutzt werden kann. Nutzung von WMS und WFS Diensten

© Bernhard Harzer: GIS-Report 2008/09, Bernhard Harzer Verlag, Karlsruhe

GIS-Softwareübersicht

Software	Anbieter	Ansprechpartner Telefon	Erstinstallation	Versionsnummer	GIS-Softwarekategorie									Plattform		Umfang der GIS-Software				
					GIS	Desktop-GIS	GIS-Fachschale	GIS-Viewer	Internet-GIS	Mobil-GIS	CAD-GIS	Geo-Datenbankserver	GIS-Ergänzung	Windows	UNIX	eigenst. GIS-Kernsoftware	Applikation zu ArcGIS	Applikation zu Geomedia	Applikation zu Autodesk Map	Applikation zu Microstation
PCMap	GISCAD - Institut		1978	13.0		✓								✓		✓				
pda CityMap	BT-GIS		2003							✓				✓		✓				
Personal Geographic Assistant - PGA	Dr. Michael GEOMATICS	Herr Volker Schmidt 03943 - 92 31 13	2004	2.0	✓	✓			✓	✓										
PIA	Forstware Informationssysteme GmbH		1985			✓								✓		✓				
PIETS ISYTEST XML	Barthauer Software GmbH	0531-23533-0	2006	08.02.0000								✓		✓	✓					
PIPELINE MANAGER	DMC1 GmbH		1995			✓								✓						
pit-Kommunal	IP SYSCON GmbH/ pit-Cup		2006	2.0								✓	✓	✓			✓			
PlaceSlope	ICF GmbH		1993	2.6.0		✓								✓	✓					
PlaceXYZ	ICF GmbH		1994											✓	✓	✓				
PlanRahmen	ICF GmbH		1994											✓	✓					
Planzeichenverordnung (PlanZV) für ArcGIS	ESRI Geoinformatik GmbH		1999	9.3										✓	✓		✓			
PlanZV f. ArcView GIS 3.x/ArcGIS	IP SYSCON GmbH		1996	2.1			✓							✓			✓			
PLATEIA	Widemann Systeme GmbH	Mustafa Kocatürk 0611 - 77819-0	1990	2009							✓	✓		✓						✓
PLATO	con terra GmbH		1995											✓		✓	✓			
PLiNiUS	euro GIS IT-Systeme GmbH		2000	8					✓					✓						
Plot Studio	GEOCOM Informatik AG		2001			✓								✓			✓			
POLYGIS	IAC mbH/SWBB GmbH		1992	9.9	✓									✓		✓				
POLYGIS ALB, ALK	IAC mbH/SWBB GmbH			9.9			✓							✓						
POLYGIS Beitrags und Kostenauskunft	IAC mbH/SWBB GmbH			9.9			✓							✓						
POLYGIS Masse, Kosten und Vermögen	IAC mbH/SWBB GmbH			9.9			✓							✓						
POLYGIS-Abwassergebühren	IAC mbH/SWBB GmbH			9.9			✓							✓						
POLYGIS-ALKIS	IAC mbH/SWBB GmbH			9.9			✓							✓						
POLYGIS-Bauantragsverwaltung	IAC mbH/SWBB GmbH			9.9			✓							✓						
POLYGIS-Baum	IAC mbH/SWBB GmbH			9.9			✓							✓						
POLYGIS-Bewertung kommunaler Flächen	IAC mbH/SWBB GmbH			9.9			✓							✓						

© Bernhard Harzer: GIS-Report 2008/09, Bernhard Harzer Verlag, Karlsruhe

GIS-Softwareübersicht

Datenformate		Datenbank und Datenbankschnittstellen (Sachdaten)									Anwendungsschwerpunkte											Kurzbeschreibung, Applikation zu, Sonstige Systemtypen, Sonstige Plattformen, Sonstiger Anwendungsschwerpunkt
Vektor	Raster	Interne DB	Oracle	MS-SQL-Server	DB/2	Informix	Ingres	JDBC	ODBC	Sybase	xBase-Format	Facility Management	Umwelt u. Naturschutz	Ver- u. Entsorgung	Telekommunikation	Auskunftssysteme	Kartographie	Marketing	Logistik	Vermessung u. Kataster	Verkehrsplanung	Raum- und Bauleitplanung	Photogrammetrie	Fernerkundung	
✓	✓								✓	✓			✓	✓	✓	✓	✓			✓		✓			Anwendungen für ALK/ALB, Kanal, Wasser, Strom, Gas u. kommunale Informationssysteme
	✓															✓									MobilGIS f. interaktiven Stadtplan. GPS(opt.), Notizbuch, definierbare Objekte
✓	✓		✓										✓	✓			✓	✓				✓		✓	
✓	✓	✓	✓	✓	✓	✓	✓	✓	✓				✓					✓	✓	✓		✓			
		✓												✓											Ist der neue Testservice für ISYBAU-Dateien im XML-Format nach dem ISYBAU-Konzept 2006 XML
✓	✓		✓	✓							✓	✓	✓		✓										
												✓	✓												Betriebssteuerungswerkzeug für Gebäude, Liegenschaften, Grünflächen, Spielplätze, uvm.
✓														✓	✓	✓	✓			✓		✓	✓		automatisierte Erfassung von komplexen Böschungen (2-D u. 3-D) auch als Batchfunktion
✓														✓	✓	✓				✓		✓	✓		Einlesen von Meßdaten aus einer ASCII-Datei in MicroStation-DGN
✓												✓	✓	✓	✓	✓				✓		✓	✓		automatisierte benutzerdefinierte Planrahmenerstellung für beliebige Zeichenvorschriften
✓			✓	✓	✓			✓	✓								✓			✓		✓			Symbolbibliotheken und Tools zur Planzeichenverordnung und Landschaftsplanung. Kooperationsprodukt mit IP Syscon GmbH Desktop-GIS Erweiterung
✓			✓	✓																		✓			Planzeichenverordnung nach amtlichen Vorgaben für die Landschafts- u. Bauleitplanung
✓	✓	✓													✓		✓	✓			✓	✓			Professionelle Straßenplanungs-Software auf Basis von AutoCAD, AutoCAD Map 3D, AutoCAD Civil 3D oder AutoCAD Architecture
✓	✓	✓	✓					✓	✓					✓			✓								Planungswerkzeug für die Rundfunkversorgung
																✓									Baumkataster mit statisch integrierter Sicherheitsabschätzung und grafischer Auskunft
✓	✓		✓	✓	✓							✓	✓	✓	✓	✓	✓			✓	✓	✓			Plotlösung als Extension zu Arc GIS 9.x u. GEONIS expert für effiziente Planausgaben und Serienplots
✓	✓		✓	✓				✓	✓				✓	✓		✓	✓			✓	✓	✓	✓		Professionelles GIS zur effektiven Nutzung und Bearbeitung großer Geodatenmengen
✓	✓		✓	✓				✓					✓	✓		✓	✓			✓		✓			Fachanwendung der Geobasisdaten ALB und ALK (Nachfolger wird NAS)
✓			✓	✓				✓				✓	✓	✓		✓	✓			✓	✓	✓			Fachanwendung zur Erfassung und Verwaltung von Erschließungsanlagen inkl. deren Herstellung, Ausbau und Unterhaltung
✓	✓		✓	✓				✓						✓		✓	✓			✓					Fachanwendung zur Erfassung von Massen, Kosten und Vermögenswerten bei Kanalanlagen
✓	✓		✓	✓				✓						✓		✓	✓			✓	✓				Fachanwendung zur Erstellung der Bescheide zur gesplitteten Abwassergebühr
✓	✓		✓	✓				✓								✓	✓			✓					Fachanwendung zur Nutzung der ALKIS-Daten
✓	✓		✓	✓				✓					✓			✓	✓			✓	✓	✓			Fachanwendung zur Erfassung und Verwaltung von Bauanträgen bzw. Bauvoranfragen auf der kommunalen Verwaltungsebene
✓	✓		✓	✓				✓					✓			✓	✓			✓					Fachanwendung zur Erfassung, Verwaltung, Bewertung des Baumbestands
✓	✓		✓	✓				✓			✓		✓	✓		✓	✓			✓	✓	✓			Fachanwendung zur Wertermittlung von Nutzungsabschnitten, Flurstücken und Bodenrichtwertflächen im Rahmen der Doppik

© Bernhard Harzer: GIS-Report 2008/09, Bernhard Harzer Verlag, Karlsruhe

GIS-Softwareübersicht

Software	Anbieter	Ansprechpartner Telefon	Erstinstallation	Versionsnummer	GIS-Softwarekategorie							Plattform		Umfang der GIS-Software				
					GIS	Desktop-GIS	GIS-Fachschale	GIS-Viewer	Internet-GIS	Mobil-GIS	CAD-GIS	Geo-Datenbankserver	GIS-Ergänzung	Windows	UNIX	eigenst. GIS-Kernsoftware	Applikation zu ArcGIS	Applikation zu Geomedia	Applikation zu Autodesk Map	Applikation zu Microstation
POLYGIS-Biotop	IAC mbH/SWBB GmbH			9.9			✓							✓						
POLYGIS-Brücke/Bauwerke	IAC mbH/SWBB GmbH			9.9			✓							✓						
POLYGIS-Fernwärme	IAC mbH/SWBB GmbH			9.9			✓							✓						
POLYGIS-Forstverwaltung	IAC mbH/SWBB GmbH			9.9			✓							✓						
POLYGIS-Friedhof	IAC mbH/SWBB GmbH			9.9			✓							✓						
POLYGIS-Gas	IAC mbH/SWBB GmbH			9.9			✓							✓						
POLYGIS-Grün	IAC mbH/SWBB GmbH			9.9			✓							✓						
POLYGIS-Grundbuchrechte	IAC mbH/SWBB GmbH			9.9			✓							✓						
POLYGIS-Grundstücksverkehr	IAC mbH/SWBB GmbH			9.9			✓							✓						
POLYGIS-Indirekteinleitkataster	IAC mbH/SWBB GmbH			9.9			✓							✓						
POLYGIS-Kanal	IAC mbH/SWBB GmbH			9.9			✓							✓						
POLYGIS-Kanalsanierung	IAC mbH/SWBB GmbH			9.9			✓							✓						
POLYGIS-Kleinkläranlagen	IAC mbH/SWBB GmbH			9.9			✓							✓						
POLYGIS-KOMSTAT	IAC mbH/SWBB GmbH		2003	9.9			✓							✓						
POLYGIS-KSIB	IAC mbH/SWBB GmbH			9.9			✓							✓						
POLYGIS-MapServer	IAC mbH/SWBB GmbH		2002	9.9					✓					✓		✓				
POLYGIS-Natureg	IAC mbH/SWBB GmbH			9.9			✓							✓						
POLYGIS-Ökokonto	IAC mbH/SWBB GmbH			9.9			✓							✓						
POLYGIS-Straßenreinigung	IAC mbH/SWBB GmbH			9.9			✓							✓						
POLYGIS-Strom	IAC mbH/SWBB GmbH			9.9			✓							✓						
POLYGIS-Verkehrszeichen	IAC mbH/SWBB GmbH			9.9			✓							✓						
POLYGIS-Verträge zur Grundstücksnutzung	IAC mbH/SWBB GmbH			9.9			✓							✓						
POLYGIS-View	IAC mbH/SWBB GmbH		1997	9.9				✓						✓		✓				
POLYGIS-Wasser	IAC mbH/SWBB GmbH			9.9			✓							✓						

© Bernhard Harzer: GIS-Report 2008/09, Bernhard Harzer Verlag, Karlsruhe

GIS-Softwareübersicht

Datenformate		Datenbank und Datenbankschnittstellen (Sachdaten)								Anwendungsschwerpunkte												Kurzbeschreibung, Applikation zu, Sonstige Systemtypen, Sonstige Plattformen, Sonstiger Anwendungsschwerpunkt
Vektor	Raster	Interne DB	Oracle	MS-SQL-Server	DB/2	Informix	Ingres	JDBC	ODBC	Sybase	xBase-Format	Facility Management	Umwelt u. Naturschutz	Ver- u. Entsorgung	Telekommunikation	Auskunftssysteme	Kartographie	Marketing	Logistik	Vermessung u. Kataster	Verkehrsplanung	Raum- und Bauleitplanung	Photogrammetrie	Fernerkundung	
✓	✓		✓	✓				✓	✓				✓			✓	✓			✓	✓	✓			Fachanwendung zur Erfassung, Bearbeitung, Auswertung von Biotopinformationen
✓	✓		✓	✓				✓	✓			✓	✓	✓		✓	✓			✓	✓	✓			Fachanwendung zur technischen Dokumentation und Bewertung von Brücken und Bauwerken
✓	✓		✓	✓				✓	✓					✓	✓	✓	✓			✓	✓	✓			Fachanwendung zur Erfassung, Bearbeitung, Auswertung von Bestands- und Betriebsdaten im Bereich Fernwärme
✓	✓		✓	✓				✓	✓				✓			✓	✓			✓	✓	✓			Fachanwendung zur Verwaltung großer und kleiner Waldgebiete
✓	✓		✓	✓				✓	✓			✓				✓	✓			✓	✓	✓			Fachanwendung zur Erfassung, Verwaltung und Auswertung von Daten im Bereich Friedhofsverwaltung
✓	✓		✓	✓				✓	✓					✓	✓	✓	✓			✓	✓	✓			Fachanwendung zur Erfassung, Bearbeitung, Auswertung von Bestands- und Betriebsdaten im Bereich Gasversorgung
✓	✓		✓	✓				✓	✓			✓	✓			✓	✓			✓	✓	✓			Fachanwendung zur Freiflächen-Verwaltung, -Kostenkalkulation und -Maßnahmenplanung
✓	✓		✓	✓				✓	✓				✓			✓	✓			✓					Fachanwendung in der PolyGIS-Liegenschaftverwaltung zur Erfassung von Einträgen in den Abteilungen II und III im Grundbuch
✓	✓		✓	✓				✓	✓			✓	✓	✓		✓	✓			✓	✓	✓			Fachanwendung zur Erfassung von Vertragsverhältnissen zu Grundstücken: Pacht-, Erbbaurechts-, Überlassungs-, Nutzungs- und Gestattungsverträge
✓	✓		✓	✓				✓	✓				✓	✓		✓	✓			✓					Fachanwendung zur Verwaltung gewerblicher, industrieller Abwassereinleitungen ins Kanalnetz
✓	✓		✓	✓				✓	✓				✓	✓		✓	✓			✓	✓	✓			Fachanwendung zur Erfassung, Bearbeitung, Auswertung von Daten im Bereich Kanal
✓	✓		✓	✓				✓	✓				✓	✓		✓	✓			✓					Fachanwendung zur Planung der Sanierung von Kanalanlagen
✓	✓		✓	✓				✓	✓				✓	✓		✓	✓			✓	✓	✓			Fachanwendung zur Verwaltung dezentraler Anlagen und Kleinkläranlagen
✓	✓		✓	✓				✓	✓				✓	✓		✓	✓			✓	✓	✓			Fachanwendung zum Stadtmonitoring mit Erfassung und Auswertung statistischer Informationen im kommunalen Bereich
✓	✓		✓	✓				✓	✓			✓	✓	✓		✓	✓			✓	✓	✓			Kommunale Straßeninformationsbank (Netz, Flächen, Inventar, Schäden, Maßnahmen, doppische Bewertung, Erhaltungsmanagement)
✓	✓		✓	✓				✓	✓				✓	✓	✓	✓	✓			✓	✓	✓			WMS-fähiger Web-Server mit Auskunftsoberfläche (WFS als Zusatz-Fachanwendung)
✓	✓		✓	✓				✓	✓				✓			✓	✓			✓	✓	✓			Fachanwendung zur Umsetzung des Naturschutzgesetzes im Hinblick auf das Management der Objekte des Naturschutzes
✓	✓		✓	✓				✓	✓				✓			✓	✓			✓	✓	✓			Fachanwendung zur Unterstützung eines vorausschauenden umweltbewussten Flächenmanagements
✓	✓		✓	✓				✓	✓				✓	✓		✓	✓			✓	✓	✓			Fachanwendung zur Planung von Prozessen in der Straßenreinigung
✓	✓		✓	✓				✓	✓					✓	✓	✓	✓			✓	✓	✓			Fachanwendung zur Erfassung, Bearbeitung, Auswertung von Bestands- und Betriebsdaten im Bereich Strom
✓	✓		✓	✓				✓	✓			✓				✓	✓			✓	✓	✓			Fachanwendung zur Führung von technischen und organisatorischen Daten von Verkehrszeichen u.a. verkehrsleittechnischer Infrastruktur
✓	✓		✓	✓				✓	✓				✓	✓		✓	✓			✓					Fachanwendung zur Erfassung von Erwerb und Veräußerung von Grundstücken sowie zur Verwaltung von
✓	✓	✓	✓	✓				✓	✓				✓			✓	✓			✓					Auskunfts-GIS
✓	✓		✓	✓				✓	✓					✓		✓	✓			✓	✓	✓			Fachanwendung zur Erfassung, Bearbeitung, Auswertung von Daten im Bereich Trinkwasser

© Bernhard Harzer: GIS-Report 2008/09, Bernhard Harzer Verlag, Karlsruhe

GIS-Softwareübersicht

Software	Anbieter	Ansprechpartner Telefon	Erstinstallation	Versionsnummer	GIS-Softwarekategorie							Platt-form		Umfang der GIS-Software				
					GIS	Desktop-GIS	GIS-Fachschale	GIS-Viewer	Internet-GIS	Mobil-GIS	CAD-GIS	Geo-Datenbankserver	GIS-Ergänzung	Windows	UNIX	eigenst. GIS-Kernsoftware	Applikation zu ArcGIS	Applikation zu Geomedia	Applikation zu Autodesk Map	Applikation zu Microstation
POLYGIS-Windpark-Infrastruktur	IAC mbH/SWBB GmbH			9.9			✓							✓						
POLYGIS-XPLan (B-Plan und F-Plan)	IAC mbH/SWBB GmbH			9.9			✓							✓						
POWER FACTORY SCHNITTSTELLE	METTENMEIER GmbH		2004										✓	✓						
Print & Go	METTENMEIER GmbH												✓	✓						
Pro GRESS	Kirchner EDV-Service Bremen		2000	1.1.22			✓							✓						
PRO GRUND	Kirchner EDV-Service Bremen		1997	1.2.9			✓							✓						
PRO INFO	Kirchner EDV-Service Bremen		1992	2004	✓									✓		✓				
PRO KIS	Kirchner EDV-Service Bremen		1985	9.0			✓							✓						
PRO KKA	Kirchner EDV-Service Bremen		1993				✓							✓		✓				
PRO NIS Gas	Kirchner EDV-Service Bremen		2003	1.1.2			✓							✓						
PRO NIS Wasser	Kirchner EDV-Service Bremen		2003	1.2.11			✓							✓						
PRO OPEN	Kirchner EDV-Service Bremen		1999	4.2								✓		✓		✓				
PRO STRASSE	Kirchner EDV-Service Bremen		2004				✓							✓						
PTV Intertour	PTV AG		1983			✓								✓		✓				
PTV Map&Market	PTV AG		1995			✓								✓		✓				
PTV xServer	PTV AG		1998											✓	✓					
Quality Inspector	METTENMEIER GmbH		2001										✓	✓						
Quick Dimension	ITS Informationstechnik Service GmbH		1999											✓		✓	✓			
Raster-Lader	ITS Informationstechnik Service GmbH		1998											✓		✓	✓			
Rechnergestützte Baulandumlegung	BT-GIS		1996	3.6										✓		✓	✓		✓	
RegioGraph	cartogis – digitale Landkarten	Sabine Stengel 030 - 318 03 500		10	✓	✓								✓		✓				
RegioGraph	GfK MACON GmbH		1992	8	✓									✓						
rmINFO/WEB	rmDATA Geoinformationssysteme GmbH		2001						✓					✓						
rmMAP	rmDATA Geoinformationssysteme GmbH		1996	2.9							✓			✓					✓	
rmVIEW	rmDATA Geoinformationssysteme GmbH		2001	3.5				✓						✓		✓				

© Bernhard Harzer: GIS-Report 2008/09, Bernhard Harzer Verlag, Karlsruhe

GIS-Softwareübersicht

Datenformate		Datenbank und Datenbankschnittstellen (Sachdaten)									Anwendungsschwerpunkte											Kurzbeschreibung, Applikation zu, Sonstige Systemtypen, Sonstige Plattformen, Sonstiger Anwendungsschwerpunkt
Vektor	Raster	Interne DB	Oracle	MS-SQL-Server	DB/2	Informix	Ingres	JDBC	ODBC	Sybase	xBase-Format	Facility Management	Umwelt u. Naturschutz	Ver- u. Entsorgung	Telekommunikation	Auskunftssysteme	Kartographie	Marketing	Logistik	Vermessung u. Kataster	Verkehrsplanung	Raum- und Bauleitplanung	Photogrammetrie	Fernerkundung	
✓	✓		✓	✓					✓		✓		✓	✓		✓	✓			✓	✓	✓			Fachanwendung zur Erfassung, Bearbeitung, Auswertung von Bestands- und Betriebsdaten von Windparks
✓	✓		✓	✓					✓		✓		✓	✓		✓	✓			✓	✓	✓			Fachanwendung zum Datenaustausch von F-Plan und B-Plan entsprechend der e-government konformen Datenformate nach Xplan
		✓												✓											Schnittstelle zum Strom-/Netzberechnungsprogramm Powerfactory d. Firma Digsilent
✓	✓															✓	✓	✓		✓					alle wichtigen Druckfunktionen des Smallworld GIS in einer Oberfläche zusammen
		✓	✓	✓									✓	✓											Gewässerkataster mit Unterhaltungsplanung und -dokumentation
		✓	✓	✓	✓								✓	✓						✓					Grundstücksinformationssystem mit Archiv, ALK/ALB-Auskunft
✓	✓	✓	✓	✓		✓		✓	✓				✓	✓		✓				✓					Hybrides Desktop-GIS mit umfangreichen Fachapplikationen
		✓												✓						✓					Modular aufgebautes Kanalinformationssytem mit Schnittstellen zu diversen GIS-Systemen
		✓												✓											Verwaltung und Betriebsführung häuslicher Kleinkläranlagen
✓	✓	✓											✓	✓											Modular aufgebautes Netzinformationssystem für den Bereich Gas
														✓	✓										Modular aufgebautes Netzinformationssystem für den Bereich Wasser
✓	✓	✓	✓	✓				✓	✓		✓		✓							✓					GIS für den PC mit CAD-Funktionalität, GPS-Schnittstelle, Multi-User-Betrieb
✓	✓	✓	✓	✓					✓													✓			Straßeninformationssystem. Erfassung & Bewertung Straßenanlagevermögen im Rahmen von NKF
✓	✓	✓	✓	✓					✓	✓			✓						✓						Tourenplanungssystem zur Planung von Sammel- und Verteilverkehren
✓				✓					✓									✓	✓						kartengestützte Software zur Standort- und Vertriebsgebietsplanung, Außendienststeuerung, Marketingplanung und Zustellgebietsplanung
✓												✓						✓	✓						Softwarekomponenten zur Integration spezieller Funktionalitäten: Kartendarstellung, Geokodierung, Routenplanung, Logistik, Geomanagement
													✓												schnelle Prüfung und Objektabfrage der GIS-Datenbanken
✓		✓											✓							✓					Schnelle Erfassung von Bemaßung auf Basis DTK2
	✓	✓											✓							✓					autom. Einlesen, Laden u.Georeferenzieren; Fortführung vorhandener Karten
	✓		✓	✓	✓		✓													✓					Umlegungsverfahren unter Einhaltung gesetzl. Vorgaben mit Formularvorlagen u. Serienbrieffunktion
✓		✓		✓													✓	✓	✓						Partner der Gfk Geomarketing
✓	✓					✓	✓						✓	✓	✓	✓	✓	✓			✓				GIS mit weltweiten Landkarten und integriertem VBA
✓	✓		✓	✓					✓				✓	✓	✓					✓					GIS Auskunfts-Software für flurstücks- u. leitungsbezogene Daten;Details: www.rmdata.at/gis-demo
✓	✓	✓	✓	✓					✓				✓	✓						✓					Objektorient. Geodäsieapplikat. unter AutoCAD/Autodesk Map frei konfigurierb. vielf. einsetzbar.
✓	✓	✓	✓	✓					✓				✓	✓	✓					✓					Auskunfts- u. Analyse-Software für CAD- u. GIS-Daten mit ausgezeichneten Preis/Leistungsverhältnis.

© Bernhard Harzer: GIS-Report 2008/09, Bernhard Harzer Verlag, Karlsruhe

GIS-Softwareübersicht

Software	Anbieter	Ansprechpartner Telefon	Erstinstallation	Versionsnummer	GIS	Desktop-GIS	GIS-Fachschale	GIS-Viewer	Internet-GIS	Mobil-GIS	CAD-GIS	Geo-Datenbankserver	GIS-Ergänzung	Windows	UNIX	eigenst. GIS-Kernsoftware	Applikation zu ArcGIS	Applikation zu Geomedia	Applikation zu Autodesk Map	Applikation zu Microstation
Rohrnetzbegehung (Modul RNB)	Geodatenservices GmbH		2005										✓	✓						
RoSy®	M.O.S.S. GmbH	Julian Claudius 089 - 66675-144	1989	10.0		✓				✓				✓	✓	✓				
RZI Tiefbau	RZI Software GmbH		1987	10.0								✓		✓						
S - Viewer	Geodatenservices GmbH		2004										✓	✓						
SAGis TB web	CWSM GmbH	Dr. Wolfgang Bischoff 0391 - 288 570	2008	1.0	✓	✓	✓		✓			✓								
SAGIS web, SAGis netz	CWSM GmbH	Dr. Wolfgang Bischoff 0391 - 288 570	2001	4.8.	✓	✓	✓		✓	✓			✓						✓	
sdGISconnect	Siemens IT-Dienstleistung und Beratung GmbH	Ulrich Berndt 0681 - 9406-2203	2003	1.4.0								✓	✓				✓			
SDH	Graphservice GmbH		1997	V3.0								✓		✓	✓					
SeCuRi SAT	METTENMEIER GmbH		2002																	
security Manager (sdi. suite)	con terra GmbH		2006						✓					✓	✓					
service Monitor (sdi. suite)	con terra GmbH		2005						✓					✓	✓					
SICAD - UT - WEB	AED-SICAD Aktiengesellschaft		1997						✓					✓	✓					
SICAD Internet Suite	AED-SICAD Aktiengesellschaft		1998						✓					✓	✓	✓				
SICAD Spatial Desktop	AED-SICAD Aktiengesellschaft		1995	5.1		✓								✓	✓					
SICAD/open	AED-SICAD Aktiengesellschaft		1993		✓									✓	✓	✓				
Sicad-Reader	geoVAL Informationssysteme GmbH	0421 - 34892-0	1996	2.0									✓	✓						
SIGTIM	GAF AG	Thomas Weißmann 089 - 121528-0	1996	4.12			✓							✓		✓				
SINCAL - Schnittstelle	METTENMEIER GmbH																			
sis NET	GEF - RIS AG		1994	2006	✓									✓	✓					✓
sis VIEW	GEF - RIS AG		2003	2006				✓						✓						
Smallworld ALKIS	GIS Consult GmbH	Dietmar Hauling 02364 - 9218-60	2007	4.1			✓							✓						
Smallworld Bebauungsplan	GIS Consult GmbH	Dietmar Hauling 02364 - 9218-60	1996	4.1			✓							✓						
Smallworld Business Integrator	GE Energy	Jörg Klärner 02102 - 108183	2002	4								✓	✓							
SMALLWORLD Core Spatial Technology	GE Energy	Jörg Klärner 02102 - 108183	1990	4	✓									✓	✓	✓				
Smallworld Design Manager	GE Energy	Jörg Klärner 02102 - 108183	2000	4									✓	✓	✓					

© Bernhard Harzer: GIS-Report 2008/09, Bernhard Harzer Verlag, Karlsruhe

GIS-Softwareübersicht

Vektor	Raster	Interne DB	Oracle	MS-SQL-Server	DB/2	Informix	Ingres	JDBC	ODBC	Sybase	xBase-Format	Facility Management	Umwelt u. Naturschutz	Ver- u. Entsorgung	Telekommunikation	Auskunftssysteme	Kartographie	Marketing	Logistik	Vermessung u. Kataster	Verkehrsplanung	Raum- und Bauleitplanung	Photogrammetrie	Fernerkundung	Kurzbeschreibung, Applikation zu, Sonstige Systemtypen, Sonstige Plattformen, Sonstiger Anwendungsschwerpunkt
✓	✓		✓						✓					✓											Programm zur mobilen Erfassung von Rohrnetzbegehungen mit bidirektionaler Kopplung zu GAUSZ
✓	✓													✓	✓	✓				✓					Hybrides GIS mit zahlreichen Applikationen
✓	✓	✓	✓	✓					✓					✓						✓	✓	✓			RZI Tiefbau: Appl. auf AutoCAD u. AutodeskMAP. Integr. Lsg. f. Vermessg u. Plg. v. Straße,Kanal,u.a.
✓	✓		✓						✓											✓					Sachdatenviewer Straße (Straßen-DB) mit bidirektionaler Kopplung zu GAUSZ
✓	✓		✓											✓											WebGIS Applikation zu Autodesk Topobase 200x für die Fachschalen Strom, Wasser, Abwasser, Gas
✓	✓		✓	✓					✓					✓	✓					✓	✓				WebGIS - System mit ca. 30 Fachschalen für Kommunen, Stadtwerke, Zweckverbände
			✓	✓					✓					✓					✓	✓					Bidirektionale, prozessorientierte Onlineschnittstelle zwischen SAP ERP und GIS zur redundanzfreien Datenpflege und -analyse
✓													✓	✓	✓	✓	✓			✓					Client/Server-Sekundärdatenhaltung für ALK gemäß Bezieher Sekundärnachweis
✓	✓	✓												✓											Software zur GPS-gestützten Gas-Rohrnetzüberwachung mit Vollintegration in das mobile GIS
✓	✓	✓	✓	✓		✓										✓									Organisation der Zugriffsrechte unter Verwendung von WAS und WSS; Administration über Web-Browser
✓	✓		✓	✓																					Qualitätsmanagement in Geodateninfrastrukturen. Überwachung und Auswertung von OGC Diensten.
✓	✓		✓			✓		✓	✓					✓	✓					✓		✓	✓		GIS Vollsystem für Integrationslösungen im Netzmanagement
✓	✓		✓		✓		✓		✓			✓	✓	✓	✓	✓	✓	✓	✓	✓	✓	✓			modulare GIS-Internetlösung für stationäre und mobile Anwendungen
✓	✓							✓	✓	✓		✓	✓	✓	✓	✓				✓	✓				Desktop-GIS für Auskunft, Analyse und Präsentation von Geodaten am Arbeitsplatz
✓	✓		✓			✓	✓	✓				✓								✓	✓				offenes, skalierbares, internetfähiges GIS-Vollsystem
✓			✓								✓		✓			✓				✓					Schnittstelle zw. SICAD/open u. ArcGIS; Sachdaten werden in dBASE-Datei abgelegt
✓	✓	✓	✓								✓									✓					Bergrechtskataster
✓														✓											zertifizierte Schnittstelle zu Smallworld GIS Standard-Fachschalen
✓	✓		✓		✓			✓	✓				✓	✓	✓	✓				✓		✓			GIS mit standardisiert. Lösungen für Ent- und Versorgung, Kommunalwirtschaft, Flughäfen u. Industrie
✓	✓	✓	✓	✓	✓	✓	✓		✓	✓	✓														Open GIS konforme Viewinglsg f. d. konversionsfreien Zugriff auf über 100 GIS-,CAD- u. Rasterformate
✓	✓	✓											✓	✓	✓	✓	✓	✓	✓	✓	✓	✓			Führung und Erhebung des amtlichen Katasters im Datenmodell AFIS-ALKIS-ATKIS inkl. Historienverwaltung und NAS in/out
✓	✓	✓	✓													✓				✓		✓			Erstellung von Bebauungsplänen im Rahmen der kommunalen Bauleitplanung
													✓												Integrationssoftware zur Kopplung von SAP und Smallworld
✓	✓		✓	✓	✓		✓		✓				✓	✓	✓	✓	✓			✓					Geograf. Infosystem mit versionsverwalteter Datenhaltung, hybrider Datenverarbeitung
✓	✓		✓	✓					✓					✓											Prozeßunterstützende Applikation für die Planung und Bau von Versorgungs-Netzen

© Bernhard Harzer: GIS-Report 2008/09, Bernhard Harzer Verlag, Karlsruhe

GIS-Softwareübersicht

Software	Anbieter	Ansprechpartner Telefon	Erstinstallation	Versionsnummer	GIS	Desktop-GIS	GIS-Fachschale	GIS-Viewer	Internet-GIS	Mobil-GIS	CAD-GIS	Geo-Datenbankserver	GIS-Ergänzung	Windows	UNIX	eigenst. GIS-Kernsoftware	Applikation zu ArcGIS	Applikation zu Geomedia	Applikation zu Autodesk Map	Applikation zu Microstation
Smallworld Fachschalen, ö. Verwaltung	GE Energy	Jörg Klärner 02102 - 108183	1997	4			✓							✓	✓					
Smallworld Fachschalen, Versorgung	GE Energy	Jörg Klärner 02102 - 108183	1997	4			✓							✓	✓					
Smallworld Field	GE Energy	Jörg Klärner 02102 - 108183	2004	4						✓				✓						
Smallworld Flächennutzungsplan	GIS Consult GmbH	Dietmar Hauling 02364 - 9218-60	1996	4.1			✓							✓						
Smallworld GeoSpatial Server	GE Energy	Jörg Klärner 02102 - 108183	2008	4								✓		✓	✓					
Smallworld Internet Application Server	GE Energy	Jörg Klärner 02102 - 108183	2000	4					✓					✓	✓					
Smallworld PowerOn	GE Energy	Jörg Klärner 02102 - 108183	1999	4									✓							
Smallworld Spatial Intelligence	GE Energy	Jörg Klärner 02102 - 108183	2000	4		✓								✓	✓					
Smallworld Thematic Mapping	GE Energy	Jörg Klärner 02102 - 108183	2007	4									✓	✓						
Smallworld Umweltatlas	GIS Consult GmbH	Dietmar Hauling 02364 - 9218-60	1996	4.1			✓							✓						
Spatial Commander	GDV Gesellschaft für geografische Datenverarbeitung mbH	Herr Peter Hurlemann 06105 - 7148-23	2005	1.0.3-1	✓	✓			✓	✓				✓	✓	✓				
speediKon FM	speediKon Facility Management AG		1990				✓							✓		✓				
Spielgerätekataster	geoVAL Informationssysteme GmbH	0421 - 34892-0	2005	1.2										✓		✓				
SQDCONN	ICF GmbH		1990											✓	✓	✓				
SSK	GAF AG	Karin Eichler 089 - 121528-0	2008	1.0		✓	✓							✓	✓	✓				
StadtCAD FLORA	euro GIS IT-Systeme GmbH		2001	8							✓			✓						
StadtCAD HIPPODAMOS	euro GIS IT-Systeme GmbH		1991	8							✓			✓						
StadtCAD OLYMP	euro GIS IT-Systeme GmbH		1995	8							✓			✓						
StadtCAD VITRUV	euro GIS IT-Systeme GmbH		1998	8							✓			✓						
Staffelplan	ITS Informationstechnik Service GmbH		1999										✓	✓	✓					
STANET - Schnittstelle	METTENMEIER GmbH																			
Stereo Analyst für ArcGIS	GEOSYSTEMS GmbH	Heike Weigand 089 - 89 43 43 11	2003	9.2										✓			✓			
Störungsmanagement	IDP Dr. Stein GmbH		2000						✓					✓		✓				
STRABEG	BT-GIS		2003									✓		✓		✓				
Straßendatenbank (NKF)	AGIS GmbH (Frankfurt am Main)						✓							✓						

© Bernhard Harzer: GIS-Report 2008/09, Bernhard Harzer Verlag, Karlsruhe

GIS-Softwareübersicht

Datenformate		Datenbank und Datenbankschnittstellen (Sachdaten)								Anwendungsschwerpunkte												Kurzbeschreibung, Applikation zu, Sonstige Systemtypen, Sonstige Plattformen, Sonstiger Anwendungsschwerpunkt
Vektor	Raster	Interne DB	Oracle	MS-SQL-Server	DB/2	Informix	Ingres	JDBC	ODBC	Sybase	xBase-Format	Facility Management	Umwelt u. Naturschutz	Ver- u. Entsorgung	Telekommunikation	Auskunftssysteme	Kartographie	Marketing	Logistik	Vermessung u. Kataster	Verkehrsplanung	Raum- und Bauleitplanung	Photogrammetrie	Fernerkundung	
✓	✓	✓	✓	✓	✓		✓		✓				✓				✓	✓			✓		✓		Fachamtsübergreifende Lösungen für die Bereiche Kataster, Planung, Kanal, Umwelt, Statistik
✓	✓	✓	✓	✓	✓		✓		✓								✓			✓	✓		✓		Appl. f. raumbez. Prozesse der Sparten Kataster, Strom, Gas, Wasser, Fernwärme, Ferngas, Kanal
✓	✓	✓						✓								✓	✓	✓		✓					mobiles Offline Auskunftssystem mit Sachdatenaktualisierung
✓	✓	✓	✓										✓							✓		✓			Erstellung von Flächennutzungsplänen im Rahmen der kommunalen Bauleitplanung
✓	✓	✓	✓																						Geodatenserver für Services von und nach Smallworld. Grundlage für SOA (Service Oriented Architecture)
✓	✓	✓	✓	✓				✓								✓									Bereitstellung von Geodaten und -diensten in Intra- und Internet
✓	✓		✓	✓					✓					✓		✓									Durchgängige, prozessunterstützende Applikat.f.d. Netzbetrieb bei Störmanagemant u. Instandhaltung
✓	✓	✓	✓	✓				✓						✓	✓	✓	✓		✓	✓	✓	✓	✓		Raumbez. Analysen, auch über angebundene Datenquellen. Ergebnisdarstell. als Listen Diagr. od. Karte
✓	✓													✓	✓	✓		✓							Analysewerkzeug zur Erstellung thematischer Karten (thematische Sichtbarkeiten und Einfärbungen)
✓	✓	✓	✓										✓									✓			Dokumentation und Fortschreibung von umweltrelevanten, raumbezogenen Daten der Kommunen
✓	✓			✓	✓								✓			✓	✓			✓		✓			Sehr einfach zu bedienendes Linux- und CITRIX-taugliches JAVA-FreeGIS mit Editier- und Digitalisier-Funktionalität. Gewerbliche und private Nutzung kostenfrei. Funktionserweiterungen als Auftragsarbeit möglich.
✓	✓	✓	✓	✓								✓		✓											CAFM-System für Bewirtschaftung von Gebäuden, Anlagen und Liegenschaften
✓			✓	✓									✓			✓	✓					✓			Spielgerätekataster zur Dokumentation und Zustandserhebung von Spielgeräten
✓													✓	✓	✓	✓		✓			✓		✓	✓	bidirektionale Umsetzung von SICAD-SQD nach und von MicroStation-DGN
✓	✓												✓									✓			Erfassung, Dokumentation und Planung von Tierhaltungsanlagen hinsichtlich Ihrer Emissionsauswirkungen auf die Umgebung
✓	✓												✓									✓			Integriertes CAD/GIS für Objektplanung und Pflanzenverwendung
✓	✓	✓	✓										✓				✓				✓	✓	✓		Integratives CAD/GIS-System für die städtebauliche Planung und die örtliche Landschaftsplanung
✓	✓	✓																		✓		✓			DGM zu StadtCAD Hippodamus, StadtCAD VITRUV, TB-StadtCAD, Erdbau u. Visualisierung, Geländeanalysen
✓	✓					✓											✓					✓			Einfaches, leicht zu erlernendes CAD/GIS System für die Stadt und Landschaftsplanung
✓		✓												✓											Generierung von Staffelplänen im Stromfluß-Analysator
✓														✓											Schnittstelle zu Smallworld GIS Standard-Fachschalen
✓	✓												✓	✓						✓			✓	✓	3-D-Datenerfassung auf Stereobildpaaren unter ArcGIS
✓	✓		✓					✓						✓	✓	✓									Erfassung und Ablaufsteuerung von Störungsmeldungen
	✓												✓								✓	✓			GIS f. Straßenbegehung mit Navigation, Zoom, Pan, Messungen, Koordinatenanzeige
✓	✓	✓	✓	✓	✓	✓		✓	✓								✓			✓	✓	✓			Straßendatenbank zur Unterstützung des NKF

© Bernhard Harzer: GIS-Report 2008/09, Bernhard Harzer Verlag, Karlsruhe

GIS-Softwareübersicht

Software	Anbieter	Ansprechpartner Telefon	Erstinstallation	Versionsnummer	GIS-Softwarekategorie							Plattform		Umfang der GIS-Software				
					GIS	Desktop-GIS	GIS-Fachschale	GIS-Viewer	Internet-GIS	Mobil-GIS	CAD-GIS	Geo-Datenbankserver	GIS-Ergänzung	Windows	UNIX	eigenst. GIS-Kernsoftware	Applikation zu ArcGIS	Applikation zu Geomedia	Applikation zu Autodesk Map	Applikation zu Microstation
Straßenkataster	UMGIS Informatik GmbH		2004			✓								✓						
STRATIS	RIB Software AG		1980	11					✓					✓		✓				
Stromfluss-Analysator	ITS Informationstechnik Service GmbH		2000										✓	✓	✓					
SurfGWM	BGS Umwelt GmbH / CIP		2005										✓	✓		✓				
SurfGWM.net	BGS UmweltGmbH / CIP		2003						✓					✓						
SW&ORA	GIS Consult GmbH	Thomas Hermes 02364 - 9218-32	2004	4.1									✓	✓						
SW2CS	GIS Consult GmbH	Thomas Hermes 02364 - 9218-32	2007	4.1									✓	✓						
SW2IMS	GIS Consult GmbH	Thomas Hermes 02364 - 9218-32	2007	4.1									✓	✓						
SW2MAT	GIS Consult GmbH	Thomas Hermes 02364 - 9218-32	2007	4.1									✓	✓						
SwissGIS	Begasoft AG		1998	ARC IHS				✓						✓						
SYNERGIS GeoOffice bemassen	SYNERGIS Informationssysteme GmbH	+49 (0) 62 22 - 57 31-0	2004	2.7									✓	✓			✓			
SYNERGIS GeoOffice cad-export	SYNERGIS Informationssysteme GmbH	+49 (0) 62 22 - 57 31-0	2004	2.7									✓	✓			✓			
SYNERGIS GeoOffice konstruieren	SYNERGIS Informationssysteme GmbH	+49 (0) 62 22 - 57 31-0	2004	2.7									✓	✓			✓			
SYNERGIS GeoOffice plotten	SYNERGIS Informationssysteme GmbH	+49 (0) 62 22 - 57 31-0	2004	2.7									✓	✓			✓			
SYNERGIS baum	SYNERGIS Informationssysteme GmbH	+49 (0) 62 22 - 57 31-0	1998	4.0			✓							✓			✓			
SYNERGIS FM	SYNERGIS Informationssysteme GmbH	+49 (0) 62 22 - 57 31-1	2008	1.0			✓							✓			✓			
SYNERGIS GeoOffice analyst	SYNERGIS Informationssysteme GmbH	+49 (0) 62 22 - 57 31-0	2004	2.7		✓								✓			✓			
SYNERGIS GeoOffice editieren	SYNERGIS Informationssysteme GmbH	+49 (0) 62 22 - 57 31-0	2004	2.7									✓	✓			✓			
SYNERGIS GeoOffice express	SYNERGIS Informationssysteme GmbH	+49 (0) 62 22 - 57 31-0	2006	2.0	✓	✓		✓						✓			✓			
SYNERGIS grünpflege	SYNERGIS Informationssysteme GmbH	+49 (0) 62 22 - 57 31-0	2002	4.0			✓							✓			✓			
SYNERGIS integrator	SYNERGIS Informationssysteme GmbH	+49 (0) 62 22 - 57 31-0	2004	2.7								✓	✓	✓			✓			
SYNERGIS raumplanung	SYNERGIS Informationssysteme GmbH	+49 (0) 62 22 - 57 31-0	2005	2.1			✓							✓			✓			
SYNERGIS topographie	SYNERGIS Informationssysteme GmbH	+49 (0) 62 22 - 57 31-0	2005	2.0		✓								✓			✓			
SYNERGIS verkehrszeichen	SYNERGIS Informationssysteme GmbH	+49 (0) 62 22 - 57 31-0	2000	2.0		✓							✓	✓			✓			
SYNERGIS WebCity active maps	SYNERGIS Informationssysteme GmbH	+49 (0) 62 22 - 57 31-0	2002	4.2				✓					✓	✓			✓			

© Bernhard Harzer: GIS-Report 2008/09, Bernhard Harzer Verlag, Karlsruhe

GIS-Softwareübersicht

Datenformate		Datenbank und Datenbankschnittstellen (Sachdaten)									Anwendungsschwerpunkte												Kurzbeschreibung, Applikation zu, Sonstige Systemtypen, Sonstige Plattformen, Sonstiger Anwendungsschwerpunkt
Vektor	Raster	Interne DB	Oracle	MS-SQL-Server	DB/2	Informix	Ingres	JDBC	ODBC	Sybase	xBase-Format	Facility Management	Umwelt u. Naturschutz	Ver- u. Entsorgung	Telekommunikation	Auskunftssysteme	Kartographie	Marketing	Logistik	Vermessung u. Kataster	Verkehrsplanung	Raum- und Bauleitplanung	Photogrammetrie	Fernerkundung	
✓	✓		✓	✓																	✓				Erfassung von Zustand, Möbelierung u. Beschilderung; Straßenknotennetzplan u. Netzlinienplan
✓	✓		✓	✓				✓	✓				✓								✓	✓			objektorient. Planbearbeitung f. Straßen u.Tiefbau und Infrastruktur-Informationssystem
✓		✓												✓											Analyse Stromnetz i.a. Spannungsebenen, Störungssuche, Auflistung a. Teilstrecken, HA u. Einbauteile
✓	✓		✓	✓									✓	✓											datenbankgestützte Genrierung von Grundwassergleichenpläne, Flurabstands- und Differenzenplänen
✓	✓		✓	✓									✓	✓											Browserbasierte Applik. zur Generierung von Grundwassergleichen-, Flurabstands- u. Differenzplänen
✓	✓	✓	✓									✓	✓	✓	✓	✓	✓	✓	✓	✓	✓	✓	✓		Transfer von Smallworld-Modellen und Daten nach Oracle
✓	✓	✓												✓	✓	✓				✓	✓				Oracle-basierte Integration des Kabel-Managements Cable-Scout der JO Software
✓	✓	✓	✓									✓		✓	✓	✓				✓					Oracle-basierte Integration der Leitungsmanagement und FM-Software der IMSware
✓	✓	✓	✓											✓		✓				✓					Oracle-basierte Integration der Kanalsanierungs- und Verwaltungssoftware MATIS
✓	✓													✓		✓									Internet GIS, ASP Modell (keine Hardware-/Software Beschaffung nötig)
✓			✓	✓	✓	✓			✓			✓	✓	✓	✓	✓	✓	✓	✓	✓	✓	✓			Erweiterung für professionelle Bemaßung
✓			✓	✓	✓	✓			✓			✓	✓	✓	✓	✓	✓	✓	✓	✓	✓	✓			Individuell konfigurierbare Schnittstelle für Datenweitergabe im DWG- und DXF-Format
✓			✓	✓	✓	✓			✓			✓	✓	✓	✓	✓	✓	✓	✓	✓	✓	✓			Erweiterte interaktive Konstruktionswerkzeuge zur individuellen Einbindung in Erfassungsprozesse
✓	✓		✓	✓	✓	✓			✓			✓	✓	✓	✓	✓	✓	✓	✓	✓	✓	✓			Serien-/Indexplot, Metadaten, Plot-/Layoutvorlagen, smarte Kartenelemente, dynamische Legende
✓			✓									✓													Baumkataster für Erfassung und Fortführung mit Kosten- & Pflegemanagement
✓			✓	✓	✓	✓			✓			✓													Diverse Module für Gebäude- und Facility-Management für GeoOffice und WebOffice
✓			✓	✓	✓	✓			✓			✓	✓	✓	✓	✓	✓	✓	✓	✓	✓	✓			Desktop-GIS-Vollarbeitsplatz mit umfangreichen Funktionen, ergänzenden Werkzeugen und Prozessroutinen
✓			✓	✓	✓	✓			✓			✓	✓	✓	✓	✓	✓	✓	✓	✓	✓	✓			Fachlich strukturierte Geometrie- und Sachdatenbearbeitung; konfigurierbare Bearbeitungsprozesse
✓	✓		✓	✓	✓	✓			✓			✓	✓	✓	✓	✓	✓	✓	✓	✓	✓	✓			Desktop-GIS-Auskunftssystem, über Erweiterungen bis zum Bearbeitungsplatz skalierbar
✓			✓										✓												Modul zur Verwaltung von Grünflächen und Außenanlagen incl. Pflegemanagement
✓			✓	✓	✓	✓			✓			✓	✓	✓	✓	✓	✓	✓	✓	✓	✓	✓			Werkzeug zur Applikationsintegration; Nutzung mit Desktop- und Webanwend.; Anbindung von Fremdsystemen
✓			✓	✓					✓													✓			Modulare Desktoplösung für Raum-, Flächen- und Bebauungsplanung
✓			✓	✓	✓	✓			✓											✓					Werkzeuge und Prozessroutine für topographische Erfassungs- und Fortführungsaufgaben
✓			✓	✓	✓	✓			✓							✓			✓						Verkehrszeichen der StVO, dynamische Zeicheninhalte
✓	✓		✓	✓	✓	✓		✓	✓					✓											Bereitstellung von Geodaten im Internet über Standard-Internet-Browser

© Bernhard Harzer: GIS-Report 2008/09, Bernhard Harzer Verlag, Karlsruhe

GIS-Softwareübersicht

Software	Anbieter	Ansprechpartner Telefon	Erstinstallation	Versionsnummer	GIS	Desktop-GIS	GIS-Fachschale	GIS-Viewer	Internet-GIS	Mobil-GIS	CAD-GIS	Geo-Datenbankserver	GIS-Ergänzung	Windows	UNIX	eigenst. GIS-Kernsoftware	Applikation zu ArcGIS	Applikation zu Geomedia	Applikation zu Autodesk Map	Applikation zu Microstation
SYNERGIS WebCity compass	SYNERGIS Informationssysteme GmbH	+49 (0) 62 22 - 57 31-0	2005	4.2		✓								✓		✓	✓			
SYNERGIS WebOffice editieren	SYNERGIS Informationssysteme GmbH	+49 (0) 62 22 - 57 31-0	2004	4.2										✓		✓	✓			
SYNERGIS WebOffice extract-server	SYNERGIS Informationssysteme GmbH	+49 (0) 62 22 - 57 31-0	2004	4.2										✓		✓	✓			
SYNERGIS WebOffice webgis	SYNERGIS Informationssysteme GmbH	+49 (0) 62 22 - 57 31-0	2002	4.2			✓	✓	✓					✓		✓	✓			
TB-Feldbuch	acadGraph	02863 - 9295124		1.0						✓				✓		✓			✓	
TB-Mobile	acadGraph	02863/9295124		1.0						✓				✓		✓				✓
TB-StadtCAD	euro GIS IT-Systeme GmbH		2000	8							✓			✓		✓				
Tekla Xpower	SHH GmbH Systemhaus Hemminger		1991	V 7.2	✓	✓	✓		✓	✓				✓	✓	✓				
Tekla Xpower Bauausführung	SHH GmbH Systemhaus Hemminger		1991	V 7.2	✓									✓	✓	✓				
Tekla Xpower Instandhaltung	SHH GmbH Systemhaus Hemminger		1991	V 7.2	✓									✓	✓	✓				
Tekla Xpower Netzanalysen	SHH GmbH Systemhaus Hemminger		1991	V 7.2	✓									✓	✓	✓				
Tekla Xpower Netzbetrieb	SHH GmbH Systemhaus Hemminger		1991	V 7.2	✓									✓	✓	✓				
Tekla Xpower Netzplanung	SHH GmbH Systemhaus Hemminger		1991	V 7.2	✓									✓	✓	✓				
TerraCAD	TERRALKIS GmbH		1990								✓			✓		✓				
TERRACAD / TERRA	Terradata & Co		1990	3.2							✓			✓		✓				
TerraCADdy GIS V3.0	Ingenieurbüro Wenninger		2000	V 3.0		✓								✓		✓				
terraCatalog (sdi. suite)	con terra GmbH		2001					✓						✓	✓	✓				
terrain Server (sdi. suite)	con terra GmbH		2005					✓						✓	✓	✓				
ThemenBrowser	Gfi mbH		1997	2.01									✓	✓						
Themenbrowser Intranet MapServer	Gfi mbH		2000	1.1				✓					✓	✓						
Themensteuerung	Fichtner Consulting & IT		2000										✓	✓						

© GIS-Report 2008/09, Bernhard Harzer Verlag, Karlsruhe

GIS-Softwareübersicht

Vektor	Raster	Interne DB	Oracle	MS-SQL-Server	DB/2	Informix	Ingres	JDBC	ODBC	Sybase	xBase-Format	Facility Management	Umwelt u. Naturschutz	Ver- u. Entsorgung	Telekommunikation	Auskunftssysteme	Kartographie	Marketing	Logistik	Vermessung u. Kataster	Verkehrsplanung	Raum- und Bauleitplanung	Photogrammetrie	Fernerkundung	Kurzbeschreibung, Applikation zu, Sonstige Systemtypen, Sonstige Plattformen, Sonstiger Anwendungsschwerpunkt
✓	✓		✓	✓	✓			✓	✓								✓	✓			✓				Erfassung und Bewertung von Baulücken, Flächen- und Gebäuderessourcen; Bevölkerungsentwicklung
✓			✓	✓	✓	✓		✓	✓			✓	✓	✓	✓	✓	✓	✓	✓	✓		✓			online editieren, kopieren, löschen; Fangfunktion; Pflichtfelder, Typprüfung, Eindeutigkeitsprüfung
✓	✓		✓	✓	✓	✓		✓	✓			✓	✓	✓	✓	✓	✓	✓	✓	✓		✓			Datendownload von Raster- oder Attributdaten, CAD-Export
✓	✓		✓	✓	✓	✓		✓	✓			✓	✓	✓	✓	✓	✓	✓	✓	✓		✓			Web-GIS mit Analysefunktionen, Editierwerkzeugen, Benutzerverwaltung zur Zugriffssteuerung
✓			✓																	✓					Mit dem TB-Feldbuch bearbeiten Sie Vermessungs- und Sachdaten direkt im Feld und aktualisieren Ihren Datenbestand vor Ort. Das TB-Feldbuch, auf Basis von GEO-Samos, ist das ideale Werkzeug zur vermessungstechnischen Erfassung und Bearbeitung von Objekten und deren zugehörigen Attributen. Die Anbindung an die Autodesk Topobase wird komfortabel mit einem von acadGraph entwickelten Softwaremodul gelöst.
✓			✓										✓	✓	✓					✓					acadGraph TB-Mobile eröffnet Ihnen über personalisierte Fachschalen vielfältige Anwendungs- und Einsatzbereiche. TB-Mobile ist ein Werkzeug, um praxisorientiert mit
✓	✓	✓						✓				✓		✓	✓					✓	✓	✓			Open-GIS konformes, integratives System für die Stadtplang.+örtl. Landschaftspl. m. Oracle+Topobase
✓	✓	✓						✓	✓					✓		✓				✓					Vollständiges Netzinformations- und Managementsystem, das den gesamten Lebenszyklus von Verteilnetzen berücksichtigt
✓	✓	✓						✓	✓					✓	✓					✓					Vorbereitung, Detailplanung und Realisierung von Bauvorhaben, berücksichtigt wirtschaftliche Aspekte bei der Netzplanung
✓	✓	✓						✓	✓					✓	✓					✓					Instandhaltungsmanagementsystem für zyklisch zustandsorientierte u. risikobasierte Instandhaltungsstrategien incl. mobile Endgeräte
✓	✓	✓						✓	✓					✓						✓					Netzberechnung u. Netzanalyse zur Werte-, Schalt- und Ausfallsimulation
✓	✓	✓						✓	✓					✓						✓					Verteilnetz- und Störungsmanagementsystem für Hoch-Mittel- und Niederspannungsnetze
✓	✓	✓						✓	✓					✓						✓					Vollständig integrierte Varianten-Planung auf Grundlage realer Netzgegebenheiten. Brücke zwischen Technik und Management in Projekten jeder Größe
✓	✓	✓	✓	✓					✓											✓		✓	✓	✓	Geodätisches CAD-GIS-System mit ALKIS/Nas-Schnittstelle
✓	✓	✓	✓	✓				✓	✓			✓	✓			✓				✓		✓			CAD-Progr. mit zahlreichen Schnittstellen (EDBS,NAS,BfR,SICAD,DAVID,Systra,Geografi) u. 3D
✓	✓								✓						✓	✓	✓			✓					Routenplanung mit Zielführung, Datenerfassung, GPS-Spuraufzeichnung, Desktop und Webapplikation
✓	✓		✓	✓		✓										✓				✓					Internetbasierte Client/Server Anw. zum Aufbau, Pflege u. Recherche von Metadaten über Georessourcen
		✓														✓									3D-Darstellung beliebiger Map Sevices unter Nutzung von OGC Standards (web Terrain Service)
✓	✓												✓							✓	✓	✓			GIS-übergreifendes Visualisierungsmanagement
✓	✓																								Internet-Map-Server für ArcView 3x
✓	✓												✓	✓											Vereinfacht die Erstellung benutzerdefinierter Legenden in GeoMedia

© Bernhard Harzer: GIS-Report 2008/09, Bernhard Harzer Verlag, Karlsruhe

GIS-Softwareübersicht

Software	Anbieter	Ansprechpartner Telefon	Erstinstallation	Versionsnummer	GIS	Desktop-GIS	GIS-Fachschale	GIS-Viewer	Internet-GIS	Mobil-GIS	CAD-GIS	Geo-Datenbankserver	GIS-Ergänzung	Windows	UNIX	eigenst. GIS-Kernsoftware	Applikation zu ArcGIS	Applikation zu Geomedia	Applikation zu Autodesk Map	Applikation zu Microstation
TK VE	ITS Informationstechnik Service GmbH		1999									✓	✓	✓						
Tools für MapInfo	Ingenieurbüro Feiler, Blüml, Hänsel		1993										✓	✓						
TOPOGRAFIE PROFESSIONAL	METTENMEIER GmbH		2001										✓							
TopoL	GEG mbH		1994	6.5, xT	✓								✓	✓						
TRANSFER PROFESSIONAL	METTENMEIER GmbH												✓							
TRIAS 3D	BB - ZWO Software GbR	08331 - 9748030	1990	3.215							✓			✓		✓				
TROjA	euro GIS IT-Systeme GmbH		2000	8			✓							✓						
Umwelttchnische Untersuchungen	UMGIS Informatik GmbH		2000				✓							✓						
UNFAS	Ingenieurbüro Feiler, Blüml, Hänsel		2000				✓							✓						
Vectory Pro 5.0	graphikon GmbH		1992	5.0									✓	✓						
VEDAS+	CWSM GmbH	Dr. Wolfgang Bischoff 0391 - 288 970	2004	2.0							✓	✓		✓						
verm/pro	ARC-GREENLAB GmbH	030 - 762 933 - 50		2.2										✓	✓					
VermessCAD, KanalDat, WasserV, StromV	B & B Ingenieurgesellschaft mbH	0771 - 83 262-0	1989	2008			✓							✓						✓
VESTRA	AKG Software Consulting GmbH		2002				✓							✓					✓	
VESTRA CAD für Autodesk	AKG Software Consulting GmbH		2002	Köln			✓							✓						
VESTRA GEOgraf	AKG Software Consulting GmbH		2002	Köln			✓							✓						
VESTRA GIS für GeoMedia	AKG Software Consulting GmbH		2002	Köln			✓							✓						
VESTRA PRO	AKG Software Consulting GmbH		1985	Köln								✓		✓		✓				
VGE-Gasversorgungsnetze in Deutschland	WGI mbH		2003										✓							
ViBIS+	inthal software		2001	21										✓	✓					
Virtual BuildingTM	CADMEC AG		1999						✓					✓						
VISA 32	GIS PROJECT		1986	1.1.0.16	✓									✓	✓					
VIS-All 3D	Software-Service John	Herr Dirk John, Tel: 03677 / 893287	2000	1.90									✓	✓				✓	✓	✓
visor	megatel GmbH		1992	2003	✓									✓	✓	✓				
VIS-Strasse / Aufbruch	IVT Informationssysteme für Verkehr und Technik GmbH		1994	4.5										✓	✓					

© Bernhard Harzer: GIS-Report 2008/09, Bernhard Harzer Verlag, Karlsruhe

GIS-Softwareübersicht

Vektor	Raster	Interne DB	Oracle	MS-SQL-Server	DB/2	Informix	Ingres	JDBC	ODBC	Sybase	xBase-Format	Facility Management	Umwelt u. Naturschutz	Ver- u. Entsorgung	Telekommunikation	Auskunftssysteme	Kartographie	Marketing	Logistik	Vermessung u. Kataster	Verkehrsplanung	Raum- und Bauleitplanung	Photogrammetrie	Fernerkundung	Kurzbeschreibung, Applikation zu, Sonstige Systemtypen, Sonstige Plattformen, Sonstiger Anwendungsschwerpunkt
✓	✓	✓												✓											Telekommunikation für Versorger
✓	✓		✓					✓	✓					✓		✓	✓								Erweiterung der Funktionalität für MapInfo
														✓											Werkzeug zur effiz. Änderung und Ergänzung von topograf. Objekten im Geodatenbasisbestand
✓	✓	✓	✓	✓					✓		✓		✓	✓		✓	✓	✓	✓	✓		✓		✓	hybrides GIS mit topologischem Datenmodell und umfangreichen Funktionen, OpenGIS
✓														✓	✓				✓						Admin. Profi-Werkzeug z. einfachen Kopieren und Komprimieren von Smallworld GIS-Datenbanken
✓	✓	✓		✓				✓					✓	✓		✓	✓			✓					Das CAD-GIS System ist die ideale Grundlage für ein Kommunales-Informationssystem
✓	✓	✓						✓						✓											Bidirektionale Schnittstelle zwischen MapGuide u. dem ALB-System Kolibri
✓	✓		✓	✓								✓													Grundwassermessstellen, Sondierungen, Messlisten, Richtwerte, Analysen
✓	✓	✓	✓	✓							✓					✓	✓				✓				Interaktive Unfallanalyse, Unfallvisualisierung, Unfallkarten
✓	✓															✓					✓				Automatische Raster-Vektor-Konvertierung, Rasterbearbeitung, Entzerrung
			✓																		✓				Verkehrsdatenbank zur Auswertung von Zähldaten, Ganglinienerst., Werkzeug z. Verkehrsplanung
																				✓					Kataster- und Ingenieurvermessung als Feld- und Bürolösung, auch für WINDOWS CE verfügbar
✓	✓	✓	✓											✓		✓	✓			✓		✓			Verwaltungs- u. Planungssystem für Tiefbau, Straße, Kanal, Bauvermessung, Strom- u. Wasserversorgung
✓	✓	✓	✓	✓										✓						✓	✓				Vermessung, Planung, Straße, Bahn, Kanal, DGM, Bauabrechnung
✓	✓													✓	✓					✓	✓	✓			Vermessung, Planung von Straße/Bahn/Kanal, Grunderwerb, Bauabrechnung, Digitales Geländemodell
✓	✓	✓												✓						✓	✓	✓			Planung von Straßen und Bahn, Bauabrechnung, Digitales Geländemodell
✓	✓	✓	✓	✓		✓								✓						✓	✓	✓			Vermessung, Planung von Straße/Bahn, Digitales Geländemodell
✓	✓	✓												✓	✓					✓	✓	✓			Vermessung, Planung von Straße/Bahn/Kanal, Grunderwerb, Bauabrechnung, Digitales Geländemodell
✓																									Dig. Version der VGE-Karte "Gasversorgungsnetze in Deutschland" des Verlags Glückauf
			✓	✓					✓			✓	✓	✓		✓				✓	✓				Video Infosystem z. schnelleren Bereitstellung/ Analyse v. raumbezogenen Daten f. Komm. u. Dienstl.
✓	✓											✓													Gebäude- und Anlageinformationen grafisch und alphanumerisch verwaltet
✓	✓	✓	✓						✓				✓	✓		✓	✓		✓	✓	✓				über 20 Fachdatenbanken, äußerst einfach zu bedienen, schnell erlernbar, offenes System, echtes 3D-GIS
✓	✓													✓	✓	✓		✓		✓	✓				3D-Modul, das an CAD-GIS per COM-Interface gekoppelt ist und Vektor- und Texturdaten interaktiv in 3D darstellen kann.
✓	✓	✓	✓		✓	✓		✓					✓	✓						✓					hybrides GIS zur Raster- und Vektorgraphikverarbeitung
✓	✓		✓	✓				✓		✓		✓		✓							✓				Fachapplikation zur Verwaltung v. straßenbezogenen Daten mit interaktiver GIS-Schnittstelle VIS-MAP.

© Bernhard Harzer: GIS-Report 2008/09, Bernhard Harzer Verlag, Karlsruhe

GIS-Softwareübersicht

Software	Anbieter	Ansprechpartner Telefon	Erstinstallation	Versionsnummer	GIS	Desktop-GIS	GIS-Fachschale	GIS-Viewer	Internet-GIS	Mobil-GIS	CAD-GIS	Geo-Datenbankserver	GIS-Ergänzung	Windows	UNIX	eigenst. GIS-Kernsoftware	Applikation zu ArcGIS	Applikation zu Geomedia	Applikation zu Autodesk Map	Applikation zu Microstation
Visual Nature Studio	screen & paper WA GmbH	Andreas Haux 08161 - 97940	2001	2.x									✓	✓						
VOK-Viewer	EFTAS Fernerkundung Technologietransfer GmbH		2004					✓						✓		✓				
Vpmap Series	softelec GmbH		2004	2.0									✓	✓						
VPR-Feldversion	ibR Ges. für Geoinformation mbH		1999	7.4						✓				✓		✓				
W - Viewer	Geodatenservices GmbH		2001										✓	✓						
w³GIS	GISCAD - Institut		2001	3.0										✓		✓				
w³WMS (Client and Server)	GISCAD - Institut		2003						✓					✓		✓				
WBalMo	WASY GmbH												✓	✓						
Web Mapper	ITS Informationstechnik Service GmbH		1999						✓					✓		✓				
WEB|Auskunft	CSO GmbH	Jörg Schempf 07231 - 973510	2006						✓					✓		✓				
WEB|Kaufpreise	CSO GmbH	Jörg Schempf 07231 - 973510	2006						✓					✓		✓				
WEB-DD	Baral - Geohaus Consulting AG		1997	6.1					✓					✓	✓					
WEBGIS	TeKoN Informationssysteme GmbH		2003						✓					✓	✓	✓				
WebOffice	GEOCOM Informatik AG		2003						✓	✓				✓	✓				✓	
WebView	ZEBRIS		1999	2.3									✓	✓					✓	
WEGA	M.O.S.S. GmbH	Julian Claudius 089 - 66675-144	2000	5.6	✓		✓							✓	✓	✓				
WEGA Geo Server	M.O.S.S. GmbH	Julian Claudius 089 - 66675-144	2000						✓			✓		✓	✓	✓				
WEGA Imageviewer	M.O.S.S. GmbH	Julian Claudius 089 - 66675-144	2002	2.7				✓						✓		✓				
WEGA-CSW	M.O.S.S. GmbH	Julian Claudius 089 - 66675-144					✓							✓	✓	✓				
WEGA-GDM	M.O.S.S. GmbH	Julian Claudius 089 - 66675-144	1999			✓								✓		✓				
WEGA-GDM-Web	M.O.S.S. GmbH	Julian Claudius 089 - 66675-144	2001						✓					✓	✓	✓				
WEGA-GENERIC	M.O.S.S. GmbH	Julian Claudius 089 - 66675-144	2006				✓							✓	✓	✓				
WEGA-MARS	M.O.S.S. GmbH	Julian Claudius 089 - 66675-144	2000				✓							✓	✓	✓				
WEGA-Public	M.O.S.S. GmbH	Julian Claudius 089 - 66675-144	2000					✓	✓					✓		✓				
WEGA-RBA	M.O.S.S. GmbH	Julian Claudius 089 - 66675-144					✓							✓	✓	✓				

© Bernhard Harzer: GIS-Report 2008/09, Bernhard Harzer Verlag, Karlsruhe

GIS-Softwareübersicht

Datenformate		Datenbank und Datenbankschnittstellen (Sachdaten)								Anwendungsschwerpunkte											Kurzbeschreibung, Applikation zu, Sonstige Systemtypen, Sonstige Plattformen, Sonstiger Anwendungsschwerpunkt
Vektor	Raster	Interne DB	Oracle	MS-SQL-Server	DB/2	Informix	Ingres	JDBC	ODBC	Sybase	xBase-Format	Facility Management	Umwelt u. Naturschutz	Ver- u. Entsorgung	Telekommunikation	Auskunftssysteme	Kartographie	Marketing	Logistik	Vermessung u. Kataster	Verkehrsplanung	Raum- und Bauleitplanung	Photogrammetrie	Fernerkundung	
✓	✓												✓	✓			✓			✓	✓	✓			Für GIS-Anwender optimiertes Programm zur fotorealistischen Darstellung von 3D-Gelände und Landschaften inkl. Übernahme von 3D-Objekten.
✓	✓					✓																			Zur Identifikation v. Feldblöcken u. Gehöften zur Wegeplanung f. die Mitarb. D. Vorort-Kontrolle
✓	✓	✓				✓																			Aufnahme raumbezogener Daten aus gescannten Daten, schnelle Erfassung auf der Basis von Rasterdaten
✓	✓	✓												✓		✓	✓			✓		✓			Feldsystem zum ibR-Vermessungspaket VPR auf Pen-Computern mit Tachymeter und GPS-Kopplung
✓	✓		✓			✓								✓											Sachdatenviewer Wasser mir bidirektionaler Kopplung zu GAUSZ
✓	✓	✓	✓	✓	✓	✓		✓	✓	✓		✓		✓		✓	✓			✓		✓			Umfassende GIS-Lösung vollst. in Web-Technologie + zahlreichen Fachschalen
✓	✓	✓	✓	✓	✓	✓			✓	✓	✓														
✓																									Simulationssystem für die Planung und Bewirtschaftung von Flussgebieten
✓	✓	✓														✓									Stadtplanauskunft im Internet
✓	✓		✓					✓					✓	✓	✓	✓				✓		✓			WEB|Auskunft ist ein auf OpenSource-Software basierendes Internetauskunftssystem
✓	✓		✓					✓					✓									✓			WEB|Kaufpreise ist ein Service zur Erfassung von Kaufverträge, Berechnung von Bodenrichtwerten und der Erstellung von Richtwertzonenkarten
✓	✓	✓	✓		✓			✓								✓	✓	✓			✓				Management-Programm für GIS im Internet
✓	✓	✓														✓									
✓	✓		✓	✓	✓								✓	✓	✓	✓	✓	✓		✓	✓	✓			Internet/Intranet-Lösung basierend auf ArcGIS Server
✓	✓												✓				✓			✓				✓	Erweiterung zu ArcView GIS und ArcGIS zur Präsentation interaktiver Karten im Internet
✓	✓		✓			✓		✓	✓				✓	✓		✓	✓			✓					OGC konforme Weblösung mit Aufsatzmodulen
✓	✓		✓					✓					✓	✓		✓	✓			✓					OGC konfomer Geodatenserver
✓	✓												✓	✓	✓	✓	✓	✓	✓	✓	✓	✓	✓	✓	Kostenloser Viewer für zahlreiche Grafikformate mit und ohne Georeferenz. Montage, Druck, etc.
													✓	✓		✓	✓			✓			✓	✓	Kopplungsmodul zur Anbindung an zentrale Metadatenserver über CSW
✓	✓		✓			✓		✓					✓	✓		✓	✓			✓					Geodokumentenmanagementsystem zur Verwaltung von Daten mit und ohne Ortsbezug und Metadaten
✓	✓		✓			✓		✓					✓	✓		✓	✓			✓					Geodokumentenmanagementsystem zur Verwaltung von Daten mit und ohne Ortsbezug und Metadaten
			✓			✓		✓					✓	✓		✓	✓			✓					Generisches Sachdatenmodul auf Basis von WFS
✓	✓		✓			✓		✓	✓				✓	✓		✓				✓					Java basierter WMS Client
✓	✓		✓			✓		✓	✓				✓			✓				✓					HTML basierter WMS Client
													✓	✓		✓	✓			✓					Middleware zur Administration von Rollen und Benutzergruppen und Servicekonfigurator

© Bernhard Harzer: GIS-Report 2008/09, Bernhard Harzer Verlag, Karlsruhe

GIS-Softwareübersicht

Software	Anbieter	Ansprechpartner Telefon	Erstinstallation	Versionsnummer	GIS	Desktop-GIS	GIS-Fachschale	GIS-Viewer	Internet-GIS	Mobil-GIS	CAD-GIS	Geo-Datenbankserver	GIS-Ergänzung	Windows	UNIX	eigenst. GIS-Kernsoftware	Applikation zu ArcGIS	Applikation zu Geomedia	Applikation zu Autodesk Map	Applikation zu Microstation
WEGA-RedLine	M.O.S.S. GmbH	Julian Claudius 089 - 66675-144	2001						✓					✓	✓	✓				
WEGA-WCS	M.O.S.S. GmbH	Julian Claudius 089 - 66675-144							✓					✓	✓	✓				
WEGA-WFS	M.O.S.S. GmbH	Julian Claudius 089 - 66675-144							✓					✓	✓	✓				
wfs Editor for Arc GIS (sdi. suite)	con terra GmbH		2005										✓	✓						
WGEO	WASY GmbH		1996										✓	✓						
WGEO	WASY GmbH		1996										✓	✓						
where2dig	PLEdoc GmbH		2001					✓								✓				
WiGGi - GASNETreader	WGI mbH		2004											✓						
WiGGi - GISmobilizer	WGI mbH		2003							✓				✓						
WiGGi - PLANexplorer	WGI mbH		2002							✓				✓						
WiGGi-DERknopf	WGI mbH		2002										✓	✓						
WiGGi-ESTATEdrainage	WGI mbH		2000			✓								✓						
WiGGi-FLIGHTmonitor	WGI mbH		2002										✓	✓						
WiGGi-GASNETanalyst	WGI mbH		2003											✓						
WiGGi-GASnetmanager	WGI mbH		2001				✓							✓						
WiGGi-GEOmarketing	WGI mbH		2002										✓	✓						
WiGGi-GEOprovider	WGI mbH		2001		✓									✓		✓				
WiGGi-MACONmaps	WGI mbH		2000										✓	✓						
WiGGi-MAPINFOinterface	WGI mbH		2000										✓	✓						
WiGGi-NETmanager	WGI mbH		1998		✓								✓	✓	✓					
WiGGi-PIPEbrowser	WGI mbH		1999										✓	✓						
WiGGi-PIPELINEmanager	WGI mbH		2003											✓						
WiGGi-POSITIONreport	WGI mbH		2001										✓	✓						

© Bernhard Harzer: GIS-Report 2008/09, Bernhard Harzer Verlag, Karlsruhe

GIS-Softwareübersicht

Datenformate		Datenbank und Datenbankschnittstellen (Sachdaten)									Anwendungsschwerpunkte												Kurzbeschreibung, Applikation zu, Sonstige Systemtypen, Sonstige Plattformen, Sonstiger Anwendungsschwerpunkt
Vektor	Raster	Interne DB	Oracle	MS-SQL-Server	DB/2	Informix	Ingres	JDBC	ODBC	Sybase	xBase-Format	Facility Management	Umwelt u. Naturschutz	Ver- u. Entsorgung	Telekommunikation	Auskunftssysteme	Kartographie	Marketing	Logistik	Vermessung u. Kataster	Verkehrsplanung	Raum- und Bauleitplanung	Photogrammetrie	Fernerkundung	
✓			✓		✓			✓					✓	✓		✓	✓		✓						Redlining im intran- und Internet mit serverseitiger Projektverwaltung
	✓												✓	✓		✓	✓		✓						Modul zum Download von Rasterdaten nach dem WCS Standard
													✓	✓		✓	✓		✓						Modul zur Anzeige und Bearbeitung von Sachdaten aus WFS Datenquellen bzw. über WFS-T sowie zum Zugriff auf Ortskataloge über WFS-G
✓			✓	✓	✓																				ArcGIS-Erweiterung zum Editieren von Shapefile-Repositories u. Arc SDE-Datenbeständen mit ArcView
✓	✓											✓	✓	✓	✓	✓	✓			✓	✓	✓			Georefenzieren und Geoimaging
✓	✓																								modular aufgebautes Paket effizienter GIS-Tools f. Georeferenzierung, Geoimaging und Transformieren
✓	✓		✓	✓				✓						✓	✓	✓									Web-Lösung zur Prozessautomatisierung bei der rechtsverbindlichen Beauskunftung von Leitungstrassen
✓	✓													✓											Auskunftslösung auf Basis der digitalen Karte "Gasversorgungsnetze in Deutschland"
✓	✓													✓		✓									standortunabhängiger Online-Zugriff auf zentrale aktuelle GIS-Informationen
✓	✓													✓		✓									rechtssichere Planauskünfte für Planungs- und Bauunternehmen online via Internet
	✓											✓	✓	✓	✓	✓	✓	✓	✓	✓	✓	✓	✓	✓	Nutzung ausgewählter Karten und Luftbilder des terramapservers aus der Smallworld-Anwendung
✓	✓													✓		✓									GIS-Managementsystem für die technisch-betrieblichen Geschäftsprozesse der Stadtentwässerung
✓	✓													✓											Vollautomatisierter GIS-unterstützter Workflow zur Verarbeitung von Befliegungsinformationen
✓														✓		✓									schlüsself. Lös. F. Auskunft u. Analyse auf d. Basis der dig. Karte "Gasversorgungsnetze in Dtld"
✓	✓													✓											Applikation Durchleitung für Smallworld GIS
✓	✓				✓									✓				✓							GIS-gestütztes Managementsystem für Kundenbindungs- und 2006kundengewinnungsmaßnahmen
✓														✓		✓									Zentrale Bereitstellung unternehmensspezifischer GIS-Software und Geodaten
														✓		✓	✓								Administrative Gebietsstruk. Deutschlands, sowie 10 Ebenen topogr. Inhalts als SMALLWORLD Datenbest.
✓														✓		✓	✓								Schnittstelle zur Migration von Daten aus dem MAPinfo in die Fachschalen des Smallworld GIS
✓	✓													✓		✓				✓					Integ. Syst. zur Unterstützg v. systemübergreif. Geschäftsproz. auf Basis ERP-,GIS-u. weiteren Syst.
	✓													✓		✓									Navigation im Rasterdatenbestand und Visualisierung einzelner Trassenpläne im GIS
✓	✓												✓												GIS Managementsystem für Öl- und Kerosintransportpipelinebetreiber
✓														✓	✓										Visualisierung von Positionsangaben aus der GPS-gestützten Fahrzeugnavigation

© Bernhard Harzer: GIS-Report 2008/09, Bernhard Harzer Verlag, Karlsruhe

GIS-Softwareübersicht

Software	Anbieter	Ansprechpartner Telefon	Erstinstallation	Versionsnummer	GIS	Desktop-GIS	GIS-Fachschale	GIS-Viewer	Internet-GIS	Mobil-GIS	CAD-GIS	Geo-Datenbankserver	GIS-Ergänzung	Windows	UNIX	eigenst. GIS-Kernsoftware	Applikation zu ArcGIS	Applikation zu Geomedia	Applikation zu Autodesk Map	Applikation zu Microstation
WiGGi-QUALITYchecker	WGI mbH		2002										✓	✓						
WiGGi-SAPintegration	WGI mbH		1998										✓	✓						
WiGGi-Xyload	WGI mbH												✓	✓						
WISYS	WASY GmbH					✓							✓			✓				
World Construction Set	screen & paper WA GmbH	Andreas Haux 08161 - 97940	1991	6.x									✓	✓						
WS-LANDCAD	Widemann Systeme GmbH	Axel Bastian 0611 - 77819-0	1996	2009							✓			✓					✓	
WSG-Manager	ZEBRIS		1999	3.0		✓							✓							
WspWin Mapper 2.1	Björnsen Beratende Ingenieure (BCE)	Björnsen Zentrale 0261 - 8851-0	2000	2.1		✓							✓							
WWI-Web	Hydrotec GmbH		2004						✓					✓	✓					
xGIS 4	METTENMEIER GmbH		2002	4.0.1					✓											
YADE	SRP Ges. f. Stadt- u. Regionalplang. mbH		1990	5.x	✓									✓			✓			
ZIMAS Map	Geobyte Software GmbH		2001	1.2							✓			✓	✓					
Zusatzmodule für FME	GeoTask AG		1999										✓	✓	✓					

© Bernhard Harzer: GIS-Report 2008/09, Bernhard Harzer Verlag, Karlsruhe

GIS-Softwareübersicht

Datenformate		Datenbank und Datenbankschnittstellen (Sachdaten)										Anwendungsschwerpunkte												Kurzbeschreibung, Applikation zu, Sonstige Systemtypen, Sonstige Plattformen, Sonstiger Anwendungsschwerpunkt
Vektor	Raster	Interne DB	Oracle	MS-SQL-Server	DB/2	Informix	Ingres	JDBC	ODBC	Sybase	xBase-Format	Facility Management	Umwelt u. Naturschutz	Ver- u. Entsorgung	Telekommunikation	Auskunftssysteme	Kartographie	Marketing	Logistik	Vermessung u. Kataster	Verkehrsplanung	Raum- und Bauleitplanung	Photogrammetrie	Fernerkundung	
✓														✓											Qualitätssicherung von erfassten u. migrierten Datenbeständen im Smallworld GIS
✓														✓	✓	✓		✓							Integration von SAP und GIS (z.B. Smallworld GIS)
✓														✓						✓					strukturierte Import v. Vermessg- u. Betriebsmitteldaten in die GIS- bzw. integ. Applikationen (SAP)
✓	✓	✓	✓	✓										✓			✓								Client-Server Informationssystem für das Flussgebietsmanagement
✓	✓													✓	✓		✓			✓	✓	✓			Programm zur fotorealistischen Darstellung von 3D-Gelände und Landschaften inkl. Übernahme von 3D-Objekten.
✓	✓	✓											✓		✓	✓				✓	✓	✓			WS·LANDCAD ist das seit Jahren marktführende Programm für Landschaftsarchitektur, Stadtplanung und Objektplanung auf Basis von AutoCAD, AutoCAD Map 3D, AutoCAD Civil 3D oder AutoCAD Architecture
✓	✓								✓				✓												Informationssystem zum Trinkwasserschutz auf der Basis von ArcView GIS und MS ACCESS
✓	✓												✓												GIS-Oberfläche für das Pre- und Postprocessing eindimensionaler hydraulischer Berechnungen.
✓	✓		✓			✓							✓			✓	✓			✓					Werkzeug für das Flussgebietsmanagement; ermöglicht per Internet Zugriff auf eine Oracle-Datenbank
✓	✓		✓	✓	✓			✓	✓								✓			✓					GIS-Auskunftsoberfläche, Standardclient zum SIAS
✓	✓	✓	✓	✓					✓	✓			✓	✓	✓	✓	✓			✓			✓		Voll-GIS mit redundanzfreiem Datenmodell: ALK-Verarb., ALB-Auskunft Liegenschaftsmanag., Planung
✓	✓		✓		✓															✓	✓	✓			ZIMAS Map ist die GIS-Komponente des Münchner ZIMAS-Sys. u. als schlüsselfertige Lsg. Einsetzbar
												✓								✓					FME Module f. die Bearbeitung der Datenformate: "Interlis", "SICAD SQD" und "GINA"

© Bernhard Harzer: GIS-Report 2008/09, Bernhard Harzer Verlag, Karlsruhe

Bernhard Harzer Verlag GmbH
Westmarkstraße 59/59 a
D-76227 Karlsruhe
Telefon ++49 (0)721 944 02 0
Fax ++49 (0)721 944 02 30
E-Mail: Info@harzer.de
www.GEObranchen.de

Der Praxis-Leitfaden für

erfolgreiches Geomarketing

- Werner Tappert
- **Geomarketing**
- **in der Praxis**
- Grundlagen Einsatzmöglichkeiten Nutzen
- 2007. 180 Seiten, zahlreiche Abbildungen und Tabellen, Kartoniert,
- EUR 48,00 (ISBN 978-3-9808493-5-7)

Dieses Buch liefert das notwendige Grundlagenwissen, um Geomarketing zu verstehen und erfolgreich zu nutzen. Es beschreibt den Aufbau eines Geomarketing-Systems mit seinen Elementen: Digitale Karten, Marktdaten, Unternehmensdaten und Software.

Es erklärt typische Verfahren und Methoden und liefert einen Leitfaden zur Einführung von Geomarketing in der Praxis. Dabei werden IT-technische, organisatorische und rechtliche Fragestellungen beleuchtet. Zahlreiche „Best-Practice"-Beispiele aus den verschiedensten Branchen zeigen, wie Marketing und Vertrieb mit Geomarketing erfolgreich optimiert werden können. Die Beispiele sollen den Leser anregen, eigene Anwendungsideen zu entwickeln und erfolgreich umzusetzen.

Während sich bisher die Literatur zum Thema Geomarketing schwerpunktmäßig auf B2C-Märkte und Mikromarketing konzentrierte, wird Geomarketing in diesem Buch umfassender ausgelegt und B2B-Märkte gleichwertig mit einbezogen.

Das Buch wurde von einem Praktiker für Praktiker geschrieben. Es wendet sich an Verantwortliche in den angesprochenen Unternehmensbereichen, die Geomarketing einführen oder intensiver nutzen möchten und sich dazu entsprechendes Hintergrundwissen aneignen möchten. Es wendet sich aber gleichermaßen auch an interdisziplinär interessierte Studenten der Betriebswirtschaftslehre, Geografie und Informatik, die sich auf ihre berufliche Zukunft in einem Tätigkeitsfeld vorbereiten möchten, das viel Entwicklungspotenzial bietet. Spezielle Vorkenntnisse sind nicht erforderlich.

Der Autor:
Dipl.-Inf. Werner Tappert ist Geschäftsführer des seit vielen Jahren auf Geomarkting spezialisierten Unternehmens LUTUM + TAPPERT GmbH in Bonn.

Leseprobe als PDF unter:

http://www.geobranchen.de/images/produkte/geomarketing1.pdf

3. Daten

3.1 Einführung in Geodaten

Was heute unter dem Begriff Geoinformation verstanden wird, hat seinen Ursprung in dem schon mehr als zwei Jahrtausende alten Bestreben von Astronomen, Mathematikern, Physikern, Geographen und Ingenieuren, Gestalt und Dimension der Erde zu erforschen, vor allem aber, um kartographische Grundlagen für Navigation und Orientierung auf dem Land und dem Meer herzustellen...

In den letzten Jahren hat sich der Charakter von Erzeugnissen, in denen raumbezogene Inhalte dargestellt werden, wie z.B. im Vermessungs- und Kartenwesen, im Liegenschaftskataster, in der Raumordnung, im Umweltbereich u.v.a., durch die neuen Möglichkeiten der Informations- und Kommunikationstechnologien drastisch verändert – von „statischen" Kartenerzeugnissen hin zu Produkten, die mit Geoinformationssystemen „dynamisch" generiert werden. Geoinformationssysteme erweitern bzw. lösen die bisher klassischen Kartenwerke und Methoden der Kartennutzung ab. Für diesen Prozess werden mittlerweile außer den topographischen Grundlagendaten (Geobasisdaten) weitere geographische Informationen (z.B. Daten über Klima, Umwelt, Wirtschaft oder Bevölkerung) als Geofachdaten benötigt, die mit den Geobasisdaten in Beziehung gebracht (georeferenziert) werden, um Geoinformationen zu erzeugen. Die gleichzeitige Verfügbarkeit integrierbarer Daten bietet dem Nutzer weitreichende Analysemöglichkeiten. So kann er beispielsweise die optimale Fahrtroute zu dem nächsten Krankenhaus finden oder solche Gebiete ermitteln, bei denen die negativen Auswirkungen auf die Umwelt durch den Bau von Straßen oder Produktionsanlagen minimiert werden. Geoinformationen beschreiben und erklären unsere reale Umwelt anhand von Objekten und Sachverhalten, die sich auf ganz bestimmte Punkte, Orte, Bereiche oder Regionen unseres Lebensraumes beziehen. Moderne Informationssysteme und Datenbanktechniken machen es so heutzutage möglich, unterschiedliche Daten und Fakten über den Raum- oder Ortsbezug miteinander zu verknüpfen, um Entscheidungshilfen für unser Handeln zu erzeugen.

Damit außer dem Erzeuger eines Geodatenbestandes sich auch andere Nutzer darüber informieren und darauf zugreifen können, muss der Datenbestand durch Metadaten („Daten über Daten") wie in einem Warenkatalog dokumentiert werden. Dadurch wird zugleich eine langfristige Wertsicherung gewährleistet. In einem Metadatenkatalog oder Metadaten-Informationssystem erhält man Auskünfte über einen Datenbestand, z. B. über technische Spezifikationen, Umfang, Herkunft, Aktualität, Qualitätsniveau, Verfügbarkeit, etc.

Bedeutung und Nutzen von Geoinformationen für die Gesellschaft

Die Bedeutung des Geoinformationswesens ist in den letzten Jahren stark gewachsen. Es spielt eine wesentliche Rolle bei der Modernisierung der Verwaltung, indem es neue Werkzeuge und Methoden zur Entscheidungsfindung für das alltägliche Verwaltungshandeln schafft. Große Bedeutung kommt der Möglichkeit zu, Bürger bei Verwaltungsentscheidungen einfacher zu beteiligen, z.B. durch Veröffentlichung von Bau- oder Raumordnungsplänen im Internet.

In der modernen Informationsgesellschaft sind Geoinformationen zu einem festen Bestandteil geworden. Es gilt als allgemein anerkannt, dass ca. 80% aller Entscheidungen im öffentlichen und privaten Leben einen raumbezogenen Charakter aufweisen bzw. durch Situationen mit Raumbezug beeinflusst werden.

Das wachsende gesellschaftliche Interesse an der Umweltüberwachung, an ökologischen Wirtschaftsmethoden, am Verbrauch von Energie und natürlichen Rohstoffen sowie an der Bewahrung des kulturellen Erbes unseres Landes und der Erde kann nur durch umfassende Geoinfor-mationen befriedigt werden. Ebenso lassen sich signifikante Kosteneinsparungen erzielen, z. B. beim Einsatz von Geoinformationen für eine gezielte, ortsgenaue Dosierung von Dünge- und Pflanzenschutzmitteln in der Landwirtschaft bei gleichzeitiger Reduzierung der Grundwasserbelastung („Precision Farming"), für eine standortgerechte und damit widerstandsfähige Anpflanzung in der

Forstwirtschaft, für die bessere Ausnutzung des Verkehrsraumes und für die Einsatzplanung bei Katastrophen und humanitären Hilfsaktionen.

Im Bereich von Wissenschaft und Forschung fallen in Deutschland in Forschungsprojekten, die mit jährlich etwa 450 Mio € gefördert werden, umfangreiche Geodaten an.

Die Arbeiten stehen vor allem im Zusammenhang mit der Vorsorgeforschung, die dem Erhalt und Schutz, aber auch der Nutzung der Lebensräume des Menschen dient. Zunehmend werden dabei auch dynamische Vorgänge auf der Erde im Computer simuliert, um Vorhersagen zu verbessern und Eingriffe in Naturkreisläufe verantwortlich planen zu können. Am bekanntesten sind die Modelle der Wettervorhersage. Jedoch werden mittlerweile auch Abflusscharakteristiken von Flusseinzugsgebieten (wichtig für die Hochwasserwarnung aber auch für die Energieerzeugung in Wasserkraftwerken), die Ausbreitung von Bränden, Schadstoffen oder Ölteppichen bis hin zur Verkehrslenkung zur Verhinderung von Staus modelliert. Geoinformationen sowie Entwicklung und Einsatz entsprechender Technologien stellen ein Wirtschaftsgut von herausragender Bedeutung dar. In nationalen Wirtschaftsstatistiken scheinen sie zwar nur eine untergeordnete Rolle zu spielen...
Kosten-Nutzen-Analysen zeigen jedoch, dass Investitionen in geographische Datenbestände in Verbindung mit einem Einsatz von Informationstechnologie zu effektiveren Arbeitsmethoden und besser vorbereiteten Handlungsentscheidungen führen. Um diese Vorteile aber voll ausschöpfen zu können, müssen die Daten einfach und aktuell verfügbar sein und die Kooperation zwischen Datenerzeugern und -veredlern verbessert werden, z. B. durch die Einrichtung einer bundesweiten Geodateninfrastruktur...

So wurden in den USA bis zum Jahr 2000 etwa 100.000 neue Arbeitsplätze nur durch die Anwendungsmärkte des Satellitennavigationssystem GPS, einer speziellen Sparte des Geoinformationsmarktes, geschaffen.

Woher bekommt man Geoinformationen?

a) öffentliche Verwaltung

Innerhalb der Bundesverwaltung werden Fachaufgaben unterschiedlichster Art mit Hilfe von Geoinformationen erledigt. Insbesondere zu nennen sind: Raumplanung, Umwelt- und Naturschutzmanagement, Innere Sicherheit, Landesverteidigung, Zivil- und Katastrophenschutz, Versorgung und Entsorgung, Wasserwirtschaft, geowissenschaftlicher Ressourcenschutz, Land- und Forstwirtschaft, Wetterdienst, Klimaforschung, Statistik. Es werden Geobasisdaten mit Fachdaten aus den verschiedensten Anwendungsbereichen verknüpft und Geoinformationen generiert. Eine Übersicht von derzeit etwa 250 Bundesaufgaben, die mit Geoinformationen bearbeitet werden, findet man im Internet unter http://www.imagi.de. Der IMAGI (Interministerieller Ausschuss für Geoinformationswesen) sollte in einem dreistufigen Prozess den Aufbau der Geodateninfrastruktur Deutschland (GDI-DE) koordinieren. Kernbestandteil der GDI-DE ist die Nationale Geodatenbasis (NGDB), bestehend aus Geobasisdaten (GBD), Geofachdaten (GFD) und deren Metadaten (MD). Mit Hilfe dieser Geodatenbasis, eines Geoinformationsnetzwerkes sowie von Diensten und Standards ist es der GDI-DE möglich die Voraussetzungen für die Gewinnung, Auswertung und Anwendung von Geoinformationen zu schaffen. Diese finden Verwendung bei Nutzern und Anbietern in den öffentlichen Verwaltungen, im kommerziellen und nichtkommerziellen Sektor, in der Wissenschaft und bei den Bürgern. Außerdem enthält die Internetseite ein Archiv mit Beiträgen vom Jahr 2000 bis heute und das Thema des Monats. Zusätzlich zu finden sind Links zum Thema Geoinformation zu nationalen und europäischen Internetseiten. Das online bestellbare Informationsmaterial, ist sowohl für Fachleute wie auch Laien geeignet und liefert unter anderem Erläuterungen zum Thema Geoinformation. Im Zuge der Verbesserung der Öffentlichkeitsarbeit ist eine Zusammenstellung der über das Internet erreichbaren Metadaten-Informationssysteme in Bundeszuständigkeit angeführt.

Durch das bereits 1996 beim Bundesamt für Kartographie und Geodäsie (BKG, http://www.bkg.bund.de) eingerichtete Geodatenzentrum

(GDZ, http://www.geodatenzentrum.de) werden die topographischen Basisdaten vom Gebiet der Bundesrepublik Deutschland zentral für die Bundesverwaltung bereit gestellt.

Darüber hinaus können diese Daten bundesländerübergreifend auch an Dritte abgegeben werden. Hier erfolgt die notwendige Prüfung und Harmonisierung der von den Ländern gelieferten Geobasisdaten als eine wichtige Qualitätssicherungsmaßnahme. Zu den Aufgaben des GDZ gehört u. a. die Zusammenführung der durch die Landesvermessungsverwaltungen erstellten großmaßstäbigen Daten, die Beratung der Kunden über die Nutzung digitaler Geobasisdaten sowie die Bereitstellung der Daten im konkreten Auftragsfall einschließlich der Erteilung von Nutzungsrechten. Jedoch werden weder Auskünfte, noch Nutzungsrechte für Gebiete, die nur ein Bundesland betreffen, erteilt, auch werden keine Auszüge bereitgestellt.

Der Link zum ATKIS-Metainformationssystem informiert über die Verfügbarkeit, Qualität und die Bezugsmöglichkeiten der Geobasisdaten. Neben den Daten des GDZ/BKG werden hier auch die Angebote aller Bundesländer dokumentiert und durch die Länder selbst gepflegt.

Die im Geo-Datenzentrum angebotenen groß- und mittelmaßstäbigen Daten im Maßstabsbereich von etwa 1:10.000 bis 1:100.000 werden durch die Landesvermessungseinrichtungen der Bundesländer (http://www.adv-online.de) erzeugt. Die kleinmaßstäbigen Daten und Kartenwerke ab dem Maßstab 1:200.000 und kleiner werden durch das BKG gepflegt. Die Arbeitsgemeinschaft der Vermessungsverwaltungen der Länder der Bundesrepublik Deutschland (AdV) stellt für unterschiedliche Aufgaben aus z.B. dem Grundstücks- und Rechtsverkehr und der Verwaltung die benötigten Daten zur Verfügung. Gesetzlich verpflichtet ist sie außerdem zur flächendeckenden, aktuellen und einheitlichen Führung der notwendigen Basisinformationssysteme und stellen die Informationen den Kunden bei Bedarf zur Verfügung. Die gesetzliche Grundlage ist die Verwaltungsvereinbarung zwischen dem Bundesministerium des Innern und den Ländern über die kontinuierliche Abgabe digitaler geotopographischer Informationen der Landesvermessung zur Nutzung im Bundesbereich. In Kraft getreten ist sie am 1. September 1999.

Das Metainformationssystem des Geodatenzentrums (http://www.atkis.de) informiert über die Verfügbarkeit, Qualität und die Bezugsmöglichkeiten von Geobasisdaten. Eine Zusammenstellung von Adressen und Internetverbindungen der Landesvermessungseinrichtungen ist in den weiterführenden Informationen aufgeführt.

Hier finden Sie Informationen über die verfügbaren digitalen und analogen Geobasisdaten der deutschen Landesvermessung. Die Geodaten werden beschrieben hinsichtlich Inhalt, Ausdehnung, Qualität, Raumbezug und Vertrieb. Vorhanden sind außerdem Schnittstellen zu den Internetseiten des GeoDatenZentrums, des Bundesamtes für Kartographie und Geodäsie und der AdV.

Eine bedeutende und große Datenquelle, vor allem im Hinblick auf aktuelle Informationen, ist die Erdbeobachtung mit Satelliten. Neben zahlreichen Firmen, die Bilddaten bis unter 1 Meter Bodenauflösung anbieten, ist das Deutsche Fernerkundungs-Datenzentrum (DFD) des Deutschen Zentrums für Luft- und Raumfahrt e.V. (http://www.caf.dlr.de) Bezugsquelle für Daten verschiedener Satelliten. Auf diese Daten sind mittlerweile viele Bereiche wie Telekommunikation und Fernsehen, aber auch Meteorologie, Kartographie, Umweltbeobachtung und -überwachung, Landesplanung und Sicherheit angewiesen.

Deshalb sind die Ziele der wissenschaftlichen Arbeiten des DFD u.a. die Entwicklung von Algorithmen und Auswerteverfahren für unterschiedliche Fernerkundungssensoren, die Ableitung von physikalischen Parametern und die Erstellung von Informationsprodukten aus den Fernerkundungsdaten sowie die Erschließung von innovativen Anwendungen im Rahmen von Projekten.

Fernerkundungsdaten und daraus abgeleitete Informationsprodukte werden vielfach in Geo-Informationssysteme (GIS) integriert. Daher spielt die Thematik GIS eine wichtige Rolle bei den Forschungs- und Entwicklungsarbeiten des DFD. Das DFD entwickelt zum einen Methoden und Softwaremodule für GIS, die weitgehend unabhängig von den jeweiligen Anwendungen sind und somit in unterschiedlichen Projekten eingesetzt werden können. Datensuche, -zugriff und -bestellung ist möglich über die Nutzerschnittstelle EOWEB (Earth Observation WEB).

Das Amt für Militärisches Geowesen (AmilGeo) stellt die Geoinformationen ausländischer Krisenregionen und Einsatzgebiete für das Bundesministerium der Verteidigung (BMVg) und die Bundeswehr sowie für die beteiligten Bundesressorts bereit.

b) Wirtschaft

Die Privatwirtschaft ist im Bereich Geoinformationswesen Partner und Konkurrent der öffentlichen Verwaltung. Einerseits bietet sie Geodaten aus eigenen Erhebungen an, andererseits führt sie als Auftragnehmer der Verwaltung für viele Teilbereiche die Erfassung von Geodaten durch. Weiterhin erwirbt sie Geodatenbestände aus der öffentlichen Verwaltung, um sie durch Veredelung kommerziell zu nutzen. So beruhen die modernen und kommerziell verfügbaren Navigationssysteme vielfach auf amtlichen Daten, die von der Wirtschaft mit umfangreichen Zusatzinformationen angereichert worden sind. Es ist zu erwarten, dass mit der Einführung des Kommunikationssystems UMTS das Angebot von Diensten, die auf Geoinformationen beruhen (Location Based Services, LBS), stark wachsen wird.

Einen Überblick über die Vielzahl von Unternehmen, die im Bereich des Geoinformationswesens aktiv sind, sowie über Produkte (Hardware, Software und Dienstleistungen), bieten der Deutsche Dachverband für Geoinformationswesen (DDGI, http://www.ddgi.de) und der „GIS-Report" (http://www.gis-report.de) auf ihren Internetseiten an. Weiterhin hat die Initiative D21 (http://www.initiatived21.de) als eine Einrichtung der deutschen Wirtschaft zum Ziel, den Wandel von der Industrie- zur Informationsgesellschaft in Deutschland zu beschleunigen. Dadurch sollen Wettbewerbsfähigkeit, Wirtschaftswachstum und Beschäftigung in Deutschland im Vergleich zu anderen Ländern gestärkt und verbessert werden.

c) europäische Einrichtungen

In der Europäischen Kommission (EC) befassen sich von insgesamt 36 Generaldirektionen u.a. die Direktionen „Umwelt", „Informationsgesellschaft", „Energie und Verkehr", „Landwirtschaft", „Forschung", „Fischerei" unmittelbar mit dem Thema Geoinformation. Das Koordinierungsgremium für das Geoinformationswesen innerhalb der EC ist das „Interservice Committee for Geographical Information within the Commission - COGI" (http://www.ec-gis.org/cogi/menu.html). Es ist auf eine Initiative der DG „Informationsgesellschaft" und des statistischen Dienstes der EU „EUROSTAT" (http://europa.eu.int/comm/eurostat) eingerichtet worden.

EUROSTAT stellt der EU u.a. raumbezogene Entscheidungshilfen in Form von topographischen Daten in den Bereichen Hydrographie, Digitale Geländemodelle, Verkehrsnetz, Verwaltungsgrenzen sowie weitere Fachdaten (z.B. Klima, Infrastruktur, Boden, Umwelt) bereit. Ein Teil dieser Daten kann auch privaten Interessenten zur Verfügung gestellt werden. Das Joint Research Centre (JRC, http://www.ec-gis.org) befasst sich u.a. mit Anwendungen der Fernerkundung, hierzu gehören auch eigenständige Forschungsprojekte zum Thema Geoinformation. Das „Institute for Environment and Sustainability" (http://ies.jrc.cec.eu.int) als eine von sieben Unterorganisationen des JRC beschäftigt sich derzeit mit dem Aufbau einer europäischen Geodateninfrastruktur, z.B. durch die Teilnahme am Projekt „GI-GIS – Harmonisation and Interoperability".

Die Koordinierung der Aktivitäten zu einer verbesserten Nutzung von Geoinformationen im Umweltbereich erfolgt derzeit auf europäischer Ebene durch E-ESDI (Environmental European Spatial Data Infrastructure, http://europa.eu.int/comm/index_en.htm). Diese Initiative der EU-Kommissionen verfolgt im europäischen Umwelt- und Naturschutz sehr ähnliche Ziele wie der IMAGI auf nationaler Ebene und wird durch die EU-Mitgliedsstaaten unterstützt.

Wie die EC in dem Grünbuch „Green Paper on Public Sector Information in the Information Society" feststellt, ist der Zugang zu Informationen der öffentlichen Hand generell zu verbessern (http://www.echo.lu; http://europa.eu.int). Um den Bereich Geoinformation zu berücksichtigen, hat die DG „Informationsgesellschaft" das Forum „European GI Policy Development" (EGIP) eingerichtet. Hierbei werden nicht nur rein GI-fachbezogene Aspekte sondern auch solche wie die Zusammenführung nationaler Politik und Initiativen im Hinblick auf Public-Private-Partnership mit einbezogen. Dazu zählt u. a. das Projekt „Panel-GI", in dem die wissenschaftliche und technologische Kooperation zwischen den Mitgliedsländern der EU und den Ländern Mittel- und Osteuropas auf dem Gebiet der Geoinformation gefördert wird. Ziel dieses Projektes ist die Entwicklung einer Perspektive für eine europäische GI-Gemeinschaft sowie die Förderung und Aktivierung des GI-Marktes.

Zur Zeit sind 35 nationale Vermessungsverwaltungen Mitglied in der Organisation „Euro Geographics"(http://www.eurogeographics.org), die gemeinsame Projekte, z.B. einheitliche Datenbanken im Maßstab 1:250.000 (EuroRegional Map) und 1:1.000.000 (EuroGlobalMap) sowie eine europaweite Datenbank der Verwaltungseinheiten bis zu den Gemeindegrenzen (SABE) bearbeiten. Die Bundesrepublik Deutschland wird in Abstimmung mit der Arbeitsgemeinschaft der Vermessungsverwaltungen der Länder der Bundesrepublik Deutschland (AdV, http://www.adv-online.de) durch das Bundesamt für Kartographie und Geodäsie (BKG, http://www.bkg.bund.de) als aktives Mitglied vertreten.

Zu den weiteren Aufgaben des BKG gehören die Bereitstellung der räumlichen Bezugssysteme und der Basis-Geoinformationen für das Gebiet der Bundesrepublik Deutschland, die Entwicklung und der Einsatz der dafür erforderlichen Technologien und die Beratung der Bundesregierung auf den Gebieten der Geodäsie und des Geoinformationswesens. Die Bereitstellung der Basis-Geoinformationen erfolgt in Form von digitalen Geobasisdaten verschiedener Auflösungsstufen, topographischen Kartenwerken verschiedener Maßstäbe und digitalen kartographischen Rasterdaten, sowie die daraus abgeleiteten Produkte. (Geodaten, Karten) Darüber hinaus wird durch technische und organisatorische Maßnahmen zum Aufbau der nationalen Geodateninfrastruktur (GDI-DE) für eine kontinuierliche und flächendeckende Versorgung mit aktuellen und zuverlässigen Geoinformationen beigetragen. Eine wichtige Funktion besteht auch in der Beschaffung, Bewertung, Aufbereitung und Bereitstellung von Fortführungsgrundlagen zur Laufendhaltung sämtlicher digitaler Daten des BKG sowie die Bereitstellung überregionaler Veränderungsinformationen für die Vermessungsbehörden der Länder.

**Notwendigkeit der Koordinierung –
Der Interministerielle Ausschuss
für Geoinformationswesen (IMAGI)**

In der Bundesrepublik Deutschland werden viele Zuständigkeiten für das Geoinformations-wesen durch die Bundesländer wahrgenommen. So ist es nach der Kompetenzordnung des Grundgesetzes Aufgabe der Länder, geotopographische Grundlagendaten (= Geobasisdaten) zu erheben, fortzuführen und bereitzustellen. Für Bereiche mit gesamtstaatlicher Bedeutung (Bundesgrenzangelegenheiten, internationale Programme) oder die Außenvertretung (EU, VN) ist der Bund verantwortlich. Im Einzelfall werden Zuständigkeiten durch Bund-Länder-Absprachen zusätzlich geregelt.

Am 1. September 1999 ist die Verwaltungsvereinbarung zwischen dem Bundesministerium des Innern und den Ländern über die kontinuierliche Abgabe digitaler geotopographischer Informationen der Landesvermessung zur Nutzung im Bundesbereich in Kraft getreten. Ähnliche Vereinbarungen zwischen Bund und Ländern wurden auch in einigen anderen Fachbereichen getroffen (z. B. Naturschutz, Landwirtschaft, Boden).

Zur Verbesserung der Koordinierung des Geoinformationswesens innerhalb der Bundesverwaltung wurde der Interministerielle Ausschuss für Geoinformationswesen (IMAGI, http://www.imagi.de) am 8. September 1998 unter der Federführung des BMI eingerichtet. Mitglieder des IMAGI sind das Bundesministerium des Innern (BMI), das Bundeskanzleramt (BK), das Bundesministerium für Arbeit und Sozialordnung (BMA), das Bundesministerium für Bildung und Forschung (BMBF), das Bundesministerium der Finanzen (BMF), das Bundesministerium für Umwelt, Naturschutz und Reaktorsicherheit (BMU), das Bundesministerium für Verbraucherschutz, Ernährung und Landwirtschaft (BMVEL), das Bundesministerium für Verkehr, Bau- und Wohnungswesen (BMVBW), das Bundesministerium der Verteidigung (BMVg), das Bundesministerium für Wirtschaft und Technologie (BMWi), das Bundesministerium für wirtschaftliche Zusammenarbeit und Entwicklung (BMZ) sowie als ständiger Gast die Arbeitsgemeinschaft der Vermessungsverwaltungen der Länder der Bundesrepublik Deutschland (AdV). Seine Geschäfts- und Koordinierungsstelle ist im Bundesamt für Kartographie und Geodäsie in Frankfurt am Main eingerichtet. Der Auftrag für den IMAGI ergibt sich aus dem Kabinettbeschluss der Bundesregierung vom 17. Juni 1998. Der Ausschuss hat unter anderem die Konzeption eines effizienten Datenmanagements für Geodaten auf Bundesebene als prioritäre Aufgabe entwickelt, den Aufbau und den Betrieb eines Metainformationssystems für Geodaten des Bundes (GeoMIS.Bund) organisiert, die Optimierung der technisch-organisatorischen Zuständigkeiten für die Haltung von Geodatenbeständen verbessert, z.B. durch die Einführung und Durchsetzung von Standards, Lösungsvorschläge für die Harmonisierung und die Optimierung der administrativen Vorgaben für Bezug und Abgabe von Geodaten erarbeitet, durch Öffentlichkeitsarbeit generell das Bewusstsein für Geoinformation gefördert.

Eine Geodateninfrastruktur für Deutschland (GDI-DE)

Mit seiner Entschließung vom 15. Februar 2001 fordert der Deutsche Bundestag die Bundesregierung auf, politische Maßnahmen zu ergreifen, um in Deutschland den Aufbau einer nationalen Geodateninfrastruktur als öffentliche Infrastrukturmaßnahme zügig voran zu treiben. Bund, Länder und private Initiative sind aufgerufen, in vertrauensvollem und engem Zusammenwirken die in den Geowissenschaften und Geoinformationen liegenden Chancen nachhaltig zu nutzen und weiter zu verbessern.

Kernbestandteil einer Geodateninfrastruktur Deutschland (GDI-DE) ist die Nationale Geodatenbasis (NGDB), die aus Geobasisdaten (GBD), Geofachdaten (GFD) und deren Metadaten (MD) besteht. Mit Hilfe der Geodatenbasis, eines Geoinformationsnetzwerkes, von Diensten und Standards schafft die GDI-DE die Voraussetzungen für die Gewinnung, Auswertung und Anwendung von Geoinformationen für Nutzer und Anbieter in den öffentlichen Verwaltungen, im kommerziellen und nichtkommerziellen Sektor, in der Wissenschaft und für die Bürger.

Um eine Geodateninfrastruktur effektiv einsetzen zu können, ist eine Organisations- und Managementstruktur zur Koordinierung und Verwaltung von Geschäftsvorgängen auf lokaler, regionaler, nationaler und transnationaler Ebene erforderlich. Erfolgreich durchsetzen lässt sich eine Geodateninfrastruktur Deutschland nur mit wirkungsvoll eingesetzten politischen Handlungsinstrumenten.

Der Aufbau der GDI-DE soll in einem dreistufigen, vom IMAGI koordinierten Prozess erfolgen.

Ziel der 1.Stufe ist die Harmonisierung des Zugangs zu den Nachweisen über Geodaten des Bundes durch das Metainformationssystem GeoMIS.Bund.

Ziel der 2.Stufe ist die Harmonisierung der fachlichen Objektartenkataloge und die Entwicklung von Schnittstellen, Konvertierungsmodulen, Normen, Standards und Verfahren zur Datenintegration. Der Grunddatenbestand in der NGDB ist von den Ressorts durch Bestands- und Bedarfsanalysen zu validieren. Bei der Harmonisierung der Objektarten-Kataloge und der Festlegung von geodätischen Referenzsystemen wird der europäische Kontext berücksichtigt. Als gemeinsame Basis für einen ressortübergreifenden Objektartenkatalog bietet sich das neue ALKIS/ATKIS-Datenmodell an, das ISO-konform ist.

Ziel der 3. Stufe ist die schrittweise Implementierung der Nationalen Geodatenbasis. Folgende Handlungsfelder werden als notwendig für den Aufbau der GDI-DE identifiziert:

- Ergreifen politischer Maßnahmen (u.a. die Abhaltung einer Bund-Länder-Konferenz zu dem Thema);

- Definition der Nationalen Geodatenbasis, Bedarfs- und Bestandsanalyse des Grunddatenbestandes;

- Optimierung der Bezugs- und Abgabebedingungen für Geodaten;

- Durchführung von Qualifizierungsinitiativen;

- Harmonisierung der NGDB, Umsetzen von Normen, Standards und semantischen Modellen;

- Aufbau eines bundesweiten, offenen Geodatennetzwerkes mit der Möglichkeit, auf Geodaten, Metadaten und Dienste zugreifen zu können;

- Verbesserung der Öffentlichkeitsarbeit...

Quellenhinweis: Wir danken dem BKG Bundesamt für Kartographie und Geodäsie, Frankfurt a. Main, für die auszugsweise im Umfang des Kapitels 3.1 erteilte Abdruckgenehmigung aus der im Jahr 2002 erschienenen IMAGI-Broschüre "Geoinformation und moderner Staat".
Weitere Informationen zu dieser Broschüre finden Sie im Internet unter http://www.imagi.de

3.2 Verfügbarkeit von Geodaten

Durch die förderale Struktur Deutschlands sind Informationen und Daten auf viele verschiedene Behörden und Institutionen verteilt.
Der Informations-/Auskunftssuchende fühlt sich oftmals verloren im „Adressdschungel" zuständiger Behörden und Institutionen.

Auch der Geodatenanwender befindet sich bei der Suche nach planungsrelevanten Daten in einer ähnlichen Situation. Die verfügbaren Geodaten der einzelnen Bundesländer liegen oftmals nicht in einheitlicher Struktur vor.
Datenformate, Bezugssysteme, Erstellungsmaßstäbe sowie Datenlieferanten/Bezugsadressen variieren von Bundesland zu Bundesland.

Im Rahmen der Recherchearbeit für das Forschungsprojekt „Okstra" im Forschungsbereich Landschaftsinformatik der Hochschule Anhalt, wurde in den Bundesländern nach ausgewählten, landschaftsplanungsrelevanten Geodaten und den dazugehörigen Metainformationen gesucht.

Planungsrelevante Daten:

- Landschaftsschutzgebiet (LSG)
- Naturschutzgebiete (NSG)
- Vogelschutzgebiete (SPA)
- FFH Gebiete
- Wasserschutzgebiete
- Naturräumliche Gliederung

Gesuchte Metainformation

- Datenformat
- Bezugssystem
- Erstellungsmaßstab
- Datenlieferant

Die Ergebnisse, zusammengestellt in Tabellen, wurden durch Recherchearbeit im

- PortalU
- UDK des jeweiligen Landes,
- der Metadatenliste von www.wasserblick.net
- sowie durch Telefoninterviews ermittelt.

Die Auswertung mit dem Umweltdatenkatalog ergab, auch in diesem Jahr, ein ähnliches Ergebnis wie beim Anwendungsbeispiel aus dem GIS Report 2004 (Fallbeispiel Datenrecherche für Projekt in der Umweltplanung).

Erst einmal lieferte der Umweltdatenkatalog einen guten Überblick über verfügbare Daten im jeweiligen Bundesland. Jedoch sind die Meta-Informationen (Datenformat, Bezugsystem, Erstellungsmassstab) oftmals unvollständig und ungenau.

Teilweise werden Datenformate nur in „digital" und „analog" unterschieden, da bleiben beim Suchen den viele Fragen offen.
Fehlenden Informationen müssen dann im Einzelfall bei der zuständigen Landesbehörde telefonisch oder per Email erfragt werden. Die zuständigen Mitarbeiter sind dabei, in der Regel, stets um eine schnellst mögliche Antwort bemüht.

www.wasserblick.net

„**WasserBLIck**" dient in erster Linie der Information und Kommunikation innerhalb der Wasserwirtschaftsverwaltungen der Bundesrepublik Deutschland und wird gemeinsam von den obersten Wasserbehörden des Bundes und der Länder betrieben.

Die Internetplattform beinhaltet neben allen wichtigen Infos über das Themengebiet Wasser, auch eine Metadatenliste über verfügbare Geodaten (Wasserschutzgbiete, Fließgewässer, Seen etc.).
Leider sind auch hier Metainformationen (Datenformat, Bezugsystem, Erstellungsmaßstab etc.) nicht immer vollständig. Die Metadatenbank stellte jedoch eine hilfreiche Ergänzung zur Recherchearbeit im UDK dar.

Das PortalU

Wer auf der Suche nach Informationen aus dem Umweltbereich ist, kommt am PortalU,

http://www.portalu.de

nicht vorbei. Im Mai 2006 freigeschaltet, löst es das bis dahin größte behördliche Informationsnetz German Environmental Information Network (gein®) ab.

Das PortalU bietet der interessierten Öffentlichkeit einen einfachen, zentralen und nutzerfreundlichen Zugriff auf mehrere hunderttausend Internetseiten und Datenbankeinträgen von Behörden, Institutionen und Organisationen und gibt somit dem Nutzer einen guten Überblick über umweltrelevante Webangebote.

Eine Vielzahl von Suchfunktionen, ermöglichen dem Nutzer den Zugriff auf Informationssysteme, Meta – und Fachdatenbanken, die mit herkömmlichen Suchmaschinen nicht erreichbar sind.

Um dies zu verwirklichen, musste eine spezielle Datenbankschnittstelle entwickelt werden.
Aufgesetzt auf entsprechende Datenbanken oder Informationssysteme, erstellt dieser „Data-Source Client" (DSC) einen lokalen Index der Datenquelle und macht diese für die Portal eigene Suchmaschine zugänglich.

Derzeit stellen über 120 Behörden, auf Bundes- und Landesebene sowie Organisationen ihre Umweltinformationen im PortalU bereit.

Inhaltlich und technisch wird PortalU von der Koordinierungsstelle PortalU im Niedersächsischen Umweltministerium verwaltet.

Zur technischen Umsetzung von PortalU wurde eine neue Software „InGrid 1.0" entwickelt. „Information Grid" steht für ein Grundprinzip der eingesetzten Softwarearchitektur. Verteilte Informationsquellen werden hier über eine Grid-artige Kommunikationsstruktur verknüpft. Die Software erlaubt einen vielseitigen Einsatz. Datenquellen die einem bestimmten InGrid Portal zugeordnet sind, können auch von anderen InGrid Portalen genutzt werden. Somit hat jedes Portal Zugang zu allen Informationsquellen im zukünftigen InGrid (Portal) Netzwerk.

Funktionen des Portals:
Was verbirgt sich dahinter

Suche:

Kernstück des Portals ist die Suchmaschine. Hier können Webseiten und eingebundene Meta- und Fachdatenbanken (wie z.B.der UDK) nach Umweltinformationen durchsucht werden. Zur differenzierten Suche kann der Benutzer im Unterpunkt „Erweiterte Suche" – Raum und Zeitkriterien hinzufügen.

Aktuelle Meldungen/Service:

Was ist los im Umweltbereich?

Aktuelle Pressemitteilungen der Umweltbehörden findet der Informationssuchende auf der Startseite.
Im Servicebereich kann nach Publikationen und Veranstaltungen gesucht, sowie Nachrichtenarchive aus den beteiligten Behörden eingesehen werden.

Messwerte:

Auf der Suche nach Informationen über den aktuellen Zustand der Umwelt (Beispiel Rubriken: Strahlung, Wasser, Luft) werden hier die entsprechenden Messwertseiten der Umweltbehörden mit Link aufgeführt. Die Suche kann dabei auf Verwaltungsregionen oder einzelnen Rubriken eingeschränkt werden.

Umweltthemen:

Interessiert man sich für ein ganz bestimmtes Thema aus dem Umweltbereich(Gentechnik, Altlasten, Abfall, Tierschutz etc.), hat man hier die Möglichkeit nach Dokumenten und Daten aus 21 verschiedenen Themengebieten zu recherchieren.
Ähnlich wie im Bereich „Messwerte" kann die Suche auf einzelnen Themen und Verwaltungsregionen eingeschränkt, sowie mit der Auswahl entsprechender Kategorien (Rechtliches, Konzeptionelles, Risikobewertung, Daten und Karten etc.) konkretisiert werden.

Umweltchronik:

Die Öltankerkatastrophe „Exxon Valdez" in Alaska 1989, die Explosionen in chinesischem Chemiewerk 2005 - Im Bereich „Umweltchronik" stellt der Semantische Netzwerk Service (SNS) des Umweltbundesamtes Daten über diese und viele andere Umweltereignisse und deren Zeitbezüge bereit.

Karten:

In PortalU können digitale Karten dargestellt und Layerbasierte Informationen abfragt werden.
Die zugehörige Legende kann, bis auf eine Ausnahme, (Ausnahme: bei hinzugefügten Daten des Bundeslandes Baden Württemberg) auf Wunsch mit angezeigt werden und ermöglicht einen schnellen Überblick über den angezeigten Karteninhalt.

Zusätzlich besteht die Möglichkeit Daten eines externen Datenanbieters zum Kartenview hinzuzufügen (Schaltfläche: „Kartendienst hinzufügen").
Einige Bundesländer wie Niedersachsen, Bayern und Baden Württemberg, stellen hier ausgewählte digitale Datensätze aus dem Umweltbereich zur Verfügung.

Beispieldatensätze:

Niedersachsen:
Avifaunistisch wertvolle Bereiche für Gastvögel,

Baden-Württemberg:
FFH und Vogelschutzgebiete

Niedersachsen:
Naturschutzrechtlich geschützte Bereiche

Bayern:
Geologische Karte 1:500.000

Für den interessierte Bürger bleiben im **Portal U** mit Sicherheit keine Fragen offen. Jedoch hat sich gezeigt, dass der Geodatennutzer auf der Suche nach Fachdaten, nach wie vor auf die Recherche in unterschiedlichen Metadatensystem angewiesen ist.

3.3 Bezugsquellen für Geodaten im Internet

Im Zuge der Weiterentwicklung von E-Bürgerdiensten in der D.A.CH. – Region, sind die zuständigen Verwaltungseinheiten mit großem Nachdruck dabei, das Medium Internet für den Zugang zu Geodaten auszubauen. Zahlreiche Initiativen, sowohl im privaten als auch im öffentlichen Sektor belegen das. Im Folgenden versuchen wir, das derzeitige Online-Angebot aufzulisten und zu kommentieren. Bei den Beschreibungstexten greifen wir z.T. auf die Originaltexte auf den Webseiten zurück bzw. haben sie aus dem Englischen übersetzt.

http://www.geomis.bund.de

Mit GeoMIS.Bund® wird Ihnen eine Suchmaschine zur Verfügung gestellt, die Transparenz über den Bestand der Geodaten in Bundeszuständigkeit schafft. Weiterhin ist an den Anschluss von Metainformationsdiensten der Länder gedacht. In einem Pilotprojekt in Zusammenarbeit mit der Arbeitsgemeinschaft der Vermessungsverwaltungen der Länder der Bundesrepublik Deutschland (AdV) und dem Umweltdatenkatalog (UDK) sollen bereits bei der Fertigstellung des oben genannten Endproduktes entsprechende Schnittstellen bei ausgesuchten Landesdiensten implementiert werden.
GeoMIS.Bund ist damit auch grundlegender Bestandteil einer Geodateninfrastruktur für Deutschland und ein wichtiger Baustein für die Entwicklung des Geoportal.Bund.

http://www.geodatenzentrum.de

Zentraler Service für Geodaten der deutschen Vermessungsverwaltung, betrieben vom Bundesamt für Kartographie und Geodäsie (BKG). Er informiert über Verfügbarkeit und Qualität von Daten, Datenformate und technische Parameter, Preise und Lieferbedingungen und Ansprechpartner.

http://www.atkis.de

Dieses Portal informiert über alles rund um ATKIS - Amtliches Topographisch-Kartographisches Informationssystem, ein Projekt der Arbeitsgemeinschaft der Vermessungsverwaltungen der Länder der Bundesrepublik Deutschland (AdV).
http://www.portalu.de/

Der Umweltdatenkatalog (UDK) ist ein Informationssystem zum Auffinden von Umweltinformationen öffentlicher Verwaltungen. Der UDK gibt Auskunft darüber, „wer" „wo" über „welche" Umweltinformationen verfügt. Die Entwicklung des UDK erfolgt in der Bundesrepublik Deutschland auf Basis einer Verwaltungsvereinbarung zwischen dem Bund und 15 Ländern.

http://www.portalu.de/

Das Portal für Umweltfragen.
Seit dem 1.1.2003 wird gein® von der Koordinierungsstelle UDK/gein auf der Grundlage der Bund-Länder-Verwaltungsvereinbarung UDK/gein betrieben und weiterentwickelt.

http://www.geoland.at

Über GEOLAND.AT bieten die österreichischen Bundesländer einen freien Zugriff auf wichtige Geofachdaten an und setzen somit einen ersten konkreten Schritt in Richtung Umsetzung der vereinbarten Ziele einer österreichischen Geodatenpolitik. Sie haben die Möglichkeit, die Geodaten aller 9 Länder über einen Internetbrowser (ohne Plugin) abzurufen, nach Ortsnamen und Koordinaten zu suchen, zu vergrößern bzw. zu verkleinern und natürlich auch die Karten auszudrucken. Sowohl das Fachdatenangebot als auch die Kartenfunktionalitäten werden laufend erweitert.

http://www.geocat.ch

geocat.ch ist ein Portal für Metadaten über Geodaten in der Schweiz. Sie haben hier die Möglichkeit, Metadaten zu erfassen und zu verwalten. Eine dezentrale Suche wird es erlauben, auch auf externe Metadatenbanken (zum Beispiel von einzelnen Kantonen) zuzugreifen.

http://www.geocc.de

Geodaten Catalog Center des Deutschen Dach verbands für Geoinformation powered by GIS Consult GmbH. Dieses System ermöglicht Ihnen das einfache Einstellen von Metadaten, sowie die gezielte Suche nach den Daten, die Sie benötigen. Wenn Sie über Geodaten verfügen und diese an Dritte weitergeben möchten, können Sie das mit diesem System ganz einfach und derzeit kostenlos organisieren.

Um Informationen zu Ihren Geodaten anzugeben, müssen Sie sich als Anbieter-Firma am GeoCC anmelden. Diese Anmeldung erfolgt natürlich kostenlos.

http://www.terramapserver.com

terramapserver bietet Geodaten (2D und 3D), Luftbilder, Navigationsdaten und Marktforschungsdaten an. Das Unternehmen verfügt über eines der mengenmäßig größten im Internet verfügbaren Datenangebote von über 5 Tera-Byte sowie eine Hard- und Software-Plattform, deren Design auf den Fokus Hochverfügbarkeit, Skalierbarkeit und Performanz ausgerichtet worden ist. Bei durchschnittlicher Systemauslastung sind mehr als 2,5 Mio. Kartentransaktionen pro Tag möglich.

http://www.ingeoic.de

InGeo Information Center, das Geodatenportal der GISTec GmbH.

http://www.ec-gis.org/

GIS-Portal der Europäischen Kommission mit Informationen über Aktivitäten der Kommission zur europäischen Geodateninfrastruktur.

http://www.eurogi.org

Europäischer Dachverband für Geoinformation mit derzeit 24 Mitgliedsorganisationen. Seine Aufgabe ist die Harmonisierung von Geoinformation und der Austausch von Erfahrungen auf diesem Gebiet.

http://terraserver.microsoft.com

Terraserver ist eine der weltweit größten Online-Datenbanken mit freiem Zugriff auf Luftbilder und Kartendaten aus den USA. Geodaten und Luftbilder stammen vom US Geological Survey (USGS).

http://freegis.org/geo-data.en.html

Ein Nachweis über Bezugsquellen von diversen kostenlosen und frei verwendbaren kleinmaßstäblichen Geodaten.

http://geodata.grid.unep.ch

Das GEO Daten-Portal ist die autorisierte Quelle für Datensätze, die vom UNEP (United Nations Environment Programme) und dessen Partnern im Global Environment Outlook (GEO) Report und anderen integrierten Umweltberichten benutzt werden. Die Online-Datenbank umfasst mehr als 450 verschiedene Parameter, wie z.B. nationale, regionale und globale Statistiken und Geodaten (z.B. über Frischwasser, Bevölkerung, Waldflächen, Emissionen, Klima, Katastrophen, Gesundheit u.v.a.).
Die Daten können angezeigt oder auch in verschiedenen Formaten heruntergeladen werden.

http://data.geocomm.com/catalog

Um auf Daten des GISDataDepot zugreifen zu können, benötigen Nutzer ein GeoCommunity Account.
Viele Datensätze – meist aus den USA - (DEM, NWI, DLG, LU/LC, and TIGER) können kostenlos heruntergeladen werden. Die meisten anderen Produkte (DRG, DOQ, DOQQ, FEMA) sind kostenpflichtig.

http://www.macon.de/en/digitalmaps/samples.htm

Demodaten der Firma GfK MACON:
Administrative Grenzen Europa für GfK MACON: RegioGraph and DISTRICT, ESRI ArcView, MapInfo Professional. Postbezirke Europa für GfK MACON:
RegioGraph and DISTRICT, ESRI ArcView, MapInfo Professional.
Administrative Grenzen Südamerika für GfK MACON: RegioGraph and DISTRICT, ESRI ArcView/ArcGIS, MapInfo Professional

http://www2.jpl.nasa.gov/srtm/cbanddataproducts.html

Von diesem Server können weltweite Höhendaten von der NASA Shuttle Radar Topography Mission (SRTM90 Rasterweite ca. 90 m, Höhengenauigkeit besser als maximal ±16m) kostenfrei heruntergeladen werden. Für räumlich höher aufgelöste Daten (Rasterweite 30m) wird eine Gebühr erhoben.

http://seamless.usgs.gov und
http://srtm.csi.cgiar.org

Sind Server mit einem komfortableren Interface mit Daten nur von Nord- und Südamerika.

http://www.vterrain.org

Ein Web-Portal für Daten und Werkzeuge, um den Globus als virtuelle 3-D-Welt zu modellieren.

http://www.caf.dlr.de

Das Portal des DLR zum Online-Zugriff auf Fernerkundungsdaten wissenschaftlicher Weltraummissionen.

http://glcfapp.umiacs.umd.edu:8080/esdi/index.jsp

Das „Earth Science Data Interface" ist das Portal der Universität von Maryland (USA), um auf dort gespeicherte Daten der Erdwissenschaften zugreifen zu können.

Darüber hinaus hat der private Sektor damit begonnen, weitere Portale zum Geodatenvertrieb einzurichten. Eine Anfrage an Internetsuchmaschinen mit den Schlagworten „Geodata online" oder „Geodaten Katalog" wirft zahlreiche Ergebnisse aus. Die Ergonomie vieler Angebote lässt allerdings noch zu wünschen übrig.

http://www.ngdc.noaa.gov/wdc/about.shtml

Die World Data Centers (WDC) wurden eingerichtet, um erdwissenschaftliche Daten, beginnend mit dem Internationalen Geophysikalischen Jahr (IGY) 1957/1958 langfristig zu sichern und kostenlos der Menschheit zur Verfügung zu stellen. WDC sind über die ganze Welt verteilt, um Datenverlusten durch katastrophale Ereignisse vorzubeugen. Sie stehen unter der Aufsicht des „International Council for Science".

4. Firmen und Anbieter

4.1 Anbieter von GIS Software und deren Anwendungsschwerpunkte

Nachfolgend die tabellarische Übersicht der Softwareanbieter mit den GIS-Softwareprodukten und deren Anwendungsschwerpunkte im Adressenverzeichnis, Kapitel 5, finden Sie die jeweiliegen Anschriften der Firmen. Angaben zu den Produkten finden Sie im Kapitel 2.3 "GIS-Softwareübersicht"

Anbieter	Software	Facility Management	Umwelt u. Naturschutz	Ver- u. Entsorgung	Telekommunikation	Auskunftssysteme	Kartographie	Marketing	Logistik	Vermessung u. Kataster	Verkehrsplanung	Raum- und Bauleitplanung	Photogrammetrie	Fernerkundung
a / m / t software service ag	GEOS4									✓				
	GEOS Pro		✓	✓	✓					✓				
aadiplan münchen	CASOB	✓								✓				
	mini CASOB	✓								✓				
acadGraph	TB-Feldbuch									✓				
	TB-Mobile		✓	✓	✓						✓			
AED-SICAD Aktiengesellschaft	AED-GIS			✓	✓	✓	✓			✓		✓		
	GeoServer / @GIS		✓	✓		✓				✓				
	SICAD - UT - WEB		✓	✓					✓			✓	✓	
	SICAD Internet Suite	✓	✓	✓	✓	✓	✓	✓	✓	✓	✓	✓		
	SICAD Spatial Desktop		✓	✓		✓	✓	✓		✓	✓	✓		
	SICAD/open	✓		✓	✓	✓	✓	✓		✓	✓	✓		
AGIS GmbH (Frankfurt am Main)	GeoAS - Anlagevermögen	✓				✓				✓				
	GeoAS - ALK/ALB		✓	✓		✓				✓	✓			
	GeoAS Internet City	✓	✓	✓	✓	✓	✓	✓	✓	✓	✓	✓	✓	✓
	GeoAS mobile	✓	✓	✓	✓	✓	✓	✓	✓	✓	✓	✓	✓	✓
	GeoAS mobile (GPS)	✓	✓	✓	✓	✓	✓	✓	✓	✓	✓	✓	✓	✓
	FME - Die Schnittstelle für Geodaten	✓	✓	✓	✓	✓	✓	✓	✓	✓	✓	✓	✓	✓
	GeoAS - Altlasten		✓			✓				✓				
	GeoAS - Kleinräumige Gliederung									✓	✓			
	GeoAS - Strom			✓	✓					✓		✓		

Anbieter	Software	Facility Management	Umwelt u. Naturschutz	Ver- u. Entsorgung	Telekommunikation	Auskunftssysteme	Kartographie	Marketing	Logistik	Vermessung u. Kataster	Verkehrsplanung	Raum- und Bauleitplanung	Photogrammetrie	Fernerkundung
AGIS GmbH (Frankfurt am Main)	GeoAS Ökokonto		✓			✓				✓				
	GeoAS - Geomarketing							✓						
	GeoAS - Straßenaufbruch			✓	✓					✓				
	GeoAS - Straßenbeleuchtung	✓		✓	✓					✓	✓			
	GeoAS Liegenschaften	✓				✓				✓				
	GeoAS Versiegelung		✓			✓				✓	✓			
	Neapoljs - Internet Mapping	✓	✓	✓	✓	✓	✓	✓	✓	✓	✓			
	GeoAS - Baulücken					✓				✓		✓		
	GeoAS - Bebauungsplan					✓				✓		✓		
	GeoAS - Gebäude	✓				✓				✓		✓		
	GeoAS - Spielplatz					✓				✓				
	GeoAS - Wasser			✓		✓				✓				
	GeoAS Denkmal					✓				✓				
	Straßendatenbank (NKF)					✓				✓	✓	✓		
	GeoAS - Bauantrag					✓				✓				
	GeoAS - Beitragsberechnung					✓				✓		✓		
	GeoAS - Bodenrichtwerte					✓				✓		✓		
	GeoAS - Brunnenkataster		✓			✓				✓		✓		
	GeoAS - Gas			✓		✓				✓	✓	✓		
	GeoAS - Graben		✓			✓				✓		✓		
	GeoAS - Grün		✓			✓				✓				
	GeoAS - Kanal			✓	✓					✓				

© Bernhard Harzer: GIS-Report 2008/09, Bernhard Harzer Verlag, Karlsruhe

Anbieter	Software	Anwendungsschwerpunkte											
		Facility Management	Umwelt u. Naturschutz	Ver- u. Entsorgung	Telekommunikation	Auskunftssysteme	Kartographie	Marketing	Logistik	Vermessung u. Kataster	Verkehrsplanung	Raum- und Bauleitplanung	Photogrammetrie	Fernerkundung
AGIS GmbH (Frankfurt am Main)	GeoAS - Verkehrsschilder					✓				✓	✓			
	GeoAS Kabelverteiler			✓		✓				✓				
	GeoAS Stadtplanung									✓		✓		
	GeoAS - Baum		✓			✓				✓				
	GeoAS - project	✓	✓	✓	✓	✓	✓	✓	✓	✓	✓	✓		
	GeoAS Jagdkataster		✓							✓				
	GeoAS - Bodenschätzung					✓				✓		✓		
	GeoAS - Flächennutzungsplan		✓			✓				✓		✓		
	GeoAS - Friedhof					✓								
	GeoAS - MapPlot	✓	✓	✓	✓	✓	✓	✓	✓	✓	✓	✓	✓	✓
	GeoAS - Schutzgebiete		✓			✓				✓		✓		
	GeoAS city	✓	✓	✓		✓				✓		✓		
	GeoAS - Das Geoinformationssystem	✓	✓	✓	✓	✓	✓	✓	✓	✓	✓	✓	✓	✓
	GeoAS - Grundstücksakte					✓				✓		✓		
	GeoAS - info	✓	✓	✓	✓	✓	✓	✓	✓	✓	✓			
	GeoAS - MapCAD	✓	✓	✓	✓	✓	✓	✓	✓	✓	✓	✓	✓	
	GeoAS - Facility Management	✓				✓				✓				
	GeoAS - desktop	✓	✓	✓	✓	✓	✓	✓	✓	✓	✓	✓	✓	✓
	GeoAS - Bauwerks- u. Brückenkataster	✓		✓					✓	✓		✓		

Anbieter	Software	Anwendungsschwerpunkte											
		Facility Management	Umwelt u. Naturschutz	Ver- u. Entsorgung	Telekommunikation	Auskunftssysteme	Kartographie	Marketing	Logistik	Vermessung u. Kataster	Verkehrsplanung	Raum- und Bauleitplanung	Photogrammetrie	Fernerkundung
AGIS GmbH, Wien	Address Mapper	✓			✓	✓		✓	✓	✓				
	GeoPlaner				✓			✓	✓			✓		
	ObjectBuilder		✓	✓	✓		✓			✓		✓		
AKG Software Consulting GmbH	VESTRA			✓						✓	✓			
	VESTRA CAD für Autodesk		✓	✓						✓	✓	✓		
	VESTRA GEOgraf		✓	✓						✓	✓	✓		
	VESTRA GIS für GeoMedia		✓	✓						✓	✓	✓		
	VESTRA PRO		✓	✓						✓	✓	✓		
ALLSAT GmbH	GART-2000			✓						✓				
alta4 Geoinformatik AG	ExifExtractor		✓				✓	✓		✓				
	GPS PhotoMapper		✓				✓	✓		✓				
	HTML ImageMapper für ArcGIS		✓		✓	✓	✓	✓		✓				
	HTML ImageMapper für ArcView GIS		✓		✓	✓	✓	✓		✓				
ARC-GREENLAB GmbH	ARCHIKART Connector für ArcGIS					✓								
	GebMAN Connector für ArcGIS	✓												
	gl-data		✓	✓	✓	✓				✓		✓		
	gl-flur		✓							✓	✓	✓		
	gl-forest		✓			✓								
	gl-map	✓	✓	✓	✓		✓			✓	✓	✓		

Anbieter	Software	Anwendungsschwerpunkte											
		Facility Management	Umwelt u. Naturschutz	Ver- u. Entsorgung	Telekommunikation	Auskunftssysteme	Kartographie	Marketing	Logistik	Vermessung u. Kataster	Verkehrsplanung	Raum- und Bauleitplanung	Photogrammetrie	Fernerkundung
ARC-GREENLAB GmbH	gl-survey									✓				
	gl-view		✓	✓	✓	✓					✓	✓		
	GPS-Tracker		✓	✓	✓				✓		✓	✓		
	verm/pro									✓				
Autodesk GmbH	AutoCAD Map 3D	✓	✓	✓	✓		✓			✓	✓	✓		
	AutoCAD Raster Design													
	Autodesk MapGuide	✓	✓	✓	✓	✓	✓			✓	✓	✓		
	Autodesk Topobase	✓		✓	✓	✓				✓		✓		
B & B Ingenieurgesellschaft mbH	B&B Flussbau und -vermessung		✓							✓				
	B&B GeoElemente		✓				✓			✓				
	B&B Kanalmassenermittlung			✓										
	B&B Kanalplanung/ Kanalkataster			✓						✓				
	B&B Leitungssysteme			✓	✓	✓								
	B&B Straßenplanung										✓	✓		
	B&B Viewer		✓	✓	✓	✓				✓				
	VermessCAD, KanalDat, WasserV, StromV		✓	✓		✓				✓			✓	
Baral - Geohaus Consulting AG	WEB-DD			✓	✓	✓				✓				
Barthauer Software GmbH	BaSYS	✓	✓	✓										
	BaSYS-Fachschale Gas			✓										
	BaSYS-Fachschale Kanal			✓										

Anbieter	Software	Anwendungsschwerpunkte											
		Facility Management	Umwelt u. Naturschutz	Ver- u. Entsorgung	Telekommunikation	Auskunftssysteme	Kartographie	Marketing	Logistik	Vermessung u. Kataster	Verkehrsplanung	Raum- und Bauleitplanung	Photogrammetrie	Fernerkundung
Barthauer Software GmbH	BaSYS-Fachschale Wasser		✓											
	BaSYS-GeoObjekte	✓	✓	✓										
	BaSYS-Indirekteinleiter		✓	✓		✓								
	BaSYS-Längsschnitt-Module			✓										
	BaSYS-Mobile	✓	✓											
	BaSYS-Modul HydroCAD			✓										
	BaSYS-Modul Kanalsanierung			✓										
	BaSYS-Modul Vermögensbewertung	✓	✓											
	BaSYS-Module für den Kanalzustand			✓										
	BaSYS-Plan	✓	✓			✓								
	BaSYS-Plan Abwasser			✓		✓				✓		✓		
	BaSYS-Plan Gas			✓		✓				✓	✓			
	BaSYS-Plan Wasser			✓		✓				✓	✓			
	BaSYS-Regie Kanal			✓										
	BaSYS-Spectator Module	✓	✓	✓										
	BaSYS-TVCD Player			✓										
	BaSYS-Visor	✓	✓	✓						✓	✓			
	Civil pipes			✓										
	ISYTEST 7.0			✓										
	PIETS ISYTEST XML			✓										

Anbieter	Software	Facility Management	Umwelt u. Naturschutz	Ver- u. Entsorgung	Telekommunikation	Auskunftssysteme	Kartographie	Marketing	Logistik	Vermessung u. Kataster	Verkehrsplanung	Raum- und Bauleitplanung	Photogrammetrie	Fernerkundung
BB - ZWO Software GbR	CAD - GIS TRIAS 3D		✓	✓		✓	✓			✓		✓		
	TRIAS 3D		✓	✓		✓	✓			✓		✓		
Begasoft AG	SwissGIS				✓		✓							
Bentley Systems Germany GmbH	Bentley Geo Web Publisher			✓	✓	✓	✓			✓		✓		
	Bentley GeoSpatial Mangement	✓		✓		✓				✓		✓		
	Bentley Map	✓	✓	✓	✓	✓	✓			✓	✓	✓		
	Bentley PowerMap		✓	✓	✓	✓	✓			✓	✓	✓		
	Bentley PowerMap Field		✓	✓	✓	✓	✓			✓		✓		
BERIT GmbH (Deutschland)	LIDS Datenmodell Industrie													
	LIDS Datenmodell Stadtwerke		✓	✓										
	LIDS iView		✓	✓										
	LIDS MSC+		✓	✓						✓				
	LIDS V6	✓	✓	✓	✓									
	LIDS-Plot			✓			✓	✓						
	LIDS-Tools			✓						✓				
	LIDS-Topo			✓	✓	✓								

Anbieter	Software	Anwendungsschwerpunkte											
		Facility Management	Umwelt u. Naturschutz	Ver- u. Entsorgung	Telekommunikation	Auskunftssysteme	Kartographie	Marketing	Logistik	Vermessung u. Kataster	Verkehrsplanung	Raum- und Bauleitplanung	Photogrammetrie	Fernerkundung
BFUB GmbH	AQUASPLIT®			✓										
	AQUASPLIT®-Enterprise			✓										
	AQUASPLIT®-Express			✓										
	GIS@Entsorgung			✓										
BGS Umwelt GmbH / CIP	GisGWM		✓	✓										
	GisGWM.net		✓	✓		✓								
	SurfGWM		✓	✓										
	SurfGWM.net		✓	✓										
Björnsen Beratende Ingenieure (BCE)	Hochwasser-Gefahrenkarten Toolbox		✓											
	KALYPSO 1D/2D		✓											
	KALYPSO Flood		✓											
	KALYPSO NA		✓											
	KALYPSO Risk		✓											
	KALYPSO WSPM		✓											
	nofdp IDSS		✓									✓		
	WspWin Mapper 2.1													
Borchert Geoinfo GmbH	ImmoGIS							✓						
	ImmoGISonline													
	LocationGIS									✓				
BTC AG	B-Plan-Fachschale					✓								

Anbieter	Software	Anwendungsschwerpunkte											
		Facility Management	Umwelt u. Naturschutz	Ver- u. Entsorgung	Telekommunikation	Auskunftssysteme	Kartographie	Marketing	Logistik	Vermessung u. Kataster	Verkehrsplanung	Raum- und Bauleitplanung	Photogrammetrie	Fernerkundung
BTC AG	GeoCollector					✓								
	InterALB					✓								
	InterGIS		✓			✓				✓	✓			
	InterGIS-IMS													
BT-GIS	GISeye		✓			✓				✓	✓			
	MyWMS													
	pda CityMap					✓								
	Rechnergestützte Baulandumlegung									✓				
	STRABEG		✓	✓						✓	✓			
CADMAP GmbH	novaKANDIS			✓										
	novaMOBIL			✓		✓								
CADMEC AG	iDocumentTM	✓			✓	✓								
	Virtual BuildingTM	✓				✓								
cartogis – digitale Landkarten	District					✓		✓	✓					
	RegioGraph					✓		✓	✓					
CGI Systems GmbH	Definiens Developer				✓		✓		✓				✓	✓

Anbieter	Software	Anwendungsschwerpunkte												
		Facility Management	Umwelt u. Naturschutz	Ver- u. Entsorgung	Telekommunikation	Auskunftssysteme	Kartographie	Marketing	Logistik	Vermessung u. Kataster	Verkehrsplanung	Raum- und Bauleitplanung	Photogrammetrie	Fernerkundung
CISS TDI GmbH	Amtliche Geobasisdaten	✓	✓	✓	✓	✓		✓	✓	✓		✓		
	CITRA (Vollversion, Konverter & Konfigurationen)		✓	✓	✓	✓		✓	✓	✓	✓	✓		
	CITRA ConfigCenter		✓	✓	✓	✓		✓	✓	✓	✓	✓		
	CITRA ExportCenter & geoCommerce: Der Shop	✓	✓	✓	✓	✓		✓		✓		✓		
	CITRA Konverter für Oracle Spatial / Locator	✓	✓	✓	✓	✓		✓	✓	✓	✓	✓		
	CITRA Konverter für Smallworld		✓	✓	✓	✓		✓	✓	✓	✓	✓		
	CITRA QS		✓	✓	✓	✓		✓		✓	✓	✓		
	CITRA StaRS: ALKIS-Reader für div. Systeme und Formate		✓	✓	✓	✓		✓	✓	✓	✓	✓		
	CITRA StaRS: EDBS/ALK-Reader für div. Systeme und Formate		✓	✓	✓	✓		✓	✓	✓	✓	✓		
	CITRA StaRS: EDBS/ATKIS-Reader für div. Systeme und Formate		✓	✓	✓	✓		✓	✓	✓	✓	✓		
	Digitale Straßendaten	✓	✓	✓	✓	✓		✓	✓	✓		✓		
	Geodatenserver / Geodata Warehouse		✓	✓	✓	✓		✓	✓	✓	✓	✓		
COMMUNICATION & NAVIGATION	ArcGPS		✓	✓	✓			✓	✓					
con terra GmbH	GISPAD		✓	✓		✓					✓	✓		
	map Client (sdi. suite)					✓								

© Bernhard Harzer: GIS-Report 2008/09, Bernhard Harzer Verlag, Karlsruhe

Anbieter	Software	Anwendungsschwerpunkte												
		Facility Management	Umwelt u. Naturschutz	Ver- u. Entsorgung	Telekommunikation	Auskunftssysteme	Kartographie	Marketing	Logistik	Vermessung u. Kataster	Verkehrsplanung	Raum- und Bauleitplanung	Photogrammetrie	Fernerkundung
con terra GmbH	PLATO				✓		✓							
	security Manager (sdi. suite)					✓								
	service Monitor (sdi. suite)					✓								
	terraCatalog (sdi. suite)					✓								
	terrain Server (sdi. suite)					✓								
	wfs Editor for Arc GIS (sdi. suite)													
CSO GmbH	cso|gis		✓	✓		✓								
	cso|mappa													
	cso|moduCAD			✓	✓					✓				
	WEB|Auskunft		✓	✓	✓	✓				✓	✓			
	WEB|Kaufpreise		✓									✓		
CWSM GmbH	Map for Fun					✓								
	SAGis TB web			✓										
	SAGIS web, SAGis netz			✓		✓				✓	✓			
	VEDAS+									✓				
DGIS Service GmbH	EVA MOBIL		✓	✓	✓	✓				✓		✓		
DI FORSTHUBER GmbH	IGLIS		✓	✓			✓			✓		✓		
DIGITERRA Systemhaus	DIGITERRA CAD-Export für ESRI ArcMap			✓						✓				
	DIGITERRA DT-Tools für Bricscad und AutoCAD			✓						✓		✓		

Anbieter	Software	Facility Management	Umwelt u. Naturschutz	Ver- u. Entsorgung	Telekommunikation	Auskunftssysteme	Kartographie	Marketing	Logistik	Vermessung u. Kataster	Verkehrsplanung	Raum- und Bauleitplanung	Photogrammetrie	Fernerkundung
DIGITERRA Systemhaus	DIGITERRA FM Wasser für ESRI ArcMap			✓										
	DIGITERRA GeoCockpit für ESRI ArcMap	✓	✓			✓		✓				✓		
	DIGITERRA Jagdverwaltung													
	DIGITERRA Metadatenmanager					✓								
disy Informationssysteme GmbH	disy Cadenza		✓			✓						✓		
	disy GISterm		✓			✓						✓		
	disy Preöudio													
DMC1 GmbH	PIPELINE MANAGER	✓	✓	✓										
Dr. Michael GEOMATICS	Personal Geographic Assistant - PGA	✓	✓			✓	✓					✓		✓
DVM Consulting GmbH	marion 24							✓						
EFTAS Fernerkundung Technologietransfer GmbH	Agro Survey		✓				✓							✓
	fahrradfahrerinformationssystem (FIS)													
	VOK-Viewer													
EnergieSystemeNord GmbH	ESN-Modulpaket Fortführung			✓										
	ESN-Modulpaket Komfort			✓										

Anbieter	Software	Facility Management	Umwelt u. Naturschutz	Ver. u. Entsorgung	Telekommunikation	Auskunftssysteme	Kartographie	Marketing	Logistik	Vermessung u. Kataster	Verkehrsplanung	Raum- und Bauleitplanung	Photogrammetrie	Fernerkundung
EnergieSystemeNord GmbH	ESN-Schnittstelle Smallworld GIS/LIS			✓										
	ESN-Schnittstelle Smallworld-GIS/Panoramo			✓										
	ESN-Schnittstelle: Smallworld GIS/EASY-ARCHIV			✓										
ESG Elektroniksystem- und Logistik- GmbH	GeoBroker Analyst				✓		✓				✓			✓
	GeoBroker Archiver					✓								
	GeoBroker Map				✓	✓					✓			
	GeoBroker SVG Map Viewer					✓								
	GeoBroker Web Server					✓								
ESRI Geoinformatik GmbH	ArcGIS 3D Analyst	✓	✓	✓	✓	✓	✓	✓	✓	✓		✓		
	ArcGIS Data Interoperability	✓	✓	✓	✓	✓	✓	✓	✓	✓	✓	✓	✓	✓
	ArcGIS Desktop	✓	✓	✓	✓	✓	✓	✓	✓	✓	✓	✓	✓	✓
	ArcGIS Engine	✓	✓	✓	✓			✓	✓		✓			
	ArcGIS for AutoCAD	✓	✓	✓	✓	✓				✓	✓	✓	✓	✓
	ArcGIS Geostatistical Analyst		✓									✓		✓
	ArcGIS Image Server	✓	✓	✓	✓	✓	✓			✓	✓	✓	✓	✓
	ArcGIS Job Tracking (JTX)	✓		✓	✓		✓			✓		✓		
	ArcGIS Maplex	✓	✓	✓	✓	✓	✓	✓	✓	✓	✓			
	ArcGIS Mobile	✓	✓						✓	✓	✓			
	ArcGIS Network Analyst	✓	✓	✓	✓	✓	✓	✓	✓	✓	✓			
	ArcGIS Online	✓	✓	✓	✓	✓	✓	✓	✓	✓	✓	✓	✓	✓

© Bernhard Harzer: GIS-Report 2008/09, Bernhard Harzer Verlag, Karlsruhe

Anbieter	Software	Facility Management	Umwelt u. Naturschutz	Ver- u. Entsorgung	Telekommunikation	Auskunftssysteme	Kartographie	Marketing	Logistik	Vermessung u. Kataster	Verkehrsplanung	Raum- und Bauleitplanung	Photogrammetrie	Fernerkundung
ESRI Geoinformatik GmbH	ArcGIS Production Line Toolset (PLTS)	✓		✓	✓		✓			✓		✓		
	ArcGIS Publisher	✓	✓	✓	✓	✓	✓	✓		✓	✓			
	ArcGIS Schematics	✓	✓	✓	✓	✓		✓	✓	✓	✓			
	ArcGIS Server	✓	✓	✓	✓	✓	✓	✓		✓		✓		
	ArcGIS Spatial Analyst	✓	✓	✓	✓	✓	✓	✓	✓	✓		✓		
	ArcGIS Survey Analyst					✓				✓		✓		
	ArcGIS Tracking Analyst	✓	✓	✓	✓	✓	✓		✓					
	ArcGISExplorer	✓	✓	✓	✓	✓	✓	✓	✓	✓		✓		
	ArcIMS	✓		✓	✓	✓	✓	✓	✓	✓		✓		
	ArcPad	✓	✓	✓	✓	✓	✓	✓	✓	✓		✓		
	ArcPad Studio	✓	✓	✓	✓	✓	✓	✓	✓	✓		✓		
	ArcReader	✓	✓	✓	✓	✓	✓	✓	✓	✓	✓	✓	✓	✓
	ArcScan für ArcGIS	✓	✓	✓	✓	✓	✓			✓	✓	✓	✓	
	BusinessManager für ArcGIS	✓		✓				✓						
	GIS Portal Extensions	✓	✓	✓	✓	✓	✓			✓	✓	✓	✓	✓
	GIS Portal Toolkit	✓				✓				✓		✓		
	OLAP for ArcGIS													
	Planzeichen-verordnung (PlanZV) für ArcGIS						✓			✓		✓		
euro GIS IT-Systeme GmbH	PLiNiUS					✓								
	StadtCAD FLORA		✓			✓						✓		
	StadtCAD HIPPODAMOS		✓			✓	✓			✓	✓	✓		

Anbieter	Software	Anwendungsschwerpunkte											
		Facility Management	Umwelt u. Naturschutz	Ver- u. Entsorgung	Telekommunikation	Auskunftssysteme	Kartographie	Marketing	Logistik	Vermessung u. Kataster	Verkehrsplanung	Raum- und Bauleitplanung	Photogrammetrie	Fernerkundung
euro GIS IT-Systeme GmbH	StadtCAD OLYMP									✓		✓		
	StadtCAD VITRUV					✓						✓		
	TB-StadtCAD	✓				✓	✓			✓	✓	✓		
	TROjA					✓								
Fichtner Consulting & IT	Bemaßungskomponente	✓								✓				
	Detail Browser			✓		✓						✓		
	EnFile										✓			
	GeoMedia-SAP R/3 PM-Schnittstelle			✓		✓								
	GM2CAD-Schnittstelle	✓	✓							✓		✓		
	Themensteuerung			✓		✓								
Forstware Informationssysteme GmbH	PIA		✓				✓	✓	✓			✓		
Fraunhofer Gesellschaft, Institut AiS	CommonGIS		✓	✓	✓	✓	✓	✓						
GAF AG	AgroView													
	AgroView Online													
	GAFDEM													✓
	GAFTools VHReference													✓
	GEOROVER XT													

Anbieter	Software	Anwendungsschwerpunkte											
		Facility Management	Umwelt u. Naturschutz	Ver- u. Entsorgung	Telekommunikation	Auskunftssysteme	Kartographie	Marketing	Logistik	Vermessung u. Kataster	Verkehrsplanung	Raum- und Bauleitplanung	Photogrammetrie	Fernerkundung
GAF AG	LaFIS													
	LaFIS AppServer													
	LaFIS LFK													
	LaFIS VOK													
	SIGTIM									✓				
	SSK													
GDV Gesellschaft für geografische Datenverarbeitung mbH	AvALK Professional													
	AvATKIS Professional													
	GDV-MapBuilder		✓			✓	✓	✓		✓	✓	✓		
	GDV-WebGIS Office					✓				✓				
	GDV-WebGIS Studio	✓	✓	✓	✓	✓	✓	✓	✓	✓	✓	✓		
	NASloader++													
	Spatial Commander		✓	✓		✓							✓	
GE Energy	Smallworld Business Integrator			✓										
	SMALLWORLD Core Spatial Technology		✓	✓	✓	✓	✓	✓	✓	✓		✓		
	Smallworld Design Manager			✓										
	Smallworld Fachschalen, ö. Verwaltung	✓				✓	✓			✓		✓		

Anbieter	Software	Anwendungsschwerpunkte											
		Facility Management	Umwelt u. Naturschutz	Ver. u. Entsorgung	Telekommunikation	Auskunftssysteme	Kartographie	Marketing	Logistik	Vermessung u. Kataster	Verkehrsplanung	Raum- und Bauleitplanung	Photogrammetrie	Fernerkundung
GE Energy	Smallworld Fachschalen, Versorgung			✓		✓	✓			✓				
	Smallworld Field			✓	✓	✓				✓				
	Smallworld GeoSpatial Server													
	Smallworld Internet Application Server	✓	✓	✓	✓			✓		✓				
	Smallworld PowerOn			✓										
	Smallworld Spatial Intelligence		✓	✓	✓	✓			✓	✓	✓	✓	✓	
	Smallworld Thematic Mapping			✓	✓	✓		✓						
GEF - RIS AG	Cadcorp SIS		✓	✓		✓	✓			✓	✓			
	sis NET		✓	✓	✓					✓	✓			
	sis VIEW			✓										
GEG mbH	FIELDGIS				✓		✓			✓	✓	✓		
	TopoL		✓	✓		✓	✓	✓	✓	✓		✓		✓
GEO DIGITAL GmbH	GEOPAC-GIS	✓				✓				✓	✓			
Geobyte Software GmbH	METROPOLY GATE Konverter		✓	✓		✓	✓			✓	✓			
	METROPOLY MapWeb	✓	✓			✓	✓	✓						
	METROPOLY MapWork	✓	✓	✓		✓	✓	✓		✓				
	METROPOLY MW3D	✓				✓								

© Bernhard Harzer: GIS-Report 2008/09, Bernhard Harzer Verlag, Karlsruhe

Anbieter	Software	Anwendungsschwerpunkte											
		Facility Management	Umwelt u. Naturschutz	Ver- u. Entsorgung	Telekommunikation	Auskunftssysteme	Kartographie	Marketing	Logistik	Vermessung u. Kataster	Verkehrsplanung	Raum- und Bauleitplanung	Photogrammetrie	Fernerkundung
Geobyte Software GmbH	METROPOLY MWTERRA					✓								
	METROPOLY SIAS Mobil		✓	✓						✓	✓			
	METROPOLY Spatial Bridge					✓								
	METROPOLY Spatial Server (SIAS)	✓	✓			✓	✓							
	METROPOLY ThemKart	✓	✓			✓	✓	✓		✓				
	METROPOLY WMS					✓								
	ZIMAS Map					✓	✓	✓						
GEOCOM Informatik AG	FireGIS													
	GEONIS expert	✓	✓	✓	✓	✓	✓	✓		✓	✓	✓		
	GEONIS expert Abwasser/ Siedlungsentwäss.			✓										
	GEONIS expert Elektro			✓										
	GEONIS expert Gas			✓										
	GEONIS expert Heizfernwärme			✓										
	GEONIS expert Kataster									✓				
	GEONIS expert Kommunalfachschalen	✓	✓									✓		
	GEONIS expert Pipeline			✓										
	GEONIS expert Strasse	✓									✓			
	GEONIS expert Telco				✓									

Anbieter	Software	Anwendungsschwerpunkte												
		Facility Management	Umwelt u. Naturschutz	Ver- u. Entsorgung	Telekommunikation	Auskunftssysteme	Kartographie	Marketing	Logistik	Vermessung u. Kataster	Verkehrsplanung	Raum- und Bauleitplanung	Photogrammetrie	Fernerkundung
GEOCOM Informatik AG	GEONIS expert Wasser			✓										
	GEONIS user	✓	✓	✓	✓	✓	✓	✓		✓	✓	✓		
	GEONIS web		✓	✓	✓	✓	✓	✓		✓	✓	✓		
	GRICAL expert									✓				
	Interlis Studio			✓						✓				
	Plot Studio	✓	✓	✓	✓	✓	✓	✓		✓	✓	✓		
	WebOffice		✓	✓	✓	✓	✓	✓		✓	✓	✓		
Geodatenservices GmbH	ALB - Viewer	✓								✓		✓		
	GAUSZ	✓	✓	✓	✓	✓				✓				
	GAUSZ - TM (Modul TM)			✓		✓	✓	✓				✓	✓	
	GAUSZ/web - Bauauskunft			✓										
	GzGPS			✓			✓			✓				
	K - Viewer			✓										
	Rohrnetzbegehung (Modul RNB)			✓										
	S - Viewer											✓		
	W - Viewer			✓										
GEOGRAT Informationssystem GmbH	GeoAREA		✓	✓		✓	✓			✓				
	GeoAREA ALK/ALB	✓	✓			✓							✓	
	GeoGIS	✓	✓	✓	✓	✓				✓		✓		

Anbieter	Software	Anwendungsschwerpunkte											
		Facility Management	Umwelt u. Naturschutz	Ver- u. Entsorgung	Telekommunikation	Auskunftssysteme	Kartographie	Marketing	Logistik	Vermessung u. Kataster	Verkehrsplanung	Raum- und Bauleitplanung	Photogrammetrie	Fernerkundung
GEOGRAT Informationssystem GmbH	GeoNetz	✓		✓		✓								
	GeoNetz Elektro			✓	✓	✓								
	GeoNetz Fernwärme			✓		✓								
	GeoNetz Gas	✓				✓								
	GeoNetz Kanal			✓		✓								
	GeoNetz Wasser			✓		✓								
	GISx		✓	✓	✓	✓				✓				
	GISx expert Flächen			✓		✓				✓				
	GISx expert Längsschnitt			✓										
	GISx expert Netze			✓		✓				✓				
	GISx works ALB					✓				✓				
	GISx works ALK									✓				
	GISx works Electro Bestand			✓		✓								
	GISx works Fernwärme Bestand			✓		✓								
	GISx works Flächen Bestand					✓				✓				
	GISx works Gas Bestand			✓		✓								
	GISx works Kanal Bestand			✓		✓								
	GISx works Kanalzustand			✓		✓								
	GISx works Wasser Bestand			✓		✓								
	GISx WorldView					✓								

Anbieter	Software	Facility Management	Umwelt u. Naturschutz	Ver- u. Entsorgung	Telekommunikation	Auskunftssysteme	Kartographie	Marketing	Logistik	Vermessung u. Kataster	Verkehrsplanung	Raum- und Bauleitplanung	Photogrammetrie	Fernerkundung
geoinform AG	KOMINFO.net					✓								
	KOMINFO.server					✓								
	KOMINFO.view					✓								
	Magallan Fachschale Kanal			✓										
	Magallan Fachschale Liegenschaften									✓				
	Magallan Auskunftssystem CubiC-View					✓								
	Magallan Fachschale Fernwärme			✓										
	Magallan Fachschale Gas			✓										
	Magallan Fachschale Straße									✓				
	Magallan Fachschale Strom			✓										
	Magallan Fachschale Wasser			✓										
	Magallan GIS-BASIS			✓						✓				
geo-konzept GmbH	geo-mobile EZ / TDS Solo Field	✓	✓							✓		✓	✓	✓
GEOsat GmbH	GEOfield		✓	✓	✓		✓			✓	✓			
geoSYS	Flow Manager		✓									✓		
	geoBIZ				✓			✓	✓					

© Bernhard Harzer: GIS-Report 2008/09, Bernhard Harzer Verlag, Karlsruhe

Anbieter	Software	Facility Management	Umwelt u. Naturschutz	Ver- u. Entsorgung	Telekommunikation	Auskunftssysteme	Kartographie	Marketing	Logistik	Vermessung u. Kataster	Verkehrsplanung	Raum- und Bauleitplanung	Photogrammetrie	Fernerkundung
GEOSYSTEMS GmbH	ERDAS ADE Suite	✓	✓	✓						✓		✓		
	ERDAS Image Compressor		✓		✓					✓				✓
	ERDAS Image Manager		✓	✓	✓	✓	✓			✓		✓	✓	✓
	ERDAS IMAGINE		✓		✓					✓			✓	✓
	ERDAS TITAN		✓			✓	✓						✓	✓
	ERDAS Virtual Explorer		✓		✓			✓				✓		✓
	LPS		✓		✓					✓			✓	✓
	Stereo Analyst für ArcGIS		✓		✓					✓			✓	✓
GeoTask AG	g.business integrator	✓	✓	✓	✓	✓	✓	✓		✓				
	g.business MDM													
	g.business server	✓		✓	✓	✓	✓	✓	✓	✓				
	Zusatzmodule für FME			✓						✓				
geoVAL Informationssysteme GmbH	ALK / ATKIS-Reader 3		✓	✓	✓	✓	✓			✓	✓	✓		
	ALK / ATKIS-Reader 8		✓	✓	✓	✓	✓			✓	✓	✓		
	Baumkataster	✓	✓			✓						✓		
	Grünflächeninformationssystem netGRIS	✓	✓				✓					✓		
	LIMOS	✓	✓											
	Sicad-Reader			✓		✓				✓	✓			

Anbieter	Software	Anwendungsschwerpunkte												
		Facility Management	Umwelt u. Naturschutz	Ver- u. Entsorgung	Telekommunikation	Auskunftssysteme	Kartographie	Marketing	Logistik	Vermessung u. Kataster	Verkehrsplanung	Raum- und Bauleitplanung	Photogrammetrie	Fernerkundung
geoVAL Informationsysteme GmbH	Spielgerätekataster	✓	✓			✓						✓		
GEVAS software GmbH	LAGIS/IMS					✓		✓			✓			
	LAGIS/öv					✓			✓		✓			
	NONSTOP										✓			
GfI mbH	ATKIS/ALK-Manager		✓			✓				✓		✓		
	ThemenBrowser		✓							✓	✓	✓		
	Themenbrowser Intranet MapServer					✓								
GfK MACON GmbH	DISTRICT			✓	✓		✓	✓	✓			✓		
	RegioGraph			✓	✓	✓	✓	✓	✓			✓		
GfK Marktforschung GmbH	MartViewer 4.0					✓		✓						
GI Geoinformatik GmbH	FKS-Pad		✓											
	GPS Analyst		✓	✓	✓						✓			
	GPScorrect	✓	✓	✓	✓				✓			✓	✓	
GIS Consult GmbH	GC Access Manager	✓	✓	✓	✓	✓	✓	✓	✓	✓	✓	✓	✓	✓
	GC GeoFried		✓			✓						✓		
	GC GeoTour		✓	✓		✓		✓	✓					
	GC LIS	✓				✓						✓		
	GC Oracle Manager	✓	✓	✓	✓	✓	✓	✓	✓	✓	✓	✓	✓	✓
	GC Oracle Objects	✓	✓	✓	✓	✓	✓	✓	✓	✓	✓	✓	✓	✓

Anbieter	Software	Anwendungsschwerpunkte											
		Facility Management	Umwelt u. Naturschutz	Ver- u. Entsorgung	Telekommunikation	Auskunftssysteme	Kartographie	Marketing	Logistik	Vermessung u. Kataster	Verkehrsplanung	Raum- und Bauleitplanung	Photogrammetrie	Fernerkundung
GIS Consult GmbH	GC OSIRIS	✓	✓	✓	✓	✓	✓	✓	✓	✓	✓	✓	✓	✓
	GC SAP-Connect	✓	✓	✓	✓	✓	✓	✓	✓		✓	✓		
	GC SIB					✓					✓	✓		
	GC SpOT	✓	✓	✓	✓	✓	✓	✓	✓	✓	✓	✓	✓	✓
	GC Thematische Kartografie	✓	✓	✓	✓	✓	✓	✓	✓	✓	✓	✓	✓	✓
	Kaufpreissammlung					✓		✓				✓		
	ORA&SW	✓	✓	✓	✓	✓	✓	✓	✓	✓	✓	✓	✓	✓
	Smallworld ALKIS	✓	✓	✓	✓	✓	✓	✓	✓	✓	✓	✓	✓	✓
	Smallworld Bebauungsplan					✓					✓	✓		
	Smallworld Flächennutzungsplan		✓			✓			✓		✓	✓		
	Smallworld Umweltatlas		✓			✓						✓		
	SW&ORA	✓	✓	✓	✓	✓	✓	✓	✓	✓	✓	✓	✓	✓
	SW2CS			✓	✓	✓					✓	✓		
	SW2IMS	✓		✓	✓	✓					✓			
	SW2MAT			✓		✓					✓			
GIS PROJECT	VISA 32	✓	✓	✓			✓	✓		✓	✓	✓	✓	
GIS Team Ingenieurbüro für Geoinformatik	MicroImages iTNTmap													
	MicroImages TNTatlas		✓	✓			✓	✓	✓	✓	✓	✓	✓	
	MicroImages TNTedit		✓	✓	✓			✓	✓	✓	✓	✓	✓	

© Bernhard Harzer: GIS-Report 2008/09, Bernhard Harzer Verlag, Karlsruhe

Anbieter	Software	Anwendungsschwerpunkte											
		Facility Management	Umwelt u. Naturschutz	Ver- u. Entsorgung	Telekommunikation	Auskunftssysteme	Kartographie	Marketing	Logistik	Vermessung u. Kataster	Verkehrsplanung	Raum- und Bauleitplanung	Photogrammetrie	Fernerkundung
GIS Team Ingenieurbüro für Geoinformatik	MicroImages TNTmap Open													
	MicroImages TNTmips		✓	✓	✓		✓	✓	✓	✓	✓	✓	✓	✓
	MicroImages TNTserver		✓	✓	✓		✓	✓	✓	✓	✓	✓		
	MicroImages TNTview		✓	✓	✓		✓	✓	✓	✓	✓	✓		
GISA GmbH	NetRIS		✓							✓				
GISCAD - Institut	PCMap		✓	✓		✓	✓	✓		✓		✓		
	w³GIS	✓	✓	✓		✓	✓			✓		✓		
	w³WMS (Client and Server)													
GIStec GmbH	In3D Admintool													
	In3D Database				✓							✓		
	In3D Viewer				✓							✓		
	InGeo EasyPublisher													
	InGeo Entrytool													
	InGeo Metadatabase													
GLOBUS-Informationssysteme GmbH	InfraSystem, Basis-Modul InfraGrün		✓											
	InfraSystem, Basis-Modul InfraPlan											✓		
	InfraSystem, Modul InfraGrün-Mobil		✓											

© Bernhard Harzer: GIS-Report 2008/09, Bernhard Harzer Verlag, Karlsruhe

Anbieter	Software	Facility Management	Umwelt u. Naturschutz	Ver- u. Entsorgung	Telekommunikation	Auskunftssysteme	Kartographie	Marketing	Logistik	Vermessung u. Kataster	Verkehrsplanung	Raum- und Bauleitplanung	Photogrammetrie	Fernerkundung
GLOBUS-Informationssysteme GmbH	InfraSystem, Modul InfraGrün-Vergabe		✓											
	InfraSystem-Web		✓											
GPS GmbH	FUGAWI				✓		✓		✓					
graphikon GmbH	Vectory Pro 5.0		✓			✓				✓				
Graphisoft Deutschland GmbH	ArchiCAD 3DStadtmodell	✓												
Graphservice GmbH	geoBaum		✓				✓			✓				
	geoGrün		✓				✓			✓				
	geoKonst			✓	✓	✓	✓			✓		✓		
	geoPlot		✓	✓	✓	✓	✓	✓	✓	✓				
	GRAPPA			✓	✓	✓	✓	✓	✓	✓				
	GRAPPA / Online		✓	✓	✓	✓	✓	✓	✓	✓				
	SDH		✓	✓	✓	✓	✓			✓				
GreenGate AG	GS-Service	✓	✓	✓	✓			✓				✓		
HarbourDom Consulting	Mapviewer		✓				✓	✓						
HHK Datentechnik GmbH	GEOgraf Version 5		✓	✓		✓				✓	✓	✓		
	GEOgraFIS	✓	✓	✓		✓				✓		✓		
	HHKmapserver					✓								
Horstick GmbH	G-Info	✓		✓		✓								
Hydrotec GmbH	WWI-Web		✓			✓	✓			✓				

© Bernhard Harzer: GIS-Report 2008/09, Bernhard Harzer Verlag, Karlsruhe

Anbieter	Software	Anwendungsschwerpunkte											
		Facility Management	Umwelt u. Naturschutz	Ver- u. Entsorgung	Telekommunikation	Auskunftssysteme	Kartographie	Marketing	Logistik	Vermessung u. Kataster	Verkehrsplanung	Raum- und Bauleitplanung	Photogrammetrie	Fernerkundung
IAC mbH/SWBB GmbH	POLYGIS	✓	✓	✓		✓	✓			✓	✓	✓	✓	
	POLYGIS ALB, ALK		✓	✓		✓	✓			✓	✓	✓		
	POLYGIS Beitrags und Kostenauskunft		✓	✓		✓	✓			✓	✓	✓		
	POLYGIS Masse, Kosten und Vermögen		✓	✓		✓	✓			✓	✓	✓		
	POLYGIS-Abwassergebühren		✓	✓		✓	✓			✓	✓	✓		
	POLYGIS-ALKIS		✓	✓		✓	✓			✓	✓	✓		
	POLYGIS-Bauantragsverwaltung		✓	✓		✓	✓			✓	✓	✓		
	POLYGIS-Baum		✓	✓		✓	✓			✓	✓	✓		
	POLYGIS-Bewertung kommunaler Flächen		✓	✓		✓	✓			✓	✓	✓		
	POLYGIS-Biotop		✓	✓		✓	✓			✓	✓	✓		
	POLYGIS-Brücke/Bauwerke		✓	✓		✓	✓			✓	✓	✓		
	POLYGIS-Fernwärme		✓	✓		✓	✓			✓	✓	✓		
	POLYGIS-Forstverwaltung		✓	✓		✓	✓			✓	✓	✓		
	POLYGIS-Friedhof		✓	✓		✓	✓			✓	✓	✓		
	POLYGIS-Gas		✓	✓		✓	✓			✓	✓	✓		
	POLYGIS-Grün		✓	✓		✓	✓			✓	✓	✓		
	POLYGIS-Grundbuchrechte		✓	✓		✓	✓			✓	✓	✓		
	POLYGIS-Grundstücksverkehr		✓	✓		✓	✓			✓	✓	✓		

© Bernhard Harzer: GIS-Report 2008/09, Bernhard Harzer Verlag, Karlsruhe

Anbieter	Software	Anwendungsschwerpunkte												
		Facility Management	Umwelt u. Naturschutz	Ver- u. Entsorgung	Telekommunikation	Auskunftssysteme	Kartographie	Marketing	Logistik	Vermessung u. Kataster	Verkehrsplanung	Raum- und Bauleitplanung	Photogrammetrie	Fernerkundung
IAC mbH/SWBB GmbH	POLYGIS-Indirekteinleitkataster		✓	✓		✓	✓			✓	✓	✓		
	POLYGIS-Kanal		✓	✓		✓	✓			✓	✓	✓		
	POLYGIS-Kanalsanierung		✓	✓		✓	✓			✓	✓	✓		
	POLYGIS-Kleinkläranlagen		✓	✓		✓	✓			✓	✓	✓		
	POLYGIS-KOMSTAT		✓	✓		✓	✓			✓	✓	✓		
	POLYGIS-KSIB		✓	✓		✓	✓			✓	✓	✓		
	POLYGIS-MapServer		✓	✓		✓	✓			✓	✓	✓		
	POLYGIS-Natureg		✓	✓		✓	✓			✓	✓	✓		
	POLYGIS-Ökokonto		✓	✓		✓	✓			✓	✓	✓		
	POLYGIS-Straßenreinigung		✓	✓		✓	✓			✓	✓	✓		
	POLYGIS-Strom		✓	✓		✓	✓			✓	✓	✓		
	POLYGIS-Verkehrszeichen		✓	✓		✓	✓			✓	✓	✓		
	POLYGIS-Verträge zur Grundstücksnutzung		✓	✓		✓	✓			✓	✓	✓		
	POLYGIS-View		✓	✓		✓	✓			✓	✓	✓		
	POLYGIS-Wasser		✓	✓		✓	✓			✓	✓			
	POLYGIS-Windpark-Infrastruktur		✓	✓		✓	✓			✓	✓	✓		
	POLYGIS-XPLan (B-Plan und F-Plan)		✓	✓		✓	✓			✓	✓	✓		

Anbieter	Software	Anwendungsschwerpunkte												
		Facility Management	Umwelt u. Naturschutz	Ver- u. Entsorgung	Telekommunikation	Auskunftssysteme	Kartographie	Marketing	Logistik	Vermessung u. Kataster	Verkehrsplanung	Raum- und Bauleitplanung	Photogrammetrie	Fernerkundung
IB&T Ingenieurbüro Basedow & Tornow GmbH	CARD/1 Bahnplanung									✓	✓	✓		
	CARD/1 Kanalplanung			✓							✓			
	CARD/1 Straßenplanung									✓	✓	✓		
	CARD/1 Vermessung									✓				
	CARD/1 Weichenkataster									✓				
	CARD/1 Zeichnungsbearbeitung	✓	✓							✓	✓			
IBB Ingenieubüro Battefeld	AutoGIS	✓	✓			✓				✓		✓	✓	
IBM Deutschland GmbH	IBM GTiS - GeoGPG	✓	✓	✓						✓		✓	✓	✓
	IBM GTiS - geoInterface	✓	✓			✓		✓		✓				
	IBM GTIS - Translator Toolkit	✓	✓	✓	✓					✓	✓	✓	✓	✓
	IBM GTiS geoManager for multiplatforms	✓	✓	✓		✓				✓	✓	✓	✓	✓
ibR Ges. für Geoinformation mbH	DAVID		✓			✓	✓			✓		✓		
	DAVID Web Auskunft		✓			✓	✓			✓		✓		
	DAVID-GeoAuskunft		✓			✓	✓			✓		✓		
	DAVID-GeoDB		✓			✓	✓			✓		✓		
	DAVID-PenGIS		✓			✓	✓			✓		✓		
	ibR-Vermessungspaket VPR									✓				
	VPR-Feldversion		✓			✓	✓			✓		✓		

Anbieter	Software	Anwendungsschwerpunkte											
		Facility Management	Umwelt u. Naturschutz	Ver- u. Entsorgung	Telekommunikation	Auskunftssysteme	Kartographie	Marketing	Logistik	Vermessung u. Kataster	Verkehrsplanung	Raum- und Bauleitplanung	Photogrammetrie	Fernerkundung
ICF GmbH	ALKCONN	✓	✓	✓	✓		✓			✓			✓	✓
	BahnSoft									✓			✓	✓
	DGN2CARD/1						✓			✓			✓	✓
	HansaGeoKIS	✓	✓	✓	✓	✓	✓	✓	✓	✓			✓	✓
	HL complexer		✓	✓	✓		✓			✓			✓	✓
	HL tool Kit	✓	✓	✓	✓		✓			✓			✓	
	PlaceSlope		✓	✓	✓		✓			✓			✓	✓
	PlaceXYZ	✓	✓	✓	✓		✓			✓			✓	✓
	PlanRahmen	✓	✓	✓	✓		✓			✓			✓	✓
	SQDCONN	✓	✓	✓	✓		✓			✓			✓	✓
idomeo gmbh	idomeoKOMMpakt		✓	✓	✓	✓	✓			✓	✓	✓		
IDP Dr. Stein GmbH	BMS - Baustellenmanagement			✓		✓					✓			
	CP 7			✓	✓	✓	✓			✓				
	CP 7-Abwasser			✓		✓	✓			✓				
	CP 7-ALB/ALK			✓		✓	✓			✓				
	CP 7-Bau und Instandsetzung	✓		✓		✓	✓							
	CP 7-Baustellenkoordinierung	✓		✓		✓	✓				✓			
	CP 7-Entstörung	✓		✓		✓	✓							
	CP 7-Fernwärme			✓		✓	✓			✓				
	CP 7-Fremdkoordinierung	✓		✓		✓								

© Bernhard Harzer: GIS-Report 2008/09, Bernhard Harzer Verlag, Karlsruhe

Anbieter	Software	Facility Management	Umwelt u. Naturschutz	Ver- u. Entsorgung	Telekommunikation	Auskunftssysteme	Kartographie	Marketing	Logistik	Vermessung u. Kataster	Verkehrsplanung	Raum- und Bauleitplanung	Photogrammetrie	Fernerkundung
IDP Dr. Stein GmbH	CP 7-Gas			✓		✓	✓			✓				
	CP 7-Instandhaltung	✓		✓		✓								
	CP 7-MDE		✓	✓		✓	✓					✓		
	CP 7-mobile		✓	✓		✓	✓					✓		
	CP 7-Straßenbeleuchtung			✓		✓	✓			✓				
	CP 7-Strom			✓		✓	✓			✓				
	CP 7-Wasser			✓		✓	✓			✓				
	CP 7-Web		✓	✓		✓	✓			✓		✓		
	CUBIS/POLIS EVU			✓	✓	✓	✓			✓				
	CUBIS/POLIS Kommunal	✓	✓	✓	✓	✓	✓			✓		✓		
	Fachschale - Abwasser			✓		✓	✓			✓				
	Fachschale - ALB			✓		✓	✓			✓				
	Fachschale - Fernwärme			✓		✓	✓			✓				
	Fachschale - Gas			✓		✓	✓			✓				
	Fachschale - Strassenbeleuchtung			✓		✓	✓			✓				
	Fachschale - Strom			✓		✓	✓			✓				
	Fachschale - Umwelt		✓	✓		✓	✓			✓		✓		
	Fachschale - Wasser			✓		✓	✓			✓				
	Facility Management	✓				✓				✓				

Anbieter	Software	Facility Management	Umwelt u. Naturschutz	Ver- u. Entsorgung	Telekommunikation	Auskunftssysteme	Kartographie	Marketing	Logistik	Vermessung u. Kataster	Verkehrsplanung	Raum- und Bauleitplanung	Photogrammetrie	Fernerkundung
IDP Dr. Stein GmbH	imap				✓	✓		✓	✓					
	Instandhaltungsmanagement	✓		✓	✓	✓								
	Internetconverter CUBIS/POLIS		✓	✓	✓	✓	✓							
	Störungsmanagement			✓	✓	✓								
infas Geodaten GmbH	EarthExtension	✓		✓	✓				✓	✓	✓	✓		
	Geomarketing Starter Kit		✓					✓	✓					
	Jcoder Business		✓	✓	✓			✓	✓	✓	✓			
	Jcoder Enterprise		✓	✓	✓			✓	✓	✓	✓			
	MarktAnalyst	✓	✓	✓				✓	✓	✓				
	MarktAnalyst Enterprise	✓	✓	✓	✓			✓	✓					
Ingenieurbüro Feiler, Blüml, Hänsel	INSTRA										✓	✓		
	Tools für MapInfo			✓		✓	✓							
	UNFAS				✓	✓					✓			
Ingenieurbüro Wenninger	TerraCADdy GIS V3.0		✓		✓	✓					✓			
INTEND Geoinformatik GmbH	mobiGIS Catalog					✓	✓							
	mobiGIS RFID		✓	✓		✓	✓		✓	✓				
	mobiGIS Road					✓			✓		✓			
Intergraph (Deutschland) GmbH	G!NIUS (vormals: G/Net)			✓	✓					✓				
	GeoMedia	✓	✓	✓	✓	✓	✓	✓	✓	✓	✓	✓	✓	✓

Anbieter	Software	Anwendungsschwerpunkte												
		Facility Management	Umwelt u. Naturschutz	Ver- u. Entsorgung	Telekommunikation	Auskunftssysteme	Kartographie	Marketing	Logistik	Vermessung u. Kataster	Verkehrsplanung	Raum- und Bauleitplanung	Photogrammetrie	Fernerkundung
Intergraph (Deutschland) GmbH	GeoMedia Professional	✓	✓	✓	✓	✓	✓	✓	✓	✓	✓	✓	✓	✓
	GeoMedia Viewer													
	GeoMedia WebMap / WebMap Professional	✓	✓	✓	✓	✓			✓	✓	✓	✓	✓	✓
Intevation GmbH	GRASS 5.0		✓	✓	✓	✓				✓		✓		
inthal software	ViBIS+	✓	✓	✓		✓				✓	✓			
IP SYSCON GmbH	IP ALB Manager		✓	✓	✓	✓	✓	✓	✓	✓			✓	✓
	IP ALK / ALB f. ArcIMS/ UMN MapServer	✓	✓	✓	✓	✓				✓		✓		
	IP ALK/ALB f. ArcView GIS 3.x/ArcGIS		✓	✓	✓	✓	✓	✓	✓	✓		✓		
	IP ALKIS Konverter		✓	✓	✓	✓	✓	✓	✓	✓	✓	✓		
	IP ATKIS f. ArcView GIS 3.x/ArcGIS		✓			✓				✓		✓		
	IP Bauleitplanung f. Arc IMS/UMN MapServer											✓		
	IP Bauleitplanung f. ArcView 3.x/ArcGIS											✓		
	IP Baum f. ArcView GIS 3.x/ArcGIS	✓												
	IP Beiträge f. ArcView GIS 3.x/ArcGIS	✓	✓							✓	✓			
	IP Beleuchtung f. ArcView GIS 3.x/ArcGIS		✓							✓				
	IP Bemaßung für ArcView 3.x / ArcGIS	✓	✓				✓			✓				
	IP Druckmanager f. ArcView3.x/ArcGIS	✓		✓	✓					✓				

Anbieter	Software	Anwendungsschwerpunkte											
		Facility Management	Umwelt u. Naturschutz	Ver- u. Entsorgung	Telekommunikation	Auskunftssysteme	Kartographie	Marketing	Logistik	Vermessung u. Kataster	Verkehrsplanung	Raum- und Bauleitplanung	Photogrammetrie	Fernerkundung
IP SYSCON GmbH	IP EDBS		✓	✓	✓	✓	✓	✓	✓	✓		✓	✓	✓
	IP Flächenversiegelung f. ArcView GIS 3.x	✓	✓	✓						✓	✓			
	IP Flink f. ArcView ArcGIS Desktop, ArcIMS/UMN MapServer	✓		✓	✓					✓				
	IP Gas f. ArcView GIS 3.x/ArcGIS			✓										
	IP Geodatenmanager f. ArcView GIS 3.x/ArcGIS/ IP Linfo	✓		✓	✓					✓				
	IP Gruve f. ArcView GIS 3.x/ArcGIS		✓	✓		✓				✓	✓			
	IP Kanal f. ArcView GIS 3.x/ArcGIS			✓										
	IP Kleinkläranlagen f. ArcView3.x/ArcGIS		✓	✓										
	IP Komkat f. ArcView GIS 3.x		✓									✓		
	IP Konstruktion f. ArcView 3.x/ArcGIS	✓		✓	✓					✓				
	IP Miniclient f. ArcIMS	✓	✓	✓		✓						✓		
	IP SD- Edit f. ArcView GIS 3.x, 9.x u. ArcIMS	✓	✓	✓	✓	✓	✓	✓	✓	✓		✓		
	IP Standard Client ArcIMS/UMN MapServer	✓	✓	✓	✓	✓	✓	✓	✓	✓		✓		
	IP Strabe f. ArcView GIS 3.x/ArcGIS		✓	✓		✓				✓	✓			
	IP Strom f. ArcView GIS 3.x/ArcGIS			✓										
	IP Tifosy für ArcGIS Desktop											✓		
	IP UniKat													

© Bernhard Harzer: GIS-Report 2008/09, Bernhard Harzer Verlag, Karlsruhe

Anbieter	Software	Anwendungsschwerpunkte											
		Facility Management	Umwelt u. Naturschutz	Ver- u. Entsorgung	Telekommunikation	Auskunftssysteme	Kartographie	Marketing	Logistik	Vermessung u. Kataster	Verkehrsplanung	Raum- und Bauleitplanung	Photogrammetrie	Fernerkundung
IP SYSCON GmbH	IP Wasser f. ArcView GIS 3.x/ArcGIS			✓										
	IP Xtra f. ArcGIS Desktop		✓	✓		✓				✓				
	Mapkey	✓	✓	✓	✓	✓	✓	✓	✓	✓	✓	✓		✓
	MapReader													
	PlanzV f. ArcView GIS 3.x/ArcGIS											✓		
	pit-Kommunal	✓	✓											
ITC Enschede (NL)	ILWIS		✓	✓			✓			✓		✓		✓
ITS Informationstechnik Service GmbH	ASKO-Lader			✓						✓				
	Gensi			✓						✓				
	LEHO			✓										
	Liegenschaftsmodul LIVE			✓						✓				
	Location Spooler			✓						✓				
	Map500 Im-/Export			✓						✓				
	Quick Dimension			✓						✓				
	Raster-Lader			✓						✓				
	Staffelplan			✓						✓				
	Stromfluss-Analysator			✓										
	TK VE			✓										
	Web Mapper					✓								

© Bernhard Harzer: GIS-Report 2008/09, Bernhard Harzer Verlag, Karlsruhe

Anbieter	Software	Facility Management	Umwelt u. Naturschutz	Ver. u. Entsorgung	Telekommunikation	Auskunftssysteme	Kartographie	Marketing	Logistik	Vermessung u. Kataster	Verkehrsplanung	Raum- und Bauleitplanung	Photogrammetrie	Fernerkundung
IVT Informationssysteme für Verkehr und Technik GmbH	VIS-Strasse / Aufbruch	✓		✓								✓		
IVU Traffic Technologies AG, Berlin	Filialinfo	✓		✓		✓		✓	✓	✓	✓			
IVU Umwelt GmbH	FLADIS		✓			✓								
	floodFILL		✓											
	IMMISarc		✓									✓		
	LimAarc		✓									✓	✓	
K2-Computer Softwareentwicklung	GEOvision³		✓	✓	✓	✓				✓		✓		
Kirchner EDV-Service Bremen	Open Mobile GIS		✓	✓		✓				✓	✓			
	Pro GRESS			✓	✓									
	PRO GRUND			✓		✓				✓				
	PRO INFO	✓	✓			✓				✓				
	PRO KIS			✓						✓				
	PRO KKA			✓										
	PRO NIS Gas		✓	✓										
	PRO NIS Wasser		✓	✓										
	PRO OPEN			✓						✓				
	PRO STRASSE										✓			
KISTERS AG	K3-Umwelt Altablagerungen/Altstandorte		✓											

Anbieter	Software	Facility Management	Umwelt u. Naturschutz	Ver- u. Entsorgung	Telekommunikation	Auskunftssysteme	Kartographie	Marketing	Logistik	Vermessung u. Kataster	Verkehrsplanung	Raum- und Bauleitplanung	Photogrammetrie	Fernerkundung
KISTERS AG	K3-Umwelt Einleiterüberwachg. Indirekt		✓											
	K3-Umwelt Einleiterüberwachung Direkt		✓											
	K3-Umwelt Grundwasser Gewässeraufsicht		✓											
	K3-Umwelt Grundwasser Wasserschutzgebiet		✓											
	K3-Umwelt Grundwasser Wasserversorgung		✓											
	K3-Umwelt Katastergenerator		✓											
	K3-Umwelt Naturschutz Biotope		✓											
	K3-Umwelt Naturschutz Eintritt/Ausgleich		✓											
	K3-Umwelt VAwS		✓											
	K3-Umwelt Wasserrechte		✓											
lat/lon GmbH	deegree Catalog Service	✓	✓	✓	✓	✓	✓	✓			✓	✓	✓	✓
	deegree Gazetteer Service		✓			✓	✓	✓			✓	✓		
	deegree iGeo3D	✓	✓	✓	✓	✓	✓	✓			✓	✓	✓	
	deegree iGeoPortal	✓	✓	✓	✓	✓	✓	✓			✓	✓	✓	
	deegree iGeoSecurity	✓	✓	✓	✓	✓	✓	✓			✓	✓	✓	
	deegree owsWatch	✓	✓	✓	✓	✓	✓	✓			✓	✓	✓	
	deegree WAS	✓	✓	✓	✓	✓	✓	✓			✓	✓	✓	
	deegree WCS	✓	✓	✓	✓	✓	✓	✓			✓	✓	✓	✓

Anbieter	Software	Anwendungsschwerpunkte											
		Facility Management	Umwelt u. Naturschutz	Ver- u. Entsorgung	Telekommunikation	Auskunftssysteme	Kartographie	Marketing	Logistik	Vermessung u. Kataster	Verkehrsplanung	Raum- und Bauleitplanung	Photogrammetrie	Fernerkundung
lat/lon GmbH	deegree WFS	✓	✓	✓	✓	✓	✓			✓	✓			
	deegree WMPS	✓	✓	✓	✓	✓	✓	✓		✓	✓	✓		
	deegree WMS		✓			✓	✓			✓	✓			
	deegree WPS	✓	✓	✓	✓	✓	✓	✓		✓	✓	✓		
	deegree WSS	✓	✓	✓	✓	✓	✓	✓		✓	✓			
	deegree WTS/WPVS	✓	✓	✓	✓	✓	✓	✓		✓	✓			
	DeeJUMP	✓	✓	✓	✓	✓	✓	✓		✓	✓	✓		
LCC Consulting AG	EnvGDB		✓							✓				
	LCC Generics		✓	✓	✓	✓		✓	✓	✓	✓			
LiveMap GmbH	LIVEMAP					✓								
LOGIBALL GmbH	GDF SUITE			✓	✓		✓		✓					
LUTUM + TAPPERT GmbH	Active JAVA BEANS Map 2.3			✓	✓	✓	✓	✓						
	ActiveMap 3.5			✓	✓	✓	✓	✓						
	District Manager 8.2						✓	✓						
	Easymap 8.0		✓	✓			✓	✓						
	LTMapServer					✓	✓	✓						
M.O.S.S. GmbH	envVision		✓			✓					✓			
	envVision Service AIR		✓			✓								
	envVision Service NOISE		✓			✓								
	novaFACTORY		✓	✓		✓	✓			✓			✓	✓
	novaFACTORY 3D		✓			✓	✓			✓			✓	✓
	novaFACTORY 4AI					✓	✓			✓			✓	✓

© Bernhard Harzer: GIS-Report 2008/09, Bernhard Harzer Verlag, Karlsruhe

Anbieter	Software	Facility Management	Umwelt u. Naturschutz	Ver- u. Entsorgung	Telekommunikation	Auskunftssysteme	Kartographie	Marketing	Logistik	Vermessung u. Kataster	Verkehrsplanung	Raum- und Bauleitplanung	Photogrammetrie	Fernerkundung
M.O.S.S. GmbH	novaFACTORY Extended		✓	✓		✓	✓			✓			✓	✓
	novaFACTORY Vektor		✓	✓		✓	✓			✓			✓	✓
	novaFACTORY@SCOP		✓	✓		✓	✓			✓			✓	✓
	novaRoSy					✓				✓				
	RoSy®			✓		✓	✓			✓				
	WEGA		✓	✓		✓	✓			✓				
	WEGA Geo Server		✓	✓		✓	✓			✓				
	WEGA Imageviewer		✓	✓	✓	✓	✓	✓	✓	✓	✓	✓	✓	✓
	WEGA-CSW		✓	✓		✓	✓			✓			✓	✓
	WEGA-GDM		✓	✓		✓	✓			✓				
	WEGA-GDM-Web		✓	✓		✓	✓			✓				
	WEGA-GENERIC		✓	✓		✓	✓			✓				
	WEGA-MARS		✓	✓		✓	✓			✓				
	WEGA-Public		✓	✓		✓	✓			✓				
	WEGA-RBA		✓	✓		✓	✓			✓				
	WEGA-RedLine		✓	✓		✓	✓			✓				
	WEGA-WCS		✓	✓		✓	✓			✓				
	WEGA-WFS		✓	✓		✓	✓			✓				
MAP&GUIDE GmbH	MAP&GUIDE Developer Solutions			✓	✓	✓	✓	✓	✓					
MapInfo GmbH	Envinsa Location Platform	✓	✓	✓	✓	✓	✓	✓	✓	✓	✓	✓		
	MapInfo Discovery	✓	✓	✓	✓	✓	✓	✓	✓	✓	✓	✓	✓	
	MapInfo Drivetime	✓		✓	✓	✓		✓	✓		✓			

Anbieter	Software	Anwendungsschwerpunkte											
		Facility Management	Umwelt u. Naturschutz	Ver. u. Entsorgung	Telekommunikation	Auskunftssysteme	Kartographie	Marketing	Logistik	Vermessung u. Kataster	Verkehrsplanung	Raum- und Bauleitplanung	Photogrammetrie	Fernerkundung
MapInfo GmbH	MapInfo Map Marker Deutschland	✓		✓	✓	✓		✓	✓					
	MapInfo MapX	✓	✓	✓	✓	✓	✓	✓	✓	✓	✓	✓		
	MapInfo MapX Mobile	✓	✓	✓	✓	✓	✓	✓	✓	✓	✓	✓		
	Mapinfo MapXtreme 2004	✓	✓	✓	✓	✓	✓	✓	✓	✓	✓	✓		
	MapInfo MapXtreme for Windows	✓	✓	✓	✓	✓	✓	✓	✓	✓	✓	✓	✓	
	MapInfo MapXtreme Java Edition	✓	✓	✓	✓	✓	✓	✓	✓	✓	✓	✓	✓	
	MapInfo Professional	✓	✓	✓	✓	✓	✓	✓	✓	✓	✓	✓		
	MapInfo ProViewer	✓	✓	✓	✓	✓	✓	✓	✓	✓	✓	✓		
	MapInfo Routing J Server	✓		✓	✓	✓		✓	✓		✓			
	MapInfo SpatialWare	✓	✓	✓	✓	✓	✓	✓	✓	✓	✓	✓		
	MapInfo Vertical Mapper		✓		✓			✓						
megatel GmbH	internet visor	✓				✓	✓			✓	✓	✓	✓	
	visor		✓	✓	✓					✓	✓		✓	
METTENMEIER GmbH	Adjust. JT			✓										
	Delta - Analyzer			✓										
	Easy Dimensions			✓										
	Einfärbetool			✓										
	Fast-Map-Loader			✓	✓						✓			
	Fehlersymbol			✓	✓	✓					✓			
	LOCATION PROFESSIONAL			✓										

© Bernhard Harzer: GIS-Report 2008/09, Bernhard Harzer Verlag, Karlsruhe

Anbieter	Software	Anwendungsschwerpunkte											
		Facility Management	Umwelt u. Naturschutz	Ver- u. Entsorgung	Telekommunikation	Auskunftssysteme	Kartographie	Marketing	Logistik	Vermessung u. Kataster	Verkehrsplanung	Raum- und Bauleitplanung	Photogrammetrie	Fernerkundung
METTENMEIER GmbH	Multi-Map-Editor			✓										
	Multiple-Object-Editor (MOE)			✓										
	NEPLAN SCHNITTSTELLE			✓										
	NRM - EIS			✓										
	ONLINE BAUAUSKUNFT			✓	✓									
	OPERATION ANALYSER			✓										
	OptiPlan Schnittstelle					✓								
	PAN - Schnittstelle													
	POWER FACTORY SCHNITTSTELLE			✓										
	Print & Go			✓	✓	✓				✓				
	Quality Inspector			✓										
	SeCuRi SAT			✓										
	SINCAL - Schnittstelle			✓										
	STANET - Schnittstelle			✓										
	TOPOGRAFIE PROFESSIONAL			✓										
	TRANSFER PROFESSIONAL			✓	✓					✓				
	xGIS 4			✓		✓								
mobile-geomatics	GeoSolution		✓	✓		✓				✓				
	monavista													
Moskito GIS GmbH	Fachschale Bauleitplanung											✓		
	Fachschale Baumkataster		✓											

© Bernhard Harzer: GIS-Report 2008/09, Bernhard Harzer Verlag, Karlsruhe

Anbieter	Software	Anwendungsschwerpunkte											
		Facility Management	Umwelt u. Naturschutz	Ver- u. Entsorgung	Telekommunikation	Auskunftssysteme	Kartographie	Marketing	Logistik	Vermessung u. Kataster	Verkehrsplanung	Raum- und Bauleitplanung	Photogrammetrie	Fernerkundung
Moskito GIS GmbH	Fachschale Friedhof	✓				✓								
	Fachschale Gas			✓										
	Fachschale Kataster			✓		✓						✓		
	Fachschale Moskito Forst		✓			✓						✓		
	Fachschale Moskito Kanal	✓		✓		✓								
	Fachschale Moskito Straße	✓				✓								
	Fachschale Strom			✓										
	Fachschale Wasser			✓		✓								
	Moskito GIS			✓		✓				✓		✓		
mtc	le ciel	✓	✓	✓	✓	✓	✓	✓	✓	✓	✓	✓		
	le portier	✓	✓	✓	✓	✓	✓	✓	✓	✓	✓	✓	✓	✓
	le village	✓	✓	✓	✓	✓	✓	✓	✓	✓	✓	✓		
NIS AG	NIS Fachschalen			✓	✓	✓								
	NIS Instandhaltung	✓												
PLEdoc GmbH	GeoNV mobil			✓	✓	✓								
	GeoNV telcoedition				✓	✓								
	where2dig			✓	✓	✓								
POWERSOFT R. PIAN SA	FIBERNET	✓			✓	✓								
	GICAD (PWS-GIS)	✓		✓						✓				
	GIRES (PWS-GIS)			✓										
promegis Gesellschaft für Geoinformationssysteme mbH	Cadcorp SIS	✓	✓	✓	✓	✓	✓	✓		✓		✓		

© Bernhard Harzer: GIS-Report 2008/09, Bernhard Harzer Verlag, Karlsruhe

Anbieter	Software	Facility Management	Umwelt u. Naturschutz	Ver- u. Entsorgung	Telekommunikation	Auskunftssysteme	Kartographie	Marketing	Logistik	Vermessung u. Kataster	Verkehrsplanung	Raum- und Bauleitplanung	Photogrammetrie	Fernerkundung
PTV AG	PTV Intertour			✓					✓					
	PTV Map&Market							✓	✓					
	PTV xServer	✓		✓		✓		✓	✓					
RIB Software AG	STRATIS			✓						✓		✓		
rmDATA Geoinformations-systeme GmbH	rmINFO/WEB			✓	✓	✓				✓				
	rmMAP			✓	✓					✓				
	rmVIEW			✓	✓	✓				✓				
RMR Softwareentwicklungs-gesellschaft bR	GeoCAD-Classic									✓				
	GeoCAD-Operator									✓				
RZI Software GmbH	RZI Tiefbau			✓			✓			✓	✓	✓		
screen & paper WA GmbH	Geographic Imager						✓							
	MAPublisher						✓							
	Visual Nature Studio	✓	✓				✓			✓	✓	✓		
	World Construction Set	✓	✓				✓			✓	✓	✓		
Screen Paper Communication GmbH	MILGisProLage					✓			✓					
	MILGisProLageWeb					✓			✓					
	MILGisProPCMap					✓								
SHH GmbH Systemhaus Hemminger	Paris IQ Client			✓	✓	✓				✓				
	Paris IQ Datamodels			✓	✓	✓				✓				
	Paris IQ Manager			✓	✓	✓				✓				

Anbieter	Software	Anwendungsschwerpunkte											
		Facility Management	Umwelt u. Naturschutz	Ver- u. Entsorgung	Telekommunikation	Auskunftssysteme	Kartographie	Marketing	Logistik	Vermessung u. Kataster	Verkehrsplanung	Raum- und Bauleitplanung	Photogrammetrie	Fernerkundung
SHH GmbH Systemhaus Hemminger	Paris IQ Mobile													
	Paris IQ Modeller			✓	✓	✓				✓				
	Paris IQ Server			✓	✓	✓				✓				
	Paris IQ Trace			✓	✓	✓				✓				
	Paris IQ View			✓	✓	✓				✓				
	Paris OPEN			✓	✓	✓				✓				
	Paris Web			✓	✓	✓				✓				
	Tekla Xpower			✓		✓								
	Tekla Xpower Bauausführung			✓		✓								
	Tekla Xpower Instandhaltung			✓		✓								
	Tekla Xpower Netzanalysen			✓		✓								
	Tekla Xpower Netzbetrieb			✓		✓								
	Tekla Xpower Netzplanung			✓		✓								
Siemens IT-Dienstleistung und Beratung GmbH	sdGISconnect			✓					✓	✓				
softelec GmbH	Vpmap Series													
Softplan Informatik GmbH	INGRADA		✓	✓		✓				✓	✓	✓		
	INGRADA web		✓	✓		✓				✓	✓	✓		
Software-Service John	VIS-All 3D	✓	✓	✓	✓		✓			✓	✓	✓		
speediKon Facility Management AG	speediKon FM	✓												
SRP Ges. f. Stadt- u. Regionalplang. mbH	GIS - Broker		✓			✓				✓		✓		

© Bernhard Harzer: GIS-Report 2008/09, Bernhard Harzer Verlag, Karlsruhe

Anbieter	Software	Anwendungsschwerpunkte											
		Facility Management	Umwelt u. Naturschutz	Ver- u. Entsorgung	Telekommunikation	Auskunftssysteme	Kartographie	Marketing	Logistik	Vermessung u. Kataster	Verkehrsplanung	Raum- und Bauleitplanung	Photogrammetrie	Fernerkundung
SRP Ges. f. Stadt- u. Regionalplang. mbH	YADE		✓	✓	✓	✓	✓			✓		✓		
SYNERGIS Informationssysteme GmbH	SYNERGIS GeoOffice bemassen	✓	✓	✓	✓	✓	✓	✓	✓	✓		✓		
	SYNERGIS GeoOffice cad-export	✓	✓	✓	✓	✓	✓	✓	✓	✓		✓		
	SYNERGIS GeoOffice konstruieren	✓	✓	✓	✓	✓	✓	✓	✓	✓		✓		
	SYNERGIS GeoOffice plotten	✓	✓	✓	✓	✓	✓	✓	✓	✓		✓		
	SYNERGIS baum		✓											
	SYNERGIS FM	✓												
	SYNERGIS GeoOffice analyst	✓	✓	✓	✓	✓	✓	✓	✓	✓		✓		
	SYNERGIS GeoOffice editieren	✓	✓	✓	✓	✓	✓	✓	✓	✓		✓		
	SYNERGIS GeoOffice express	✓	✓	✓	✓	✓	✓	✓	✓	✓		✓		
	SYNERGIS grünpflege		✓											
	SYNERGIS integrator	✓	✓	✓	✓	✓	✓	✓	✓	✓		✓		
	SYNERGIS raumplanung											✓		
	SYNERGIS topographie									✓				
	SYNERGIS verkehrszeichen					✓					✓			
	SYNERGIS WebCity active maps					✓								
	SYNERGIS WebCity compass					✓		✓				✓		
	SYNERGIS WebOffice editieren	✓	✓	✓	✓	✓	✓	✓	✓	✓		✓		
	SYNERGIS WebOffice extractserver	✓	✓	✓	✓	✓	✓	✓	✓	✓		✓		

Anbieter	Software	Anwendungsschwerpunkte											
		Facility Management	Umwelt u. Naturschutz	Ver- u. Entsorgung	Telekommunikation	Auskunftssysteme	Kartographie	Marketing	Logistik	Vermessung u. Kataster	Verkehrsplanung	Raum- und Bauleitplanung	Photogrammetrie	Fernerkundung
SYNERGIS Informationssysteme GmbH	SYNERGIS WebOffice webgis	✓	✓	✓	✓	✓	✓	✓	✓	✓		✓		
TeKoN Informationssysteme GmbH	WEBGIS					✓								
Terradata & Co	ALK-Online		✓		✓	✓				✓		✓		
	TERRACAD / TERRA	✓	✓			✓				✓		✓		
TERRALKIS GmbH	NASI/OM (ALKIS)		✓							✓				
	TerraCAD									✓		✓	✓	
uismedia Lang & Müller	MapViewSVG	✓	✓	✓	✓	✓	✓	✓	✓	✓	✓			
UMGIS Informatik GmbH	Abwasser-Gebührensplitting			✓										
	Anlagenüberwachung wassergef. Stoffe/Vaw		✓											
	Bodenschutz und Flächenrecycling		✓											
	Bodenzustandskataster KA4/KA5		✓											
	Deponie-GIS	✓	✓											
	Deponieverwaltung		✓											
	Flächenpool und Ökokonto		✓									✓		
	Gutachten, Richtwerte, Kaufverträge	✓								✓				
	Naturschutz und Biotopkartierung		✓											
	Operatives Liegenschaftsmanage-ment	✓								✓				

© Bernhard Harzer: GIS-Report 2008/09, Bernhard Harzer Verlag, Karlsruhe

Anbieter	Software	Anwendungsschwerpunkte											
		Facility Management	Umwelt u. Naturschutz	Ver- u. Entsorgung	Telekommunikation	Auskunftssysteme	Kartographie	Marketing	Logistik	Vermessung u. Kataster	Verkehrsplanung	Raum- und Bauleitplanung	Photogrammetrie	Fernerkundung
UMGIS Informatik GmbH	Straßenkataster										✓			
	Umwelttchnische Untersuchungen		✓											
WASY GmbH	GeoDAta eXchange													
	GeoData eXchange													
	GeoFES													
	WBalMo													
	WGEO	✓	✓	✓	✓	✓	✓	✓		✓	✓	✓		
	WGEO													
	WISYS		✓			✓								
WGI mbH	VGE-Gasversorgungsnetze in Deutschland													
	WiGGi - GASNETreader			✓										
	WiGGi - GISmobilizer			✓		✓								
	WiGGi - PLANexplorer			✓		✓								
	WiGGi-DERknopf	✓	✓	✓	✓	✓	✓	✓	✓	✓	✓	✓	✓	✓
	WiGGi-ESTATEdrainage			✓		✓								
	WiGGi-FLIGHTmonitor			✓										
	WiGGi-GASNETanalyst			✓		✓								
	WiGGi-GASnetmanager			✓		✓								
	WiGGi-GEOmarketing			✓				✓						
	WiGGi-GEOprovider			✓		✓								
	WiGGi-MACONmaps			✓		✓		✓						
	WiGGi-MAPINFOinterface			✓		✓		✓						

© Bernhard Harzer: GIS-Report 2008/09, Bernhard Harzer Verlag, Karlsruhe

Anbieter	Software	Facility Management	Umwelt u. Naturschutz	Ver- u. Entsorgung	Telekommunikation	Auskunftssysteme	Kartographie	Marketing	Logistik	Vermessung u. Kataster	Verkehrsplanung	Raum- und Bauleitplanung	Photogrammetrie	Fernerkundung
WGI mbH	WiGGi-NETmanager			✓		✓				✓				
	WiGGi-PIPEbrowser			✓		✓								
	WiGGi-PIPELINEmanager			✓										
	WiGGi-POSITIONreport			✓		✓								
	WiGGi-QUALITYchecker			✓										
	WiGGi-SAPintegration			✓	✓	✓		✓						
	WiGGi-Xyload			✓						✓				
Widemann Systeme GmbH	acadALKIS									✓				
	acadEDBS.Object									✓				
	CANALIS-HYDRA			✓		✓	✓			✓				
	IRIS - Integratives Rauminformations-system		✓	✓		✓						✓		
	PLATEIA			✓		✓	✓			✓	✓			
	WS·LANDCAD			✓		✓	✓			✓	✓	✓		
ZEBRIS	WebView		✓			✓	✓							✓
	WSG-Manager		✓											

© Bernhard Harzer: GIS-Report 2008/09, Bernhard Harzer Verlag, Karlsruhe

4.2 Übersicht GIS-Datenanbieter

Auf den folgenden Seiten sind zunächst die Geo-Datenanbieter des öffentlichen Sektors und im Anschluss die des privaten Sektors mit den Internetadressen zusammengestellt. Im Adressenverzeichnis finden Sie die jeweiligen Anschriften.

Datenanbieter „öffentlicher Sektor"

Österreich (A) - landesweit

Bundesamt für Eich- und Vermessungswesen (BEV)
www.bev.gv.at

Statistik Austria
www.statistik-austria.at
www.statistik.at

Östereich (A) - Bundesländer

Amt der Kärntner Landesregierung
www.ktn.gv.at

Land Steiermark
www.steiermark.at

Amt der Tiroler Landesregierung
www.tirol.gv.at

Schweiz - landesweit (CH)

Bundesamt für Statistik - Servicestelle GEOSTAT
www.statistik.admin.ch

Arbeitsgruppe SIK-GIS
www.sik-gis.ch

Eidgenössische Forschungsanstalt für Wald, Schnee und Landschaft
www.wsl.ch

Bundesamt für Landestopographie Swisstopo
www.swisstopo.ch

Schweiz (CH) - Bundesländer

Baudepartement Kanton Aargau
www.ag.ch

Vermessungs- u. Meliorationsamt Basel-Landschaft
www.bl.ch/vma

Grundbuch- und Vermessungsamt des Kantons Basel-Stadt
www.gva-bs.ch

Etat de Genève / SITG Service des systemes d'information et de gèomatique
www.geneva.ch/Map/copyright_sitg.htm

Meliorations- und Vermessungsamt des Kantons Graubünden GIS Zentrale

Vermessungsamt des Kantons Schaffhausen
www.vermessung.sh.ch

GIS-Fachstelle des Kantons Zug
www.zugis.ch

Baudirektion Kanton Zürich, Amt für Raumordnung und Vermessung
www.arv.zh.ch
www.vermessung.zh.ch

Deutschland (D) - landesweit

Bundesamt für Naturschutz (BfN)
www.bfn.de

Bundesanstalt für Geowissenschaften und Rohstoffe (BGR)
www.bgr.bund.de

Bundesanstalt für Gewässerkunde (BfG)
www.bafg.de

Bundesamt für Bauwesen und Raumordnung (BBR)
www.bbr.bund.de

DFD DLR - Deutsches Zentrum für Luft- und Raumfahrt e.V.
http://www.dlr.de

Statistisches Bundesamt
www.destatis.de

Umweltbundesamt (UBA)
www.umweltbundesamt.de

Bundesamt für Karthographie und Geodäsie (BKG)
www.bkg.bund.de

Bundesamt für Seeschiffahrt und Hydrographie
www.bsh.de

Land Baden-Württemberg (D)

Landesamt für Geologie, Rohstoffe und Bergbau Baden-Württemberg
www.lgrb.uni-freiburg.de

Landesanstalt für Umweltschutz Baden-Württemberg (LfU)
www.lfu.baden-wuerttemberg.de

Landesvermessungsamt Baden-Württemberg
www.lv-bw.de

Freistaat Bayern (D)

Bayerisches Geologisches Landesamt
www.geologie.bayern.de

Bayerisches Landesvermessungsamt
www.geodaten.bayern.de

Bayerische Landesanstalt für Landwirtschaft, Institut für Agraräokologie
http://www.lfl.bayern.de/iab/

Bayerisches Staatsministerium für Landesentwicklung und Umweltfragen
www.stmugv.bayern.de

Berlin (D)

Senatsverwaltung für Stadtentwicklung
www.stadtentwicklung.berlin.de/

Land Brandenburg (D)

Landesvermessung und Geobasisinformation Brandenburg
www.geobasis-bb.de

Ministerium für Landwirtschaft, Umweltschutz und Raumordnung
www.mluv.brandenburg.de

Hansestadt Hamburg (D)

Landesbetrieb Geoinformation und Vermessung
http://fhh.hamburg.de/stadt/Aktuell/weitere-einrichtungen/landesbetrieb-geoinformation-und-vermessung/start.html

Freie und Hansestadt Hamburg
www.hamburg.de

Land Hessen (D)

Hessisches Landesamt für Umwelt und Geologie
www.hlug.de

Hessisches Landesvermessungsamt
www.hvbg.hessen.de

Hessisches Ministerium für Wirtschaft, Verkehr und Landesentwicklung
www.wirtschaft.hessen.de

Land Mecklenburg-Vorpommern (D)

Landesamt für Umwelt, Naturschutz und Geologie Mecklenburg-Vorpommern
www.lung.mv-regierung.de

Landesvermessungsamt Mecklenburg-Vorpommern
www.lverma-mv.de

Land Niedersachsen (D)

Bezirksregierung Hannover
www.nlja.niedersachsen.de/

Bezirksregierung Weser-Ems
www.schule-weser-ems.nibis.de

Niedersächsisches Landesamt für Bodenforschung
www.nlfb.de

Niedersächsisches Landesamt für Ökologie - Naturschutz

Landesvermessung + Geobasisinformation Niedersachsen
www.lgn.niedersachsen.de

Niedersächsisches Umweltministerium
www.mu.niedersachsen.de

Land Nordrhein-Westfalen (D)

Geologischer Dienst Nordrhein-Westfalen – Landesbetrieb
www.gd.nrw.de

Landesvermessungsamt Nordrhein-Westfalen
www.lverma.nrw.de/

Kommunalverband Ruhrgebiet
www.rvr-online.de

Land Rheinland-Pfalz (D)

Landesamt für Geologie und Bergbau Rheinland-Pfalz
www.lgb-rlp.de

Landesamt für Umweltschutz und Gewerbeaufsicht Rheinland-Pfalz

Landesamt für Vermessung und Geobasis-Information Rheinland-Pfalz
www.lvermgeo.rlp.de

Ministerium des Innern und für Sport Rheinland-Pfalz
www.ism.rlp.de

Land Saarland (D)

Landesamt für Kataster-, Vermessungs- und Kartenwesen
www.lkvk.saarland.de

Saarland, Ministerium für Umwelt
www.umwelt.saarland.de

Freistaat Sachsen (D)

Landesvermessungsamt Sachsen
www.landesvermessung.sachsen.de

Sächsisches Landesamt für Umwelt und Geologie (LfUG)
www.umwelt.sachsen.de/lfug

Ministerium für Landwirtschaft und Umwelt
www.mlu.sachsen-anhalt.de

Sächsisches Landesamt für Umwelt und Geologie (LfUG)
www.umwelt.sachsen.de/lfug/

Land Sachsen-Anhalt (D)

Ministerium für Landwirtschaft und Umwelt Landesverwaltungsamt (LVWA)
www.landesverwaltungsamt.sachsen-anhalt.de

Landesamt für Umweltschutz Sachsen-Anhalt (LAU)
http://www.mu.sachsen-anhalt.de/start/fachbereich04/datenabgabe/main.htm

Landesamt für Landesvermessung und Geoinformation Sachsen-Anhalt
http://www.lvermgeo.sachsen-anhalt.de

Geologisches Landesamt Sachsen-Anhalt
www.mw.sachsen-anhalt.de/gla

Landeshauptstadt Magdeburg
www.magdeburg.de

Landesamt für Geologie und Bergwesen
www.mw.sachsen-anhalt.de/gla

Land Schleswig-Holstein (D)

Landesamt für den Nationalpark „Schleswig-Holsteinisches Wattenmeer"
http://www.wattenmeer-nationalpark.de/main.htm

Landesvermessungsamt Schleswig-Holstein
http://landesregierung.schleswig-holstein.de/coremedia/generator/Kategorien/Landesverwaltung/Vermessung/Landesvermessungsamt

Staatskanzlei des Landes Schleswig-Holstein
http://landesregierung.schleswig-holstein.de

Land Thüringen (D)

Thüringer Landesvermessungsamt
www.thueringen.de/vermessung

Datenanbieter „privater Sektor"

Östereich (A)

ARGE DIGITALPLAN ZT
http://www.adp.co.at/

Schubert & Partner GeoMarketing GmbH
www.geomarketing.at

WIGeo-GIS
www.wigeogis.at

Schweiz (CH)

LIS Nidwalden AG
www.lis-nw.ch

TYDAC AG
www.tydac.ch/

Deutschland (D)

AGIS GmbH Frankfurt am Main
www.geoas.de

CISS TDI GmbH
www.ciss.de

con terra
www.conterra.de

DDS digital data services GmbH
www.dds.ptv.de

Definiens AG
www.definiens.com

ESRI Geoinformatik GmbH
www.esri-germany.de

GAF AG
www.gaf.de

Geospace Gesellschaft für Umwelt- und Rauminformatik mbH

GfK MACON AG
www.gfk-geomarketing.com

GfK Marktforschung GmbH
www.gfk.de

GeoMarketing Datenverarbeitungs- und Dienstleistungs GmbH
www.geomarketing.at

infas GEOdaten GmbH
www.infas-geodaten.de

Ingenieurbüro für Geoinformatik
Dipl. Ing. Helmut Wenniger
www.wenninger.de

LIVEMAP GmbH
www.livemap.de

LogiBall GmbH
www.logiball.de

MapInfo GmbH
www.mapinfo.de

microm
www.microm-online.com

RIWA GmbH
www.riwa-gis.de

Tele Atlas Deutschland GmbH
www.teleatlas.com

Umweltdata Ges.m.b.H.
www.umweltdata.at

4.3 Übersicht GIS-Dienstleistung und Beratung

Auf den folgenden Seiten sind als Übersicht die GIS-Dienstleistungsfirmen zusammengestellt, zu denen im Anschluss ein Firmenprofil mit der Beschreibung des jeweiligen Leistungsspektrums wiedergegeben ist.

AKG Software Consulting GmbH
Autodesk GmbH
AXIO-Net GmbH
Ernst Basler + Partner AG
Berit GmbH
disy GmbH
EFTAS GmbH
ESG Elektroniksystem und Logistik-GmbH
ESN EnergieSystemeNord GmbH
GAF AG
GDV - Gesellschaft für geografische Datenverarbeitung mbH
GEOCOM Informatik AG
GEOGRAT Informationssysteme GmbH
GEOMAGIC GmbH
GEOSYSTEMS GmbH
GIS Consult GmbH
grit graphische Informationstechnik Beratungsgesellschaft mbH
HHK Datentechnik GmbH
IAC mbH
IB&T GmbH
Infas Geodaten
infoGrapg GISMobil GmbH
INTEND Geoinformatik GmbH
INTERGRAPH (Deutschland)
IPM Ingenieurbüro Peter Müller GmbH
IP Syscon GmbH
IVU Traffic Technologies AG
Lehmann + Partner GmbH
mtc
NIS AG
on-geo GmbH
PTV Planung Transport Verkehr AG
RMR-Softwareentwicklungs mbH
SHH GmbH
Softplan Informatik GmbH
SWBB - Software-Büro Lothar Bubel GmbH
Ingenieurbüro für Geoinformatik

4.4 Ausgewählte Firmenprofile

Das "Who is Who" im deutschen GIS-Markt ist die wichtige dritte Säule des GIS-Reports. Sowenig GIS ohne Software und die entsprechend aufbereiteten GIS-Daten auskommt, so sehr ist immer mehr Beratungs- und Entwicklungs-Know-how in diesem Bereich gefragt. Um jede Softwaregruppe haben sich entsprechende Dienstleistungsfirmen angesiedelt, die eine Vielzahl von Dienstleistungen wie Consulting in der Systemauswahl und Einführungen, Projektbetreuung, Projektbearbeitung und "Customizing" für spezielle Anforderungen anbieten.

Firmenprofile

AKG Software Consulting GmbH

Straße: Uhlandstr. 12
PLZ, Ort: 79423 Heitersheim
Land: Deutschland
Telefon: +49 (0)7634 / 5612-0
Telefax: +49 (0)7634 / 5612-300
Internet: www.akgsoftware.de
E-mail: info@akgsoftware.de
Zweigstellen in: Heitersheim (BaWü), Berlin
Partnerfirmen: Autodesk, HHK, Intergraph
Geschäftsführer: Dipl.-Ing. Artur K. Günther, Dipl.-Ing. Arno Brüggemann, Dipl.-Ing. (FH) Bernhard Feser
Vertriebsleiter: Dipl.-Ing. Jens Günther
Leiter Anwenderberatung: Dr.-Ing. Rico Steyer
Schulungsleiter:
Dipl.-Ing. (FH) Christian Blattmann
zuständig für Hotline: Dipl.-Ing. Johannes Cona
Anzahl der Mitarbeiter: 75
Gründungsjahr: 1982
Gesamtumsatz 2007: —
Umsatz im Bereich GIS: —

Produkte und Dienstleistungen:

Softwareprodukte:
Strukturplanung im Tiefbau für die Bereiche Grunderwerb, Vermessung, GIS, Straße, Bahn, Kanal, Bauabrechnung

- VESTRA CAD für AutoCAD und AutoCAD Map 3D
- VESTRA Civil 3D für AutoCAD Civil 3D
- VESTRA GIS für GeoMedia
- VESTRA GEOgraf für GEOgraf
- VESTRA PRO (eigener CAD-Kern)
- GE/Office (Grunderwerb)
- WEGWEIS (Beschilderung)
- KOSTRA (Kostenberechnung nach AKS)
- OK*view* (Digitaler Planungsordner)

Digitale Datenprodukte: —
Dienstleistungen: Entwicklung, Vertrieb, Consulting (Projektbegleitung), Forschung, Support, Schulungen
Weitere Produkte im Vertrieb:
AutoCAD Civil 3D, AutoCAD, AutoCAD Map 3D, BASYS, GeoMedia, RDV für Visualisierungen in AutoCAD Civil 3D

Firmenprofil: AKG bietet Lösungen für die Strukturplanung in den Bereichen Grunderwerb, Vermessung, GIS, Straße, Straßendatenbank, Bahn, Kanal und Bauabrechnung. Besonders mit der innovativen Lösung VESTRA hat sich das Systemhaus europaweit durch mehr als 8.500 Installationen als einer der führenden Anbieter im Bereich Bausoftware etabliert. VESTRA ist wahlweise mit eigenem CAD-GIS-Kern, für AutoCAD Civil 3D/AutoCAD von Autodesk im Bereich CAD-GIS, für GeoMedia von INTERGRAPH im Bereich Professional GIS oder für GEOgraf von HHK erhältlich. Die AKG Software Consulting GmbH ist mit über 75 Mitarbeitern an den Standorten Heitersheim (Stammsitz in Baden-Württemberg) und Berlin vertreten.

AKGs Professional-GIS-Lösung VESTRA GIS GeoMedia erweitert GeoMedia um zusätzliche CAD-Funktionen sowie um die Fachschalen Geodätische Berechnungen, DGM, Straße, Bahn und Straßendatenbank. Dynamische Analysen und Auswertungsfunktionen lassen sich direkt auf die Planungsdaten anwenden.

So bietet z. B. die Fachschale VESTRA GIS Digitales Geländemodell vielfältige Berechnungs- und Auswertungsmöglichkeiten für die unterschiedlichsten Bereiche: Höhenlinien, Expositionen, Verschneidungen, Baugrubenkonstruktionen, Deponieüberwachung, Neigungs-/Schrägflächen, Massen- und Höhenzonenberechnungen.
VESTRA GIS Straße besticht in der Straßenplanung durch Achstrassierung mit automatischer

Firmenprofile

Erzeugung von Kreuzungen, Kreis- und Wendeanlagen. VESTRA GIS Bahn ist das moderne System für die Gleisplanung und den Gleisbau. Vom verlustfreien Datenaustausch über die vollständige Planung der Gleisanlagen bis hin zur Bereitstellung der Daten für bauausführende Maschinen.

Die Programmpakete VESTRA und GE/Office werden von fast allen Landesbehörden flächendeckend eingesetzt. Kommunen jeder Größe sowie mehrere Landeshauptstädte führen ihre Planungsaufgaben mit VESTRA durch oder unterstützen ihre Grunderwerbsabwicklung durch GE/Office. Namhafte Großunternehmen, Baufirmen und Ingenieurbüros vertrauen weltweit den AKG-Lösungen, die alle Einsatzfelder des Tiefbaus abdecken – von der Planung über die Bauausführung bis zur Abrechnung.

Autodesk

Autodesk GmbH

Straße: Aidenbachstr. 56
PLZ, Ort: 81379 München
Land: Deutschland
Telefon: +49 / (0)180 - 5 22 59 59*
Telefax: +49 / (0)180 - 5 22 59 58*

*Deutschland 14 Cent pro Minute. Für Österreich und die Schweiz fallen die üblichen Gesprächsgebühren an.

E-mail: infoline.muc@autodesk.com
Internet: www.autodesk.de
Zweigstellen in: Deutschland, Österreich, Schweiz
Partnerfirmen: —
Geschäftsführer: Roland Zelles
Anzahl der Mitarbeiter: 6.100 weltweit
Gründungsjahr: 1982
Gesamtumsatz 2007:
weltweit 2,17 Milliarden USD
Umsatz im Bereich GIS: —

Produkte und Dienstleistungen:

Softwareprodukte: AutoCAD Map 3D, Autodesk MapGuide, AutoCAD Civil 3D, Autodesk Topobase
Digitale Datenprodukte: —
Dienstleistungen: Consulting, Entwicklung, Datenmigration, Schulung
Weitere Produkte im Vertrieb:
AutoCAD, AutoCAD Raster Design, Autodesk Design Review, Autodesk Revit, Autodesk Naviswork

Referenzen:

GIS-Dienstleistungen (Auswahl):
siehe www.autodesk.de

GIS-Firmen (Auswahl):
siehe www.autodesk.de

Niederlassungen in

Deutschland:
Autodesk GmbH
Hindenburgstraße 46
D-71638 Ludwigsburg
Tel.: +49 / (0)180 - 5 22 59 59*
Fax: +49 / (0)180 - 5 22 59 58*
Mail: infoline.muc@autodesk.com
Web: www.autodesk.at

Österreich:
Autodesk Ges.m.b.H.
Dr.-Schauer-Str. 26
A-4600 Wels
Tel.: +49 / (0)180 - 5 22 59 59*
Fax: +49 / (0)180 - 5 22 59 58*
Mail: infoline.muc@autodesk.com
Web: www.autodesk.at

Firmenprofile

Schweiz:
Autodesk SA
Rue du Puits-Godet 6
CH-Neuchatel
Tel.: +49 / (0)180 - 5 22 59 59*
Fax: +49 / (0)180 - 5 22 59 58*
Mail: infoline.muc@autodesk.com
Web: www.autodesk.ch

Autodesk SA
Worbstraße 223
CH-3073 Gümligen
Tel.: +49 / (0)180 - 5 22 59 59*
Fax: +49 / (0)180 - 5 22 59 58*
Mail: infoline.muc@autodesk.com
Web: www.autodesk.ch

Firmenprofil: Autodesk ist der weltweit größte Anbieter von 2D- und 3D-Softwarelösungen für die Bereiche Mechanik und Maschinenbau, Architektur und Bauwesen, Geografische Informationssysteme sowie für digitale Medien und Entertainment. Seit der Einführung von AutoCAD im Jahre 1982 entwickelte Autodesk bis heute das breiteste Angebot an Lösungen zur Erstellung digitaler Modelle, die Projekte erlebbar machen noch bevor diese Realität werden. Unternehmen vertrauen auf Autodesk-Lösungen, um in frühen Entwicklungsphasen ihre Projekte zu visualisieren, zu simulieren und zu analysieren. Dies ermöglicht kürzere Projektlaufzeiten, sorgt für bessere Qualität und treibt Innovationen voran

Unternehmensdaten:

- über 9 Millionen registrierte Kunden weltweit
- über 6.100 Mitarbeiter/innen weltweit
- 200 Mitarbeiter/innen in Deutschland, Österreich und Schweiz
- Alle Fortune 100 Unternehmen sind Autodesk-Kunden
- 98% der Fortune 500 Unternehmen sind Autodesk-Kunden
- Seit über 25 Jahren eine feste Größe auf dem IT-Markt
- Kunden in mehr als 160 Ländern

Was zeichnet Autodesk aus?
In enger Zusammenarbeit mit einem Netz aus Vertriebs- und Entwicklungspartnern werden weltweite Standards auf die lokalen Normen, Gesetze und Anforderungen angepasst.

Autodesk ist hierbei der einzige Anbieter, der seinen Kunden das umfassende Spektrum an Lösungen aus den Bereichen wie Bau und Architektur, GIS und Tiefbau, Mechanik und Maschinenbau, Media und Entertainment sowie Datenmanagement aus einer Hand anbieten kann.

Autodesk unterstützt Kunden in allen Belangen bei der Realisierung ihrer Projekte. Das Spektrum reicht von der eigentlichen Software über Consulting, Implementierung, Schulung bis hin zu Anpassungen und Entwicklung.

AXIO-NET GmbH | ascos – satellite positioning services

Straße: Am Hohen Ufer 3A
PLZ, Ort: 30159 Hannover
Land: D
Telefon: 0800 - 11 27 267
Telefax: 0180 - 53 32 123
Internet: http://www.ascos.de
E-Mail: ascos@axio-net.eu
Geschäftsführer:
Dr. Stefan Sassen, Dipl.-Ing. Jürgen Rüffer

Produkte

Firmenprofile

Bundesweit einheitliche Korrekturdatendienste in Echtzeit und Mehrwertdienste für satellitengestützte Positionierungs- und Navigationslösungen.

Digitale Datenprodukte:

ascos PED – der präzise Echtzeitdienst für Zweifrequenzreceiver mit einer Messgenauigkeit von ± 2cm.

ascos ED – der Echtzeitdienst für Einfrequenzreceiver mit Phasenglättung hat eine Messgenauigkeit von ± 30 bis ± 50 cm.

ascos NET – bietet mit seiner innovativen Broadcasting-Technik Echtzeitkorrekturdaten im Bereich von ± 1 m an.

net4free – zum kostenlosen Kennenlernen gibt es net4free, den Broadcast-Service mit einer Messgenauigkeit von > 1 m.
Zu den Korrekturdatendiensten in Echtzeit stehen Ihnen noch zwei Mehrwertdienste zur Verfügung.

ascos ViPP – ist ein Service für flächendeckende, einheitliche und individuelle RINEX-Daten. Sie erhalten diese via Internet für Postprocessing-Anwendungen mit einer Messgenauigkeit von < 1 cm.

ascos Trans – ist der Dienst für eine passpunktfreie Echtzeittransformation von globalen GNSS-Koordinaten in das jeweilige Ländersystem oder in das Referenzsystem DB_REF.

Dienstleistungen:
Qualifizierte Beratung/Consulting rund um die Koordinate und Entwicklung individueller Dienstleistungen und Services.

Firmenprofil: Die AXIO-NET GmbH liefert unter dem Produktnamen ascos bundesweit einheitliche Korrekturdaten für GPS und GLONASS-Positionierungen in Echtzeit. Einfach und zuverlässig können Sie ohne zusätzliche Systemkomponenten mit den GNSS-Empfängern aller bekannten Hersteller und dem ascos-Dienst Ihre Position in verschiedenen Genauigkeiten bestimmen.

Die Datenübertragung zwischen den mobilen Positionierungssystemen und ascos erfolgt durch Mobilfunk (GSM oder GPRS). ascos berechnet mithilfe von Referenzstationsdaten Korrekturmodelle und stellt sie dem Nutzer zur Verfügung. Dieser übermittelt im standardisierten NMEA-Format zunächst seine Näherungsposition.

Optional wird hierfür eine virtuelle Referenzstation (VRS) berechnet oder es werden Flächenkorrekturparameter (FKP) ermittelt. Die systematisch wirkenden Fehlereinflüsse werden dabei durch die Korrekturmodelle vollständig beseitigt. Der Berechnungsprozess einer VRS verläuft für jeden Nutzer individuell, während die FKP vom Empfangsgerät für die jeweilige Position individualisiert werden.
Zusätzlich zu den GNSS-Korrekturdaten bietet ascos eine qualifizierte Betreuung „rund um die Koordinate". Mit einem Spezialisten-Netzwerk entwickeln wir für Sie Dienstleistungen und Services – von Anwendern für Anwender.

Ernst Basler + Partner AG

Ernst Basler + Partner AG

Straße: Zollikerstrasse 65
PLZ, Ort: 8709 Zollikon
Land: CH-
Telefon: +41 44 395 11 11
Telefax: +41 44 395 12 34
E-mail: info@ebp.ch
Internet: www.ebp.ch
Zweigstellen in: Potsdam
Partnerfirmen: —
Geschäftsführer: Hansjörg Hader
Vertriebsleiter: —
Leiter Anwendungsberatung: —
Schulungsleiter: —
Hotline: —
Anzahl der Mitarbeiter: 300
Gründungsjahr: 1981

Firmenprofile

Gesamtumsatz 2007: 37,7 Mio. SFR
Umsatz im Bereich GIS: 6,14 Mio. SFR

Produkte und Dienstleistungen:

Softwareprodukte:
Gesamte ESRI-Produktpalette: ArcGIS Desktop, ArcGIS Desktop Erweiterungen, ArcGIS Server/ArcSDE, ArcGIS Engine, ArcGIS Explorer
Digitale Datenprodukte: Digitales Oberflächenmodell CH 25m, Exposition CH 25m, Hangneigung CH 25m, Sonnenscheindauer CH 25m, Seesicht CH 25m, Wolkenbedeckung CH 25m
Dienstleistungen: Individuelle Kundenlösungen im Bereich Software-Entwicklung und Geoinformation: Geodaten, Datenhaltung, Organsisationsbetreuung, GIS-Analysen, GIS-Applikationen, Kartographie und Visualisierungen, Informatikkonzepte, Datenbaken, Geo-Web-Services, Hosting, Schulungen, Support, Betrieb und Wartung
weitere Produkte im Vertrieb: QS-Tools (ArcToolbox Werkzeuge zur Qualitätssicherung), ShareWhere (Informationen der Öffentlichkeit nutzen), Standortplanung.ch (kostenloses Abfragen von verschiedenen Standortfaktoren in der Schweiz)

Referenzen:

GIS-Dienstleistungen (Auswahl):
siehe: http://www.ebp.ch/geschaeftsbereiche/informatik
siehe: http://maps.ebp.ch

GIS-Firmen (Auswahl):
Hydrotec GmbH, msg systems ag, Ministerium für Umwelt und Forsten Rheinland Pfalz, Landesanstalt für Umwelt, Messungen und Naturschutz Baden-Württemberg, Landesamt für Umwelt, Wasserwirtschaft und Gewerbeaufsicht Rheinland-Pfalz, Regierungspräsidium Stuttgart, Landeshauptstadt München, Referat für Stadtplanung und Bauordnung, Stadtverwaltung Wittlich, Struktur- und Genehmigungsdirektion Nord, Regionalstelle Wasserwirtschaft, Abfallwirtschaft, Bodenschutz Trier

Niederlassungen in

Deutschland:
Ernst Basler + Partner GmbH
Tuchmacherstr. 47
D-14482 Potsdam
Tel.: +49 331 74 75 90
Fax: +49 331 74 75 9 90
E-Mail: info@ebp.de

Firmenprofil:

Ernst Basler + Partner AG - Lösungen nach Mass

Die Ernst Basler + Partner AG ist ein unabhängiges Ingenieur-, Planungs- und Beratungsunternehmen, das seit 1981 im In- und Ausland erfolgreich tätig ist. 1992 wurde die Tochterfirma Ernst Basler + Partner GmbH mit Sitz in Potsdam gegründet. Rund 300 Fachleute arbeiten an den drei Standorten in Zollikon (Schweiz), Zürich (Schweiz) und Potsdam (Deutschland).

Seit 1995 erarbeitet Ernst Basler + Partner AG massgeschneiderte Lösungen im Zusammenhang mit Geografischen Informationssystemen. Die Schwerpunkte liegen im Bereich Geoinformation (Datenerfassung, Verwaltung, Analyse und Visualisierung) und Softwareentwicklung (Konzept, Realisierung) sowie Support und Betrieb (Installation, Hosting von Kartendiensten).

Basis der Arbeit bilden die Produkte der Firma ESRI, insbesondere ArcGIS Desktop, ArcGIS Server und ArcGIS Engine. Für die Prozessierung von Luft- und Satellitenbildern wird PCI Geomatica verwendet. Im Bereich der Datenbanken wird auf die Produkte von Microsoft (SQL Server und Access) sowie Oracle gesetzt. Mit Microsoft .NET und den ESRI Komponenten stehen moderne Entwicklungswerkzeuge zur Verfügung.

Bei der Datenbeschaffung wird mit bewährten Partnern im In- und Ausland zusammengearbeitet. Für fachmethodische Fragen kann auf zahlreiche Fachleute aus allen Geschäftsbereichen

Firmenprofile

von Ernst Basler + Partner AG zurückgegriffen werden.

Straße: Mundenheimer Str. 55
PLZ, Ort: 68219 Mannheim
Land: D
Telefon: 0621 / 8 78 05-0
Telefax: 0621 / 8 78 05-20
E-Mail: info@Berit.de
Internet: http://www.berit.com
Gesellschaftsform: GmbH
Zweigstellen in: Pratteln/Basel (CH), Brünn (CZ)
Partnerfirmen: Bentley Systems, Oracle
Geschäftsführer: Herr Thomas Mösl
Vertriebsleiter: Herr Steinhauser
Leiter Anwendungsberatung: Herr Hug
Schulungsleiter: Herr Schleich
Hotline: Herr Ozimek
Anzahl der Mitarbeiter: 190
Gründungsjahr: 1986

Firmenprofil: Die **BERIT Gruppe** mit den Standorten Mannheim, Basel und Brünn beschäftigt sich seit über 20 Jahren mit der Thematik GIS/NIS. Mittlerweile sorgen über 190 Mitarbeiter für praxisorientierte Lösungen. Mit ihrer **Produktgruppe LIDS** ist BERIT in Zentraleuropa mit über 2000 Installationen einer der Marktführer für Netzinformationssysteme.
LIDS™ V6 (Leitungs- Informations- und Dokumentations–System) ist ein **grafisches, objektorientiertes NIS** (Netzinformationssystem) zur Erfassung und Bewirtschaftung eines digitalen Leitungskatasters. **LIDS™** verwendet für die Grafik als Basissoftware **MicroStation™** von BentleySystems, und für Speicherung der Daten ORACLE als relationales Datenbankmanagementsystem. Die Hauptplattform ist das Betriebssystem **Microsoft Windows**. LIDS™ basiert somit ausschließlich auf Weltstandards.

Die Zielgruppen sind Ver- und Entsorgungsunternehmen sowie die Industrie. Für beide Bereiche gibt es umfangreiche Basislösungen (Fachschalen wie Strom, Wasser, Gas, Rohrbrücken, etc.). Diese sind **frei erweiterbar**. LIDS™ ist also individuell **anpassungsfähig** an die jeweiligen Bedürfnisse des Anwenders und das ohne Programmierkenntnisse. Auch völlig individuelle Fachschalen können auf Wunsch leicht und schnell erstellt werden.

Die neueste LIDS-Produktgeneration: **LIDS V6**. integriert **alle Daten in der Datenbank ORACLE** und bietet damit verbesserte Erfassungs- und Analysewerkzeuge.

Mit dem Workflow-Management-System **TOMS** werden auf Basis der GIS-Daten die Prozesse Planung, Projektierung, Bau, Instandhaltung und Störfallmanagement im Bereich Netzbetrieb optimal unterstützt.

Als Unternehmen der BERIT-Gruppe verstehen wir uns als **Lösungsanbieter** im NIS und GISBereich. Gerne stellen wir Ihnen unsere umfassenden Lösungen im Detail vor.

disy Informationssysteme GmbH

Straße: Erbprinzenstr. 4 - 12
PLZ, Ort: 76133 Karlsruhe
Land: D-
Telefon: ++49 721 16006-000
Telefax: ++49 721 16006-05
E-mail: sales@disy.net
Internet: www.disy.net
Zweigstellen in:
Partnerfirmen: Oracle, Kisters AG, Forschungszentrum Informatik (FZI)
Geschäftsführer: Claus Hofmann
Vertriebsleiter: Dr. Wassilios Kazakos
Anzahl der Mitarbeiter: 60
Gründungsjahr: 1997

Firmenprofile

Gesamtumsatz 2007: k. A.
Umsatz im Bereich GIS 2007: k. A.

Produkte und Dienstleistungen:

Softwareprodukte: disy Cadenza, disy GISterm, disy Preludio
Digitale Datenprodukte: GfK Reseller
Dienstleistungen: Beratung und Erstellung von fachspezifischen und übergreifenden Berichtssystemen, Fachanwendungen und Fachschalen. Konzeption und Implementierung von (Geo-) Data Warehouses, Geodatenbanken und Aufbau von GDIs
weitere Produkte im Vertrieb: —

Referenzen:

GIS-Dienstleistungen (Auswahl):
Umweltministerium Baden-Württemberg
Landesanstalt für Umwelt, Messungen und Naturschutz Baden-Württemberg
Sozialministerium Baden-Württemberg
Landesforstverwaltung Baden-Württemberg
Ministerium für Ernährung und ländlichen Raum Baden-Württemberg
Datenzentrale Baden-Württemberg
Bayerisches Landesamt für Umwelt
Niedersächsischer Landesbetrieb für Wasserwirtschaft, Küsten- und Naturschutz
Umweltministerium Niedersachsen
Sächsisches Landesamt für Umwelt und Geologie
Ministerium für Umwelt, Naturschutz und Landwirtschaft Schleswig-Holstein
Thüringer Landesanstalt für Umwelt und Geologie
Umweltbundesamt
Bundesanstalt für Wasserbau
Bundesamt für Strahlenschutz
zahlreiche Kommunen in Baden-Württemberg, Thüringen und Schleswig-Holstein

Weitere Referenzen:
www.disy.net/referenzen.html
Firmenprofil: Als Experte für komplexes Informationsmanagement mit Geo- und Sachdaten ist disy einer der führenden Anbieter für Berichtssysteme, organisationsweites GIS und Geodateninfrastrukturen in der öffentlichen Verwaltung. disy verfügt über eine eigene Kerntechnologie, die auch die Basis ihrer Softwareprodukte ist. Mit individuellen Lösungen und Beratung hilft disy, sämtliche Fach- und Geodaten, Auswertefunktionen und Fachanwendungen an jeden Arbeitsplatz zu bringen. Dabei setzt disy etablierte internationale Standards und eine offene Datenhaltung in die Praxis um.

Mehrere Tausend Nutzer in zahlreichen Bundes- und Landesbehörden, zum Beispiel aus den Bereichen Wasserwirtschaft, Umwelt- und Naturschutz, sowie in Kommunen und Rechenzentren profitierten bereits von den umfangreichen Erfahrungen des Unternehmens in Migrationsprojekten, beim Aufbau von Datenbanken, (Geo-) Data Warehouses, ISO-konformen Metadaten sowie Geodateninfrastrukturen. disy ist als Oracle-Partner zudem Spezialist für den Einsatz von Oracle Locator und Oracle Spatial.

EFTAS Fernerkundung Technologietransfer GmbH

Straße: Oststr. 2-18
PLZ, Ort: 48145 Münster
Land: D
Telefon: 0251 / 133070
Telefax: 0251 / 13307-33
E-mail: info@eftas.de
Internet: www.eftas.de
Zweigstellen in: NL
Geschäftsführer: Dipl.-Ing. Georg Altrogge, Dr. K.-U. Komp
Vertriebsleiter: Dr. A. Müterthies

Leiter Anwenderberatung:
Dipl.-Geogr. Claudia Lücke
Schulungsleiter: Dipl.-Geogr. Robert Stein

Firmenprofile

Zuständig für Hotline: Michael Fischer
Anzahl der Mitarbeiter: 30
Gründungsjahr: 1988
Gesamtumsatz 2007: 4,76 Mio. €
Umsatz im Bereich GIS: 4,76 Mio. €

Produkte und Dienstleistungen:

Softwareprodukte:
Agrosurvey - Zur effizenten Durchführung der InVeKoS-Projekte zur Agrarflächenkontrolle ist Agrosurvey als Fachschale für ArcGIS und ArcView (ESRI) von EFTAS entwickelt worden.

VOK Viewer - ein für die Vor-Ort-Kontrolle im Rahmen von InVeKoS entwickelter Geodatenviewer, der die Lage von landwirtschaftlichen Betrieben, Feldblöcken und Schlägen nicht nur visualisiert, sondern auch zur Datenerfassung genutzt werden kann.

FIS, das Fahradfahrer-Informations-System ist nicht nur ein mobiles Navigationssystem, das Radfahrern über ein PDA GPS-gestützt visuell und akustisch den richtigen Weg weist, sondern informiert zudem ebenfalls visuell und akustisch über Sehenswürdigkeiten und Gastronomie entlang der Strecke

Dienstleistungen:
Projekte, Studien, Gutachten und Beratungsleistungen rbringt EFTAS für private und öffentliche Auftraggeber in den folgenden Bereichen:
Fernerkundung, Digitale Photogrammetrie, Luftbild- und Satellitenbildinterpretation, Aufbereitung von Laserscannerbefliegungen, Geodätische Vermessung, GIS, Digitale Kartographie, Landnutzungsinventuren, Land- und forstwirtschaftliche Inventuren, Kartierung von Flora und Fauna, Boden- und Erosionsinventuren, Analyse von Bodenvorkommen, Umweltverträglichkeitsprüfung, Stadt- und Regionalentwicklung, Geomarketing, Projektplanungen und Schulungen
Digitale Datenprodukte:
EFTAS bietet de Beschaffung und Auswertung aller derzeit zivil nutzbaren Fernerkundungssatelliten und flugzeuggestützter Fernerkundungsdaten an:

- Satellitenbilddaten u. a.
  - Qickbird (-0,6m Auflösung)
  - Spot
  - Landsat
  - Radarsat etc.

- Flugzeuggestützte Fernerkundungsdaten u. a.:
  - analoge Luftbilder
  - digitale Luftbilder

- RADAR- und Thermalscannerdaten etc.

weitere Produkte im Vertrieb: —

Referenzen:
Aktuelle Referenzen finden Sie auf unserer Homepage unter www.eftas.com

Firmenprofil: EFTAS Fernerkundung technologietransfer GmbH ist seit der Gründung im Jahr 1988 auf verschiedenen Anwendungsgebieten von Fernerkundung, Vermessung und GIS international tätig:

Wir bieten unseren Kunden die vollständige Projektabwicklung aus einer Hand an:

- Projektplanung

- Geodatenerfassung
  - Luftbildinterpretation
  - Satellitenbildauswertung
  - Vermessung vor Ort

- GIS
  - Analysen
  - Systemeinrichtung
  - Systemberatung
  - Softwareentwicklung

Die Qualtität unserer Produkte und Dienstleistungen wird durch unser zertifiziertes Qualitätsmanagementsystem nach DIN EN ISO 9001 gewähleistet.

Firmenprofile

ESG Elektroniksystem- und Logistik-GmbH

Straße: Livry-Gargan-Str. 6
PLZ, Ort: 82256 Fürstenfeldbruck
Land: Deutschland
Telefon: +49 (89) 9216-0
Telefax: +49 (89) 9216-2631
E-Mail: itk@esg.de
Internet: www.esg.de
Gesellschafter: EADS Deutschland GmbH, Rohde & Schwarz GmbH & Co. KG, Thales Defence Deutschland GmbH, Litef GmbH
Geschäftsführung:
Dipl.-Math. Gerhard Schempp (Vorsitzender)
Dipl.-Kfm. Götz Graichen
GIS-Ansprechpartner: Dr. Timm Ohlhof
Verbindungsbüros: Berlin, Bonn, Koblenz
Gründung: 1967 in München
Mitarbeiter: über 1.200
Gesamtumsatz 2007: 186 Mio. €
Umsatz im Bereich GIS 2007: Auf Anfrage

Produkte und Dienstleistungen:

Die Arbeitsschwerpunkte der ESG im Bereich der Geoinformation und Fernerkundung liegen in der Konzeption und Realisierung von:

- Archivierungs-, Management- und Auskunftssysteme für Bild-, Vektor-, Raster-, Höhen-, Wetter- und Simulationsdaten (GeoBroker®)
- Geodateninfrastrukturen mit Web-Portalen, Web-Diensten, und Web-Anwendungen
- Software und Workflows für die Erzeugung von Geländedatenbasen für Simulations- und Missionsplanungssysteme
- Software und Workflows für die automatisierte Bildauswertung und Objektextraktion aus Luft- und Satellitenbildern
- Software für die GIS-basierte taktische und operative Lagedarstellung
- Lösungen zur Informationserschließung aus unstrukturierten Geodatenquellen, z. B. für landeskundliche oder geopolitische Aufgabenstellungen
- Integration und Implementierung von GIS- und ERP-Komponenten (z. B. SAP R/3)

Besondere Stärken der ESG liegen in der Beratungskompetenz zu Technologien und Geschäftsprozessen, der methodischen Vorgehensweise, in der Einhaltung internationaler Standards (z.B. ISO, OGC, CEN, STANAG) sowie in der Unabhängigkeit von Hard- und Softwareherstellern. Schwerpunktmäßig werden Systemlösungen auf der Basis der Software-Pakete ArcGIS, GeoMedia, ERDAS Imagine und Geogrid entwickelt. Open Source Lösungen, basierend auf GRASS, PostgreSQL, PostGIS, UMN MapServer und Mapscript, werden ebenfalls entwickelt. Durch Kooperationen mit Universitäten und Forschungsinstituten werden neueste wissenschaftliche Ansätze und Methoden für die industrielle Praxis genutzt. Die ESG ist Mitglied im Netzwerk „Runder Tisch GIS" und in dessen Beirat vertreten.

Das Unternehmen:

Seit über vier Jahrzehnten zählt die ESG zu den führenden deutschen Unternehmen für die Entwicklung, Integration und den Betrieb von IT- und Elektroniksystemen. Als unabhängiger Technologie- und Prozesspartner erbringt sie für ihre nationalen und internationalen Kunden im Behörden-, Militär- und Industrieumfeld Leistungen in der Systementwicklung, der Logistik, dem Training und der Beratung. Die ESG stellt qualifizierte Leistungen bereit in den Bereichen IT und Kommunikation, Luftfahrt, Logistik, Automotive, Telekommunikation, Transport und Verkehr sowie Gebrauchs- und Investitionsgüter.

Die ESG entwickelt und betreut Elektroniksysteme für Flugzeuge, Hubschrauber und Landfahrzeuge, plant und integriert Führungs- und Informationssysteme und unterstützt ihre Kunden mit Logistikleistungen, etwa zur Materialbewirtschaftung und Lagerhaltung.

Firmenprofile

Als unabhängiger Technologie- und Prozessberater führt die ESG Studien und Analysen durch und verantwortet das Programm-Management großer IT-Projekte. Das Unternehmen ist hardwareneutral und herstellerunabhängig. Durch die Arbeit sowohl für das Militär als auch die Industrie kann die ESG Wissen zwischen den Bereichen transferieren. Die hohe Prozess-, Methoden- und Fachkompetenz und ihr Know-how machen sie zu einem dauerhaften und verantwortlichen Teil der Wertekette ihrer Kunden.

EnergieSystemeNord GmbH

Straße: Lise-Meitner-Str. 25-29
PLZ, Ort: 24223 Raisdorf
Land: D
Telefon: 04307/821-100
Telefax: 04307/938-110
E-Mail: info@esn.de
Internet: www.esn.de
Zweigstellen in: Berlin, Dresden, Erfurt, Erlangen, Greifswald, Jena, Paderborn, Hamburg, Mainz, Wendlingen
(Niederlassungen, Büros)
Tochtergesellschaften in: Bochum, Hamburg, Kiel, Schwentinental
Partnerfirmen: GE Energy Management Services GmbH, Bsys Mitteldeutsche Beratngs- und Systemhaus GmbH, CP Corporate Planning AG, CRP Dr. Crombach und Partner GmbH, D.I.P., Fichtner Consulting & IT AG, FLS, GreenGate AG, IVU Informationssysteme GmbH, WAM Wasser-Abwasser Management GmbH, Wiencke Imaging Software, WMD Vertrieb GmbH
Geschäftsführer:
Dipl.-Phys. Wilfried Schimmelpfennig
Vertriebsleiterin:
Wirtschaftsinformatikerin Heike Hüter-Fabian
Leiter Anwendungsentwicklung:
Dipl.-Ing. (FH) Heidrun Holdschick
Schulungsleiterin: Dipl.-Ing. Hilke Trebesius

Hotline: Dipl.-Ing. Hilke Trebesius
Anzahl der Mitarbeiter: 200
Gründungsjahr: 1981
Gesamtumsatz 2006: 15,46 Mio. €
Umsatz im Bereich GIS: 8,114 Mio. €

Produkte und Dienstleistungen:

Softwareprodukte: Smallworld-GIS-Softwareprodukte und eigene Entwicklungen wie die ESN-Fachschalen für die Sparten Fernwärme, Gas, Kanal, Strom und Wasser sowie zahlreiche spezifische GIS-Applikationen.
Die ESN-GIS-Anwendungen fokudssieren die Ver- und Entsorgungswirtschaft und optimieren die Handhabung des Smallworld-GIS sowie die innerbetrieblichen Abläufe in den Bereichen Netzdokumentation, -planung und -anagement.
Digitale Datenprodukte: —
Dienstleistungen: Beratung, Schulung, Implementierung, Softwareentwicklung, Digitalisierung, Migration und Datenerfassung
weitere Produkte im Vertrieb:
LIS-LIS® Liegenschaften-Informations-System, ESN-TeDOM® Technisches Dokumentationsmanagement, ESN-TBM Technisches Betriebs-Management, ESN realis® Lösungen für das Immobilienmanagement

Referenzen:

GIS-Dienstleistungen (Auswahl):
Energie und Wasser Potsdam GmbH, SW Kiel Netze GmbH, Eurawasser GmbH, Energieversorgung Leverkusen GmbH & Co. KG, SVO Energie GmbH, Würzburger Versorgungs- und Verkehrs-GmbH, Wasserverband Lausitz

Firmenprofil: Die ESN-Unternehmensgruppe mit bundesweitenStandorten in Schwentinental/Kiel, Berlin, Bochum, Dresden, Erlangen, Erfurt, Greifswald, Hamburg, Hildesheim, Jena, Mainz, Paderborn und Wendlingen bietet ein umfangreiches Lösungs-, Dienstleistungs- und Produktportfolio mit den Branchenschwerpunkten Ver- und Entsorgungswirtschaft, Immobilienwirtschaft, öffentliche Verwaltung und Industrie.

Firmenprofile

Das qualifizierte ESN-Team von zurzeit ca. 200 Mitarbeiterinnen und Mitarbeitern steht für die durchgängige Prozesskette der Planung, Entwicklung, Einführung, Implementierung und Integration effizienter und innovativer Business-Lösungen.

Services, Dienstleistungen und IT-Produkte für das Asset-, Geodaten-, Liegenschafts- und Immobilienmanagement und die Sicherheitstechnik, sowie die Integration dieser Lösungen in die Geschäftsprozesse der Kunden in den ESN-Zielmärkten bilden die Schwerpunkte des ESN-Portfolios.
Der Bereich Geodaten-Management fokussiert die Ver- und Entsorgungswirtschaft. 17 Jahre erfolgreiche Projektarbeit in Einführung, Implementierung und Integration des Smallworld-GIS sowie umfassendes Know-how in der Entwicklung ergänzender GIS-Applikationen garantieren für innovative Problemlösungen und kurze Realisierungszeiten. Darüber hinaus ist ESN mit spezialisierten Software-Anwendungen im Bereich der GIS-ERP-Integration und im Kontext des Instandhaltungsmanagements kompetenter Lösungspartner.

Straße: Arnulfstr. 197
PLZ, Ort: 80634 München
Land: D
Telefon: 089/121528-0
Telefax: 089/121528-79
Internet: www.gaf.de
E-Mail: info@gaf.de
Zweigstellen in: —
Tochterfirmen: Euromap GmbH
Geschäftsführer: Dr. Peter Volk
Anzahl der Mitarbeiter: 100
Gründungsjahr: 1985

Produkte und Dienstleistungen:

Softwareprodukte:

AgroView: Flächenidentifikation und Antragsunterstützung für Landwirte

AgroView Online: Webbasierte Flächenidentifikation und Antragsunterstützung für Landwirte

GAFDEM: Prozess gesteuerte Anwendungssoftware zur Verwaltung, Analyse, Weiterverarbeitung und Qualitätskontrolle von Höhendaten

GAFTools VH Reference: Anpassung und Bereitstellung von Ground Control Information zur weiteren Verarbeitung (Orthokorrektur) in Standard-Bildverarbeitungssoftware

GEOROVER XT: GIS-gestützte Kartiersoftware mit Online-GPS-Unterstützung auf der Grundlage von Fernerkundungsdaten

LaFIS: InVeKoS-GIS-System gemäß VO (EWG) 1593/00

LaFIS AppServer: Applikationsserver mit Modulen für Verschneidungs- und Massendruckaufgaben sowie für die Verwaltung serverbasierter Geschäftsprozesse

LaFIS LFK: Pflege und Aufbau landwirtschaftlicher Nutzungskataster

Firmenprofile

LaFIS VOK: Vor-Ort-Kontrolle im Rahmen des InVeKoS
SIGTIM: Bergrechtskataster

SSK: Erfassung, Dokumentation und Planung von Tierhaltungsanlagen hinsichtlich Ihrer Emissionsauswirkungen auf die Umgebung

Digitale Datenprodukte:
- Satellitendaten aller aktuellen zivilen Systeme von 0,5 m bis 1 km Auflösung
- Luftbilder deutscher Städte mit 0,25 m Auflösung
- Landnutzungsdaten (Clutter) BRD
- "EUROMAPS": hochauflösende (5m), großflächige Satellitenbildmosaike von Europa
- Digitale Höhenmodelle der Auflösungen 5m bis 90m europa- und weltweit:
- NEXTMap®-Europe
- MONAPro®
- SRTM-DEM

Dienstleistungen:
- Projektkonzeption und Projektmanagement
- Consulting
- Beratung, Schulung und Aufbau von Institutionen im Bereich Fernerkundung, GIS, LIS und IT
- Software Design und Entwicklung
- Aufbau und Management von raumbezogenen Informationssystemen (GIS, LIS)
- Digitale Bildverarbeitung
- Forschung und Entwicklung
- Kartenproduktion
- Virtual Reality und Multimedia
- Vertrieb von Geodaten
- SW Vertrieb

Weitere Produkte im Vertrieb:
- Kompressionssoftware: GeoExpress™ (MrSID)
- Erstellung von Höhenmodellen aus Stereoaufnahmen gängiger Satellitensystem

Referenzen
(Auswahl)

Projekt:
GSE Forest Monitoring im Rahmen der GMES-Initiative (Global Monitoring for Environment and Security) der ESA und der Europäischen Kommission
Jahr: 2003 - 2008
Land: EU, weltweit (4 Kontinente)
Services: Zentrales Projektmanagement für mehr als 60 Partner; Qualitätsmanagement; Organisation und Einbindung der Nutzer; Entwicklung und Aufbau spezifischer Dienstleistungen im Bereich Forstmonitoring auf Basis konkreter Nutzeranforderungen; Unterstützung bei der Berichtspflicht des Kyoto Protokolls/UNFCCC Konvention; Entwicklung von spezifischen Standards und Services im Bereich des Forst Monitorings

Projekt:
InVeKoS-GIS / LaFIS® / AgroView®
Entwicklung, Anpassung und Einführung von Softwaresystemen für Landwirtschaftsverwaltungen, Komponenten für die Verwaltung und Kontrolle landwirtschaftlicher Beihilfezahlungen sowie landwirtschaftlicher Betriebe; Erstellung und Pflege von Flächenreferenzsystemen
Jahr: seit 2000
Land: Deutschland/ Rumänien
Services: Projekt Management; Analyse der Nutzeranforderungen; Softwaredesign und –Entwicklung; Datenbankmanagement, GIS-Programmierung; Integration unterschiedlicher Softwarekomponenten; Datenerstellung und Referenzsystemerstellung; Datenbereitstellung /Datenaufbereitung; Qualitätsmanagement und -kontrolle; Beratung; Softwarepflege und Wartung; Systemtraining

Projekt:
GIS-Implementierung und Know-how-Transfer im Bereich Transportplanung
Jahr: 2001 - 2003
Land: Peru
Services: GIS-Entwicklung; Datenbankdesign und Anwendungsentwicklung; SW-Design und

Firmenprofile

Erstellung; Kartierung und Monitoring; Anforderungsanalyse und Stärkung der Verwaltungsabläufe; IT-Beschaffung; Satellitenbildverarbeitung und Datenerfassung

Projekt:
Geological and Mineral Resources Information System (GMRIS)
Jahr: seit 2005
Land: Papua Neu Guinea
Services: Bewertung und Analyse der institutionellen und Nutzeranforderungen; Systemkonzeptionierung; Systemdesign; Anwendungs- und Systementwicklung; Implementierung und Dokumentation; Datenbankintegration; Unterstützung bei der Entwicklung einer Strategie zur Systemimplementierung; Systemtraining und Wartung

Projekt:
Prozessgesteuerte Anwendungssoftware zur Verwaltung, Analyse, Weiterverarbeitung und Qualitätskontrolle von Höhendaten unterschiedlicher Herkunft, Aufbau einer weltweiten Datenbank für Höhendaten
Jahr: seit 2005
Land: Deutschland
Services: Bewertung und Analyse der Nutzeranfor-derungen, SW-Design und Entwicklung, DB-Design und Anwendungsentwicklung; GIS-Anwendungs-entwicklung; Bildverarbeitung

Projekt:
Anpassung und Bereitstellung von Ground Control Information zur weiteren Verarbeitung (Orthokorrektur) in Standard-Bildverarbeitungssoftware
Jahr: seit 2005
Land: Deutschland
Services: Bewertung und Analyse der Nutzeranforderungen; SW-Design und Entwicklung; GIS-Anwendungsentwicklung, Datenverarbeitung; Bildverarbeitung

Projekt:
Erstellung eines geologischen GIS- und Datenbanksystems für das Management der Rohstoffe und Bodenschätze in Madagaskar (PGRM)
Jahr: 2005 - 2007
Land: Madagaskar
Services: Detaillierte Erfassung der Nutzeranforderungen; Analyse der institutionellen Prozesse; Konzeptionierung und Design der GIS/DB-Anwendung inklusive HW/SW-Infrastruktur; Beschaffung; Entwicklung eines Prototypen mit komplexer Web-Anwendung für die Promotion; Systemimplementierung; Datenerfassung und Migration; Projektmanagement und Qualitätssicherung; Design, Planung und Monitoring der Promotionaktivitäten

Projekt:
Design, Programming und Implementierung eines "Mining Cadastre" für Nigeria
Jahr: 2007 – 2008
Land: Nigeria
Services: Mining Cadastre; Systemkonzeptionierung; Anwendungs- und Systementwicklung; Datenbankdesign; Hardwarebeschaffung; Erstellung von Webseiten und eine Webmapping-Anwendung; System Prototyping; Systemtraining und -wartung; Implementierung und Dokumentation; Institutionelle Bewertung/Stärkung

Firmenprofil: Die GAF AG, mit Firmensitz in München, wurde 1985 von Dr. Rupert Haydn gegründet. Als international agierendes und renommiertes Unternehmen arbeitet die GAF AG mit industriellen Kunden und öffentlichen Auftraggebern als kompetenter Dienstleister für Projektkonzeption und Projektmanagement zusammen.
Die GAF AG setzt neue Standards in Qualität, Kompetenz und Zuverlässigkeit und bietet gleichzeitig ein anspruchsvolles, multidisziplinäres Produkt- und Dienstleistungsportfolio. Dies umfasst - neben dem Satellitendatenvertrieb
- den gesamten Bereich Geo-Datenprozessierung, Aufbau und Management von raumbezogenen Informationssystemen (GIS, LIS), Software-Entwicklung bis hin zu Planung, Implementierung und Management komplexer Projekte in verschiedenen thematischen Fachbereichen auf internationaler Ebene.

Firmenprofile

Die Kernkompetenzen der GAF AG:

- Vertrieb von Satellitendaten: Die GAF AG ist der führende Anbieter von Satellitendaten und darauf basierender Produkte und Dienstleistungen in Europa. Die GAF AG bietet mit dem Tochterunternehmen EUROMAP die komplette Bandbreite der im zivilen Bereich verfügbarer Satellitendaten an.
- Aufbau und Management von raumbezogenen Informationssystemen (GIS, LIS)
- Projektkonzeption und Projektmanagement
- Geo-Datenprozessierung
- Design und Entwicklung von speziellen SW Produkten
- Consulting: Planung, Implementierung und Management komplexer Projekte in Themenbereichen wie Umwelt, Landwirtschaft, Forst, Kataster - Referenz - und Katastersystemen, Transportwesen, Geologie auf internationaler Ebene.

GDV - Gesellschaft für geografische Datenverarbeitung mbH

Straße: Binger Str. 51
PLZ, Ort: 55218 Ingelheim
Land: D
Telefon: 06132/7148-0
Telefax: 06132/7148-28
Internet: www.gdv.com
E-Mail: info@gdv.com
Gesellschaftsform: GmbH
Zweigstellen in: —
Partnerfirmen: Oracle, Infraplan-Syscon GmbH. @GIS, advanced gis-services
Geschäftsführer: Dipl.-Geografen T. Riehl und D. Hübener
Entwicklungsleiter: Dirk Hübener

Vertriebsleiter: Peter Hurlemann, Paul Hurys
Anwendungsberatung: Ute Helsper
Leiter Mobil-GIS: Ulf Binnemann
Schulungsleiter: Paul Hurys
Hotline: Kushtrim Krasniqi
Anzahl der Mitarbeiter: 14
Gründungsjahr: 1993
Umsätze: >1 Mio. €

Produkte und Dienstleistungen:

Softwareprodukte: GDV-MapBuilder, GDV-WebGIS Office, GDV-WebGIS Studio, NASloader++, AvATKIS Professional, AvALK Professional, GDV-MapServer-Client, Spatial Commander

Programmierung:
(C, C++, Java, VBS, JavaScript, PHP): Schnittstellen, ArcView-Anpassungen, GIS-Tools (Stand-Alone + Extensions), Analyse-Applikationen, Inter/Intranet-Anwendungen, WebGIS-Frontends, Open-Source-Anpassungen
Digitale Datenprodukte: Datenaufbereitung von ALK- und ATKIS-Daten, Digitale Geländemodelle, großmaßstäbliche Luftbilder
Dienstleistungen: WebGIS-Portale, Projekt-Programmierung, Datenerfassung- und aufbereitung, Projektkonzeptionierung und -durchführung, Objektbefliegungen mit Leichtflugzeugen
GIS-Schulungen/Workshops: WebGIS (UMN-MapServer), Geo-Datenbanken (PostgreSQL/Oracle), GIS-Einstieg mit Spatial Commander/ArcView, Geobasisdaten der Landvermessung
Weitere Produkte im Vertrieb: Kommunal-GIS-Fachschalen für ArcView GIS / ArcGIS

Referenzen (Auswahl):

- Bundesnetzagentur für Elektrizität, Gas, Telekommunikation, Post und Eisenbahnen
- Bundesanstalt für Gewässerkunde
- Dyckerhoff AG
- Schott AG
- Hessisches Ministerium für Umwelt, ländlichen Raum und Verbraucherschutz
- Ministerium für Umwelt Saarland
- Polizei Rheinland-Pfalz

Firmenprofile

Firmenprofil: Die GDV - Gesellschaft für geografische Datenverarbeitung mbH, beschäftigt sich mit der Implementierung von Software-Komponenten zur Verarbeitung, Analyse und Abfrage von digitalen räumlichen Daten in IT-Architekturen. Durch den starken Bedarf an Inter-/Intranetfähigen Lösungen, wurde schon seit den frühen Anfängen dieser Technologie, Know-How im Bereich **WebGIS** gebildet und in operativer Projektarbeit umgesetzt. Generell ist die Konzeption, Betreuung und Durchführung von GIS-Projekten immer wieder die Keimzelle von Softwareentwicklungen gewesen. Seit 1993 wurden aus der Projektarbeit heraus, verschiedene Programme zur Konvertierung, Aufbereitung und Ableitung großer Datenmengen aus den Datenbeständen der Landesvermessungsämter entwickelt (ATKIS, Digitales Höhenmodell, Rasterdaten der Topografischen Karten sowie Luftbilder). Zunehmend mehr Bedeutung erlangen auch die ALK- und ALB-Daten der Katasterverwaltungen.

Die Entwicklung spezifischer Applikationen oder GIS-Tools wurde im Lauf der Jahre zu einem wichtigen „Standbein". So hat der Geschäftsbereich **Software-Entwicklung** durch Konverter-Programme wie AvATKIS Professional und AvALK Professional eine schwunghafte Entwicklung erfahren. Die GDV entwickelt, neben diesen einfach zu bedienenden Hilfsprogrammen, auch WebGIS-Lösungen (zur einfachen Publikation von Fachkartendiensten) sowie GIS-Basis-Technologie. **GDV-MapBuilder** ist ein JAVA-API, mit dem sich performante und Linux-taugliche GIS-Fach-Anwendungen entwickeln lassen. Die Lizenzierung von GDV-MapBuilder erfolgt immer unabhängig von der Anzahl der mit den Anwendungen auszustattenden Arbeitsplätze.

Dadurch sind die Einsparungen im Vergleich zu herkömmlichen Lizenzmodellen bei mittleren bis größeren Anwenderzahlen enorm. Seit 2005 steht das auf GDV-MapBuilder basierende **FreeGIS Spatial Commander** zum kostenlosen Download zur Verfügung und findet europaweit eine beachtliche Verbreitung.

Voraussetzung für individuelle Lösungen ist die Kommunikation mit dem Kunden, die in der Zusammenarbeit immer im Vordergrund steht. Ein Kompetenzschwerpunkt für Speziallösungen hat für die ESRI-Server-Produktlinie (die GDV ist Mitglied im **E**SRI-**D**eveloper-**N**etwork), sowie in der Abbildung von Geodaten auf **Datenbanksystemen** ergeben. Auch **mobile GIS-Lösungen** mit und ohne GPS-Technologie gehören zur Angebotspalette der GDV. Der Geschäftsbereich **Schulungen** stellt ein immer aktuelles Angebot an GIS-Schulungen für Einsteiger und Fortgeschrittene bereit. Ebenfalls angeboten werden Expertenschulungen für verschiedene GIS-Spezialthemen (z.B. amtliche Datenformate, Mobil-GIS).

Dem Thema „**Open Source**" widmete sich die GDV schon sehr frühzeitig um neben leistungsfähigen proprietären Lösungen bei Bedarf auch Alternativen aus der Open-Source-Welt anbieten zu können. Die Entscheidung trifft aber letztlich der Kunde, der immer im Mittelpunkt aller Überlegungen steht. Die GDV steht dabei jederzeit mit Know-How und hocheffizienten Lösungen beratend und realisierend zur Verfügung. Open Source- und proprietäre Lösungen schließen sich dabei eben nicht zwangsläufig aus, sondern können sich bestens ergänzen. Jedes der beiden Modelle hat Stärken und Schwächen, und wie so oft, liegt der Erfolg in der Nutzung von Synergieeffekten. Letztlich sollte die Aufgabenstellung in Abhängigkeit von IT-Umgebung, finanziellen Mitteln und Anforderungen darüber entscheiden auf welcher Basis oder in welcher Kombination GIS-Technologie implementiert wird. Gefragt ist immer die bestmögliche Projektumsetzung. Hinter GDV-System-Lösungen steht nicht die Philosophie Open Source oder proprietär Software, sondern Open Source **und** proprietäre Software.

Die GDV betreut seit vielen Jahren sehr erfolgreich Kunden mit rein proprietären Lösungen ebenso wie Kunden mit reinen Open-Source-, oder Hybrid-Lösungen. Der Erfolg zeigt deutlich, dass der gewählte Ansatz richtig ist. Überzeugen Sie sich einfach selbst

Firmenprofile

GEOCOM Informatik AG

Straße: Kirchbergstr. 107
PLZ, Ort: 3400 Burgdorf
Land: CH
Telefon: ++41 34 428 30 30
Telefax: ++41 34 428 30 32
E-mail: info@geocom.ch
Internet: www.geocom.ch
Zweigstellen in: —
Partnerfirmen: —
Geschäftsführer: Markus Wüthrich
Vertriebsleiter: Pol Budmiger
Anzahl der Mitarbeiter: >50
Gründungsjahr: 1995
Gesamtumsatz 2007: —
Umsatz im Bereich GIS 2007: —

Produkte und Dienstleistungen:

Softwareprodukte: GEONIS für ArcGIS, Interlis Studio, GRICAL, Plot Studio, GEONIS Web, GEONIS Server, FireGIS, diverse Tools
Digitale Datenprodukte: —
Dienstleistungen: Applikationsentwicklung, Systemintegration, Beratung, Schulung, Individualentwicklung, Aufbau von Geodaten-Servern und WebGIS-Portale
weitere Produkte im Vertrieb:
ArcGIS Produkt-Suite

Firmenprofil:
Als innovatives Software- und Systemhaus entwickelt und vertreibt die GEOCOM Informatik AG seit 1995 hochstehende GIS-Komplettlösungen für die Privatwirtschaft und öffentliche Verwaltungen. Schwerpunkt der Unternehmenstätigkeit ist die Entwicklung von Softwareprodukten für die Ver- und Entsorgung, das Planungs- und Kommunalwesen wie auch für die amtliche Vermessung. Das Produkt- und Dienstleistungsportfolio umfasst alle für den erfolgreichen Einsatz von Geoinformationssystemen notwendigen Elemente:

- Beratung als Basis für tragfähige, zukunftsgerichtete Lösungen;
- etablierte Produktlinie GEONIS für ArcGIS;
- individuelle, projektspezifische GIS- und Datenbankentwicklungen zur Integration von GIS in ein bestehendes IT-Umfeld etc. (Geodatenserver, WebGIS-Portale, Individualentwicklungen für die internationale Luftfahrtindustrie)
- Installation, Integration, Schulung und Projektbegleitung
- Langzeit-Support

Die im Jahr 2001 im Markt eingeführte und laufend erweiterte GIS-Framework GEONIS für ArcGIS bietet für EVU's, Kommunen und Dienstleister normierte und mit XML-konfigurierbare Fachschalen für

- Wasser
- Kanal, Siedlungsentwässerung
- Gas
- Strom
- Telekommunikation
- Fernwärme
- Strassenmanagement
- Liegenschaftskataster
- Kommunalfachschalen

usw. an.

Die besondere Stärke der GEOCOM-Produkte für ArcGIS liegt in der modularen Ausbau- und Anpassbarkeit vom Einzelplatzsystem mit einer oder mehreren Fachschalen bis zum unternehmensweiten Multiuser-System-Framework mit ArcGIS Server und Web-Anbindung, mobilen Applikationen, Mandantenverwaltung, SAP-Anbindung usw..

Mit diesem Lösungsangebot hat sich die GEOCOM im Bereich der Ver- und Entsorgung, Rauminformation und Vermessung, als einer der Marktführer in Mitteleuropa etabliert. Als Anerkennung für die Innovationskraft wurde GEOCOM von ESRI bereits mehrfach mit verschiedenen Awards ausgezeichnet.

Firmenprofile

GeoContent GmbH

Straße: Goethestr. 49
PLZ, Ort: 39108 Magdeburg
Land: D
Telefon: +49 (0) 391 / 40002-0
Telefax: +49 (0) 391 / 40002-199
Internet: www.geocontent.de
E-Mail: info@geocontent.de
Partnerfirmen: Intermap, GeoGLIS, Infoware, Intergraph (Deutschland)
Geschäftsführer: Dr. Matthias Bachmann Dr. Günter Kuscher, Prof. Dr. Horst Strunz
Anzahl der Mitarbeiter: 25
Gründungsjahr: 2001
Gesamtumsatz 2007: 3,3 Mio. €

Produkte und Dienstleistungen:

Digitale Datenprodukte:
- Digitale Luftbildkarten flächendeckend
- Hausgenaue Adresskoordinaten flächendeckend
- Höhenmodelle, Situationsmodelle
- 3D-Stadtmodelle
- Schrägaufnahmen
- Digitale Orts- und Stadtpläne

Dienstleistungen:
- Digitale Bildflüge
- Photogrammetrische Auswertungen
- Digitalisierungen AGS, NKF
- PPP-Modelle

Weitere Produkte im Vertrieb:
- Webinformationssysteme
- Internet-Mapping-Lösungen

Referenzen:
- Landgesellschaft Sachsen-Anhalt mbH
- MagicMaps GmbH
- GoYellow
- Map and Route für GelbeSeiten, Telefonbuch und DasÖrtliche
- klickTel
- Bertelsmann Wissen Media Verlag
- Magic Maps GmbH

Firmenprofil:
Deutschland flächendeckend:

Jeder Ort, jede Adresse, jedes Bild

GeoContent bietet hochwertige Geodaten für ganz Deutschland. Flächendeckung, Aktualität, flexible Lizenzierung und Kundenorientierung sind für uns eine Selbstverständlichkeit. Aus unseren umfangreichen Geo-Bestandsdaten bedienen wir Sie schnell und zuverlässig. Dabei orientieren wir uns stets an Ihrem Bedarf und erstellen auch maßgeschneiderte Angebote für digitale Bildflüge, photogrammetrische Auswertungen, OGC-Webservices und Geodatenbanken.

Wir liefern als einziger Anbieter flächendeckend Luftbilder: Sofort verfügbar, regelmäßig aktualisiert und angereichert mit zahlreichen interessanten Informationen wie z.B. punktgenauen Adresskoordinaten. In Zusammenarbeit mit Partnern verfügen wir auch über Satellitenbilder der ganzen Welt, ein umfangreiches Portfolio an Schrägbildern, Höhendaten, 3D-Stadtmodellen, Europadaten sowie Stadtplänen für vielfältige Anwendungsbereiche. Interessante PPP-Modelle bieten einen günstigen Einstieg und runden das Angebot ab.

Germany full coverage

GeoContent provides high-quality geospatial information and photogrammetric services. We are a leading company for the supply of up-to-date, homogeneous and affordable geospatial data layers for any spot in Germany. Core product is the first and unparalleled aerial orthophoto mosaic of Germany.

Excellent services and premium-quality content are our commitment. Various applications directly benefit from our geospatial services and extensive geodata archives. Internet portals, location based services, utility applications, environmental planning, public authorities, banking, tourism, leisure

Firmenprofile

and online mapping can take huge advantages from our resources and services. Some of the leading online portals directly integrate our data and serve their worldwide community. Licensing is flexible in order to make ends meet.

Just start your business without bothering of large investments in data. Put us to the test and let us fulfil your specific requirements.

GEOGRAT Informationssystem GmbH

Straße: Schloßstr. 7
PLZ, Ort: D-91792 Ellingen
Land: D
Telefon: +49 (0)9141 - 8671-0
Telefax: +49 (0)9141 - 3372
E-Mail: info@geograt.de
Internet: www.geograt.de
Zweigstellen in: Beijing
Partnerfirmen: 9
Geschäftsführer: Dipl.-Ing. (FH) Jürgen Herbst
Anzahl der Mitarbeiter: 12
Gründungsjahr: 1990
Gesamtumsatz 2007: —
Umsatz im Bereich GIS 2007: —

Produkte und Dienstleistungen:

Softwareprodukte: GeoGIS, GIS^X, Fachschalen, Internet-Browser, Schnittstellen, Geodatenserver
Digitale Datenprodukte: —
Dienstleistungen: Beratung, Systemeinführung, Projektbetreuung, Schulung, Hotline, Wartung, Unterstützung
Weitere Produkte im Vertrieb: —

Firmenprofil:

Arbeitsschwerpunkte:
- Entwicklung der eigenen GIS, NIS, LIS-Produkte
- Beratung, Projektdurchführung, Dienstleistung
- ingenieurtechn. Aufträge und Dienstleistungen

Fachbereiche:
- Karten und Pläne
- Flächen und Objekte
- Kanal, Gas, Wasser, Elektro, Fernwärme

personelle Kapazität:
- Bauingenieure/Vermessungsingenieure
- EDV-Systemingenieure/Systemprogrammierer
- technische Zeichner/Verwaltungskräfte

eigene Software:
- GeoGIS-Produktfamilie
- GIS^X Produktfamilie

DVGW:
- GAWANIS-zertifiziert

Die Firma GEOGRAT Informationssystem GmbH ist seit 1990 im Bereich GIS und NIS tätig. GEOGRAT entwickelt und vertreibt seine Software unter den Marken GeoGIS und GIS^X.

GEOGRAT zählt heute mit über 1.600 installierten Lizenzen zu den erfolgreichsten Anbietern im deutschsprachigen Raum.

GEOGRAT ist einer der wenigen GIS-Anbieter, der für seine Gas- und Wasserfachschalen die Bescheinigung des DVGW erhielt.

GEOGRAT Produkte zeichnen sich aus durch funktionelle Vollständigkeit und ein besonders gutes Preis-Leistungsverhältnis.
Der Erfolg von GEOGRAT beruht auf umfangreicher praktischer Erfahrung bei Ingenieurleistun-

Firmenprofile

gen im Bereich Ver- und Entsorgung und auf dem engen Kontakt mit seinen Kunden.

Das Team von GEOGRAT verfügt über erstklassige und erfolgreich angewandte Fähigkeiten in den Bereichen: Softwareentwicklung (GIS, CAD, Datenbanken, JAVA, Internet), Konzeption, Projektmanagement, Arbeitsplanung, Betreuung im laufenden Betrieb, Dokumentation, Schulung und Ingenieurleistungen.

Die komplette System-Programmierung erfolgt in Deutschland. Das Systemhaus und fachkompetente Stützpunkt-Partner vor Ort betreuen die Kunden. Somit sind Wege und Reaktionszeiten kurz.

Dem Anwender stehen über 60 unterschiedliche thematische Anwendungen zur Auswahl. Von den „klassischen" Netzfachschalen für Kanal, Gas, Wasser, Strom usw. über die Liegenschaftsverwaltung bis zum Umweltschutz. Vom einfachen Auskunftsplatz bis zum anspruchsvollen Ingenieurarbeitsplatz bietet GEOGRAT leistungsfähige und kostengünstige Lösungen für Kommunen, Ämter, Stadtwerke, Versorger, Entsorger, Ingenieurbüros, Architekten, Gewerbe und Industrie.

GEOMAGIC GmbH

Straße: Friedrich-Ebert-Str. 33
PLZ, Ort: 04109 Leipzig
Land: D
Telefon: +49 341 7111700
Telefax: +49 341 7111707
E-Mail: info@geomagic.de
Internet: www.geomagic.de
Zweigstellen in: Dortmund
Partnerfirmen: Oracle, GE Energy, GE Oil & Gas, GDMcom, PDV-Systeme, ASTEC
Geschäftsführer:
Dr. Andreas Hartke, Thoralf Obst
Vertrieb: Dr. Jobst Oelbermann, Sebastian Pache

Leiter Produkte&Support:
Dr. Stephan Knoblauch
Leiter Projektabwicklung: Thomas Gogolok
Schulungen: Peggy Hofmann
Anzahl der Mitarbeiter: 45
Gründungsjahr: —
Gesamtumsatz 2007: 3,8 Mio. €
Umsatz im Bereich GIS 2007: —

Produkte und Dienstleistungen:

Softwareprodukte:
- GIS: Fachschale Pipeline, Global Transmission Office, Gas Distribution Office
- Datenbanken: Oracle Spatial
- Geodatenmanagement: ALKIS für Versorgungsunternehmen
- Webauskunftssysteme: Web Map Service, Web Feature Service, SAP XI, SAP NetWeaver Portal
- Mobile GIS Lösungen: Field Information System
- Integrity Management Systeme: trascue. PIMS, GeoILI, GeoCP
- Planung- und Wegerechtsapplikation: LaRA

Digitale Datenprodukte:
- Daten des Bundesamtes für Kartographie und Geodäsie
- Daten der Landesvermessungsämter
- Daten für Zwecke des Geomarketings

Dienstleistungen:
- Beratung, Konzeption, Programmierung
- Schulung, Datenerfassung, After Sales Support
- Geodatenmanagement, Hosting - Application Service Provider (ASP)

Weitere Produkte im Vertrieb:
- Oracle Produkte (Datenbanken & Applikationen)
- Global Storage Management - SEP sesam
- Raumbezogenes Bildmanagement: Toppic
- Hardware: Server & Network Equipment

Firmenprofile

Referenzen

GIS-Dienstleistungen
(Auswahl):
- E.ON Avacon
- E.ON Kraftwerke
- ExxonMobil Production Deutschland GmbH
- Bayerngas GmbH
- Fernleitungs-Betriebsgesellschaft mbH
- Gasunie
- G.EN. GAZ ENERGIA S.A.
- Rhein-Main-Rohrleitungsgesellschaft mbH
- WINGAS GmbH
- VNG - Verbundnetz Gas AG

GIS-Firmen
(Auswahl)
- GE Energy / Smallworld

Firmenprofil: Die GEOMAGIC GmbH, Leipzig, ist ein auf Softwarelösungen für Öl- und Gaspipelinebetreiber sowie Verteilnetzunternehmen spezialisierter, international tätiger IT-Dienstleister. Auf Basis von Smallworld GIS, Eclipse Rich Client Platform, Oracle Fusion und SAP Portal entwickelt GEOMAGIC innovative Produkte und Lösungen für den Versorgermarkt.
Das Unternehmen erzielte im Jahr 2007 Umsatzerlöse von 3,8 Mio. Euro (2006: 1,7 Mio. Euro).
Derzeit engagiert sich der IT-Dienstleister neben dem deutschen Markt auch in Projekten in der Schweiz und in Polen.

Zudem besteht eine Entwicklungspartnerschaft mit GE Energy, die ihrerseits zahlreiche internationale Projekte und Vertriebsstrukturen unterhält.
Mit Hilfe von GE Energy kann die GEOMAGIC ihr spezielles Know-how auch in Großbritannien, Frankreich, den USA, Brasilien und Thailand anbieten.

GEOSYSTEMS GmbH

Straße: Riesstr. 10
PLZ, Ort: 82110 Germering
Land: D
Telefon: 089 / 89 43 43 0
Telefax: 089 / 89 43 43 99
E-Mail: geosystems@geosystems.de
Internet: www.geosystems.de
Zweigstellen in: Berlin
Partnerfirmen:
GEOSYSTEMS Polska,
GEOSYSTEMS Romania,
GEOSYSTEMS France
Geschäftsführer:
Dr. Ludwig Abele, Ulrich Terhalle, Irmi Runkel
Vertriebsleiter: Dr. Ludwig Abele
Leiter Anwenderberatung: Irmi Runkel
Schulungsleiter: Patricia Salort
Zuständig für Hotline: Eva Walter
Anzahl der Mitarbeiter: 15
Gründungsjahr: 1989
Gesamtumsatz 2007: —
Umsatz im Bereich GIS 2007: —

Produkte und Dienstleistungen:

Softwareprodukte: ERDAS Geospatial Business System, ERDAS IMAGINE®, LPS, ERDAS Image Manager, ERDAS TITAN, Stereo Analyst® u.a.
Digitale Datenprodukte: —
Dienstleistungen: Bedarfsanalyse, Evaluierung, Prototypenentwicklung, Implementierung, Schulung, Support
Weitere Produkte im Vertrieb:
Definiens Enterprise Image Intelligence™

Firmenprofil: GEOSYSTEMS unterstützt Sie dabei, präzise Information aus Satelliten- und Luftbildern zu gewinnen und in vernetzten Geschäftsstrukturen schnell und sicher verfügbar zu machen. Unsere Lösungen werden u.a. in Umweltmonito-

Firmenprofile

ring, Infrastruktur-Planung, Verteidigung und zivile Sicherheit, Land- und Forstwirtschaft, Exploration und Telekommunikation sowie in der öffentlichen Verwaltung eingesetzt.

GEOSYSTEMS ist exklusiver Partner in Deutschland von ERDAS, Inc., einem weltweit führenden Anbieter von Lösungen für bildbasierte Geoinformation. Das Produktportfolio des ERDAS Geospatial Business Systems enthält alle Komponenten, um Geoinformation zu erstellen („Author"), zu verwalten („Manage"), bereitzustellen („Connect") und zu verteilen („Deliver"). Mit diesen Komponenten entwickeln wir gemeinsam mit Ihnen eine maßgeschneiderte Lösung und begleiten Sie mit professionellen Services von der Planung, über die Evaluierungs- und Implementierungsphase bis zum operationellen Betrieb Ihres Geospatial Business Systems.

Die bekannten Produktlinien ERDAS IMAGINE für fernerkundliche Bildverarbeitung und LPS für die photogrammetrische Auswertung sind ausgereifte Authoring Systeme. Dreidimensionale Datenerfassung ist abgedeckt mit Stereo Analyst und LPS PRO600. Der ERDAS Image Manager als umfassendes, auf OGC- und ISO-Standards basierendes Geodatenmanagement-System archiviert, katalogisiert und verteilt Geodaten hochperformant. ERDAS TITAN als Tool für ad-hoc Datasharing erlaubt den Austausch und das gemeinsame Bearbeiten von Geodaten und Webservices in einer sicherer Umgebung. Für die Vektordaten steht ERDAS ADE als webbasierter Dateneditor zur Verfügung.

GIS Consult GmbH

Straße: Schultenbusch 3
PLZ, Ort: 45721 Haltern am See
Land: D-
Telefon: 02364/9218-11
Telefax: 02364/9218-72
E-mail: Info@gis-consult.de
Internet: www.gis-consult.de
Zweigstellen in: Freiburg
Partnerfirmen: GE Energy, MapInfo, Oracle
Geschäftsführer: R. Baltersee, T. Hermes, W. Schwartz, C.Vogt
Vertriebsleiter: T. Hermes
Leiter Anwendungsberatung: D. Hauling
Schulungsleiter: A. Bräunig
zuständig für Hotline: D. Dunker
Anzahl der Mitarbeiter: 39
Gründungsjahr: 1996
Gesamtumsatz 2007: 3,6 Mio. €
Umsatz im GIS Bereich: 3,6 Mio. €

Produkte und Dienstleistungen:

Softwareprodukte:

Hochskalierbare und plattformunabhängige Lösungen für die Bereiche:

- **Straßeninformationssyteme** für den Bund (BISSTRA), die Länder (NWSIB), Kreise und Kommunen (GCSIB) und ein durchgängiges Produktfolio zum Thema Straße, das unsere auch allgemein anerkannte Kompetenz in diesem Bereich widerspiegelt.
- **Liegenschaftsinformationssysteme** für die Bereiche Corporate Real Estate und Public Real Estate Management mit umfassenden Lösungen in den Bereichen Standortmanagement, Portfoliomanagement, Standortgutachten,Nutzungskonzepte, Feasibilty Studies bis hin zu Prognosemodellen.

Firmenprofile

- iCity - **Kommunale Fachschalen** für Smallworld-GIS erweitert um ein umfassendes Angebot an kommunalen Lösungen für Kommunalverwaltungen jeder Größenordnung
- **OpenGeospatial Middleware: GC OSIRIS**
  Die GC OSIRIS Webtechnologie stellt ein leistungsfähiges internetbasiertes GIS bereit, das es ermöglicht, Geodaten und Fachdaten als digitale Karten, als Berichte und Auswertungen oder als interaktive und in die jeweilige Systemlandschaft integrierte Anwendungen bereit zu stellen. bereits in der Basisversion steht eine sehr leistungsfähige skalierbare Systemarchitektur mit echtem Loadbalancing für Windows und Linuxrechner bereit. Die konsequente Umsetzung der OGC Standards (WMS, WFS-T, ...) erfüllt jetzt bereits die INSPIRE-Voraussetzungen.

In mehr als **10 Jahren erfolgreicher Oraclepartnerschaft** sind zahlreiche oraclebasierte GIS-Werkzeuge entstanden, darunter:

- **GC Oracle Objekts 3.0.**
  Mit GC Oracle Objets steht ein leistungsfähiges Werkzeug bereit, das Smallworld-Anwendungen den Weg zu eigenen Datenmodellen in einer offenen Architektur durch reine Konfiguration ermöglicht. Die Modellentwicklung erfolgt im laufenden Betrieb - ohne Programmierung und ohne Imageneubau - direkt aus der Smallworld-Umgebung heraus. Datenmodelle mit Topologie sind ebenso möglich wie direkte Integrationsmodelle in vorhandenen NRM-Fachschalen.

Dienstleistungen:
- DV- und GIS-Beratung
- Projektkonzeption und Projektdurchführung
- Projektkoordination und -leitung
- Systembetreuung, Wartung und Pflege
- Schulung
- Datenerfassung und -migration
- Migrationskonzepte

Weitere Produkte im Vertrieb:
- Smallworld GIS + Fachschalen
- MapInfo Produkte
- Oraclelösungen

Referenzen
(Auswahl)

- FührendeStraßenbauverwaltungen: u. a. Bundesministerum für Verkehr, Bau- und Stadtentwicklung; Bundesanstalt für Straßenwesen, Landesbetrieb Straßenbau NRW, Niedersächsische Landesbehörde für Straßenbau und Verkehr
- Führende Industrie- und Versorgungsunternehmen: u. a. E.ON Kraftwerke, EVONIK Fernwärme, E.ON Fernwärme, ThyssenKrupp Stahl, Infractor
- Führende Liegenschaftsverwalter: u. a. ThyssenKrupp Real Estate, E.ON Montan, Immeo Wohnen, Degussa Immobilien
- Ca. 50 Kommunnen und Stadtwerke: u. a. Baden-Baden, Erlangen, Heidelberg, Leverkusen.

Firmenprofil:

GIS Consult – Wir machen GIS erfolgreich

Die GIS Consult GmbH, Gesellschaft für angewandte geographische Informationssysteme, ist für ihre Kunden der starke Partner für anspruchsvolle GIS- und Datenbankprojekte mit Schwerpunkten in den Bereichen Öffentliche Verwaltung, Industrie, Liegenschafts- und Straßeninformationssysteme. Als Vertriebspartner von GE Energy realisiert das Unternehmen innovative Integrationslösungen auf Basis des objektorientierten Geoinformationssystems Smallworld und der Datenbank Oracle. Attraktive Lösungen mit MapInfo ergänzen das Angebot. Die GIS Consult GmbH, 1996 hervorgegangen aus dem langjährig etablierten ÖbVI-Büro Schwartz und Partner, dem ersten Smallworld-Kunden in Deutschland, betreut zur Zeit bundesweit über 70 GIS-Installationen mit 39 Mitarbeitern am Standort Haltern am See.

Geschäftsfelder
- Straßen-Datenbank-Systeme
- Kommunales GIS (Smallworld iCity)
- Liegenschaftssysteme mit SAP- Anbindung (SAP RE, SAP RE-FX)
- GIS für Versorger

Firmenprofile

- Werksinformationssysteme für Industrieanlagen
- Werkssicherheitssysteme für Industriekomplexe
- Smallworld- und Oracle-Datenbankdesign
- Schnittstellen GIS - SAP
- OGC konforme WebGIS Anwendungen
- MapInfo-Lösungen
- skalierbare ASP Partner Modelle für Kommunen

Erfolgsfaktoren
- Langjährige gute Kundenbeziehungen durch umfassende Dienstleistungen und durchgängige Betreuung
- enge Anbindung an Forschung, Lehre und Praxis
- umfangreiche Projektentwicklungserfahrung
- Innovative Lösungen
- Hochqualifizierte Mitarbeiter

grit graphische Informationstechnik Beratungsgesellschaft mbH

Straße: Landwehrstr. 143
PLZ, Ort: 59638 Werne
Land: D
Telefon: 02389/9827-0
Telefax: 02389/9827-27
E-Mail: info@grit.de
Internet: www.grit.de
Zweigstellen in: Berlin, Olpe
Partnerfirmen:
AED SICAD AG, Fujitsu Siemens Computer GmbH, ESRI

Geschäftsführer:
Herr Dipl.-Ing. M. Zurhorst, Herr Dr. A. Rose
Vertriebsleiter: Herr Dipl.-Ing. M. Zurhorst
Leiter Anwendungsberatung: Herr Dr. A. Rose
Schulungsleiter: Herr Dipl.-Ing. L. Liesen

Zuständig für Hotline: Herr O. Schimmich
Anzahl der Mitarbeiter: 19
Gründungsjahr: 1990
Gesamtumsatz 2007: 1,7 Mio. €
Umsatz im Bereich GIS 2007: 1,7 Mio. €

Produkte und Dienstleistungen:

Softwareprodukte:
AlCon, HOMAGE, HOMAGE-Netz, HOMAGE-AAA, GDI Monitoring Suite, xGDM Dokumentendienst, WMS-Monitor, FLAB
Digitale Datenprodukte: —
Dienstleistungen: Beratung, Schulung, Programmierung, Projektleitung
Weitere Produkte im Vertrieb: —

Referenzen:

GIS-Dienstleistungen (Auswahl):
Senat für Stadtentwicklung Berlin,
Dataport Hamburg,
MVV Mannheim
GIS-Firmen (Auswahl):
AED SICAD, ESRI

Firmenprofil: Die Optimierung und Automatisierung von Arbeitsprozessen, die Gewährleistung von Qualität und somit die Beschleunigung des Workflows hat sich die Firma graphische Informationstechnik Beratungsgesellschaft mbH (**grit** GmbH) auf Ihre Fahnen geschrieben. Hierbei stellt die **grit** GmbH insbesondere Dienstleistungen und Anwendungen für den Energieversorgerbereich und den öffentlichen Sektor bereit.

grit, das ist ein hochqualifiziertes dynamisches Team eingebettet in eine Ingenieurgesellschaft mit langjährigem Know-How in allen führenden Geoinformationssystemen. Die Firma hat ihre Standorte in Werne, Olpe und Berlin und ist Partner von AED-SICAD, ESRI und der Fujitsu Siemens Computers GmbH.
grit hat ihre Schwerpunkte in den Bereichen Migration, Homogenisierung und Harmonisierung von Daten, Qualitätssicherung von Geodaten und Bereitstellung von Daten. Insbesondere bei

Firmenprofile

der Einrichtung und Migration von Daten der Automatisierten Katasterkarte (ALK/ ALKIS) und dem Automatisierten Liegenschaftsbuch (ALB/ ALKIS) verfügt die **grit** GmbH über umfangreiche Erfahrungen.

grit unterstützt ihre Kunden gezielt bei der Analyse, Konzeption sowie Installation und Integration von Hard und Software für die Geodatenverarbeitung und -nutzung. Wartung und Schulungsangebote runden das Allround-Paket ab. Dieser Bereich ist insofern komplex und vielschichtig, als die Einführung von Geoinformationssystemem stets eine strategische Zielsetzung beinhaltet und diese Systeme vielfältig mit anderen Systemen verzahnt sind. Weiterhin ist eine Fülle von Randbedingungen zu beachten, die von Verwaltungsvorschriften bis hin zu personellen und organisatorischen Anpassungen führt. Die langjährige und vielfältige Erfahrung der **grit** - Mitarbeiter ist hier besonders von Nutzen.

Neben ihrer Beratungstätigkeit stellt die **grit** GmbH sowohl eigene Softwareprodukte als auch kundenspezifische Anwendungssoftware her. Aus verschiedenen Projektlösungen kann die **grit** GmbH diverse Anwendungsoberflächen und integrative Softwaremodule anbieten. Selbstverständlich wird jedes Produkt an die individuellen, bei Bedarf auch vorab gemeinsam erarbeiteten, Bedürfnisse des Kunden angepasst. Serviceorientierung und Kundenzufriedenheit sind die beiden wichtigen Antriebsquellen des **grit**-Teams.

Die Erstellung von Lösungen und Produkten unter Anwendung bestehender Standards ist für die **grit** GmbH ein wichtiger Punkt. Nur so kann eine optimale Anbindung weiterer interoperabler Services gewährleistet und ein zukunftsorientiertes System geschaffen werden.

Softwareprodukte der grit GmbH

Mit bereits vielerorts erfolgreich eingesetzten Standardprodukten, wie z.B. **AIC**on, einem webfähigen digitalen Abfrage- und Präsentationstool für ALK- und ALB-Daten, verspricht die Gesellschaft einen zeit- und ressourceneffizienten Zugriff auf Geodaten.

Eines der wichtigsten Produkte der **grit** GmbH ist die Softwarereihe HOMAGE, die sich als Standardprodukt für alle Aufgaben der Geodatenhomogenisierung etabliert hat und bundesweit bereits in mehr als 200 katasterführenden Stellen zur Erst- und Folgehomogenisierung von Katasterkarten eingesetzt wird. Leitungsnetzbetreiber können durch den Einsatz von **HOMAGE-Netz** bei der Übernahme von digitalen Katasterkarten durch einen automatisierten Prozess schnell die Leitungsnetzgeometrie an die geänderte Kartengrundlage anpassen. **HOMAGE-AAA** wurde an das ALKIS-Datenmodell angepasst und in den ALKIS-Erhebungs- und Qualifizierungsarbeitsplatz der AED-SICAD AG integriert. Damit steht dieses Produkt nun auch in der ESRI-Welt zur Verfügung.

Mit der **GDI Monitoring Suite** hat die **grit** GmbH ein Überwachungstool für Geodateninfrastrukturen geschaffen. In diesen Systemen ist die permanente Verfügbarkeit der Daten besonders wichtig. Ein technischer Ausfall oder andere Störungen können hier zu großen Verlusten führen. Daher überwacht die GDI-Monitoring-Suite Anwendungen und Dienste fortlaufend im Hintergrund mittels Sensoren, meldet Fehlfunktionen augenblicklich und unterstützt bei der Fehlersuche. Weitere Besonderheiten der GDI Monitoring Suite sind zum einen die modulare Einsetzbarkeit seiner einzelnen Elemente sowie ihre Einsetzbarkeit sowohl aus „interner Sicht" als auch aus Sicht des Nutzers.

Bei ihrem neusten Produkt **xGDM Dokumentendienst** hat die grit GmbH ein Informationssystem entwickelt, das auch einem Anwender ohne GIS-Know-How ermöglicht, Geoinformationen zu nutzen. Die Integration des Dokumentendienstes in seinen normalen Workflow erlaubt es dem Nutzer nach seinen Anforderungen aufgebaute, automatisierte erstellte Geoinformationen zu nutzen, ohne sich um technische Details zu kümmern.

Firmenprofile

Nach Eingabe einiger Angaben in eine Maske erzeugt xGDM Dokumentendienst automatisch ein Geodokument in das auch aus verteilt liegenden Datenquellen dynamisch Geoinformationen, in Form von Texten, Karten oder Orthofotos integriert wurden. Der xGDM Dokumentendienst stellt somit nicht nur eine Zeiteinsparung dar, sondern gewährleistet zudem noch eine gleich bleibende Qualität, da in diesem automatisierten Verfahren menschliche Ungenauigkeiten nicht vorkommen können.

Das Programm **FLAB** unterstützt den Anwender bei dem Vergleich der Informationen des Automatisierten Liegenschaftsbuch (ALB) und der Automatisierten Liegenschaftskarte (ALK).
Die Herstellung der Konsistenz zwischen den beiden Datenbeständen ist auch als Vorbereitung auf die Einführung von ALKIS, in dessen Datenmodell nur ein Datenbestand für die ALK und ALB Daten vorgesehen ist, ein notwendiger Schritt.

HHK Datentechnik GmbH

Straße: Hamburger Str. 277
PLZ, Ort: 38114 Braunschweig
Land: D-
Telefon: 05 31 / 2 88 1-0
Telefax: 05 31 / 2 88 1-111
E-mail: info@hhk.de
Internet: www.hhk.de
Niederlassungen in: Berlin, Braunschweig, Bergheim und München
Partnerfirmen: AKG Software Consultin GmbH, Burg Software & Service für die Vermessung, softPlan Informatik GmbH, ARCHIKART Software AG, u.a.
Geschäftsführer:
Dipl.-Ing. Bernd Hartwig
Dipl.-Ing. Helmut Hoitz
Dipl.-Ing. Friedhelm Olthuis
Dipl.-Ing. Lutz Ludwig

Leiter Anwendungsberatung, sowie Schulungsleiter:
Dipl.-Ing. Norbert Sperhake für GEOgraf
Michael Pahlke für GEObüro
Dr.-Ing. Wolfgang Menssen für GEOgraFIS
Anzahl der Mitarbeiter: ca. 60
Gründungsjahr: 1984
Gesamtumsatz 2007: k. A.

Produkte und Dienstleistungen:

Softwareprodukte:
GEObüro®
GEOgraf®
GEOgraFIS®
HHKmapserver
GEOgraf KIVIDA³® (Kooperation mit Ingenieurbüro Burg)
Digitale Datenprodukte: —
Dienstleistungen: —
Weitere Produkte im Vertrieb: —

Firmenprofil: Jedes Produkt ist die Summe aus Wissen, Erfahrung, Kreativität und dem Willen zur Leistung. Über 24 Jahre Erfahrung haben uns zum führenden Anbieter grafischer geodätischer Software in Deutschland gemacht.

In Zusammenarbeit mit über 3200 Kunden in Deutschland und Europa haben wir unsere Produkte zu dem entwickelt, was sie heute sind: Zukunftweisende, innovative und produktive Software.

Rund 60 Mitarbeiter sind heute bei uns tätig, die meisten in der Entwicklung und im Support zur Unterstützung der Kunden. Unsere Produktreihe - vom Office-Managementsystem über CAD bis zum geografischen Informationssystem und Web-Auskünften – bietet kommunalen Verwaltungen, Energieversorgern, Ingenieurbüros und Katasterämtern das notwendige Know-how für Verwaltung, Planung, raumbezogene Datenhaltung und Dokumentation.

Beratung, Support und Schulungen erhalten Sie als Interessent oder Kunde von unseren Mit-

Firmenprofile

arbeitern in unseren Niederlassungen Berlin, Braunschweig, Bergheim und München oder von unseren qualifizierten Vertriebspartnern im gesamten Bundesgebiet.

IAC mbH

Straße: Industriestr. 85 - 95
PLZ, Ort: 04229 Leipzig
Land: D- Sachsen
Telefon: 0341/35 52 98 0
Telefax: 0341/35 52 98 99
E-Mail: info@iac-leipzig.de
Internet: www.iac-leipzig.de, www.polygis.de, www.stadtmonitoring.de
Zweigstellen in: —
Partnerfirmen: SWBB, Kirkel
Geschäftsführer: Dipl.-Ing. Rolf Lüdicke
Vertriebsleiter: —
Leiter Anwendungsberatung: —
Schulungsleiter: —
Hotline: —
Anzahl der Mitarbeiter: 25
Gründungsjahr: 1990
Gesamtumsatz 2007: —
Umsatz im Bereich GIS 2007: —

Produkte und Dienstleistungen:

Softwareprodukte: POLYGIS
Digitale Datenprodukte: —
Dienstleistungen: Einrichtung von Datengrundlagen, Schulung, Einführungsunterstützung
Weitere Produkte im Vertrieb: POLYGIS und über 40 Anwendungen

Referenzen:
Stadt Borken, Stadt Peine, Stadt Güstrow, Stadt Radebeul

Firmenprofil: Die Ingenieurgesellschaft für angewandte Computertechnik (IAC mbH) befasst sich seit Gründung im Jahr 1990 in Leipzig mit der Entwicklung von graphischen Softwarelösungen. Das Leistungsangebot der Firma IAC mbH konzentriert sich auf die Konzipierung, Entwicklung, Einführung, Schulung und den Support von POLYGIS®- Systemlösungen.

Heute präsentiert sich POLYGIS® als branchenorientierte, internetfähige GIS Lösung zur effektiven Nutzung großer Datenmengen.

Das Engagement im OGC ist strategisch.

Vor allem Kommunen und kommunale Betriebe arbeiten mit POLYGIS®, auf dessen Basis IAC-neben den kommunalen Fachkatastern – wie z.B. Kommunale Statistik, Kommunale Straßeninformationsbank, Baum, Grün, Friedhof - auch technische Kataster - wie Kanal-, Strom-, Gas- , Wasser- oder Fernwärme - anbietet. Diese und andere Fachschalen sowie die Anbindungsmöglichkeit von Geodaten schaffen eine ideale Plattform für kommunale und technische Lösungen verschiedenster Art.

Die IAC betreut heute zusammen mit dem strategischen Partner SWBB GmbH, Kirkel, und den Vertriebspartnern bundesweit ca. 1350 Kunden (Landesvermessungsämter, Ver- und Entsorger, Kommunen und Ingenieurbüros), die mehr als 16.000 POLYGIS® Lizenzen nutzen.

Dabei sind IAC Lösungen immer mehr als nur die Software. Das Unternehmen versteht sich als-Dienstleister, der die Vorbereitung, die Einführung und den Nutzen von GI System-Lösungen mit intensiven Beratungen und Schulungen betreut.

Firmenprofile

IB&T GmbH

Straße: An'n Slagboom 51
PLZ, Ort: 22848 Norderstedt
Land: D
Telefon: +49 (0) 40 / 53412-0
Telefax: +49 (0) 40 / 53412-100
E-Mail: info@card-1.com
Internet: www.card-1.com

Zweigstellen in: Berlin, Düsseldorf, Stuttgart, Nürnberg
Partnerfirmen: IGM Interaktive Grafik Milde GmbH (Bannewitz), Ingenieurbüro Dietmar Spotke (Aachen), CARD/1POL sp.z.o.o (Polen), Xi'an CARD1/Software Co.,Ltd. (V.R. China), A+S Consult (GUS/CIS-Staaten)
Geschäftsführer: Dipl.-Ing. Harry Basedow
Anzahl der Mitarbeiter: 50
Gründungsjahr: 1988

Produkte und Dienstleistungen:

Softwareprodukte: CARD/1 Tiefbausoftware für Vermessung, Straßenplanung, Bahnplanung und Kanalplanung
CARD/1 Kostenermittlung nach AKS (RAB-ING und HOAI)
CARD/1 eView (Digitaler Planungsordner)
CARD/1 cardCAD Software zur Zeichnungsbearbeitung
Digitale Datenprodukte: —
Dienstleistungen: Consulting, Schulungen
Weitere Produkte im Vertrieb:
- GeoVerwaltung (Büroverwaltungssoftware in Kooperation mit CLDATA)
- Software für Beschilderung (Kooperation mit EDV - Dr. Haller & Co. GmbH)

Firmenprofil: IB&T gehört zu den führenden Herstellern von Softwarelösungen für die Vermessung, Verkehrswege- und Infrastrukturplanung. Seit 23 Jahren vertrauen Unternehmen und Behörden auf der ganzen Welt auf unsere Ideen, Visionen und Entwicklungen.

IB&T entwickelt die CAD Software CARD/1, eine innovative Gesamtlösung für Vermesser und Planer im Ingenieurtiefbau mit besonderen Schwerpunkten in den Bereichen Straßen-, Bahn, Kanalplanung und GIS. Niederlassungen und Partner im In- und Ausland vermarkten unsere Lösungen weltweit und bieten ein breites Spektrum an Dienstleistungen an.

Aus der IB&T Zentrale in Norderstedt bei Hamburg werden alle übergreifenden Maßnahmen des Unternehmens geleitet. Hier sorgen 42 Mitarbeiter aus Entwicklung, Vertrieb, Marketing, Support, Schulung, Dokumentation und Administration für die Betreuung der nationalen Kunden.

Zusammen mit unseren Standorten in Berlin, Düsseldorf, Nürnberg und Stuttgart und unseren regionalen Vertriebspartnern bieten wir Ihnen flächendeckend direkten Kunden-Support, zuverlässigen Hotline-Service, umfassende Trainingsangebote und projektunterstützendes Consulting.

Unsere Tochtergesellschaft in der VR China und unsere Partner in den GUS-Staaten, Österreich, Polen, Schweiz und Ungarn unterstützen unsere internationale Ausrichtung.

Firmenprofile

Insgesamt sind 75 Mitarbeiter und Partner damit beschäftigt, die Software kontinuierlich auszubauen und erfolgreich zu vertreiben.

Die Tochtergesellschaften GEO DIGITAL GmbH und RZI Software GmbH liefern IB&T zusätzliches branchenspezifisches Know-how und runden die Produktpalette ab:

Die GEO DIGITAL GmbH aus Düsseldorf ist Hersteller der führenden Lösung GEOPAC, die für alle Aufgaben rund um die Trassierung und Planung schienengebundener Verkehrswege im öffentlichen Personennahverkehr (SPNV) eingesetzt wird. GEOPAC wird plattformübergreifend für die leistungsstarken CAD-Systeme EliteCAD, inCAD und CAD400 unter den Betriebssystemen Windows, Linux sowie HP-UX und AIX angeboten. Zahlreiche namhafte Verkehrsunternehmen mit eigenen U- und Straßenbahnnetzen sowie Ingenieurbüros setzen GEOPAC langjährig und erfolgreich ein.

Die RZI Software GmbH mit Sitz in Nürnberg ist die jüngste IB&T Tochter und sehr erfolgreich in den Bereichen CAD und GIS tätig. Mit ihrer innovativen Softwarelösung RZI Tiefbau verstärken die Nürnberger die CARD/1 Produktpalette. Die AutoCAD basierte Software ist wegweisend in der Projektdatenhaltung und der Bereitstellung kontextbezogener Funktionen. Sie deckt alle Einsatzfelder des Tiefbaus ab - vom Vorentwurf bis zur Bauabrechnung. Ebenfalls angeboten werden Lösungen zur Wasserver- und entsorgung.

Zur IB&T Gruppe gehört die chinesische Tochtergesellschaft Xi'an CARD/1 Software Co.,Ltd., die 2001 gegründet wurde. Seit 1997 wird CARD/1 in einer chinesischen Version angeboten. Ein Team planungserfahrener chinesischer Ingenieure passt die Software an die besonderen Bedürfnisse des chinesischen Marktes an. Durch Schulungen und einen ausgereiften technischen Support werden die zahlreichen chinesischen Anwender in der tagtäglichen Nutzung unterstützt. CARD/1 zählt mittlerweile zu den marktführenden Planungs- und Entwurfssystemen in der VR China.

infas GEOdaten GmbH

Straße: Marienforster Str. 52
PLZ, Ort: 53177 Bonn
Land: D
Telefon: 0228 - 84 96-0
Telefax: 0228 - 84 96-130
E-mail: info@infas-geodaten.de
Internet: www.infas-geodaten.de

Produkte und Dienstleistungen:

GIS
Geomarketing-Applikationen für Standort- und Gebietsplanung, Analysen, Visualisierung, Geocodierung etc., branchenspezifische Applikationen

Strukturdaten
Geometrien der PLZ, Kreise, Gemeinden, Statistischen Bezirke, Ortsteile, Wohnquartiere, Telekommunikations-Struktur, Straßenabschnitte, Einzelhaus-Koordinaten, Points of Interest, u. v. m.

Karten
digitale Raster- und Vektorkarten, Kartendrucke

Sachdaten
soziodemographische Daten, Kaufkraft, Firmendaten, Gebäudedaten, PKW-Daten, Typologien, Beschäftigung, Lifestyledaten, etc.

Dienstleistungen
(Online-) Geocodierung, Analyse, Adressanreicherung, Customizing, Consulting, Schulung

Adressen
Firmen- und Privatadressen, Lifestyleadressen

Firmenprofile

Referenzen (Auszug)

Deutsche Post, T-Mobile, vodafone D2, aws Wärme Service, VORWERK, HanseNet, E-Plus, NETCOLOGNE, Deichmann, ARCOR, Würth, Europcar, radstad, Takko

Firmenprofil:
infas GEOdaten ist als Full Service-Anbieter im Geomarketing einer der Marktführer. Mit den vier Säulen Marktinformationen, Geodaten, Analysen und Geosysteme lässt sich jede unternehmerische Fragestellung mit räumlichem Bezug beantworten. infas GEOdaten ist eine 100%ige Tochter der Schober Information Group und betreut von den Standorten Bonn und München aus den deutschen und den europäischen Markt. Mit den Marktinformationen von infas GEOdaten lassen sich Markteinheiten individuell und präzise beschreiben. Das Angebot umfasst Marktdaten mit mehr als 500 Merkmalsausprägungen (z.B. Kaufkraft nach Produkten, Demographie, Lageinformationen, etc.), hausgenaue Mikrogeographie mit mehr als 50 Merkmalen, exakte Hausbewertung sowie Consumer-, Business- und Lifestyle-Adressen. Mittels Geodaten lassen sich Zielgebiete exakt lokalisieren und in kleinsträumige Analyseraster unterteilen. infas GEOdaten bietet das komplette Programm an Hauskoordinaten, Grenzen, mikrogeographischen Rastern und digitalen Straßenkarten (GEOstreet+). Im Kundenauftrag erstellt infas GEOdaten aussagekräftige Markt- und Potenzialanalysen, Vertriebsgebiets- und Kundenstrukturanalysen, Milieu- und Zielgruppensegmentierungen, Standortanalysen, usw. Eine breite Palette an Softwarelösungen rundet das Angebot ab: Der JCoder ist die leistungsfähigste Geocodierungssoftware am Markt. Der Markt-Analyst ist die Geomarketing-Komplett-Lösung für Europa und branchenindividuell erhältlich.

Standort München:
Nymphenburger Straße 14
80335 München
Fon (0 89) 14 34 10-0
Fax (0 89) 14 34 10-30

infoGraph GISMobil GmbH

Straße: Am Stutzenwald 25
PLZ, Ort: 66877 Ramstein
Land: D-
Telefon: +49 6371 9611-0
Telefax: +49 6371 9611-20
E-Mail: info@gismobil.de
Internet: www.gismobil.de
Zweigstellen in: Saarland Spiesen-Evelsberg
Partnerfirmen: —
Geschäftsführer: H. Müller
Vertriebsleiter: H. Müller
Leiter Anwendungsberatung: A. Zulian
Schulungsleiter: A. Zulian
Hotline: M. Ritter
Anzahl der Mitarbeiter: 21
Gründungsjahr: 1989

Produkte und Dienstleistungen:

Softwareprodukte:
GISMobil ALLinONE
GIS Dienstleistungen:
Datenmigration und Schnittstellenentwicklung
Datenerfassung und Vermessung
weitere Produkte im Vertrieb: —

Referenzen:

GIS-Dienstleistungen (Auswahl):
en.bs, SEWAG, energis, STW Esslingen, STW Neustadt a.d.Weinstraße, Pfalzwerke AG, mark E, energis

Firmenprofil: 1989 wurde die infoGraph GISMobil GmbH gegründet. Unser Geographisches Informationssystem GISMobil ALLinONE wurde für Energieversorgungsunternehmen und für kommunale Ver- und Entsorgungsunternehmen entwickelt. Mit GISMobil ALLinONE bieten wir ein GIS-Produkt an, das jeder Kosten-Nutzen-Analyse stand hält.

Als etablierter GIS-Hersteller mit 150 Kunden aus dem Ver- und Entsorgungsbereich wird die Flexibilität, Leistungsfähigkeit und Systemoffen-

Firmenprofile

heit von GISMobil ALLinONE sehr geschätzt. Alle Komponenten des GIS, von der Basis über die Fachschalen bis zu den Auswerte- und Analysefunktionalitäten, sind eigene Entwicklungen und sichern somit performante und benutzerfreundliche Zugriffe auf das System. Die Datenhaltung erfolgt in einer Oracle-Datenbank. Durch die vollständig offene Datenhaltung ist ein flexibler Einsatz in jedem Umfeld möglich. Eine Anbindung weiterer Fremddatenbanken und die Nutzung einzelner Fremdattribute zur Visualisierung und zur Manipulation der Graphischen Ausprägung lässt sich durch diese Offenheit realisieren.

Das GIS-System ist modular aufgebaut. Es kann jederzeit aufgrund zusätzlicher Anforderungen oder Erweiterung der Prozesse stufenweise ausgebaut bzw. angepasst werden. Das Produkt GISMobil ALLinONE wird hierbei nicht als isoliertes Dokumentationswerkzeug betrachtet. Vielmehr wird dem Gedanken Rechnung getragen, Workflow´s zu unterstützen und Routinearbeiten zu vereinfachen und zu optimieren. GISMobil ALLinONE zeichnet sich durch große Praxisnähe aus.

INTEND Geoinformatik GmbH

Straße: Ludwig-Erhard-Straße 12
PLZ, Ort: 34131 Kassel
Land: D
Telefon: +49 561 316 799 0
Telefax: +49 561 316 799 7
E-Mail: info@intend.de
Internet: www.intend.de
Zweigstellen in: München
Partnerfirmen: ESRI, Microsoft, Magellan, Oracle
Geschäftsführer: Michael Zintel
Vertriebsleiter: —
Anzahl der Mitarbeiter: 27
Gründungsjahr: 2000

Produkte und Dienstleistungen:

Softwareprodukte: mobiGISRoad, mobiGIS Catalog, mobiGIS RFID, Camineo Guide
Dienstleistungen: Beratung, Projektdurchführung, Schulung, Hotline/Wartung
weitere Produkte im Vertrieb: komplette ESRI-Produktpalette, GPS Systeme, Hardware z. mobilen Datenerfassung

Firmenprofil: Die **INTEND Geoinformatik GmbH** ist ein unabhängiges Beratungs- und Softwareunternehmen, das sich auf die Konzeption und Realisierung von datenbankgestützten Informationssystemen im Forst-, Landwirtschafts- und Umweltbereich spezialisiert hat.

Das Unternehmen wurde im Jahr 2000 gegründet und beschäftigt aktuell 27 hochqualifizierte Mitarbeiter aus den Bereichen Informatik, Geoinformatik, Forstwissenschaften, Geographie, Vermessung und Kartographie. Damit steht ein breit gestreutes Fachwissen zur Verfügung, um die meist komplexen Kundenanforderungen erfüllen zu können. Erfolgsgarant ist dabei die ständige Weiterentwicklung unseres Wissens in den verschiedenen technologischen und fachlichen Bereichen des Unternehmens.

Unsere Kernkompetenz liegt in der **Konzeption**, **Entwicklung** und **Implementierung** von unternehmensweiten raumbezogenen forstlichen Informationssystemen. Zu unserem Dienstleistungsportfolio gehört neben der Beratung beim Aufbau und der Implementierung eines raumbezogenen Informationssystems die Wartung des Systems, die Betreuung der Anwender, die individuelle Anpassung von bestehenden Fachanwendungen sowie innovative zukunftsorientierte Neuentwicklungen und Auftragsprogrammierungen.

Hierbei setzen wir vorwiegend auf die GIS-Produkte der ESRI Geoinformatik GmbH. Als *ArcGIS Solution Partner* bieten wir einen ganzheitlichen Kundenservice, der neben Beratung, Entwicklung und Vertrieb auch individuelle Schulungen und Support für fast alle ESRI-Produkte beinhaltet.

Firmenprofile

Dadurch gewährleisten wir unseren Kunden stets eine fachkundige Betreuung.

Ein weiteres Geschäftsfeld der Firma ist der Bereich der mobilen Datenerfassung. Hier entwickelt INTEND mobile Lösungen, die unter anderem auch die GPS-gestützte Datenerfassung erlauben.

Als **zertifizierter Microsoft-Partner (MCP) und Oracle Member** verfügen wir über die notwendigen Ausstattungen und Zertifizierungen, um die hohen technischen Anforderungen erfüllen zu können.

Intergraph (Deutschland) GmbH

Straße: Reichenbachstr. 3
PLZ, Ort: 85737 Ismaning
Land: D
Telefon: ++49 (0)89 96 106 0
Telefax: ++49 (0)89 96 106 100
E-mail: info-germany@intergraph.com
Internet: www.intergraph.de
Geschäftsstellen in: Hamburg, Neunkirchen, Ratingen, Dortmund, Bonn, Frankfurt/M., Aalen/ Ostwürttemberg
Partnerfirmen: siehe www.intergraph.com/global/de/partner
Geschäftsführung: Dr. Horst Harbauer, Sebastian Stepfer
Vertriebsleiter: Herbert Spoerl, Maximilian Weber, Sven Bues
Leiter Anwenderberatung: Achim Bloch
Schulungsleiter: Achim Bloch
zuständig für Hotline: Achim Bloch
Anzahl der Mitarbeiter: 260 (D), 3.750 (weltweit)
Gründungsjahr: 1978 (D), 1969 (USA)

Gesamtumsatz 2007: 725 Mio. USD, Operating EBITDA: 144 Mio. USD weltweit
Umsatz im Bereich GIS: 424 Mio. USD (weltweit)

Produkte und Dienstleistungen:

Softwareprodukte: GeoMedia-Produktfamilie für Desktop und Web, G/Technology, G!NIUS, GeoMedia ResPublica, GRIPS, Digital Mapping Camera, Digital Cartographic Suite, TerraShare
Digitale Datenprodukte:
siehe www.terramapserver.com
Dienstleistungen: Service & Support
Weitere Produkte im Vertrieb: über 100 Partnerlösungen auf Basis von GeoMedia, u.a. kommunale Anwendungen,
Datenbanken: ORACLE, IBM, MS SQL

Niederlassungen

Österreich
Intergraph Ges. m.b.H.
Palais Waagner
Margaretenstr. 70 / I / 1
A-1050 Wien
Tel.: ++43 1 9610567 0
Fax: ++43 1 9610567 100
E-Mail: info-austria@intergraph.com
Internet: www.intergraph.at

Schweiz
Intergraph (Schweiz) AG
Neumattstr. 24
CH-8953 Dietikon 1
Tel.: ++41 43 322 46 46
Fax: ++41 43 322 46 10
E-Mail: info-ch@intergraph.com
Internet: www.intergraph.ch

Firmenprofil: Innovative Lösungen und bahnbrechende Technologien ließen Intergraph zu einem der weltweit führenden Anbieter Geographischer Informationssysteme (GIS) werden. Mit rund 3.750 Mitarbeitern, davon 260 in Deutschland, erzielte die Intergraph Corp., Huntsville/Alabama (USA), im Jahr 2007 einen Umsatz von 725 Mio.

Firmenprofile

US-Dollar und schloß wie in den letzten sieben Jahren – teils entgegen dem globalen ökonomischen Trend – mit deutlichem Gewinn ab.

Die Komplexität und Varianz der Daten, die bei geographischen Anwendungen verarbeitet werden müssen, verlangte früher nach technisch kreativen Ansätzen. Heute dagegen stellt sich die Frage, wie bislang einzeln verfügbare geographische Informationen auf breiter Front effektiv genutzt, verarbeitet und verteilt werden können. Ob Verwaltung, Instandhaltung, Netzmanagement, Liegenschaften oder Marketing – stets ist das Attribut „Wo" ein entscheidender Faktor. Intergraphs GIS-Lösungen stellen diesen wichtigen Bezug her, verschneiden diese Daten mit anderen Informationen und gestatten eine integrierte Erfassung, Bearbeitung, Analyse und Darstellung von raumbezogenen Informationen. Aus der geographischen Betrachtung ergibt sich eine neue Sichtweise auf Informationen. Die raumbezogene Veredelung von Daten unterstützt Entscheidungen aller Art.

Neben der „ready-to-use"-Multi-Utility-Lösung G!NIUS, basierend auf Intergraphs G/Technology, hat die GeoMedia-Produktfamilie mit dem revolutionären Data-Warehouse-Konzept die GIS-Welt von Grund auf verändert. Die datenbankgetriebene Lösung G!NIUS dient der Abbildung der Kernprozesse von Netzbetreibern und wird von namhaften Utilities-Unternehmen wie enviaM, E.ON Thüringer Energie AG, E.ON Bayern AG, RWE Power AG, KELAG (Kärnten), BEWAG (Burgenland) produktiv genutzt und kommt aufgrund der Skalierbarkeit selbstverständlich auch in kleineren Stadtwerken wie u.a. in Herzogenaurach, Ismaning und Gaggenau zum Einsatz.

Entsprechend den Forderungen des Open Geospatial Consortium (OGC) ermöglicht GeoMedia die Integration und Verbindung unterschiedlichster Daten und Anwendungen. Es erfolgt ein gleichzeitiger Direkt-Zugriff auf verschiedenste Informationsquellen – ohne ein eigenes neues Datenformat zu generieren. Intergraph folgt damit dem Motto „durchgehend skalierbar – von der Datenerfassung am Einzelarbeitsplatz bis hin zur Betrachtung, Analyse und Veränderung georelevanter Daten via Internet".

Intergraph ist zudem stark engagiert in Sachen INSPIRE / GDI, Metadaten, SOA und SOC. Weitere Informationen unter: www.intergraph.de oder www.intergraph.com

Ingenieurbüro Peter Müller GmbH

Straße: Adam-Ries-Str. 16
Ort: 09456 Annaberg-Buchholz
Land: D
Telefon: 03733 / 14 52 02
Telefax: 03733 / 14 52 31
E-Mail: info@ipm-gis.de
Internet: www.ipm-gis.de
Zweigstellen in: Dresden, Erfurt
Partnerfirmen: —
Geschäftsführer: Peter Müller, Ulrike Gitter
Vertriebsleiter: —
Leiter Anwendungsberatung: —
Schulungsleiter: —
zuständig für Hotline: —
Anzahl der Mitarbeiter: —
Gründungsjahr: 1996
Umsatz 2007: —

Produkte und Dienstleistungen:

Softwareprodukte: IPM Connector, ALB-Render
Digitale Datenprodukte: —
Dienstleistungen: Vertrieb, Consulting, Schulung, Support
Weitere Produkte im Vertrieb: ESRI, IP SYSCON

Referenzen:

GIS-Dienstleistungen (Auswahl):
Landkreise, Kommunen und Behörden in Sachsen und Thüringen

Firmenprofile

Firmenprofil: Die IPM GmbH ist ein regional und überregional tätiges Unternehmen mit Sitz in Annaberg-Buchholz und Geschäftsstellen in Dresden und Erfurt, welches seit seiner Gründung 1996, Dienstleistungen und Softwareprodukte aus den Bereichen GIS und CAD anbietet. Dabei betreuen wir vor allem Kommunen, Landkreise, Behörden, Unternehmen der Ver- und Entsorgungswirtschaft sowie andere öffentliche und privatwirtschaftliche GIS-Anwender, kundennah und kostengünstig.

Hierbei decken wir das gesamte Dienstleistungsspektrum rund um das Thema GIS ab: Von der Datenerfassung, -konvertierung und –aufbereitung, über die Beratung bei der Auswahl, Entwicklung, Lieferung, Schulung und Support der optimal auf die Kundenwünsche zugeschnittenen Software, bis hin zur Bereitstellung von GIS-Anwendungen über das Internet oder Intranet (z.B. Digitale Stadtpläne, ALK/ALB-Auskunftssysteme).

Als langjähriger Vertriebspartner des Weltmarktführers auf dem Gebiet Geographischer Informationssysteme - ESRI, können wir Ihnen für alle Aufgabenfelder raumbezogener Informationsverarbeitung die komplette, modular aufgebaute und skalierbare ArcGIS-Produktpalette aus diesem Hause anbieten.

Produkte / Dienstleistungen:

IPM Connector: leistungsfähige und komfortable WebGIS-Portallösung für ArcIMS bzw. ArcGIS Server 9

Mit GIS kostengünstig und effizient zur Eröffnungsbilanz: Straßenkataster mit bidirektionaler Anbindung an ArcGIS zur Erfassung des Infrastrukturgutes Straße mit integriertem Bewertungsmodul für die Erfordernisse der Eröffnungsbilanz im Rahmen der Doppik / NKF - Einführung

ALB-Datenbank „ALB-Reader" mit bidirektionaler Anbindung an ArcGIS (ALK)

DAVID – ArcView-Konverter DAVE & ArcView – DAVID-Konverter EVAD

Volltexturierte 3D-Stadtmodellierung – Kostengünstig!
Verkehrzeichensymbolbibliothek für ArcGIS u.v.m.

IP SYSCON GmbH

Straße: Tiestestr. 16-18
PLZ, Ort: 30171 Hannover
Land: D
Telefon: 0511 / 85 03 03-0
Telefax: 0511 / 85 03 03-30
Web: http://www.ipsyscon.de
E-Mail: info@ipsyscon.de
Gesellschaftsform: GmbH
Zweigstelle in: Celle und Bamberg
Partnerfirmen: ca. 15 Vetriebspartner in Deutschland und dem europäischen Ausland
Geschäftsführer: Herr Marc Kodetzki
Vertriebsleiter: Herr Steffen Freiberg
Leiter Entwicklung:
Frau Natalie Cassar-Pieper
Leiter Key Account: Dr. Roman Radberger
Schulungsleiter: Herr Matthias Schmitt
zuständig für Hotline: Frau Ina Müller
Anzahl der Mitarbeiter: 45
Gründungsjahr: 1994
Gesamtumsatz 2007: —
Umsatz im Bereich GIS 2007: —

Produkte und Dienstleistungen:

Softwareprodukte: IP SYSCON bietet verschiedenste Produkte und Lösungen zu folgenden Themenbereichen:

- Geobasisdaten/Liegenschaften
- Netzinformation
- Bauleitplanung
- GIS-Tools
- Straßenmanagement
- Facility Management

Firmenprofile

- Grünflächenmanagement, Baum- und Spielplatzkataster
- ESRI Software

Digitale Datenprodukte: —

Dienstleistungen:
- Datenanalysen und -recherchen
- Erstellung von Konzepten/Expertisen
- Digitalisierungen
- Datenübernahme/-aufbereitung: Datenübernahme aus analogen und digitalen Beständen verschiedenster Datengrundlagen
- Datenkonvertierungen
- Installation und Einweisung
- Netzwerkdienstleistungen
- interne und externe Schulungen und Workshops
- Wartung und Support
- Hosting

Firmenprofil:
IP SYSCON versteht sich als innovatives Software- und Systemhaus mit langjähriger Erfahrung im GIS-Umfeld öffentlicher Verwaltungen und privatwirtschaftlicher Institutionen. Als bundesweit führender ESRI-Business-Partner entwickelt und implementiert IP Syscon individuelle Anwendungs- und Applikationslösungen im Bereich Geographischer Informationssystemen (GIS) sowie individueller Datenbankanbindungen. Interdisziplinäres Arbeiten ist dabei die Basis für den Erfolg der Produkte und Dienstleistungen von IP SYSCON.

Neben bedarfsorientierten Internetanwendungen stellen GIS-Dienstleistungen im Rahmen von Consultingtätigkeiten, Projektarbeiten und Schulungsdienstleistungen, ebenso wie die aktuelle Thematik rund um Facility Management (FM) und Betriebssteuerung einen Schwerpunkt der täglichen Arbeit von IP SYSCON dar. Eine umfassende Beratung und der Transfer von qualifiziertem Know-how bei Anwendern vor Ort stehen dabei stets im Vordergrund.

Das Ergebnis sind finanzierbare und für jedermann verständliche Lösungen, die IP SYSCON bundesweit und bis auf die europäische Ebene involviert, bei mehr als 600 zufriedenen Kunden zum Einsatz bringt

IVU Traffic Technologies AG

Straße: Bundesallee 88
PLZ, Ort: 12161 Berlin
Land: D
Telefon: 030/859 06-0
Telefax: 030/859 06-111
E-mail: post@ivu.de
Internet: www.ivu.de
Niederlassungen in: Aachen, Rom (I), Birmingham (UK), Veenendaal (NL)
Partnerfirmen: —
Vorstand: Prof. Dr. Ernst Denert (Vorsitzender), Frank Kochanski, Martin Müller-Elschner
Vertriebsleiter: Dr. Claudia Feix,
Leiter Anwenderberatung: Simone Maas
Schulungsleiter: Oliver Schäfer
zuständig für Hotline: Oliver Schäfer
Anzahl der Mitarbeiter: 260
Gründungsjahr: 1976
Gesamtumsatz 2007: 31,4 Mio. €
Umsatz im Bereich GIS: —

Produkte und Dienstleistungen:

Softwareprodukte: Filialinfo©, ivu.WebGIS, Geodateninfrastrukturen (GDI), Portale
Digitale Datenprodukte: —
Dienstleistungen: Consulting
Weitere Produkte im Vertrieb: MICROBUS, infopool, fahrinfo, Tarifberater, BON, Bordrechner i.box, Qbase, AFAB, Contour Suite, Combitour

Referenzen:
GIS-Dienstleistungen (Auswahl):
Deutsche Post AG, Postbank AG, Deutsche Bank AG, Deutsche Bahn AG, Jost von Brandis, üstra AG, Agip, Dennree, McPaper, AIDA, TUI, Europäisches Parlament, Bundestag, Land Brandenburg

Firmenprofile

GIS-Firmen (Auswahl):
ESRI, MapInfo, Intergraph, Open Source Technologie, Microsoft Virtual Earth

Firmenprofil: Die IVU Traffic Technologies AG ist führender Anbieter branchenspezifischer IT-Anwendungen zur Steuerung und Optimierung logistischer Prozesse. Seit 1976 entwickelt die IVU standardisierte Softwareprodukte und maßgeschneiderte Lösungen für Unternehmen und Institutionen mit den Branchenschwerpunkten öffentlicher Personenverkehr, Transportlogistik, öffentliche Verwaltung sowie Postdienste, Handel und Touristik.

Geoinformatik und Geodatenmanagement sind die Querschnittstechnologie für viele Bereiche: Spezifische GIS-Lösungen unterstützen Planungs- und Leitstellensysteme im öffentlichen Verkehr. Bei der Steuerung von LKW-Flotten oder Außendienstmitarbeitern werden Echtzeit-Dispositionen möglich, die auf Web-Technologie mit kartographischer Visualisierung basieren. Darüber hinaus spricht die IVU mit ihren GIS-basierten Lösungen vier zentrale Märkte an:

- Geomarketing
- Spatial Data Mining
- Geobasierte Portale und Geodateninfrastruktur-Lösungen
- E-Government-Lösungen

Eines der deutschlandweit größten Projekte im Geomarketing läuft seit über 10 Jahren erfolgreich bei der Deutschen Post AG: Mit Filialinfo© plant und op-timiert der größte Filialist Deutschlands sein Filialnetz und seine Vertriebsgebiete. Zahlreiche zufriedene Kunden verschiedener Branchen nutzen Filialinfo© inzwischen ebenfalls.

Seit 1998 realisiert die IVU komplexe Geodateninfrastrukturen für Kunden in Landes- und Bundesverwaltungen. Zentrale Referenzen sind hier das „Liegenschaftskataster-Online" und das Portal „Oberflächennahe Geothermie" des Landes Brandenburg, das ein GDI-Leitprojekt ist.

Und auch bei ihren E-Government-Lösungen setzt die IVU auf GIS-Technologie: Ihre Wahlsysteme sind bei Europa- und Bundestagswahlen erfolgreich im Einsatz.

Bei der Entwicklung ihrer GIS-Lösungen arbeitet die IVU als unabhängiges Systemhaus schwerpunktmäßig mit Open Source-Technologie. Darüber hinaus berät sie ihre Kunden kompetent und systemherstellerneutral.

Lehmann + Partner GmbH

Straße: An der Wipfra 1
PLZ, Ort: 99334 Kirchheim
Land: D
Telefon: 036200 67-0
Telefax: 036200 67-140
E-Mail: info@lehmann-partner.de
Internet: www.strasseninformationen.de
Zweigstellen in: Karlsruhe, Nürnberg, Polen
Geschäftsführer:
Eckhard Monninger, Andreas Stscherbina
Prokuristen: Henning Balck,
Alexander Gumnior,
Dr. Andreas Großmann
Gründungsjahr: 1990
Anzahl der Mitarbeiter: über 170
Umsatz 2007: über 7 Mio. €

Produkte und Dienstleistungen:

Softwareprodukte:
- WMS-basierter Karten- und Einzelbildviewer auf OpenSource Basis (SVGeoPlus)
- WMS/WFS basierte Bürgerbeteiligungs- bzw. Informationsplattform (SVPublic)
- Entwicklungen im Softwarebereich

Firmenprofile

Digitale Datenprodukte:
- Kreis-, SBA-, Netzknoten- und Bauwerkskarten
- Thematische Karten
- Prognosekarten
- Radwegekarten

Dienstleistungen:
- GIS-Beratung
- Projektkonzeption, -durchführung und Projektleitung
- Straßennetzpflege
- Prognosenetzkonzeption und –pflege
- Verkehrskonzeptionen / ÖPNV
- Abgleich / Migration von Daten und Geometrie
- Analyse Verkehrsflächenbereinigung
- Umstufungs- / Planfeststellungsunterlagen
- ATKIS / ALB-ALK Aufbereitung
- Datentransformation
- Aufbau von Straßeninformationsbanken
- Straßendatenerfassung
- Straßenzustandserfassung / Straßenerhaltungsmanagement
- Ermittlung des Anlagevermögens der Straße (Doppik)
- Digitales Video- und Einzelbildsystem
- Geodatenmanagement für die Straßenbauverwaltung
- Kommunale Straßenmanagementsysteme
- GPS-Messungen
- Straßeninformationen im Internet
- ESRI und MapInfo Lösungen
- Autodesk Map Lösungen
- Schulung und Beratung

Referenzen:

Unsere Auftraggeber verteilen sich über das gesamte Bundesgebiet von Schleswig-Holstein bis nach Baden-Württemberg und über die Grenzen hinaus bis nach Polen und Österreich.

Unsere Kunden:

- über 200 Kreise und Kommunen in ganz Deutschland
- über 100 Kreise und Kommunen in Polen
- die Bundesanstalt für Straßenwesen (BASt), Bundesverkehrsministerium in Deutschland
- die Generaldirektion für die Krajowestraßen in Polen
- alle Landesverwaltungen in Deutschland, viele Landesverwaltungen in Polen
- einzelne Regionen in Österreich
- Nahverkehrsservicegesellschaft Thüringen
- DEGES, Deutsche Einheit Berlin
- Landesstelle für Straßentechnik Stuttgart
- Verschiedene GIS-Firmen (MapInfo, ESRI, Autodesk Map 3D)

Firmenprofil:
Wir liefern den Straßenbauverwaltungen aller Verwaltungsebenen und Privaten Informationen zur Entscheidungsfindung und unterstützen diese bei der Steuerung der Prozesse durch die Weiterverwendung bzw. Mehrfachnutzung der erfassten und verarbeiteten Informationen.

mtc

Straße: Bahnhofstr. 50
Ort: 14959 Trebbin
Land: D
Telefon: +49 (0) 33731 30480
Telefax: —
E-Mail: md@mtc-geo.eu
Internet: www.mtc-geo.eu
Zweigstellen in: —
Partnerfirmen: —
Geschäftsführer: Michael Dreesmann
Vertriebsleiter: —
Leiter Anwendungsberatung: —
Schulungsleiter: —
zuständig für Hotline: —
Anzahl der Mitarbeiter: —
Gründungsjahr: 2008
Umsatz 2008: —

Produkte und Dienstleistungen:

Softwareprodukte:
le portier, le village, le ciel

Firmenprofile

Digitale Datenprodukte: —
Dienstleistungen: —
Weitere Produkte im Vertrieb: —

Referenzen:

GIS-Dienstleistungen (Auswahl):
Senat für Stadtentwicklung Berlin,
Landesvermessung Brandenburg

Firmenprofil: Die Firma mtc (mapping technology & consulting) wurde 2008 mit dem Ziel gegründet die Geodienstleistungen von Anbietern mit dem IT-Mainstream zu verbinden.

Geodienstleistungen sind für uns Web Services nach internationalen Standards und Spezifikation des IT-Mainstreams, des Open Geospatial Consortiums (OGC) und des Bundesamtes für Sicherheit in der Informationstechnik (BSI). Der IT-Mainstream umfasst neben den professionellen Nutzern auch die Semiprofis und Laien. Hier sind einfache und sichere Lösungen gefragt.
Alle Anbieter von Geodienstleistungen unterstützen wir mit unserer Software, die Bedürfnisse des IT-Mainstreams zu erfüllen.

Sei es bei der Absicherung aller Geodienste, beim Monitoring und Reporting, bei der Unterstützung von Mainstreamformaten wie GPX oder KML, oder bei der Einbindung kleiner Gadgets in Homepages für Nutzer die sich keine OGC-Clients einbauen können oder wollen.

Als ehemaliger Geschäftsstellenleiter einer regionalen Geodateninfrastruktur und erfolgreicher langjähriger Betreiber von Geodiensten verfügt das Unternehmen mtc über praktisches Know-how und tiefe Detailkenntnisse. Dieses Wissen geben wir im Rahmen einer Consultingleistung gerne an unsere Kunden weiter.

Mapping technology und Consulting basieren auf praktischer Erfahrung für einen praktischen Einsatz beim Kunden.

NIS AG

Straße: Gerliswilstr. 74
PLZ, Ort: 6020 Emmenbrücke
Land: Schweiz
Telefon: +41 (0)41 267 05 05
Telefax: +41 (0)41 267 05 06
E-mail: info@nis.ch
Internet: www.nis.ch
Zweigstellen in: —
Partnerfirmen: —
Geschäftsführer: Andreas Studer
Vertriebsleiter: Daniel Lehmann
Leiter Anwenderberatung: —
Schulungsleiterin: —
Zuständig für Hotline: —
Anzahl der Mitarbeiter: >50
Gründungsjahr: 1996
Gesamtumsatz 2007: —
Umsatz im Bereich GIS 2007: —

Produkte und Dienstleistungen:

Softwareprodukte: Smallworld-GIS-Softwareprodukte und Eigenentwicklungen
Produktportfolio:
Fachschalen Strom/ Gas/ Wasser/ Ferngas/ Kanal, Instandhaltungslösung, Mobile-Anwendungen, Reporting, Planauskunft, Webdienste, Vermessungskoordinaten- und Objektimport/ -export, Netzstatistik, thematische Darstellungen
Digitale Datenprodukte: —
Dienstleistungen: Beratung/Consulting, Schulungen, Datenerfassung, Migration, Softwareentwicklung
weitere Produkte im Vertrieb: —

Firmenprofil: Die Firma NIS AG wurde 1996 von bedeutenden Schweizer Elektrizitätswerken für die gemeinsame Entwicklung eines Netzinformationssystems auf der Basis von Smallworld-GIS

Firmenprofile

gegründet und hat sich seither zum Schweizer Marktführer für NIS-Lösungen im Energieversorgungsbereich entwickelt.

Die NIS AG bietet ihren Kunden gezielte Lösungen an, die auf Beratung/Consulting, Software, Schulung und Outsourcing-Dienstleistungen (Hosting, Erfassung, Webapplicationen usw.) beruhen. Die unternehmensweite Nutzung von Informationen in Verbindung mit Geodaten gewinnt zunehmend an Bedeutung, nicht zuletzt auch durch die Strom-Marktliberalisierung. Dadurch werden laufend neue Herausforderungen an die Energieversorgungsunternehmen gestellt. So sind zum Beispiel Dokumentations- und Nachweispflicht zurzeit von Belang. Ganzheitliche Lösungen müssen betriebswirtschaftliche und technische Daten berücksichtigen und zusammenführen. Vor diesem Hintergrund bauen wir unsere Dienstleistung und Software in den Bereichen Asset-, Instandhaltungs-, Reporting- und Störungsmanagement bedürfnisorientiert aus.

on-geo GmbH

Straße: Maximiliansplatz 5/IV
PLZ, Ort: 80333 München
Land: D-
Telefon: +41 (0)89 444 55 66 30
Telefax: +41 (0)89 444 56 66 29
E-mail: kontakt@on-geo.de
Internet: www.on-geo.de
Zweigstellen in: Erfurt
Partnerfirmen: —
Geschäftsführer: Dr. Klaus Weigel
Vertriebsleiter: —
Leiter Anwenderberatung:
Schulungsleiterin:
Zuständig für Hotline:
Anzahl der Mitarbeiter: 50
Gründungsjahr: 2002

Gesamtumsatz 2007: —
Umsatz im Bereich GIS 2007: —

Produkte und Dienstleistungen:

Softwareprodukte: LORA
Digitale Datenprodukte: Immobilienfachdaten
Dienstleistungen: Hosting
weitere Produkte im Vertrieb:
ARGUS Software

Firmenprofil: On-geo präsentiert sich heute mit mehr als 50 Mitarbeitern an zwei Standorten als leistungsfähiger Dienstleister für den deutschen Immobilienmarkt mit einem spezialisierten und dennoch breitgefächertem Leistungsangebot.

Neben der Vermarktung von aktuellen Geo- und Immobilienfachdaten über eine eigene Handelsplattform (www.on-geo.de) bietet on-geo mit seiner LORA Immobilienplattform die Prozesslösung zur Immobilienbewertung. Zahlreiche Banken, Sparkasse, Finanzdienstleister, Makler und Gutachter profitieren heute bereits von den Vorteilen dieser Lösung, die den gesamten Lebenslauf einer Immobilie begleitet.
Die verschiedensten Einsatzmöglichkeiten der LORA Immobilienplattform - von der Einzelplatzlösung für Gutachter, über Netzwerke bis hin zur Integration von LORA in Konzernlösungen - bieten höchste Flexibilität. Der Kunde entscheidet, ob er die Lösung selbst betreiben oder im Rechenzentrum von on-geo hosten möchte.

On-geo ist seit 2007 Reseller und Dienstleister für ARGUS Software im deutschsprachigen Raum.

Firmenprofile

traffic mobility logistics.

PTV Planung Transport Verkehr AG

Straße: Stumpfstr. 1
PLZ, Ort: 76131 Karlsruhe
Land: D
Telefon: +49-721-9651-0
Telefax: +49-721-9651-8599
E-Mail: geomanagement@ptv.de
Internet: www.ptv.de, www.geomanagement.de
Zweigstellen in: Berlin, Dresden, Düsseldorf, Erfurt, München
Partnerfirmen: NavTeq GmbH, CAS GmbH, SAP Deutschland GmbH u.a.
Vorstände: Dr.-Ing. Hans Hubschneider, Dr.-Ing. Thomas Schwerdtfeger, Dr. Joachim Schmidt, Harald Holberg, Thomas Haupt, Vincent Kobesen
Vertriebsleiter: Thorsten Frerk
Leiter Anwendungsberatung: Michael Thiemann
Anzahl der Mitarbeiter: 700 weltweit
Gründungsjahr: 1979
Gesamtumsatz 2005/2006: 50,3 Mio. €
Umsatz im Bereich GIS 2005/2006: k.A.

Produkte und Dienstleistungen:

Softwareprodukte:
Professionelle Geomanagement-Lösungen:
PTV Map&Market
Digitale Datenprodukte: map&guide-Kartentechnologie
Dienstleistungen: Consulting
Weitere Produkte im Vertrieb: PTV Intertour zur optimalen Touren- und Transportplanung, Navigationslösungen, PTV xServer, Software-Komponenten für logistische und geografische Anwendungen

Referenzen:

GIS-Firmen (Auswahl):
Barilla-Wasa,
Kraft Foods GmbH & Co. KG,
Langnese Iglo GmbH,
L'Oreal
Melitta Haushaltsprodukte,
Nestlé Schöller GmbH & Co. KG
Rockwool International,
Veltins Brauerei,
Warsteiner Brauerei

Firmenprofil:

PTV Planung Transport Verkehr AG

Die PTV AG ist führender Anbieter von Software, Consulting und Forschung für die Reise-, Verkehrs- und Transportplanung im B2B-Bereich. Europaweit marktführend sind PTV-Produkte wie map&guide zur Routenplanung, VISUM für die Verkehrsplanung und PTV Intertour für die Tourenplanung – und das schon seit Jahren. Für das professionelle Geomanagement bietet das international aktive Unternehmen Software zur Planung und Visualisierung von Gebieten, Standorten, Liefer- und Vertriebsstrukturen sowie zur Außendienststeuerung. Sie wird eingesetzt in Vertrieb und Außendienst, Marketing sowie bei der Zustellung von Print- und Postprodukten.

Das konzernunabhängige Unternehmen mit Stammsitz in Karlsruhe wurde 1979 gegründet. Mit zahlreichen Niederlassungen und Beteiligungen in Europa, Asien und den USA erschließt PTV aktiv den Weltmarkt.

Firmenprofile

RMR-Softwareentwicklungsgesellschaft

Straße: Ahrweiler Str. 40
PLZ, Ort: 53474 Bad Neuenahr
Land: D
Telefon: 02641/900520
Telefax: 02641/31611
E-mail: info@RMR.de
Internet: www.RMR.de
Zweigstellen: Vertrieb über Händler
Geschäftsführer: Herr E. Rader
Vertriebsleiter: Herr Baur
Leiter Anwenderberatung: —
Schulungsleiter: —
Zuständig für Hotline: Herr Bauer
Anzahl der Mitarbeiter: 15
Gründungsjahr: 1987
Gesamtumsatz 2007: > 1 Mio. €

Produkte und Dienstleistungen:

Softwareprodukte: GeoCAD-OP und Classic
Digitale Datenprodukte: —
Dienstleistungen: Softwareentwicklung
weitere Produkte: GeoCAD-FDVK, -Bagger, -Absetzer, -Leitstand

Partnerfirma Schweiz:

RMR Software und Vermessung AG
Breite 2
CH-8595 Altnau
Tel.: 0041 71 6900220
Fax: 0041 71 6900222
E-Mail: RMR-AG@Swissonline.ch
Internet: www.RMR.de

Firmenprofil: Die RMR Softwareentwicklungsgesellschaft wurde im Jahr 1987 gegründet. Seitdem entstanden unter dem Produktnamen „GeoCAD" Module für die Berechnungen und den Datenfluß vom Feld bis zur CAD-Zeichnung, Module für die Herstellung von Lage-und Bestandsplänen, digitalen Geländemodellen mit Profil- und Schnittgenerierung, Straßenplanungen, Bebauungsplänen und die Bearbeitung von Baulandumlegungen, alle als AutoCAD-Applikation. Im Jahr 1995 entschied sich die RMR, neben der AutoCAD-Applikation eine neue, objektorientierte Software auch auf einer eigenen, AutoCADkompatiblen CAD, einer schnellen Datenbank und einem Real-Time 3D-Viewer zu entwickeln. Dieses Programm, GeoCAD-OP, wurde zu einem geographischen 3D-Informationssystem, das die konsequente Einheit von Datenbank, Berechnungen, CAD-Auswertung und 3D-Darstellung zum Ziel hat. Dies soll ermöglichen, daß Änderungen der Daten, ganz gleich an welcher Stelle, automatisch zur Fortführung aller anderen notwendigen Berechnungen, Daten und Darstellungen führen. Die bisherige Software, GeoCAD-Classic, wird als Applikation innerhalb von GeoCAD-OP ausgeführt, analog zu AutoCAD. Dies dient als Basis für die zusammen mit der Firma BOMAG im Jahr 1998 begonnene Entwicklung einer Software für eine GPS-gestützte, flächendeckende Verdichtungskontrolle. Hierbei wird die gesamte Historie der Verdichtung einer beliebigen Fläche, also alle Überfahrten und Verdichtungsendwerte, unabhängig von einem vorgegebenen Bahnraster erfaßt. Weiter wird aufgrund der Messungen ein digitales Geländemodell aus den Daten abgeleitet sowie die Zusammenstellung der verdichteten Flächen für die Abrechnung. Im praktischen Einsatz wird diese Software u.a. von der RWE Rheinbraun AG genutzt.

Seit 2005 ist bei der RWE Power AG die Anwendung GeoCAD-Bagger, einer Realtime 3D-Visualisierung von Tagebaubaggern, im Einsatz. GeoCAD-Bagger dient dazu, dem Maschinenführer eines Baggers die Bewegung der Maschine im Gelände, in der Nähe befindliche Hindernisse, Bandstraßen und die Fördermengen anzuzeigen. Auf der anderen Seite protokolliert GeoCAD-Ab-

Firmenprofile

setzer Grubenverfüllungsstände, indem die Oberflächendaten mit einer 3D-Laserscan Vermessung permanent erfasst werden. In GeoCAD-Leitstand laufen sämtliche Daten der Bagger und Absetzer zusammen, so das ein komplette Kontrolle über den Materialfluß hergestellt wird.

Damit die Firma nicht allein von dem Geo-und Bausektor abhängig bliebe, nahm die RMR 1999 das Angebot der Deutschen Postbank AG wahr, einen Teil ihrer Schaltersoftware fortzuentwickeln und zu warten. Alle Zahlungen an einem Pinpad, das in einer Filiale der Deutschen Post AG aufgestellt ist, werden seitdem über Software der RMR gesteuert.

Die RMR beschäftigt zur Zeit 15 Mitarbeiter, davon 13 Softwareentwickler. Der Vertrieb der GeoCAD-Software erfolgt über Händler. Bisher wurden mehr als 1500 Lizenzen dieser Software verkauft.

SHH GmbH SystemHaus Hemminger

Straße: Fritz-Müller-Straße 107
PLZ, Ort: 73730 Esslingen
Land: D
Telefon: +49 (0)711 31508-00
Telefax: +49 (0)711 31508-01
E-mail: marketing@shhinfo.de
Internet: www.shhinfo.de
Zweigstellen in: Berlin, Bochum, Leipzig
Tochtergesellschaft in: Wroclaw (Polen)
Partnerfirmen: Tekla, Perdata, DSM Soft
Geschäftsführer: Prof. Dr. Dieter Keller
Vertriebsleiter: Johannes Poulakis
Leiter Anwenderberatung: Dr. Thomas Hau
Schulungsleiter: —
Zuständig für Hotline: Dr. Manfred Fellbaum
Anzahl der Mitarbeiter: 130 (Dt. und Polen)
Gründungsjahr: 1967
Gesamtumsatz: —
Umsatz im Bereich GIS: —

Produkte und Dienstleistungen:

Softwareprodukte: PARIS Open, PARIS IQ, PARIS IQ View, PARIS WEB und TeklaXpower
Digitale Datenprodukte: —
Dienstleistungen: Data Management (Erfassung, Vorbereitung/ Dokumentation, Analyse, Präsentation), Unterstützung Zielnetzplanung, Unterstützung der Prozesse Planung und Bau, automatisierte Generierung schematischer Netzpläne, Erstellen des vollständig Digitalen Netzmodells, Netzberechnungen in elektrischen Verteilnetzen, Risikobasierte Instandhaltung u. Zustandsorientierte Instandhaltung
weitere Produkte im Vertrieb: —

Referenzen:

GIS-Dienstleistungen (Auswahl): Vattenfall, EnBW, EWM Lahr, Hoyerswerda, LLK, Stadtwerke Leipzig

GIS-Firmen (Auswahl): —

Firmenprofil: Die **SHH GmbH** SystemHaus Hemminger ist ein innovatives Entwicklungs-, Beratungs- und Dienstleistungsunternehmen auf dem Gebiet grafisch-technischer Informationssysteme und den daran angelehnten Geschäftsprozessen. Das Unternehmen realisiert neben flexiblen Kompaktlösungen für Spezialaufgaben insbesondere auch anspruchsvolle kundenorientierte, komponentenbasierte Systemlösungen in mehreren Branchen.

Mit jahrzehntelanger Erfahrung als GIS/NIS Systemhersteller und Projektdienstleister für die Dokumentation, Analyse/Integration von technischen Netzen, unterstützt die SHH GmbH mit ihren Produkten sowie Services die Geschäftsprozesse von Netzbetreibern. Durch den Einsatz innovativer Technologie werden Lösungen geschaffen, die Investitionen der Verteilnetzbetreiber sichern und Kosten reduzieren.

Firmenprofile

Durch die Kopplung der Netzdokumentation unter PARIS und dem Betriebsführungssystem Tekla Xpower bieten wir das einzige umfassende objektorientierte Netzmanagementsystem mit Anbindung zu SAP. Durch die integrierte Datenhaltung im dynamischen digitalen Netzmodell lassen sich sämtliche technischen Prozesse eines Netzbetreibers durchgängig abdecken.

SIEMENS

Siemens IT-Dienstleistung und Beratung GmbH

Straße: Bruchstr. 5
PLZ, Ort: 45883 Gelsenkirchen
Land: D
Telefon: 0209 9456-0
Telefax: 0209 9456-3401
E-mail: it-dienstleistung@siemens.com
Internet: www.it-dienstleistung.siemens.de
Zweigstellen in: Saarbrücken
Geschäftsführer:
Achim Todeskino (Vorsitzender)
Dr. Martin Bleß, Arndt Gippert
Ansprechpartner Standort Gelsenkirchen:
Michael Kuczynski, Tel.: 0209 9456-7547
Ansprechpartner Standort Saarbrücken:
Ulrich Berndt, Tel.: 0681 9406-2203
Anzahl der Mitarbeiter 2007: 745
Gesamtumsatz: 122,3 Mio €

Produkte und Dienstleistungen:

Softwareprodukte: —
Digitale Datenprodukte: —
Dienstleistungen:
gesamte GIS-Wertschöpfungskette
weitere Produkte im Vertrieb: sdGISconnect, bidirektionale Schnittstelle zwischen GIS und ERP zur integrierten, redundanzfreien Informationsverarbeitung

Referenzen:

- Erstellen von Applikationen mit SAP-/GIS-Kopplung
- Digitale Kartenarchive
- GIS-Implementierung, Migrationen und Geodatenmanagement
- Betreuung von über 500 CAD-/GIS-Anwendern

Firmenprofil: Siemens IT-Dienstleistung und Beratung GmbH ist eine Tochtergesellschaft der Siemens AG und gehört zur Division Siemens IT Solutions and Services. Zu den Kernkompetenzen der Siemens IT-Dienstleistung und Beratung gehört die Erbringung von Leistungen für die Energie- und Immobilienwirtschaft.

Durch den Einsatz von GIS und der Kopplung mit bewährter betriebswirtschaftlicher Standardsoftware lassen sich Geschäftsprozesse wie beispielsweise Vertrieb, Kundenservice, Marketing, Controlling, Logistik, Infrastruktur, Instandhaltung / Wartung, Ressourcenplanung und strategische Unternehmensplanung intelligent unterstützen.

In einer Vielzahl von Branchen werden GIS bereits intensiv genutzt. Zu den Kernnutzern zählen Energieversorgungsunternehmen und Leitungsnetzbetreiber mit ihren Netzinfrastrukturen ebenso wie öffentliche und privatwirtschaftliche Verwaltungen für z.B. das Immobilien- und Flächenmanagement.
Siemens IT-Dienstleistung und Beratung bietet ihren Kunden hierzu effiziente IT-Lösungen auf der Basis von ESRI und Autodesk an.

Firmenprofile

Unser langjähriges GIS-Know-how kommt Ihnen speziell in folgenden Bereichen zugute:

- Versorgungsunternehmen und Leitungsnetzbetreiber
- Planungsbehörden / Kataster und Vermessung
- Immobilienwirtschaft / Flächenmanagement
- Kundenmanagement

Wir bieten die gesamte GIS-Wertschöpfungskette an:

- Beratung: maßgeschneiderte Konzeptionierung
- Projektierung
- Kundenindividuelle Lösungen / mit Datenbankanbindung
- Betrieb von Anwendungen und Systemen
- Anwender-Workshops
- Anwender Support
- Benutzerservice und Hotline

SAP-Integration

- Optimiertes Geoprocessing durch Anbindung ArcGIS von ESRI an SAP RE und LUM
- Integration alphanumerischer und geographischer Daten
- Erweiterte Linienfunktion in SAP zur Darstellung von Netzwerk-Infrastrukturen mit linienförmigen Objekten
- Effektive Analyse-Tools

Siemens IT-Dienstleistung und Beratung GmbH sollte Ihr erster Ansprechpartner sein, wenn Sie ein GIS in Ihre Geschäftsprozesse integrieren wollen.

Ihre Vorteile:

- Prozessoptimierung
- Informationstransparenz
- Redundanzfreie Datenhaltung
- Zugriff auf nahezu 20 Jahre CAD-/GIS-Kompetenz

Softplan Informatik GmbH

Straße: Herrngarten 14
PLZ, Ort: 35435 Wettenberg
Land: D-
Telefon: +49 (0) 641 / 98 246 0
Telefax: +49 (0) 641 / 98 246 20
Internet: www.softplan-informatik.de
E-mail: info@softplan-informatik.de
Zweigstellen in: —
Tochterfirmen: INGRADA Service GmbH
Geschäftsführer: Jörg Tieben, Bertram Huke,
Vertriebsleiter: Ingolf Weidl
Leiter Anwenderberatung: —
Schulungsleiter: —
zuständig für Hotline: —
Anzahl der Mitarbeiter:
Gründungsjahr: 1991
Gesamtumsatz 2007: —
Umsatz im Bereich GIS: —

Produkte und Dienstleistungen:

Softwareprodukte: INGRADA, INGRADA web
Digitale Datenprodukte: —
Dienstleistungen: —
Weitere Produkte im Vertrieb: —

Firmenprofil: Die Softplan Informatik GmbH ist eines der führenden Systemhäuser für kommunale geografische Informationssysteme (GIS) in Deutschland. Eingebunden in ein weites Partnernetz bietet Softplan kommunalen Verwaltungen, Katasterämtern, Ingenieurbüros und Energieversorgern Know-how zur Planung und Verwaltung der Infrastruktur sowie zur raumbezogenen Dokumentation.

Das Leistungsspektrum: Grafik und Information für alle Standards

Individuelle Lösungen mit offenen Standards, die auf moderner und zuverlässiger Software beru-

Firmenprofile

hen, bilden das Fundament des Unternehmens. Das Leistungsspektrum umfasst den gesamten Bereich rund um geografische Informationen: Ausgestattet mit intelligenten Werkzeugen zur Durchführung effizienter Planung, Verwaltung und Auswertung bietet Softplan mit INGRADA modernes Infrastrukturmanagement. Mit dem modularen System realisiert der GIS-Spezialist flexibel standardisierte Lösungen für alle Bereiche aus Ver- und Entsorgung, Stadtverwaltung, Stadtplanung, Verkehr und Umwelt. Fachliche Beratung, Einbindung vorhandener IT-Landschaften sowie Support und begleitende Schulung ergänzen das Angebot.

Branchenkenntnis eines Marktführers
Mehr als 10.000 Installationen (Stand 01.01.2008) bei öffentlichen und privaten Institutionen machen Softplan zum führenden Systemhaus im Bereich GIS. Zu den Kunden gehören Gemeinden und Städte einschließlich deren Betriebe, Katasterämter, Rechenzentren, Energieversorgungsunternehmen sowie Vermessungs- und Ingenieurbüros im gesamten Bundesgebiet.

Produktbeschreibung

INGRADA – DAS GIS
Themenübergreifende geografische Informationen

INGRADA bietet kleinen und großen Kommunen, Landkreisen, Planungs- und Ingenieurbüros sowie Versorgungsunternehmen umfangreiche Werkzeuge zur Datenerfassung, Fortführung, Analyse und Auswertung. Eine Vielzahl von Applikationen decken fachübergreifend die Anforderungen der Verwaltungen und Betriebe ab.

GIS nach Maß
Zu der beliebigen Kombination der Fachschalen gibt es weitere Varianten, die es jedem Anwender ermöglichen, eine auf seine Anforderungen zugeschnittene GIS-Lösung einzusetzen.
Dienstleister wie Planungs- und Ingenieurbüros, aber auch kommunale Fachämter, Landkreise und Versorgungsunternehmen nutzen die INGRADA-Werkzeuge des Produktionssystems zur Erfassung, Aufbereitung, Fortführung und Analyse ihrer Geodaten.

Geodaten im Browser: INGRADA web
INGRADA web bietet die Möglichkeit, GIS-Daten unternehmensweit im Intranet oder über das Internet in der vertrauten Browser-Umgebung zu nutzen. Die Unterstützung offener Standards ermöglicht die Integration raumbezogener Informationen unterschiedlicher Herkunft.
Ein Browser genügt, um die Vorteile von INGRADA web zu nutzen und alle Informationen zu präsentieren und auszuwerten.
Einfach bedienbare Erfassungswerkzeuge ermöglichen die unkomplizierte und direkte Datenerfassung und Datenpflege über die Browseroberfläche.

Software-Büro Lothar Bubel GmbH

Straße: Am Neunkircher Weg 3
PLZ, Ort: 66459 Kirkel
Land: D
Telefon: 06849-600 400
Telefax: 06849-600 453
E-Mail: info@swbb.de
Internet: www.swbb.de, www.polygis.de
Zweigstellen in: —
Partnerfirmen: IAC mbH, Leipzig
Geschäftsführer: Herr Lothar Bubel
Vertriebsleiter: Herr Frank Leibrock
Anzahl der Mitarbeiter: 22
Gründungsjahr: 1987
Gesamtumsatz 2007: —
Umsatz im Bereich GIS 2007: —

Firmenprofile

Produkte und Dienstleistungen:

Softwareprodukte: PolyGIS
Digitale Datenprodukte: Rasterdaten
Dienstleistungen: alles rund um GIS
Weitere Produkte im Vertrieb: PolyGIS und über 40 Anwendungen

Firmenprofil: Die SWBB GmbH, mit Sitz im saarländischenKirkel bei Saarbrücken, wurde 1987 als Systemhaus für Softwareentwicklung gegründet.

Seit 1993 liegt der Tätigkeitsschwerpunkt des Unternehmens auf der Entwicklung des geographischen Informationssystems POLYGIS®, dem dazugehörigen Applikationsframework und der fachspezifischen Anwendungen. Damit gehört die SWBB mit ihrem umfassenden Produkt- und Dienstleistungsprogramm zu den führenden GIS Anbietern in Deutschland.

Zu den Anwendungen gehören unter anderen: Kommunale Statistik, Kommunale Straßeninformationen, Baum, Grün, Friedhof und technische Kataster wie Kanal-, Strom-, Gas-, Wasser- oder Fernwärme.
SWBB versteht sich als Technologie Haus, das Technologie für GIS evaluiert, selbst entwikkelt und assembliert. Jede proprietäre Lösung weichtder besseren technologischen Alternative. Das Engagement in OGC ist von strategischer Bedeutung. GIS Schwerpunktmärkte des unabhängigen Unternehmens sind vor allem der kommunale Sektor sowie weite Bereiche der Versorgungswirtschaft.

Hier werden alle Dienste auch im Zusammenhang mit digitaler Bildbearbeitung angeboten.
Die SWBB GmbH betreut heute zusammen mit dem strategischen Partner IAC mbH, Leipzig, und den Vertriebspartnern bundesweit ca. 1350 Kunden (Landesvermessungsämter, Ver- und Entsorger, Kommunen und Ingenieurbüros), diemehr als 16.000 POLYGIS® Lizenzen nutzen.

GIS-Firmen Personenregister

A

Abele, Ludwig, 259
Altrogge, Georg, 246

B

Bachmann, Matthias, 256
Balck, Henning, 274
Baltersee, R., 260
Basedow, Harry, 266
Baur, 279
Berndt, Ulrich, 281
Binnemann, Ulf, 253
Blattmann, Christian, 240
Bleß, Martin, 281
Bloch, Achim, 270
Bräunig, A., 260
Brüggemann, Arno, 240
Bubel, Lothar, 283
Budmiger, Pol, 255
Bues, Sven, 270

C

Cassar-Pieper, Natalie, 272
Cona, Johannes, 240

D

Denert, Ernst, 273
Dreesmann, Michael, 275
Dunker, D., 260

F

Feix, Claudia, 273
Fellbaum, Manfred, 280
Feser, Bernhard, 240
Fischer, Michael, 247
Freiberg, Steffen, 272
Frerk, Thorsten, 278

G

Gippert, Arndt, 281
Gitter, Ulrike, 271
Gogolok, Thomas, 258
Graichen, Götz, 248
Großmann, Andreas, 274

Gumnior, Alexander, 274
Günther, Artur K., 240
Günther, Jens, 240

H

Hader, Hansjörg, 243
Harbauer, Horst, 270
Hartke, Andreas, 258
Hartwig, Bernd, 264
Hauling, D., 260
Haupt, Thomas, 278
Hau, Thomas, 280
Helsper, Ute, 253
Herbst, Jürgen, 257
Hermes, T., 260
Hofmann, Claus, 245
Hofmann, Peggy, 258
Hoitz, Helmut, 264
Holberg, Harald, 278
Holdschick, Heidrun, 249
Hübener, D., 253
Hubschneider, Hans, 278
Hug, 245
Huke, Bertram, 282
Hurlemann, Peter, 253
Hurys, Paul, 253
Hüter-Fabian, Heike, 249

K

Kazakos, Wassilios, 245
Keller, Dieter, 280
Knoblauch, Stephan, 258
Kobesen, Vincent, 278
Kochanski, Frank, 273
Kodetzki, Marc, 272
Komp, K.-U., 246
Krasniqi, Kushtrim, 253
Kuczynski, Michael, 281
Kuscher, Günter, 256

L

Lehmann, Daniel, 276
Leibrock, Frank, 283
Liesen, L., 262
Lücke, Claudia, 246

GIS-Firmen Personenregister

Lüdicke, Rolf, 265
Ludwig, Lutz, 264

M

Maas, Simone, 273
Menssen, Wolfgang, 264
Monninger, Eckard, 274
Mösl, Thomas, 245
Müller-Elschner, Martin, 273
Müller, H., 268
Müller, Ina, 272
Müller, Peter, 271
Müterthies, A., 246

O

Obst, Thoralf, 258
Oelbermann, Jobst, 258
Ohlhof, Timm, 248
Olthuis, Friedhelm, 264
Ozimek, 245

P

Pahlke, Michael, 264
Poulakis, Johannes, 280

R

Radberger, Roman, 272
Rader, E., 279
Riehl, T., 253
Ritter, M., 268
Roland Zelles, 241
Rose, A., 262
Rüffer, Jürgen, 242
Runkel, Irmi, 259

S

Salort, Patricia, 259
Sassen, Stefan, 242
Schäfer, Oliver, 273
Schempp, Gerhard, 248
Schimmelpfennig, Wilfried, 249
Schimmich, O., 262
Schleich, 245
Schmidt, Joachim, 278
Schmitt, Matthias, 272

Schröder, Karsten, 249
Schwartz, W., 260
Schwerdtfeger, Thomas, 278
Sperhake, Ludwig, 264
Spoerl, Herbert, 270
Steinhauser, Norbert, 245
Stein; Robert, 246
Stepfer, Sebastian, 270
Steyer, Rico, 240
Strunz, Horst, 256
Stscherbina, Andreas, 274
Studer, Andreas, 276

T

Terhalle, Ulrich, 259
Thiemann, Michael, 278
Tieben, Jörg, 282
Todeskino, Achim, 281
Trebesius, Hilke, 249

V

Vogt, C., 260
Volk, Peter, 250

W

Walter, Eva, 259
Weber, Maximilian, 270
Weidl, Ingolf, 282
Weigel, Klaus, 277
Wüthrich, Markus, 255

Z

Zelles, Roland, 241
Zintel, Michael, 269
Zulian, A., 268
Zurhorst, M., 262

Adressenverzeichnis öffentlicher Sektor

5.1 öffentlicher Sektor

Amt der Tiroler Landesregierung
FB TIRIS und Gemeindeservice
Michael-Gaismair-Straße 1
A - 6020 Innsbruck
Tel.: +43 / 512 / 508-3650
Fax:+43 / 512 / 508-3605
www.tirol.gv.at/tiris

Arbeitsgruppe SIK-GIS
Organisationsamt des Kantons Bern
Kapellenstrasse 5
CH - 3011 Bern
Tel.: +41 / 31 / 633 41 11
Fax: +41 / 31 / 633 41 10
www.sik-gis.ch

Baudirektion Kanton Zürich, Amt für Raumordnung und Vermessung
GIS-Zentrum
Stampfenbachstr.12
CH - 8090 Zürich
Tel.: +41 / 01 / 259 40 94
Fax: +41 / 01 / 259 51 79
www.gis.zh.ch

Bayerische Landesanstalt für Landwirtschaft
Menzinger Str. 54
D - 80638 München
Tel.: 089 / 178 00 - 330
Fax: 089 / 178 00 - 313
www.lbp.bayern.de

Bayerisches Geologisches Landesamt
Heßstr. 128
D - 80797 München
Tel.: 089 / 1213 - 2629
Fax: 089 / 1213 - 2647
www.geologie.bayern.de

Bayerisches Landesvermessungsamt
Alexandrastr. 4
D - 80538 München
Tel.: 089 / 2129-1633
Fax: 089 / 2129-21633
www.geodaten.bayern.de,
www.bayern.de/vermessung

Bayerisches Staatsministerium für Landesentwicklung und Umweltfragen
Postfach 81 01 40
D - 81901 München
Tel.: 089 / 9214-3367
Fax: 089 / 9214-2580
www.umweltministerium.bayern.de

Landesbetrieb Geoinformation und Vermessung
Postfach 100504
D - 20003 Hamburg
Tel.: 040 / 42826-0
Fax: 040 / 42826-5966
www.geoinfo.hamburg.de

Bezirksregierung Hannover
Dez. 201
Postfach 203
D - 30002 Hannover
Tel.: 0511 / 106 - 7349
Fax: 0511 / 106 - 7517
www.bezreg-hannover.niedersachsen.de

Bundesamt für Bauwesen und Raumordnung (BBR)
Abt.1
Postfach 200130
D - 53131 Bonn
Tel.: 0228/ 401-2241
Fax: 0228/ 401-2260
www.bbr.bund.de

Bundesamt für Eich- und Vermessungswesen (BEV)
Abteilung M4
Schiffamtsgasse 1-3
A - 1025 Wien
Tel.: +43 / 1 / 211 76 4700
Fax: +43 / 1 / 211 76 4701
www.bev.gv.at

Bundesamt für Kartographie und Geodäsie (BKG)
Richard-Strauss-Allee 11
D - 60598 Frankfurt am Main
Tel.: 069 / 63 33 - 1
Fax: 069 / 63 33 425
www.bkg.bund.de,
www.geodatenzentrum.de

Bundesamt für Landestopografie Marketing und Verkauf Geodaten
Seftigenstraße 264
CH - 3084 Wabern
Tel.: +41 31963 2111
Fax: +41 31963 2459
www.swisstopo.ch

Bundesamt für Naturschutz (BfN)
Konstantinstr. 110
D - 53179 Bonn
Tel.: +49 228 / 84 91 0
Fax:+49 228 / 84 91 200
www.bfn.de

Adressenverzeichnis öffentlicher Sektor

Bundesamt für Statistik
Servicestelle GEOSTAT
Espace de l'Europe 10
CH-2010 Neuchâtel
Tel.: +41 32/713 60 60
Fax: +41 32/713 60 61
www.statistik.admin.ch

Bundesanstalt für Gewässerkunde (BfG)
Postfach 200253
D - 5602 Koblenz
Tel.: 0261 / 1306-5255
Fax: 0261 / 1306-5280
www.had.bafg.de

DFD DLR - Deutsches Zentrum für Luft- und Raumfahrt e.V.
Datenmanagement
Postfach 1116
D - 82230 Oberpfaffenhofen / Obb.
Tel.: 08153 / 28- 13 14
Fax:08153 / 28 -14 45
www.dfd.dlr.de

Eidgenössische Forschungsanstalt für Wald, Schnee und Landschaft
Züricherstr. 111
CH - 8903 Birmensdorf
Tel.: +41/1/ 7392474
Fax: +41/1/ 7374080
www.wsl.ch/products

Etat de Genève/SITG
Service des Systèmes d'Information et de Géomatique
7 rue des Gazomètres
Case postale 36
CH - 1211 Genève 8
Tel.: +41 22 / 327 54 16
Fax: +41 22 / 327 50 70
www.geneve.ch/sitg

Geologischer Dienst Nordrhein-Westfalen - Landesbetrieb-
Postfach 100763
D - 47707 Krefeld
Tel.: +49 2151 / 897 381
Fax: +49 2151 / 897 505
www.gd.nrw.de

GIS-Fachstelle des Kantons Zug
Aabachstrasse 5
CH - 6300 Zug
Tel.: +41 / 41 / 728 56 50
Fax: +41 / 41 / 728 56 59
www.zugis.de

Grundbuch- und Vermessungsamt des Kantons Basel-Stadt
Fachstelle für Geoinformation
Münsterplatz 11
CH - 4001 Basel
Tel.: +41 61 267 9285
Fax: +41 61 267 9291
www.gva.bs.ch

Hessisches Landesamt für Umwelt und Geologie
Rheingaustraße 186
D - 65203 Wiesbaden
Tel.: +49 611 / 6939 0
Fax: +49 611 / 6939 555
www.hlug.de

Hessisches Ministerium für Wirtschaft, Verkehr und Landesentwicklung
Kaiser-Friedrich-Ring 75
D - 65185 Wiesbaden
Tel.: +49 611 / 815 2920
Fax: +49 611 / 815 492920
www.landesplanung-hessen.de

Regionalverband Ruhr
Der Verbandsdirektor
Kronprinzenstr. 35
D - 45128 Essen
Tel.: +49 201 / 20 69 370
Fax: +49 201 / 20 69 240
www.rvr-online.de, www.rvr-online.de/daten/geodatenserver.shtml

Verwaltung Land Steiermark
GIS-Steiermark
Stempfergasse 7
A - 8010 Graz
Tel.: +43 / 316 / 877-4275
Fax: +43 / 316 / 877-2067
www.gis.steiermark.at

Landesamt für den Nationalpark Schleswig-Holsteinisches Wattenmeer
Schloßgarten 1
D - 25832 Tönning
Tel.: +49 4861 / 616 - 46
Fax: +49 4861 / 616 – 59
www.wattenmeer-nationalpark.de

Landesamt für Geologie und Bergwesen
Köthener Str. 34
D - 06118 Halle
Tel.: +49 345-52120
Fax: +49 345-5229910
www.mw.sachsen-anhalt.de/gla

Adressenverzeichnis öffentlicher Sektor

Landesamt für Geologie, Rohstoffe und Bergbau Baden-Württemberg
Albertstr. 5
D - 79104 Freiburg
Tel.: +49 761 / 204-4426
Fax: +49 761 / 204-4438
www.lgrb.uni-freiburg.de

Landesamt für Geowissenschaften und Rohstoffe Brandenburg (LGRB)
Stahnsdorfer Damm 77
D - 14532 Kleinmachnow
Tel.: +49 33203 36 640
Fax: +49 33203 36 702
www.lbgr.brandenburg.de

Landesamt für Kataster-, Vermessungs- und Kartenwesen
Von der Heydt 22
D - 66115 Saarbrücken
Tel.: 0681 / 9712-226
Fax: 0681 / 9712-200
www.lkvk.saarland.de

Landesamt für Vermessung und Geoinformation Sachsen-Anhalt
Hakeborner Straße 1
D – 39129 Magdeburg
Tel.: +49 391 / 5678507
Fax: +49 391 / 5678599
www.lvermgeo.sachsen-anhalt.de

Landesamt für Umwelt, Naturschutz und Geologie Mecklenburg-Vorpommern
Goldberger Str. 12
D - 18273 Güstrow
Tel.: 03843 / 777-434
Fax: 03843 / 777-639
www.lung.mv-regierung.de

Landesamt für Vermessung und Geobasisinformation
Ferdinand - Sauerbruch-Str.15
D - 56073 Koblenz
Tel.: 0261 / 492-319
Fax: 0261 / 492-492
www.lvermgeo.rlp.de

Landesanstalt für Umweltschutz Baden-Württemberg (LfU)
Informationstechnisches Zentrum
Postfach 210752
D - 76185 Karlsruhe
Tel.: 0721 / 983-13 60
Fax: 0721 / 983-1515
www.lfu.baden-wuerttemberg.de

Landeshauptstadt Magdeburg
Stadtvermessungsamt
An der Steinkuhle 6
D - 39128 Magdeburg
Tel.: 0391 540 5166
Fax: 0391 540 5192
www.magdeburg.de

Landesvermessung und Geobasisinformation Niedersachsen
Podbielskistr. 331
D - 30659 Hannover
Tel.: 0511 / 64609-375
Fax: 0511 / 64609-164
www.lgn.de

Landesvermessung und Geobasisinformation Brandenburg
Landesbetrieb
Heinrich-Mann-Allee 103
D - 14473 Potsdam
Tel.: 0331/8844-223
Fax: 0331/8844-126
www.geobasis-bb.de

Landesvermessungsamt Baden-Württemberg
Postfach 102962
D - 70025 Stuttgart
Tel.: 0711/ 123 - 2811
Fax: 0711/ 123 - 2980
www.lv-bw.de

Landesvermessungsamt Mecklenburg-Vorpommern
Lübecker Str. 289
D - 19059 Schwerin
Tel.: 0385 / 7444 -431
Fax: 0385 / 7444 -398
www.lverma-mv.de

Landesvermessungsamt Sachsen
Postfach 100244
D - 01072 Dresden
Tel.: 0351 / 82 83 3401
Fax: 0351 / 82 83 202
www.landesvermessung.sachsen.de

Landesvermessungsamt Schleswig-Holstein
Postfach 5071
D - 24062 Kiel
Tel.: 0431 / 383 20 80
Fax: 0431 / 383 20 99
www.lverma.schleswig-holstein.de

Adressenverzeichnis öffentlicher Sektor

Ministerium des Innern und für Sport Rheinland-Pfalz
Oberste Landesplanungsbehörde
Schillerplatz 3-5
D - 55116 Mainz
Tel.: +49 6131 / 16 27 97
Fax: +49 6131/ 16 27 96
www.ism.rlp.de

Ministerium für Landwirtschaft, Umweltschutz und Raumordnung des Landes Brandenburg
Referat UH3
Postfach 601164
D - 14473 Postdam
Tel.: +49 331 / 866 71 13
Fax: +49 331 / 866 70 61
www.mlur.brandenburg.de

Ministerium für Raumordnung, Landwirtschaft und Umwelt
Olvenstedter Str. 5
D - 39108 Magdeburg
Tel.: +49 391 / 567 32 21
Fax: +49 391 / 567 17 27
www.mrlu.lsa-net.de

Niedersächsisches Landesamt für Bodenforschung
Unterabt. Bodenkartierung
Postfach 510153
D - 30631 Hannover
Tel.: +49 511 / 643 -35 79
Fax: +49 511 / 643 -36 67
www.bgr.de

Niedersächsisches Umweltministerium
Postfach 4107
D - 30041 Hannover
Tel.: +49 511 / 120-3451
Fax: +49 511 / 120-3697
www.mu.niedersachsen.de

Saarland, Ministerium für Umwelt
Halbergstr. 50
D - 66121 Saarbrücken
Tel.: +49 681 / 501-4733
Fax: +49 681 / 501-4728
www.umwelt.saarland.de

Sächsisches Landesamt für Umwelt und Geologie (LfUG)
Zur Wetterwarte 11
D - 01109 Dresden
Tel.: +49 351/ 8928 - 338
www.umwelt.sachsen.de/lfug

Senatsverwaltung für Stadtentwicklung
Abt. V - Geoinformation, Vermessungswesen und Wertermittlung
Mansfelder Str.16
D - 10713 Berlin
Tel.: +49 30 / 9012 7553
Fax: +49 30 / 9012 3028
www.stadtentwicklung.berlin.de/geoinformation

Senatsverwaltung für Stadtentwicklung Umweltschutz und Technologie
Brückenstr. 6
D - 10173 Berlin
Tel.: +49 30 / 9025-2135
Fax: +49 30 / 9025-2520
www.stadtentwicklung.berlin.de/umwelt/umweltatlas/

Statistik Austria
Techn.-Method. Abteilung
Hintere Zollamtsstr. 2b
A - 1033 Wien
Tel.: +43/1/71128-7773
Fax: +43/1/71128-7088
www.statistik.gv.at

Statistisches Bundesamt (Destatis)
Gustav-Stresemann-Ring 11
D - 65189 Wiesbaden
Tel.: +49 611 / 75-2730
Fax: +49 611 / 75-3971
www.destatis.de

Thüringer Landesvermessungsamt
Abteilung 4
Hohenwindenstraße 13a
D - 99086 Erfurt
Tel.: +49 361/ 37 83 340
Fax: +49 361/ 37 83 699
www.thueringen.de/vermessung

Vermessungsamt des Kantons Graubünden
GIS-Zentrale
Grabenstrasse 8
CH - 7000 Chur
Tel.: +41 81 257 24 66
Fax: +41 81 257 21 43
www.kogis.ch/sik-gis

Vermessungsamt des Kantons Schaffhausen
Mühlentalstrasse 105
CH - 8201 Schaffhausen
Tel.: +41 / 52 / 632 76 89
Fax: +41 / 52 / 632 78 44
www.kogis.ch/sik-gis/

Adressenverzeichnis privater Sektor

5.2 privater Sektor

a/m/t/ AG
Obergasse 2a
CH-8400 Winterthur
Tel.:   +49 52 213 23 13
Fax.: +49 52 213 88 43
www.amt.ch

aadiplan münchen GmbH
Liebigstr.13
D-85757 Karlsfeld
Tel.:   +49 831 59392-0
Fax.: +49 831 59392 29
www.aadiplan.de

acadgraph CADstudio GmbH
Stockumer Str. 475
D-44227 Dortmund
Tel.:   +49 231 560310-50
Fax.: +49 231 7757738
www.acadGraph.de

AED-SICAD
Aktiengesellschaft
Lilienthalstraße 7
D-85579 Neubiberg/München
Tel.: +49 89 450260
Fax.: +49 89 45026102
www.sicad.de

AGIS GmbH
Linke Wienzeile 4
A-1060 Wien
Tel.: +43 1 58790 70
Fax.: +43 1 58790 79
www.agis.at

AGIS GmbH
Schönberger Weg 9
D-60488 Frankfurt a. M.
Tel.: +49 69 247 014 0
Fax.: +49 69 247 014 20
www.geoas.de

AKG Software Consulting GmbH
Uhlandstr. 12
D-79423 Heitersheim
Tel.: +49 (0)7634 5612-0
Fax.: +49 (0)7634 5612-300
www.akgsoftware.de

ALLSAT GmbH
Am Hohen Ufer 3A
D-30159 Hannover
Tel.: +49 511 30399-0
Fax: +49 511 30399-66
www.allsat.de

alta4 Geoinformatik AG
Frauenstr. 8+9
D-54290 Trier
Tel.: +49 651 9 66 26-0
Fax.: +49 651 9 66 26-26
www.alta4.de

ARC-GREENLAB GmbH
Eichenstr. 3b
D-12435 Berlin
Tel.: +49 30 762 933-50
Fax: +49 762 933-70
www.arc-greenlab.de

artiso AG
Oberer Wiesenweg 25
D-89134 Blaustein
Tel.: +49 7304 803-0
Fax.: +49 7304 803 300
www.artiso.com

Autodesk GmbH
Aidenbachstrasse 56
D-80686 München
Tel.: +49 / (0)180 - 5 22 59 59*
Fax: +49 / (0)180 - 5 22 59 58*
*Deutschland 14 Cent pro Minute. Für Österreich und die Schwiz fallen die üblichen Gesprächsgebühren an.
www.autodesk.de

AXIO-NET GmbH
Am Hohen Ufer 3A
D-30159 Hannover
Tel.: 0800 - 11 27 267
Fax: 0180 - 53 32 123
www.ascos.de

B & B Ingenieurgesellschaft mbH
Raiffeisenstr. 40
D-78166 Donaueschingen
Tel.: +49 771 83262 0
Fax.: +49 771 83262 50
www.bbsoft.de

BARAL Geohaus-Consulting AG
Aulberstr. 25
D-72764 Reutlingen
Tel.: +49 7121 9464-0
Fax.: +49 7121 9464-22
www.baral.de

Adressenverzeichnis privater Sektor

Barthauer Software GmbH
Pillaustr. 1a
D-38126 Braunschweig
Tel.: +49 531 235 33-0
Fax.: +49 531 235 33-99
www.barthauer.de

Ernst Basler + Partner AG
Zollikerstr. 65
CH-8702 Zollikon
Tel.: +41 44 395 11 11
Fax.: +41 44 395 12 34
www.ebp.ch

BB - ZWO Software GbR
Hauptstraße 16
D-87740 Buxheim
Tel.: +49 8331 974 8030
Fax.: +49 8331 974 8035
www.bb-zwo.de

Begasoft AG
Laubenstrasse 12A
CH-3008 Bern
Tel.: +41 31 384 08 33
Fax.: +41 31 328 43 75
www.swissgis.ch

Bentley Systems Germany GmbH
Carl-Zeiss-Ring 3
D-85737 Ismaning
Tel.: +49 89 962432 36
Fax.: +49 89 962432 20
www.bentley.de u.
www.bentley.com

BERIT GmbH (Deutschland)
Mundenheimer Str. 55
D-68219 Mannheim
Tel.: +49 621 878 05 66
Fax.: +49 0621 878 05 20
www.berit.com

BFUB Gesellschaft für Umweltberatung und Projetmanagement mbH
Plan 5
D-20095 Hamburg
Tel.: +49 40 30 05 04-0
Fax: +49 40 30 05 04-10
www.bfub.de

BGS Umwelt GmbH
An der Eschollmühle 28
D-64297 Darmstadt
Tel.: +49 6151 9456-0
Fax: +49 6151 9456-80
www.bgsumwelt.de

Björnsen Beratende Ingenieure GmbH
Maria Trost 3
D-56070 Koblenz
Tel.: +49 261 88510
Fax.: +49 261 885725
www.bjoernsen.de

Borchert Geoinfo GmbH
Düsseldorfer Str. 47
D-10707 Berlin
Tel.: +49 30 88927070
Fax.: +49 30 88927079
www.borchert-geo.de

BT-GIS Klaus Benndorf GmbH
Kessenicher Str. 108
D-53129 Bonn
Tel.: +49 228 97 851 0
Fax.: +49 228 97 851 11
www.bt-gis.de

Bühn Netzinfo GmbH
Zum Kugelfang 2
D-95119 Naila
Tel.: +49 9282 9193-500
Fax: +49 9282 9193-510
www.buehn-netzinfo.de

CADMAP Consulting Ingenieurgesellschaft GmbH
Weserstraße 101
D-45136 Essen
Tel.: +49 201 82765 50
Fax.: +49 201 82765 82
www.cadmap.de

CADMEC AG
Giesserstr. 1
CH-8620 Wetzikon
Tel.: +41 1 933 50 34
Fax.: +41 1 933 50 35
www.virtualbuilding.ch

Adressenverzeichnis privater Sektor

cartogis
Dipl.-Ing. Sabine Stengel
Pestalozzistraße 56a
D-10627 Berlin
Tel.: +49 30 318 03 500
Fax: +49 30 318 03 505
www.cartogis.de

CeGi
Center for Geoinformation
Emil-Figge-Str. 91
D-44227 Dortmund
Tel.: +49 231 725492-0
Fax: +49 231 725492-99
www.cegi.de

CGI Systems GmbH
Pettenkoferallee 39
D-82402 Seeshaupt
Tel.: +49 8801 912 322
Fax.: +49 8801 912 338
www.cgisystems.de

CISS TDI GmbH
Barbarossastr. 36
D-53489 Sinzig
Tel.: +49 2642 9780 0
Fax.: +49 2642 9780 10
www.ciss.de

Communication & Navigation
Durisolstrasse 7
A-4600 Wels
Tel: +43-7248-66233
Fax: +43-7248-66433
www.c-n.at

con terra GmbH
Martin-Luther-King-Weg 24
D-48155 Münster
Tel.: +49 251 7474 207
Fax.: +49 251 7474 100
www.conterra.de

CSO GmbH
Forsthausstr. 2
D-75180 Pforzheim
Tel.: +49 7231 9735 10
Fax.: +49 7231 9735 90
www.csogis.de

CWSM GmbH
Rothensee Str.24
D-39124 Magdeburg
Tel.: +49 391 288970
Fax.: +49 391 2889779
www.cwsm.de

CWSM GmbH
Nachtweide 95
D-39124 Magdeburg
Tel.: +49 391 2 88 97 - 0
Fax: +49 3 91 2 88 97 - 79
www.CWSM.de

DATAflor GmbH GmbH
August-Spindler-Str. 20
D-37079 Göttingen
Tel.: +49 551 5066-550
Fax.: +49 551 5066-559
www.dataflor.de

DGIS Service GmbH
Heinrich-Gläser-Str. 22
D-01454 Radeberg
Tel.: +49 35 28 45 12 60
Fax.: +49 35 28 45 12 61
www.dgis.de

DI FORSTHUBER GmbH
Kohlbauernstraße 17
A-2630 Ternitz
Tel.: +43 2630 382 50 0
Fax: +43 2630 382 50 14
www.iglis.at

DIALOGIS GmbH
Siemensstr. 8
D-53121 Bonn
Tel.: +49 228 963 9621
Fax: +49 228 963 9622
www.dialogis.de

DIGITERRA Systemhaus
Hauptstraße 31
D-73061 Ebersbach an der Fils
Tel.: +49 7163 531330
Fax.: +49 7163 531331
www.digiterra.de

disy Informationssysteme GmbH
Erbprinzenstr. 4 - 12
D-76133 Karlsruhe
Tel.: +49 721 1 600 616
Fax.: +49 721 1 600 605
www.disy.net

DMC1 GmbH
Werksgelände DOW
Gebäude B18
D-06258 Schkopau
Tel.: +49 3461 49 21 82
Fax.: +49 3461 49 21 43
www.dmc-one.com

Adressenverzeichnis privater Sektor

DORSCH CONSULT GmbH
Postfach 210243
D-80672 München
Tel.: +49 89 5797-734
Fax.: +49 89 5797-805
www.dorsch.de

Dr. Michael GEOMATICS
Sylvestristr. 4
D-38855 Wernigerode
Tel.: +49 3943 9231 0
Fax: + 49 3943 9231 99
www.m-geo.de

Dresden Geoinformationssystem Service GmbH
Heinrich-Gläser-Straße 22
D-01454 Radeberg
Tel.: +49 3528 451 263
Fax.: +49 3528 451 261
www.dgis.de

DVM Consulting GmbH
Jagdgasse 27
A-1100 Wien
Tel.: +43 1 90760070
Fax.: +43 1 907600799
www.dvm.at

ECHO Broadband GmbH
Ellerstr. 48
D-53119 Bonn
Tel.: +49 228 39025-0
Fax: +49 228 39025-90
www.echobroadband.de

EFTAS Fernerkundung GmbH
Oststr. 2 - 18
D-48145 Münster
Tel.: +49 251 133070
Fax.: +49 251-1330733
www.eftas.de

ESG Elektronik- und Logistik-GmbH
Livry-Gargan-Str. 6
D-82256 Fürstenfeldbruck
Tel.: +49 89 9216 0
Fax.: +49 89 9216 16 2631
www.esg.de

ESN EnergieSystemeNord GmbH
Lies-Meitner-Str. 25-29
D-24223 Raisdorf
Tel.: +49 4307 821-100
Fax.: +49 4307 938-110
www.esn.de

ESRI Geoinformatik GmbH
Ringstraße 7
D-85402 Kranzberg
Tel.: +49 8166 677 0
Fax.: +49 8166 677 111
ESRI-Germany.de u. www.esri.com

euro GIS IT-Systeme GmbH
Bahnhofstr. 30
D-85591 Vaterstetten
Tel.: +49 8106 35 43 21
Fax.: +49 8106 35 43 28
www.eurogis.de

FGE GmbH
Klingenderstr. 10 - 14
D-33100 Paderborn
Tel.: +49 5251 150-550
Fax: +49 5251 150-555
www.fge.de

Fichtner Consulting & IT GmbH
Sarweystrasse 3
D-70191 Stuttgart
Tel.: +49 711 8995 1453
Fax.: +49 711 8995 1422
www.fcit.fichtner.de

Forstware GmbH
von-Lassbergstr. 35
D-88709 Meersburg
Tel.: +49 7532 4324 0
Fax.: +49 7532 4324 20
www.forstware.de

Fraunhofer Gesellschaft, Institut AiS
Schloss Birlinghoven
D-53754 Sankt Augustin
Tel.: +49 2241 142532
Fax.: +49 2241 142072
www.commongis.de

GAF AG
Arnulfstr. 197
D-80639 München
Tel.: +49 89 12 15 28 0
Fax.: +49 89 12 15 28 79
www.gaf.de

Gänger & Bruckner
Weimarer Str. 18
D-21107 Hamburg
Tel.: +49 40 75 665 156
Fax.: +49 40 75 665 158
www.gaenger-bruckner.de

Adressenverzeichnis privater Sektor

GCE GmbH
Neustadter Str. 23-27
D-67454 Haßloch
Tel.: +49 6324 59 97 26
Fax.: +49 6324 59 97 11
www.gce.de

GDV GmbH
Binger Str. 51
D-55218 Ingelheim
Tel.: +49 6132 7148-0
Fax: +49 6132 7148-28
www.gdv.com

GE Energy GmbH
Daniel-Goldbach-Str. 17 - 19
D-40880 Ratingen
Tel.: +49 2102 108-0
Fax.: +49 2102 108-111
www.geenergy.com

GEF - RIS AG AG
Ferdinand-Porsche-Str. 4a
D-69181 Leimen
Tel.: +49 6224 971335
Fax: +49 6224 971390
www.gef.de

GEG mbH
Hannah-Vogt-Str. 1
D-37085 Göttingen
Tel.: +49 551 770 50 13
Fax.: +49 551 770 50 17
www.topol.de

Geobyte Software GmbH
Kupferstr.36
D-70565 Stuttgart
Tel.: +49 711 78 19 06 0
Fax.: +49 711 78 19 06 11
www.geobyte.de

GEOCOM Informatik AG
Kirchbergstr. 107
CH-3400 Burgdorf
Tel.: +41 34 428 3030
Fax.: +41 34 428 3032
www.geocom.ch

GEO-Consortium GbR
Siemsnsstr. 8
D-53121 Bonn
Tel.: +49 228 90826-12
Fax: +49 228 90826-11
www.geo-consortium.de

Geodatenservices GmbH
Rudolf-Diesel-Straße 5
D-65760 Eschborn
Tel.: +49 6173 605382
Fax.: +49 6173 605301
www.rwe.com

GEO DIGITAL GmbH
Rüdigerstr. 20
D-40472 Düsseldorf
Tel.: +49 211 52 28 83-0
Fax.: +49 211 52 28 83-99
www.geodigital.de

GEOGRAT GmbH
Schloßstr. 7
D-91792 Ellingen
Tel.: +49 9141 8671 0
Fax.: +49 9141 3372
www.geograt.de

geoinform AG
Friedrich-Bergius-Ring 11
D-97076 Würzburg
Tel.: +49 931 27 00 500
Fax.: +49 931 27 00 50 70
www.geoinform.de

GEO IT GmbH
Guggenberg 3
D-82380 Peissenberg
Tel.: +49 8803 498372
Fax: +49 8803 498373
www.geo-it.de

geo-konzept GmbH
Gut Wittenfeld
D-85111 Adelschlag
Tel.: +49 8424 89 89 0
Fax.: +49 8424 89 89 80
www.geo-konzept.de

GEOsat GmbH
Löhberg 78
D-45468 Mülheim an der Ruhr
Tel.: +49 208 45 000-39
Fax: +49 208 45 000-32
www.geosat.de

geoSYS
Oderberger Str. 13
D-10435 Berlin
Tel.: +49 30 44049939
Fax: +49 30 44352462
www.geosysnet.de

Adressenverzeichnis privater Sektor

GEOSYSTEMS GmbH
Riesstraße 10
D-82110 Germering
Tel.: +49 89 894343-0
Fax.: +49 89 894343-99
www.geosystems.de u. www.erdas.com

GeoTask AG
Güterstrasse 235
CH-4053 Basel
Tel.: +41 61 337 84 84
Fax.: +41 61 337 84 85
www.geotask.ch

geoVal GmbH
Humboldtstr. 115
D-28203 Bremen
Tel.: +49 421 34 89224
Fax.: +49 421 34 89219
www.geoval.de

GEVAS software GmbH
Leuchtenbergring 20
D-81677 München
Tel.: +49 89 255597 0
Fax.: +49 89 255597 66
www.gevas.de

GfI mbH
Philipp-Rosenthal-Str. 9
D-04103 Leipzig
Tel.: +49 341 961 331 0
Fax.: +49 341 961 331 1
www.gfi-gis.de

GfK MACON AG
Gustav-Struve-Allee 1
D-68753 Waghäusel
Tel.: +49 7254 983 0
Fax.: +49 7254 983 290
www.macon.de

GfK Marktforschung GmbH
Nordwestring 101
D-90319 Nürnberg
Tel.: +49 911 395 3039
Fax.: +49 911 395 3787
www.gfk.de

GIS Consult GmbH
Schultenbusch 3
D-45721 Haltern am See
Tel.: +49 2364 9218-0
Fax: +49 2364 9218-72
www.gis-consult.de

GI GEOINFORMATIK GmbH
Morellstraße 33
D-86159 Augsburg
Germany
Tel.: +49 821 25869 0
Fax: +49 821 25869 40
www.gi-geoinformatik.de

GIS PROJECT
Bahnhofstr. 32
D-66111 Saarbrücken
Tel.: +49 681 950939 0
Fax.: +49 681 950939 2
www.GIS-PROJECT.com

GIS Team
Kerkrader Straße 9
D-35394 Giessen
Tel.: +49 641 94 83 023
Fax.: +49 641 94 83 044
www.microimages.de

GISA GmbH
Leipziger Chaussee 191a
D-06112 Halle
Tel.: +49 345 585 2149
Fax.: +49 345 585 1002149
www.gisa.de

GISCAD - Institut
Bahnhofstraße 20
D-87700 Memmingen
Tel.: +49 8331 9272-14
Fax.: +49 8331 9272-20
www.giscad.de

GIS-tec GmbH
Fraunhoferstr. 5
D-64283 Darmstadt
Tel.: +49 6151 155 250
Fax.: +49 6151 155 259
www.gistec-online.de

GLOBUS-Informationssysteme GmbH
Monreposstr. 55
D-71634 Ludwigsburg
Tel.: +49 7141 6439405
Fax.: +49 7141 6439406
www.globus-informationssysteme.de

GPS GmbH
Lochhamer Schlag 5a
D-82166 Gräfelfing
Tel.: +49 89 85 83 64 30
Fax.: +49 89 85 83 64 44
www.gps-nav.de

Adressenverzeichnis privater Sektor

graphikon GmbH
Mandelstr. 16
D-10409 Berlin
Tel.: +49 30 42 10 7 27
Fax.: +49 30 42 10 7 50
www.graphikon.de

Graphisoft Deutschland GmbH
Friedrich-Ebert-Straße Haus 34/2
D-51429 Bergisch Gladbach
Tel.: +49 2204 843140
Fax.: +49 2204 843141
www.graphisoft.de

Graphservice GmbH
Im Ermlisgrund 18
D-76337 Waldbronn
Tel.: +49 7243 5641 11
Fax.: +49 7243 5641 99
www.graphservice.de

GreenGate AG
Höher
Landstraße 3
D-51570 Windeck
Tel.: +49 2243-92307 0
Fax: +49 2243-92307 99
www.greengate.de

grit GmbH
Landwehrsr. 143
D-59368 Werne
Tel.: +49 2389 9827-0
Fax: +49 2389 9827-27
www.grit.de

Hansa Luftbild
Geoinformationssysteme GmbH
Elbestr. 5
D-48145 Münster
Tel.: +49 251 2330-0
Fax: +49 251 2330-188
www.hansaluftbild.de

Hewlett-Packard GmbH
Herrenberger Str. 140
D-71034 Böblingen
Tel.: +49 7031 14-0
Fax: +49 7031 14-2999
www.hp.com

HHK Datentechnik GmbH
Hamburger Str. 277
D-38114 Braunschweig
Tel.: +49 531 288 1-0
Fax.: +49 531 288 1-111
www.hhk.de

Horstick GmbH
Geeste 83a
D-46342 Velen
Tel.: +49 2863 9295-0
Fax.: +49 2863 9295-20
www.horstick.de

Hydrotec GmbH
Bachstr. 62-64
D-52066 Aachen
Tel.: +49 241 946 89 98
Fax.: +49 241 50 68 89
www.hydrotec.de

IAC mbH
Industriestr. 85 - 95
D-04229 Leipzig
Tel.: +49 341 35 52 98 0
Fax.: +49 341 35 52 98 99
www.iac-leipzig.de

IB&T GmbH
An'n Slagboom 51
D-22848 Norderstedt
Tel.: +49 40 53412-0
Fax.: +49 40 53412-100
www.card-1.com

IBB Ingenieurbüro Battefeld
Nöckerstr. 37c
D-44879 Bochum
Tel.: +49 234 941720
Fax.: +49 234 9417299
www.battefeld.com

IBM GmbH
Godesberger Allee 115
D-53175 Bonn
Tel.: +49 228 881 537
Fax.: +49 228 881-476
giswww.pok.ibm.com

ibR Ges. für Geoinformation mbH
Sebastianstraße 189
D-53115 Bonn
Tel.: +49 228 979850
Fax.: +49 228 9798555
www.ibr-bonn.de

IBS Ingenieurbüro Seiler
Hauptstr. 45
D-77886 Lauf
Tel.: +49 7841 668431
Fax.: +49 7841 663709
www.ib-seiler.de

Adressenverzeichnis privater Sektor

ICF GmbH
Lahnstraße 1
D-48145 Münster
Tel.: +49 251 2330 186
Fax.: +49 251 2330 188
www.icf.muenster.de

Idomeo gmbh
Schlossinselstr. 2
D-84169 Altfrauenhofen
Tel.: +49 8705 933 93 16
Fax: +49 8705 9310 48
www.idomeo.com

IDP Dr. Stein GmbH
Biedenkamp 11b
D-21509 Glinde
Tel.: +49 40 713753-0
Fax: +49 40 7136933
www.idp.de

imp GmbH
Grenzstraße 26
D-06112 Halle
Tel.: +49 345 57062-0
Fax.: +49 345 57062-99
www.imp-gmbh.de

infas GEOdaten GmbH
Marienforster Str. 52
D-53177 Bonn
Tel.: +49 228 8496-0
Fax: +449 228 8496 130
www.infas-geodaten.de

infoGraph GISMobil GmbH
Am Stutzenwald 25
D-66877 Ramstein
Tel.: +49 6371 9611-0
Fax: +49 6371 9611-20
www.gismobil.de

Ingenieurbüro Feiler, Blüml, Hänsel
Messbacher Str. 59
D-08527 Plauen
Tel.: +49 3741 22 91 74
Fax.: +49 3741 22 91 76

Ingenieurbüro Wenninger
Reichenbachstr. 3
D-85737 Ismaning
Tel.: +49 89 427 422 10
Fax.: +49 89 427 422 25
www.wenninger.de

INTEND Geoinformatik GmbH
Ludwig-Erhard-Straße 12
D-34131 Kassel
Tel.: +49 561 3167990
Fax.: +49 561 3167997
www.intend.de

INTERGRAPH (Deutschland) GmbH
Reichenbachstraße 3
D-85737 Ismaning
Tel.: +48 89 96106-0
Fax.: +49 89 96106-100
www.intergraph.de

Intevation GmbH
Georgstr. 4
D-49074 Osnabrück
Tel.: +49 541 33 50 8 30
Fax: +49 541 33 50 8 59
www.intevation.de

inthal software GbR
Hof-Sorge Straße 5
D-35329 Gemünden
Tel.: +49 66 34 91 91 29
Fax.: +49 66 34 91 91 28
www.inthal.de

IPM Ingenieurbüro Peter Müller
Adam-Ries-Str. 16
9456 Annaberg-Buchholz
Tel.: 03733 / 14 52 02
Fax: 03733 / 14 52 31
www.ipm-gis.de

IP Syscon GmbH
Tiestestr. 16-18
D-30171 Hannover
Tel.: +49 551 850303-0
Fax.: +49 511 850303-30
www.syscon.infraplan.de

ITS Informationstechnik Service GmbH
Karl-Marx-Str. 32
D-44141 Dortmund
Tel.: +49 231 55 75 111
Fax.: +49 231 55 32 15
www.its-informationstechnik.de

IVC AG
Nobelstraße 3-5
D-41189 Mönchengladbach
Tel.: +49 2166 955 752
Fax.: +49 2166 955 739
www.caddy.de

Adressenverzeichnis privater Sektor

IVT GmbH
Auf der Morgenweide 46
D-55276 Oppenheim
Tel.: +49 6133 925030
Fax.: +49 6133 925031
www.IVT-OPPENHEIM.DE

IVU Traffic Technologies AG
Bundesallee 88
D-12161 Berlin
Tel.: +49 30 859 06-0
Fax: +49 30 859 06-111
www.ivu.de

IVU Umwelt GmbH
Burgweg 10
D-79350 Sexau
Tel.: +49 7641 53046
Fax.: +49 7641 53047
www.ivu-umwelt.de

K2-Computer Softwareentwicklung GmbH
Billungsstr. 2
D-06484 Quedlinburg
Tel.: +49 3946/6895 41
Fax.: +49 3946 6895 79
www.k2-computer.com

Kirchner EDV-Service Bremen GmbH
Teichstraße 3
D-31655 Stadthagen
Tel.: +49 5721 8095 35
Fax.: +49 5721 8095 95
www.kirchner-ingenieure.de

KISTERS AG
Charlottenburger Allee 5
D-52068 Aachen
Tel.: +49 241 9671 145
Fax.: +49 241 9671 555
www.kisters.de

lat/lon GmbH
Aennchenstr. 19
D-53177 Bonn
Tel.: +49 228 184 96-0
Fax: +49 228 184 96-29
www.lat-lon.de

Lehmann + Partner GmbH
An der Wipfra 1
D-99334 Kirchheim
Tel.: +49 36200 67-0
Fax.: +49 36200 67-140
www.lehmann-partner.de

LCC Consulting AG
Im Tiergarten 54
CH-8055 Zürich
Tel: +41 44 454 30 10
Fax: +41 44 454 30 13
www.lcc-consulting.ch

LIVEMAP GmbH
Kantstr. 150
D-10623 Berlin
Tel.: +49 303100982
Fax.: +49 3031010998
www.livemap.de

LOGIBALL GmbH
Westring 303
D-44629 Herne
Tel.: +49 2323 925 550
Fax.: +49 2323 925 551
www.logiball.de

LUTUM + TAPPERT GmbH
Andreas-Hermes-Str. 7-9
D-53175 Bonn
Tel.: +49 228 95 91 40
Fax.: +49 228 95 91 444
www.geomarketing.de

M.O.S.S. GmbH
Hohenbrunner Weg 13
D-82024 Taufkirchen
Tel.: +49 89 666 75 117
Fax.: +49 89 666 75 180
www.moss.de

MapInfo GmbH
Kelsterbacher Straße 23
D-65479 Raunheim
Tel.: +49 6142 203 400
Fax.: +49 6142 203 444
www.mapinfo.com

MAP&GUIDE GmbH
Albert-Nestler-Str. 10
D-76131 Karlsruhe
Tel.: +49 721 7816 0
Fax.: +49 721 7816 599
www.mapandguide.de

megatel GmbH
Universitätsallee 29
D-28359 Bremen
Tel.: +49 421 22 095-0
Fax.: +49 421 22 095-16
www.megatel.de

Adressenverzeichnis privater Sektor

METTENMEIER GmbH
Klingender Str. 10-14
D-33100 Paderborn
Tel.: +49 5251 150-300
Fax.: +49 5251 150-311
www.mettenmeier.de

mobile-geomatics GmbH & Co KG
Wachmannstraße 38
D-28209 Bremen
Tel.: +49 421 349 8210
Fax.: +49 421 349 9258
www.mobile-geomatics.de

Moskito GIS GmbH
Mengeder Str. 623
D-44359 Dortmund
Tel.: +49 231 933 410
Fax.: +49 231 933 4119
www.moskito-gis.de

mtc
Bahnhofstr. 50
D-14959 Trebbin
Tel.: +49 33731 30480
Fax.: +49 33731 30480
www.mtc-geo,eu

Müller & Richter GmbH
Herzbachweg 71
D-63571 Gelnhausen
Tel.: +49 6051 926060
Fax.: +49 6051 926050
www.geo-muerich.de

NIS AG
Gerliswilstr. 74
CH-6032 Emmenbrücke
Tel.: +41 (0)41 267 05 05
Fax.: +41 (0)41 267 05 06
www.nis.ch

norBIT GmbH
Rheinstr. 13
D-26506 Norden
Tel.: +49 4931 922297
Fax.: +49 4931 922655
www.norBIT.de

on-geo GmbH
Maximiliansplatz 5/IV
D-80333 München
Tel.: +49 89 444 55 66 30
Fax.: +49 89 444 55 66 29
www.on-geo.de

OSC AG
Industriestraße 11
D-26121 Oldenburg
Tel.: +49 441 35042301
Fax.: +49 441 35042380
www.osc-im.de

PDV-Systeme Erfurt
Haarbergstr. 73
D-999097 Erfurt
Tel.: +49 361 4407-100
Fax: +49 361 4407-299
www.pdv.de

PLEdoc GmbH
Kallenbergstr. 5
D-45141 Essen
Tel.: +49 201 3659221
Fax.: +49 201 3659163
www.pledoc.de

POWERSOFT R. PIAN SA
Route de la Pierre
CH-1024 Ecublens
Tel.: +41 21 6956303
Fax.: +41 21 6956304
www.powersoft-rp.com

PRO DV Software AG
Hauert 6
D-44227 Dortmund
Tel.: +49 231 97 92 0
Fax.: +49 231 97 92 200
www.prodv.de

promegis GmbH
Breslauer Straße 31
D-49324 Melle
Tel.: +49 5422 96290
Fax.: +49 5422 962920
www.promegis.de

PTV Planung Transport Verkehr AG
Stumpfstr. 1
D-76131 Karlsruhe
Tel.: +49 721 9651-637
Fax.: +49 721 9651-684
www.ptv.de

RIB Bausoftware GmbH
Vaihingerstraße 151
D-70567 Stuttgart
Tel.: +49 711 78 73 169
Fax.: +49 711 78 73 203
www.rib.de

Adressenverzeichnis privater Sektor

ribeka.com GmbH
Rathausgasse 30
D-53111 Bonn
Tel.: +49 228 9766267
Fax.: +49 228 9766268
www.ribeka.com

RIWA GmbH
Bahnhofstr. 20
D-87700 Mammingen
Tel.: +49 8331 9272-0
Fax: +49 8331 9272-20
www.riwa-gis.de

rmDATA GmbH
Zeppelinstr. 71-73
D-81669 München
Tel.: +49 89 14303359
Fax.: +43 3352 3848276
www.rmdata.at / www.rmdata.de

**RMR-Softwareentwicklungs-
gesellschaft mbH**
Ahrweiler Str. 46
D-53474 Bad Neuenahr
Tel.: +49 2641 900520
Fax: +49 2641 31611
www.RMR.de

RZI Software GmbH
Holzgartenstr. 34a
D-90461 Nürnberg
Tel.: +49 911 949800-3
Fax.: +49 911 949800-5
www.rzi.de

SAG EL AG, CeGIT AG
Westfalendamm 100
D-44141 Dortmund
Tel.: +49 231 725488-0
Fax.: +49 231 725488-13
www.cegit.com

Schleupen AG
Adenauerstr. 16
D-33184 Altenbeken
Tel.: +49 5255 98 66-0
Fax: +49 5255 89 66-99
www.schleupen.de

Screen Paper Communication GmbH
Markeeweg 14
D-53340 Meckenheim
Tel.: +49 2225 7032412
Fax.: +49 2226 909617
www.screenpaper.de

screen & paper Werbeagentur GmbH
Martin-Luther-Straße 6
D-85354 Freising
Tel.: +49-(0)8161-97 94-0
Fax: +49-(0)8161-97 94-23
www.screen-paper.de

SELB
Rathgasse 18
A-2500 Baden
Tel.: +43 2252 459 60
Fax.: +43 2252 459 60-18
www.selb.at/selb

SHH GmbH
SystemHaus Hemminger
Fritz-Müller-Strasse 107
73730 Esslingen
Tel.: +49 711 31508-00
Fax: +49 711 31508-01
www.shhinfo.de

Siemens IT-Dienstleistung und Beratung GmbH
Bruchstr. 5
D-45883 Gelsenkirchen
Tel.: +49 209 9456-0
Fax.: +49 209 9456-340
www.it-dienstleitung.siemens.de

Softplan Informatik GmbH
Herrngarten 14
D-35435 Wettenberg
Tel.: +49 641 98 2460
Fax.: +49 641 98 24620
www.softplan-informatik.de

speediKon AG
Berliner Ring 89
D-64625 Bensheim
Tel.: +49 6251 584104
Fax: +49 6251 584303
www.speedikonfm.com

SRP Ges. f. Stadt- u. Regionalplang. mbH
Berliner Str. 112A
D-13189 Berlin
Tel.: +49 30 44 37 21 0
Fax: +49 30 44 37 21 99
www.srp-gmbh.de

SWBB - Software-Büro Lothar Bubel GmbH
Am Neunkircher Weg 3
D-66459 Kirkel
Tel.: +49 6849 600 400
Fax.: +49 6849 600 453
www.swbb.de

Adressenverzeichnis privater Sektor

SynerGIS Informationssysteme GmbH
Gerbersruhstr. 2
D-69168 Wiesloch
Tel.: +49 622257310
Fax.: +49 6222573131
www.synergis.de

SHH Systemhaus HEMMINGER GmbH
Fritz-Müller-Str. 107
D-73730 Esslingen
Tel.: +49 711/315 08-00
Fax.: +49 711 315 08-01
www.hemminger.de

team heese AG
Marie-Calm-Straße 1-5
D-34131 Kassel
Tel.: +49 561 9328 211
Fax.: +49 561 9328 411
www.teamheese.de

TeKoN Informationssysteme GmbH
Lübecker Str. 53-59
D-39124 Magdeburg
Tel.: +49 391 2805644
Fax.: +49 391 2805660
www.tekonsysteme.de

Terradata & Co GmbH
Chemnitzer Str. 198
D-12621 Berlin
Tel.: +49 30 56702019
Fax.: +49 30 56597905
www.terradata-deutschland.de

TRIGIS Vermessung & Geoinformatik GmbH
Ehrenfelsstr. 44
D-10318 Berlin
Tel.: +49 30 501 506 0
Fax.: +49 30 501 506 60
www.trigis.de

Trimble GmbH
Am Prime Parc 11
D-65479 Raunheim
Tel.: +49 6142 2100204
Fax.: +49 6142 2100220
www.trimble.com

TYDAC AG, Bern, Schweiz
Luternauweg 12
CH-3006 Bern
Tel.: +41 31 368 0180
Fax.: +41 31 368 0180
www.tydac.ch

uismedia Lang & Müller
Biernerstr. 32
D-85354 Freising
Tel.: +49 8161 232870
Fax.: +49 8161 232874
www.uisgruppe.de

UMGIS Informatik GmbH
Robert-Bosch-Straße 7
D-64293 Darmstadt
Tel.: +49 6151 872 4000
Fax.: +49 6151 872 4009
www.umgis.de

VANA Automatische DV
Reisnerstr. 25/22
A-1030 Wien
Tel.: +43 1 7128437
Fax.: +43 1 7128437 76
www.valis.co.at

WASY GmbH
Waltersdorfer Straße 105
D-12526 Berlin
Tel.: +49 30 6799980
Fax.: +49 30 67999899
www.wasy.de

WGI mbH
Westenhellweg 102-106
D-44137 Dortmund
Tel.: +49 231 913003 33
Fax.: +49 231 913003 99
www.wgi-gmbh.de

Widemann Systeme e. K.
Egerstr. 2
D-65205 Wiesbaden
Tel.: +49 611 77 819-0
Fax.: +49 611 77 819 99
www.widemann.de

Adressenverzeichnis EUROGI-Dachverbände

5.3 Adressenverzeichnis der EUROGI-Dachverbände

EUROGI
European Umbrella Organisation for Geographic Information
Rua de Artilharia Um, 107
1099-052 Lisboa, Portugal
Telefon: +351 213-819-624, Fax: +351 213 819 699
E-mail: eurogi@eurogi.org

Belgien
CC Belgium
Coordinate, stimulate, encourage and support the use of digital geographical information in Belgium
Ingrid van den Berghe
c/o Institut Géographique National
Abbaye de la Cambre 13
B-1000 Bruxelles
Telefon : +32 2 629 82 19, Fax : +32 2 629 82 76
E-mail : ivb@ngi.be

Deutschland
DDGI e.V.
Deutscher Dachverband für Geoinformation
c/o CFGi Center for Geonformation
Hering und Dr. Bernsdorf
Rheinlanddamm 201
D-44139 Dortmund
Telefon : +49 231 28668206, Fax : +49 231 28668207
E-mail : info@ddgi.de

Finland
ProGIS
Finnish Association for Geographic Information
Ministry of Agriculture and Forestry
PO Box 30
FIN-00023 Government
Telefon : +358-9-160 88 629, Fax : +358-9-160 2450
E-mail : antti.vertanen@mmm.fi

Frankreich
AFIGÉO
Association Française pour l'Information Géographique
Mr. Dominique Caillaud
136 bis, Rue de Grenelle
75700 PARIS 07 SP
Telefon : +33 1 43 98 82 62, Fax : +33 1 43 98 85 66
E-mail : afigeo@afigeo.asso.fr

Griechenland
HELLASGIS
Hellenic geographic Information Society
Christos Zambelis
T. Vassou Str. 115-21
Athen
Telefon : +301 6446776, Fax : +301 6447039
E-mail : hellasgi@otenet.gr

Großbritannien
AGI
Association for Geographic Information
Lord Chorley
Block C, 4th Floor
5-23 Old Street
London EC1V 9HL
Telefon : +44 (0) 20 7253 5211,
Fax : +44 (0) 20 7251 4505
E-mail : info@agi.org.uk

Irland
IRLOGI
Irish Organisation for Geographic Information
Ms. Claire Gilligan
Museum Building
Trinity College
Dublin 2
Telefon : +353 1 608 25 44, Fax : +353 1 677 30 72
E-mail : info@irlogi.ie

Island
LISA
LISA an Organisation of Geographical Information for all in Iceland
Heidar Th. Hallgrimsson
LISA Organisation
Sidumuli 15
8411, 128 Reykjavik
Telefon : +354 563 2623, Fax : +354 530 9101
E-mail : lisa@aknet.is

Italien
AM/FM Italia
Automated Mapping/Facilities Management / Geographic Information System
Prof. Mauro Salvemini
viale America 11
00144 Roma
Telefon : +39 06 591 0604 , Fax : +39 06 542 296 65
E-mail : info@amfm.it

Adressenverzeichnis EUROGI-Dachverbände

Luxemburg
GTIM-SIG
Groupe de Travail Interministériel SIG
Mr. André Majerus
c/o Administration du Cadastre et de la Topographie
54, Ave Gaston Diderich
BP 1761
L-1017 Luxembourg
Telefon : +35244901272 , Fax : +35244901288
E-mail : andre.majerus@act.etat.lu

Niederlande
Ravi
Netherlands Council for Geographic Information
Ir. G.C. van Wijnbergen
P.O. Box 508
3800 AM Amersfoort
Telefon : +31 334604100 , Fax : +31 334656457
E-mail : secretariaat@ravi.nl

Norwegen
GeoForum
Organisasjon for geografisk informasjon
Ivar Maalen-Johansen
Storgaten 11
N-3510 Hønefoss
Telefon : +47 32 12 31 66 , Fax : +47 32 12 06 16
E-mail : Geoforum@geoforum.no

Österreich
AGEO
Austrian Umbrella Organization for Geographic Information
Dipl.-Ing. Manfred Eckharter
Bürgerstr. 34
A-6010 Innsbruck
Telefon : +43 512 588411-60
Fax : +43 512 588411-61
E-mail : gerda.schennach@bev.gv.at

Polen
GISPOL
National Land Information System Users Association
Edward Mecha
ul. Urbanowicza 37
41-500 CHORZOW
Telefon : +48 22-6423189, Fax: -
E-mail : gispol@gispol.org.pl

Portugal
CNIG
Centro Nacional de Informaçao Geográfica
Arménio dos Santos Castanheira
Rua Artilharia Um, 107
1099-052 Lisboa
Telefon : +351 21 381 9600 , Fax : +351 21 381 9699
E-mail : rpj@igeo.pt

Schweden
ULI
The Swedish Development Council for Land Information
Mr. Anders Granat
SE-801 82 Gävle
Telefon : +46 26 611 050, Mobil: +44 (0)70 636 6995
Fax : +46 26 613 277
E-mail : uli@uli.se

Schweiz
SOGI
Swiss Organization for Geo-Information
Rudolf Schneeberger
Museggstr. 31
6004 Luzern
Telefon : +41 61 686 77 77 , Fax : +41 61 686 77 88
E-mail : admin@sogi.ch

Slowenien
GIC SLOVENIA
GeoInformation Centre of the Republic of Slovenia
Dunajska cesta 48
1000 Ljubljana
Telefon : +386 1 478 7343 , Fax : +386 1 478 742
E-mail : gic@gov.si

Spanien
AESIG
Asociación Española de Sistemas de Información Geográfica
Jordi Guimet Pereña
Cardenal Silíceo 37 B1
28002 Madrid
Telefon : +34 91 413 66 87 , Fax : +34 91 416 13 32
E-mail : aesig@sinix.net

Tschechien
CAGI
Czech Association for Geoinformation
Dr. Jiri Hiess
Novotneho lávka 5
11668 Praha 1
Telefon +420 221 082 374, Fax: +420 221 082 374
E-mail : cagi@cagi.cz

Ungarn
HUNAGI
Hungarian Association for Geo-Information
Mr. Zsolt Sikolya
P.O. Box 1
H-1860 Budapest 55
Telefon : +36 1 3014052 , Fax : +36 1 3014719
E-mail : gabor.remetey@fvm.hu

6. Interessante Links

Informationsseite zum Aufbau und Betrieb der Geodateninfrastruktur Deutschland
www.gdi-de.de

Informationsseite des Interministeriellen Ausschusses für das Geoinformationswesen des Bundes
www.imagi.de

Geodatenzugangsportal des Bundes
www.geoportal.bund.de

Zugangsportal für harmonisierte Geobasisdaten
www.geodatenzentrum.de

Umweltinformationsseite des Bundes
www.portalu.de

Nationaler GEOSS-Implementierungsplan
www.d-geo.de/DGIP/dgip.pdf

Web-GIS-Plattform der Rohstoffwirtschaft
www.georohstoff.org

Online-Portal des Deutschland-Online Vorhabens Geodaten
www.do-geodaten.nrw.de

Informationsseite der Geoinformationswirtschaft betrieben von der GIW-Kommission
www.geobusiness.org

Verbände: (Geoinformatik)

Deutschen Dachverband für Geoinformation e. V.
www.ddgi.de

GDI Sachsen Geodaten-Infrastruktur-Sachsen e. V.
www.gdi-sachsen.de

Verband der Geoinformationswirtschaft Berlin-Brandenburg e. V.
www.geokomm.de

GeoMV Geoinformationswirtschaft Mecklenburg-Vorpommern e. V.
www.geomv.de

GiN e. V. Verein zur Förderung der Geoinformatik Norddeutschland
www.gin-online.de

InGeoForum Informations- und Kooperationsforum für Geodaten im ZGDV e. V.
www.ingeoforum.de

Runder Tisch GIS e. V.
www.rundertischgis.de

Deutsche Gesellschaft für Photogrammetrie, Fernerkundung und Geoinformation e.V.
www.dgpf.de

DVW e. V. Deutscher Verein für Vermessungswesen e.V. - Gesellschaft für Geodäsie, Geoinformation und Landmanagement
www.dvw.de

Verbände Europa: (Geoinformatik)

EUROGI European Umbrella Organisation for Geographic Information
www.eurogi.org

Dienste Deutschland:

Geoportal Rheinland-Pfalz

Das GeoPortal.rlp ist innerhalb der Geodateninfrastruktur des Landes Rheinland-Pfalz die zentrale Informations- und Kommunikationsplattform für die Recherche, die Visualisierung und die Bereitstellung von Geodaten öffentlicher Stellen und zugleich Bestandteil der GDI in Europa, Deutschland und Rheinland-Pfalz.
www.geoportal.rlp.de

Geodaten Deutschland-Online

Ziel dieses Projektes ist die kartographische Darstellung des DLM50 in einem bundesweit einheitlichen Signaturenschlüssel ohne Anwendung von kartographischen Generalisierungsprozessen. Die Präsentation soll über WEB-Dienste zur Verfügung gestellt werden. Gegebenenfalls entstehende graphische Konflikte zwischen den DLM-Objekten sowie das Fehlen von Zusatzinformationen (z.B. Schriftzusätze) werden dabei bewusst hingenommen.
www.do-geodaten.nrw.de

Historisch-geographisches Informationssystem

Mit "HGIS Germany" wurde ein historisch-, geografisches Informationssystem zur Entwicklung der deutschen und europäischen Staatenwelt im 19. Jahrhundert aufgebaut. Per Mausklick kann der Betrachter zu einer multimedialen Zeitreise durch mehr als 50 Staaten in Deutschland und Mitteleuropa während des 19. Jahrhunderts starten.
www.hgis-germany.de

(Online-Zugang zum Informationssystem)
www.ekompendium-hgisg.de
(Hintergrundinformationen und Metadaten)

www.hgis-germany.ieg-mainz.de
(Projektbegleitende Seite, IEG Mainz)
www.i3mainz.fh-mainz.de/Article169.html
(Projektbegleitende Seite, i3mainz)

Schwere-Informationssystem

Das Schwere-Informationssystem (englische Version) wird von der Physikalisch-Technischen Bundesanstalt (PTB) als Service primär für Anwender aus dem gesetzlichen Messwesen bereitgestellt.
Auf der Grundlage eines mehrstufigen Schwerefeldmodells werden zu beliebigen Orten auf der Erde Schwerefelddaten mittlerer Genauigkeit ausgegeben.
www.ptb.de

Deutschland-Viewer des BKG

Der Deutschland-Viewer des BKG stellt interaktive Karten aus verschiedenen Geodaten des Bundesamtes für Kartographie und Geodäsie sowie Daten von vier Bundesländern bereit.
www.geodatenzentrum.de

Deutschlandviewer

Der Deutschlandviewer präsentiert aktuell digitale Topographische Karten aus neun Bundesländern und des BKG sowie aus Österreich. Zusätzliches Angebot sind Orthofotos und Geologische Karten unterschiedlicher Länder.
http://deutschlandviewer.bayern.de

Umwelt

Solarbundesliga

Aus dem Gedanken heraus Transparenz in die kommunalen Aktivitäten im Bereich der Solarenergie zu bringen wurde 2001 der Solarsport ins Leben gerufen.
Dabei werden die Leistungen der Solarenergie auf Gemeindeebene mit einander verglichen und eine Rangfolge zwischen den Gemeinden aufgestellt.
Diese Rangfolge wird neben aktuellen Listen nun auch als interaktive Karte angeboten. Die Initiative ist ein gemeinschaftliches Engagement der Redaktion Solarthemen und der Deutschen Umwelthilfe e.V.
www.solarbundesliga.de

FISBo

FISBo ist ein Dienst der Bundesanstalt für Geowissenschaften und Rohstoffe.
Er bietet aktuell die Bodenkarten für Deutschland im Massstab 1:1 Mio und 1:5 Mio sowie Karten zu den Ausgangsgesteinen des Bodens an. Über einen Auswahlmechanismus kann die Verteilung einzelner Ausgangsgesteine der BodensBodenassoziationen für ganz Deutschland abgebildet werden.
www.bgr.de

GISU
Geographisches Informationssystem Umwelt

Das Bundesumweltamt bietet mit seinem Service GISU eine umfangreiche Sammlung von Informationen und Geodaten aus dem Bereich Umweltmessdaten.
http://gisu.uba.de

Fachinformationssystems Geophysik

Das Institut für Geowissenschaftliche Gemeinschaftsaufgaben (GGA) betreibt zukunftsgerichtete Forschung auf dem Gebiet der physikalischen Geowissenschaften. Auf seinem Portal stellt es einige Geodaten für die Öffentlichkeit bereit.
www.gga-hannover.de

Hydrologischer Atlas der BfG

Die Bundesanstalt für Gewässerkunde (BfG) stellt unter nachstehendem Link den "Digitaler Hydrologischer Atlas für Deutschland" im Internet bereit.
http://had.bafg.de

Karte zu Messstationen elektromagnetischer Felder

Die Bundesnetzagentur betreibt eine Datenbank mit dynamischem Messdateneintrag und stellt die Ergebnisse auf nachstehenden Seiten anschaulich zur Verfügung.
http://emf.bundesnetzagentur.de

Umweltbundesamt

Mehrmals täglich ermitteln Fachleute an Messstationen des Umweltbundesamtes und der Bundesländer die Qualität unserer Luft. Schon kurz nach der Messung können Sie sich hier über die aktuellen Werte informieren.
http://www.env-it.de/luftdaten

Statistik und Politik

VBORIS

Das Projekt "VBORIS" (Vernetztes Bodenrichtwertsystem) ist aus der Entwicklungsarbeit der Arbeitsgemeinschaft der Vermessungsverwaltung der Länder (AdV) hervorgegangen. Ziel ist es, zukünftig amtliche Bodenrichtwerte und Grundstücksmarktberichte bundesweit über das Internet abzurufen und über die topografischen Karten visualisieren zu können.
www.gutachterausschuesse-online.de

Raumbeobachtung.de

Das Raumbeobachtungssystem des Bundesamtes für Bauwesen und Raumordnung (BBR) bietet umfassende Informationen mit Indikatoren, Karten, Abbildungen und Tabellen auf unterschiedlichen, räumlichen Bezugsebenen. Ein interaktives Kartenmodul ermöglicht online, für rund 60 Indikatoren auf Kreisebene eine komfortable Kartengenerierung.
www.raumbeobachtung.de

Zukunftsatlas Deutschland

Der Zukunftsatlas gibt Auskunft über die Zukunftschancen der 439 Kreise und Kreisfreien Städte in Deutschland. Die Prognos AG berät sowohl private als auch öffentliche Auftraggeber.
www.prognos.com/zukunftsatlas

Atlas zur Regionalstatistik

Die Statistischen Ämter des Bundes und der Länder bieten hier die interaktive Online-Version des Atlasses zur Regionalstatistik an.
www.destatis.de/onlineatlas

Infrastruktur

Behördenwegweiser Bayern

Suchen und Darstellen der öffentlichen Einrichtungen mit Hilfe von GeoWebDiensten.
www.behoerdenwegweiser.bayern.de

Geoinformationssystem für Integration

Das Bundesamtes für Migration und Flüchtlinge (BAMF) hat ein Auskunfts- und Informationssystem für Integrationsangebote in ganz Deutschland auf der Grundlage von dynamischen Karten geschaffen. Zuwanderer und Interessierte können sich umfassend, schnell und unkompliziert über Integrationsangebote in ihrer Nähe informieren.
http://webgis.bamf.de

Deutsche Bahn
Baubedingte Fahrplanänderungen

Die Deutsche Bahn bietet ihren Kunden und den Anwohnern an Bahnstrecken einen Service mit Geodaten, der über baubedingte Fahrplanänderungen informiert.
http://bauarbeiten.bahn.de

Baustelleninformationssystem des Bundes und der Länder

Mit dem Baustelleninformationssystem bietet Ihnen das Bundesministeriums für Verkehr, Bau und Stadtentwicklung die Möglichkeit, baustellenbedingten Staus auf deutschen Autobahnen zu meiden und großzügig zu umfahren.
www.bmvbs.de

Karten zum Golfsport

Der Deutsche Golfverband präsentiert unterschiedliche thematische Karten rund um den Golfsport mit der Möglichkeit Detailinformationen per Mausklick abzufragen.
www.golf.de/dgv

Kletteranlagensuche

Mit der Anwendung "Kletteranlagensuche" des Deutsche Alpenverein kann der Nutzer deutschlandweit nach Kletteranlagen suchen und erhält ausführliche Beschreibungen über deren Ausstattung.
www.dav-kletteranlagensuche.de

Innere Sicherheit

Karte der Grippeausbreitung in Deutschland

Die Arbeitsgemeinschaft Influenza informiert während der Wintersaison, also von der 40. bis zur 15. Kalenderwoche, aktuelle und fundierte zur Aktivität der Influenza (Grippe).
http://influenza.rki.de/agi

Vogelgrippekarte

Die Vogelgrippekarte stellt eine interaktive Anwendung zum aktuellen Stand der bestätigten Vogelgrippefälle in Deutschland bereit. Der Hosting-Provider für WebGis Anwendungen "in medias res" bezieht sich bei dieser Dienstleistung auf den aktuellen Lageberichts des Friedrich-Löffler-Instituts.
www.vogelgrippe-karte.de

Kartenserver des LBEG

Auf dem Kartenserver des LBEG - Landesamt für Bergbau, Energie und Geologie, können Sie interessante Kartenanwendungen finden.
www.lbeg.niedersachsen.de

Sachsenatlas

Als zentrales Geodatenportal für den Freistaat Sachsen bündelt der »Sachsenatlas« die Geoinformationen der sächsischen Verwaltung und bietet Informationen zu Umwelt, Naturschutz und Freizeit. Sie haben die Möglichkeit, Karten aus verschiedenen Datenquellen flexibel zu recherchieren, zusammenzustellen, zu visualisieren, zu drucken und zu speichern.
www.atlas.sachsen.de

Ergänzend stellt die Landesvermessung einen Internetdienst mit Geobasisdaten bereit, der für registrierte Nutzer erweiterte Funktionalitäten anbietet.
www.landesvermessung.sachsen.de

GeoPortal.Hessen

Das GeoPortal.Hessen ist der Zugang zur Geodateninfrastruktur Hessen.
Hier wird über die Aktivitäten der GDI in Hessen berichtet und ein Serviceangebot zu Geodaten bereitgestellt. Eines dieser Angebote ist der HessenViewer, der zur Zeit Geobasisdaten und Daten zu Schutzgebieten bereit stellt. Weitere Daten können über bekannte URL's eingebunden werden.
GDI-Hessen
www.geoportal.hessen.de
HessenViewer
http://geoextra.hmulv.hessen.de

BayernViewer

Der BayernViewer präsentiert topographische Karten und Luftbilder des Landes Bayern.
http://deutschlandviewer.bayern.de

GeoPortal.MV

Das GeoPortal.MV bietet die Möglichkeit nach Geodatenbeständen in Mecklenburg-Vorpommern zu suchen, Geodaten schnell und komfortabel zu betrachten und sich über verfügbare Geowebdienste zu informieren.
www.geodaten-mv.de/geoportal

TIM-online

Das Land Nordrhein-Westfalen stellt mit diesem Dienst Geobasisdaten der Vermessungs- und Katasterverwaltung (VKV) NRW über sogenannte WebMappingServices (WMS) auf dem Bildschirm dar.
www.tim-online.nrw.de

Umwelt

Denkmäler im Netz

Das saarländische Umweltministerium hat für den Bereich der Denkmalpflege ein Kartenangebot ins Netz gestellt, das mittels einer Datenbankanbindung umfangreiche Informationen über den Standort, die Historie und die Entwicklung der saarländischen Denkmäler bereithält.
www.denkmal.saarland.de

Hochwassernachrichtendienst

Das Bayerisches Landesamt für Umwelt stellt mit diesem Dienst eine Informationplatform zur Warnung der Bürger vor Überschwemmungen bereit.
www.hnd.bayern.de

Geotourismus

Das Regierungspräsidium Freiburg stellt unter dem Stichwort Geotourismus eine Sammlung geologischer Besonderheiten in Südwestdeutschland bereit.

Mit der Kartenanwendung können Höhlen, Lehrpfade oder Geotope aufgefunden werden.
www.lgrb.uni-freiburg.de

Geologische Übersichtskarte von Rheinland-Pfalz

Das Landesamt für Geologie und Bergbau Rheinland-Pfalz bietet auf seiner Homepage im Menü Onlin-Karten eine Auswahl an Karten mit Bezug zu Geologie und Boden an.
www.lgb-rlp.de/online-karten.html

Räumliches Informations- und Planungssystem (RIPS) Baden Württemberg

Die Landesanstalt für Umwelt, Messungen und Naturschutz Baden-Württemberg (LUBW) stellt Umweltdaten auf thematischen Karten über den Kartendienst RIPS interaktiv im Internet zur Verfügung.
http://rips-uis.lfu.baden-wuerttemberg

Bayerisches Bodeninformationssystem (BIS)

Das Bodeninformationssystem ist das zentrale Werkzeug zur Archivierung und Recherche von Daten über Böden, Gesteine und den tieferen Untergrund von Bayern.
www.bis.bayern.de

FIS-Broker der Stadt Berlin

Der FIS-Broker bietet den Online-Zugriff auf Karten, Pläne und andere Daten der Senatsverwaltung für Stadtentwicklung. Das Angebot umfasst momentan über 100 Themen und wird laufend erweitert.
http://fbinter.stadt-berlin.de

LUIS-BB Landwirtschafts-und Umweltinformationssystem Brandenburg

Zahlreiche Informationen und Daten über den Zustand der Landwirtschaft und Umwelt werden im Geschäftsbereich des Ministerium für Ländliche Entwicklung, Umwelt und Verbraucherschutz (MLUV) erfasst, verwaltet und mit LUIS-BB online verfügbar gemacht.
www.luis-bb.de

Umweltatlas Hessen

Das Hessisches Landesamt für Umwelt und Geologie stellt den Umweltatlas mit Übersichtskarten zu Umweltthemen aus Hessen bereit.
http://atlas.umwelt.hessen.de

Umweltdaten aus Nordrhein-Westfalen

Das Landesumweltamt Nordrhein-Westfalen stellt auf seiner Internetseite Links zu unterschiedlichen Themen im Bereich Wasser bereit, die mit einer Internet-GIS-Anwendung den räumlichen Bezug zu den stündlich bzw. tagesaktuellen Daten herstellt.
www.lua.nrw.de

GIS Umwelt im Saarland

Das Umweltministerium des Saarlandes veröffentlicht Umweltdaten innerhalb der Umweltverwaltung
www.gis.saarland.de

Interaktive Karten des Sächsischen Landesamtes für Umwelt und Geologie (LfUG)

Das LfUG stellt interaktive, dynamische Kartenwerkzeuge zur Verfügung.
Unterschiedliche Themen im Bereich Umwelt werden präsentiert.
www.umwelt.sachsen.de

Umweltatlas Schleswig-Holstein

Der Digitale Umweltatlas Schleswig-Holstein stellt Umweltinformationen mit Raumbezug über das Internet direkt am lokalen Computer dar. Die Karten des Umweltatlas, die Daten aus den Umweltdatenbanken und die beschreibenden Informationen aus dem Umweltberichtssystem Schleswig-Holstein (www.umweltbericht-sh.de) sind durch interaktive Links verbunden.
www.umweltatlas-sh.de

Landschaftsinformationssystem Rheinland-Pfalz

Das Landschaftsinformationssystem ist in einem Gemeinschaftsprojekt des Ministeriums für Umwelt und Forst und den Struktur- und Genehmigungsdirektionen in Rheinland-Pfalz entstanden. Über dieses Informationssystem können Karten und Daten der Landespflege aufgerufen werden.
www.naturschutz.rlp.de/website/lanis/lanis_neu

Statistik und Politik

Interaktives Kartenverzeichnis des Statistischen Landesamtes Baden-Württemberg

Ein informatives Portal zum Thema Statistik. Die interaktiven Karten informieren von der Landes bis zur Gemeindeebene über viele Bereiche die statistisch erfasst werden.
www.statistik.baden-wuerttemberg.de

Infrastruktur

Verkehrsmanagementzentrale Bremen (VMZ)

Die VMZ führt erstmalig die in Bremen vorhandenen verkehrstechnischen Einrichtungen auf einer Plattform zusammen und stellt dem Bürger mit Hilfe eines flächendeckenden Messstellensystems über das Internet die aktuelle Verkehrssituation bereit.
http://vmz.bremen.de

Regionale Dienste

Bürgergis Kreis Offenbach

Das Bürgergis bietet Ihnen die Möglichkeit, blattschnittfreie, digitale Karten abzurufen.
Umfang-reiche Themen wie Sicherheit oder Klima lassen sich wahlweise auf Luftbildern, Flurkarten oder dem Stadtplan darstellen.
http://buergergis.kreis-offenbach.de

Geodatenserver Rhein-Ruhr

Der Geodatenserver Rhein-Ruhr des Regionalverbandes Ruhr bietet seinen Gästen viele Themen der Region. Es können Topographische Karten, Stadtpläne und Luftbilder zur Orientierung genutzt und mit Fachthemen wie Frei-, Industrieflächen oder Sehenswürdigkeiten ergänzt werden. Zusätzlich lässt sich das Startangebot durch hinzuladbare Dienste ergänzen.
www.rvr-online.de

Umwelt

IAN Informationsdienst Alpine Naturgefahren

Mit IAN zeigt das Bayerische Landesamt für Umwelt Naturgefahren im bayerischen Alpenraum auf und stellt diese Informationen Fachleuten, Gemeinden, Planern und Bürgern in einem einfachen und schnellen Überblick bereit.
http://212.124.44.168/ian/viewer.htm

GIS-Büro der Bezirksregierung Hannover

Die Bezirksregierung Hannover bietet die Möglichkeit, eine Auswahl von Daten zu visualisieren.
www.gis-br-h.niedersachsen.de/gis

GeoPortal Ostwürttemberg

Das regionale GeoPortal führt verschiedenste Datenanbieter und Datennutzer zusammen und macht Geoinformationen einer breiten Öffentlichkeit zugänglich.
www.ostwuerttemberg.org

Fluglärmberechnung für den Frankfurter Flughafen

Die Anwendung für die Lärmkarten sind nach Berechnungen des Hessischen Landesamtes für Umwelt und Geologie erstellt worden.
www.laermkarten.de/dialogforum/index.php

Donauausbau-GIS

Auf diesen Seiten finden Sie Texte, Profilschnitte, Karten und Luftbilder zum Projekt: Donauausbau Straubing-Vilshofen "Ökologische Studie" zu den Planvarianten.
www.do-gis.de

Stadtplan, Lagepläne und weitere Geographische Informationen von Mainz

Über diese Anwendung können Karten der Themenbereiche "Grundlagenkarten (incl. Luftbilder)", "Planen, Bauen, Wohnen", "Umwelt", "Verkehr" und "Besucher Service" im Maßstabsbereich von 1:100.000 bis zu 1:500 angeschaut werden.
www.mainz.de

Felsinformationssystem

Der Deutsche Alpenverein hat eine Anwendungen zum Thema "Klettern" an Felsen im Internet bereitgestellt. Die Anwendung "Felsinfo" weist Standorte von Kletterfelsen nach und beschreibt Details zu den Felsen.
www.dav-felsinfo.de

Infrastruktur

Bremer-Familienstadtplan

Der Stadtplan mit seinem speziellen Angebot für Familien gibt unter Anderem einen Überblick über Spielplätze, Skateranlagen, Radwege, Badeseen, Bildungs- und Beratungsangebote und unterstützt die Freizeitgestaltung von Familien.
www.bremer-familienstadtplan.de

Internationale Dienste

Europäische Umweltagentur

Die Europäische Umweltagentur (EUA) bemüht sich themenspezifische Informationen eine nachhaltige Umweltentwicklung zu fördern und damit zu einer deutlich, messbaren Verbesserung der Umwelt Europas beizutragen.
Viele dieser Themen sind als Karten dargestellt, die neben vielfältigen Informationen auf den Internetseiten der EUA in mehreren Sprachen bereitgestellt werden.
http://dataservice.eea.europa.eu

EU-Geoportal

Mit dem Eu-GeoPortal wird ein Portal für Geodaten der Europäischen Gemeinschaft bereitgestellt, das als Plattform für die Umsetzung der INSPIRE Richtlinie dient. Mit nur einer Anwendung ermöglicht dieser Zugangsknoten die Recherche über Geodaten und Geodienste der EU-Mitgliedsstaaten und gibt einen Überblick über die Organisationen.
Es ist das offizielle GeoPortal der Europäischen Gemeinschaft.
http://eu-geoportal.jrc.it

Österreich

Geoland.at

Die österreichischen Bundesländer bieten über Geoland.at einen freien Zugriff auf wichtige Geofachdaten an und setzen somit einen ersten konkreten Schritt in Richtung Umsetzung der vereinbarten Ziele einer österreichischen Geodatenpolitik.
www.geoland.at

Bundesamt für Eich- & Vermessungswesen (BEV)

Das BEV versorgt Bürger, Wirtschaft und öffentliche Verwaltung mit den österreichischen Geobasisdaten.
www.bev.gv.at

Umweltbundesamt

Eine Sammlung von Werkzeugen lädt zum Erforschen digitaler Karten im Umweltbereich nicht nur in Österreich ein.
www.umweltbundesamt.at

Schweiz

Geoportal.ch

Das Geoportal.ch ist ein Gemeinschaftsprojekt der Kantone St.Gallen, Appenzell A.Rh. und Appenzell I.Rh., sowie der beteiligten Gemeinden und Bezirke. Die vielfältige Kartenauswahl bietet Produkte aus den Themen Basisdaten, Natur und Umwelt, Land, Forst und Wirtschaft, Raumplanung, Risiken und Irfrastruktur. Es dient vorrangig der Informationsabfrage geografischer Daten innerhalb der kantonalen und kommunalen Verwaltungen und wurde der Öffentlichkeit zugängig gemacht.
www.geoportal.ch

Switzerland 3D

Mit diesem Dienst läßt sich die Faszination der schweizer Alpen bei einem virtuellen, interaktiven Flug erleben.
www.switzerland-3d.com

Umweltdaten der Schweiz

Fundierte Umweltinformation ist ein wichtiger Schlüssel für einen nachhaltigen Schutz der natürlichen Lebensgrundlagen. Das Bundesamt für Umwelt, Wald und Landschaft (BUWAL) betreut in der Schweiz die untenstehenden Internetseiten und liefert damit für die breite Bevölkerung einen Zugang zu einer Vielzahl von interessanten Umweltinformationen.
www.envirocat.ch
www.ecogis.ch

Metadaten zu Schweizer Geodaten

geocat.ch ist das Schweizer Suchportal für Geodaten. Die Suchapplikation greift auf dezentralisierte Server verschiedener Schweizer Geodatenproduzenten und -verwalter zu.
www.geocat.ch

Frankreich

Frankreichs Geoportal

Das französische staatliche geographische Institut (IGN) stellt auf diesem Portal hochauflösende Satellitenbilder von Frankreich, Korsika und fast allen Überseedépartements bereit. Ab Herbst soll es mit einer zusätzlich implementierten Software möglich sein, die Satellitenbilder dreidimensional auf einen Globus zu projezieren. In Zukunft ist geplant, lokale Suchdienste einzubinden und den momentanen Bildbestand aufzustocken.
www.geoportail.fr

Weltweit

United Nations Environment Programme (UNEP)
Das GEO Datenportal ist eine wichtige Bezugsquelle für Daten, die von UNEP und seinen Partnern im Weltweiten Umwelt Anschauungs- (GEO) Bericht benutzt werden. Ihre Online-Datenbank enthält mehr als 450 verschiedene Variablen, wie nationale, überregionale, regionale und globale Statistiken oder als raumbezogene Datensätze (Karten). Weiterhin behandelsn sie Themen wie Süsswasser, Bevölkerung, Forst, Klima, Katastrophen, Gesundheit und Bruttoinlandsprodukt (GDP).
http://geodata.grid.unep.ch/geodata.grid.unep.ch
(nach Karten suchen)
www.grid.unep.ch
(weiterführende Informationen)

Global Change Master Directory (GCMD)
Das Ziel von Global Change Master Directory (GCMD) ist es, Interessierten den Zugang zu naturwissenschaftlichen Daten und Forschungsberichten über globale Veränderungen zu ermöglichen. Die GCMD Datenbank enhält mehr als 17.000 Datensätzen und Dienste die viele Aspekte der Umweltwissenschaften abdeckt.
http://gcmd.gsfc.nasa.gov

FAO GeoNetwork

GeoNetwork ermöglicht aufgrund seines Opernsource-Ansatzes einen leichten Austausch von geografischen und thematischen Informationen zwischen verschiedenen FAO Einheiten, UN Agenturen, Nichtregierungsorganisationen und anderen Institutionen.
www.fao.org

Der Nachrichten-Weltatlas

Auch Nachrichten haben einen räumlichen Bezug. Dieser interaktive Weltatlas zeigt die Meldungen der Internetseite 'tagesschau.de' auf einer Landkarten die alle Kontinente und Länder darstellt.
http://atlas.tagesschau.de

Worldmapper

Worldmapper ist eine Sammlung von 366 Weltkarten. Auf jeder Karte sind, gemäß des Interessenesgebiets, die jeweiligen Terretorien von der Größe angepasst. Sie werden Karten z.B. zur absoluten Weltbevölkerung finden, Landflächen, Internationale Demonstrationen, Botanischen Gärten und vieles mehr. Die Sammlung an Karten eröffnet dem Betrachter einen nuen Blick auf die Welt.
www.worldmapper.org

Australien

Spatial Information eXchange Viewer

Der australische Dienst ermöglicht dem Nutzer das Einbinden und Betrachten einer breiten Auswahl von NSW Daten. Hierzu gehören auch Eigentums, cadastral- und topografische Informationen sowie Satellitendaten und Luftbilder.
www.maps.nsw.gov.au/six_viewer.html

Deutschsprahiges Glossar
http://geoportal.bkg.bund.de/nn_32720/DE/ Service/Glossar/glossar__node.html__nnn=true

Freie GIS

http://freegis.org
http://www.fsf.org

FreeGIS Datenbank Geodaten
http://freegis.org/database/?cat=1

FreeGIS Datenbank Software
http://freegis.org/database/?cat=0

FreeGIS Datenbank Dokumente
http://freegis.org/database/?cat=3

FreeGIS Datenbank Projekte
http://freegis.org/database/?cat=2

OGC Open Geospatial Consortium, Inc.
http://www.opengeospatial.org

Weitere Informationen

Informationen zu Firmen, Instituten, Behörden, Verlagen, Literatur, News
www.GEObranchen.de

Größtes Deutsches Jobportal für Geoberufe
www. GEOjobs.de

Umfangreicher Veranstaltungskalender
www. GEOevents.de